中国中小企业改制上市

操作手册（2023）

上海市投资促进服务中心
（上海市中小企业上市促进中心） 主编

China's Small-and Medium-Sized Enterprises
Restructuring and Listing
Operation Manual (2023)

2023

上海交通大学出版社
SHANGHAI JIAO TONG UNIVERSITY PRESS

内容提要

在业界专家和专业机构的帮助和支持下,上海市投资促进服务中心(上海市中小企业上市促进中心)聚焦改制上市实务操作和相关政策,帮助中小企业了解中国多层次资本市场和海外资本市场的发展现状,帮助处于改制上市阶段或正在为改制上市犹豫、迷茫的中小企业明确上市目标,了解上市流程,并指导中小企业完善改制上市过程中的系列工作。

本书在 2022 版的基础上进行了修订,根据资本市场的最新动态,对内容进行了更新、归纳、整理和充实,以求最大限度地提升图书的实用性、操作性和权威性。本书可供中小企业管理者阅读参考。

图书在版编目(CIP)数据

中国中小企业改制上市操作手册. 2023/ 上海市投
资促进服务中心(上海市中小企业上市促进中心)主编. —
上海: 上海交通大学出版社, 2023.3
ISBN 978 - 7 - 313 - 28362 - 7

Ⅰ. ①中…　Ⅱ. ①上…　Ⅲ. ①中小企业-上市公司-
中国-手册　Ⅳ. ①F279.246 - 62

中国国家版本馆 CIP 数据核字(2023)第 035516 号

中国中小企业改制上市操作手册(2023)
ZHONGGUO ZHONGXIAO QIYE GAIZHI SHANGSHI CAOZUO SHOUCE(2023)

主　　编: 上海市投资促进服务中心(上海市中小企业上市促进中心)
出版发行: 上海交通大学出版社　　　　　　地　　址: 上海市番禺路 951 号
邮政编码: 200030　　　　　　　　　　　　电　　话: 021 - 64071208
印　　制: 上海景条印刷有限公司　　　　　经　　销: 全国新华书店
开　　本: 710 mm×1000 mm　1/16　　　印　　张: 27.5
字　　数: 434 千字
版　　次: 2023 年 3 月第 1 版　　　　　　　印　　次: 2023 年 3 月第 1 次印刷
书　　号: ISBN 978 - 7 - 313 - 28362 - 7
定　　价: 108.00 元

编　委　会

前　言

党的二十大明确提出：高质量发展是全面建设社会主义现代化国家的首要任务。"健全资本市场功能，提高直接融资比重"，这是构建高水平社会主义市场经济体制、推动高质量发展对资本市场提出的新要求。2023年2月17日，中国证监会发布全面实现股票发行注册制相关制度规则，自公布之日起施行。伴随着资本市场全面发行注册制的实现，资本市场将能够更好地发挥资源配置功能，更好地服务实体经济，更好地推动创新企业发展。据公开资料不完全统计，截至2022年年底，中国境内超过6 000家企业登陆境内外资本市场，一大批创新能力突出、科技研发实力雄厚、发展韧性强劲的企业紧跟国家重大战略规划，紧抓发展机遇，实现了产业、资本和科技的良性互动和有效结合。鉴于本书定稿时，全面实现股票发行注册制的相关制度规则正处于征求意见阶段，所以本书依旧保留了原有的上市规则和体系，如读者想了解最新的制度规则，请访问中国证监会和各大交易所网站。

企业上市是提高核心竞争力的有效途径，是现代企业做优、做大、做强的必然选择，也是区域综合经济实力的重要体现。为了有效引导中小企业充分认识和了解中国多层次资本市场和改制上市实务，我们编撰了《中国中小企业改制上市操作手册(2023)》，详述企业改制上市过程中可能遇到的难点、疑点，为读者构建出一个系统、全面的知识和规则体系。

本书的编撰工作得到了上海证券交易所、深圳证券交易所、北京证券交易所、海通证券股份有限公司、通力律师事务所、致同会计师事务所和上海信公轶禾企业管理咨询有限公司等业内知名机构的鼎力支持。在本书的编辑出版过程中，上海交通大学出版社也提供了具体的建议，在此深表感谢！

希望本书能够对处于改制阶段或正在为上市努力的中小企业有所裨益和帮助。由于时间仓促和水平所限，难免挂一漏万，敬请读者提出宝贵意见和建议，以便进一步修订完善。

编　者
2023年2月

目录 contents

第 一 章

注册制与中国资本市场介绍

第一节　中国资本市场注册制改革

我国证券市场发展至今,先后经历了行政主导的审批制、市场化方向的核准制和以信息披露为核心的注册制三个阶段。2019 年 1 月 28 日,中国证监会发布《关于在上海证券交易所设立科创板并试点注册制的实施意见》(简称《试点注册制实施意见》)(证监会公告〔2019〕2 号)。该文件指出:为了深化国家的供给侧结构性改革,加快形成融资功能完备、基础制度扎实、市场监管有效、投资者合法权益得到有效保护的多层次资本市场体系,中国证监会从设立上海证券交易所科创板入手,开始试点注册制。2020 年 6 月 12 日,中国证监会发布《创业板首次公开发行股票注册管理办法(试行)》,正式开启深圳证券交易所创业板注册制。2021 年 10 月 30 日,中国证监会发布《北京证券交易所上市公司证券发行注册管理办法(试行)》,复制借鉴创业板、科创板注册制改革成熟经验,在北交所试点证券公开发行注册制。2023 年 2 月 17 日,中国证监会发布全面实现股票发行注册制相关制度规则,自公布之日起施行。

审批制诞生于我国证券市场发展初期,是为了维护上市公司的稳定和平衡复杂的社会经济关系,采用行政计划的办法分配股票发行的指标和额度,由地方或行业主管部门根据指标推荐企业发行股票的发行制度。核准制则是介于审批制与注册制之间的过渡形式,其取消了指标和额度管理,引进证券中介机构来判断企业是否达到股票发行的条件,证券监督管理机构同时对股票发行的合规性和适销性进行实质性审查,有权否决发行申请。

与核准制相比,注册制的本质是以信息披露为核心,把选择权交给市场。在注册制之下,上海证券交易所、深圳证券交易所分别负责科创板和创业板发行上市的审核,由中国证监会负责股票发行注册。交易所主要通过提出问题、回答的方式展开,以督促发行人完善信息披露内容。对于企业而言,注册制改革之后,上市条件更加具有包容性,开始允许特殊股权结构企业和红筹企业上市,并强化了发行人的信息披露义务和法律责任。

2020 年 3 月 1 日起实施的《中华人民共和国证券法》(简称《证券法》),对证监会发布的《试点注册制实施意见》进行了落实,建立了以信息披露为核心的注册制法律体系。其第 9 条规定:公开发行证券,必须符合法律、行政法规规定的条件,并依法报经国务院证券监督管理机构或者国务院授权的部门注册。未经依法注册,任何单位和个人不得公开发行证券。证券发行注册制的具体范围、实施步骤由国务院规定。

一、 注册制提高了企业上市的可预见性和可预期性

上市的可预见性和可预期性,是判断注册制的一个重要的参考标准。股票发行实行注册制,在执行落地层面需要审核问询时间上的可预见性或可控性。

(1) 明确了具体审核时限和回复时限。企业申请上市注册,交易所在 5 个工作日内决定是否受理;自受理之日起 20 个工作日内提出首轮审核问询;自受理之日起 3 个月内出具发行人符合发行条件、上市条件和信息披露要求的审核意见或者作出终止发行上市审核的决定,发行人及中介机构回复问询的时间不计算在内,且回复时间总计不超过 3 个月。

(2) 通过对审核规则、信息披露规则、审核问答等制度以及问询回复和上市委员会审议结果进行公开,提高了审核结果的可预见性。

(3) 建立了规范的股票发行时间和发行失败制度。证券的代销、包销期限最长不得超过 90 日;股票发行采用代销方式,代销期限届满,向投资者出售的股票数量未达到拟公开发行股票数量 70% 的,为发行失败。

因此,实行注册制以来,企业成功注册平均用时 282 天,注册时长中位数为 265 天;上市平均用时 323 天,上市时长中位数为 307 天。在全面实行股票发行注册制的政策下,满足上市条件且信息披露规范的公司在 1 年之内上市将成为资本市场的常态。

二、 从信息披露的角度理解注册制

《证券法》建立了以信息披露为核心的注册制法律体系,其本质是将选择权交给市场,政府作为扶持之手,重在事后监管。把握信息披露为核心的注册制要点主要有以下两个方面。

(一) 判断信息披露是否充分、真实、准确、完整

(1) 发行人报送的证券发行申请文件,应当充分披露投资者作出价值判断和投资决策所必需的信息,内容应当真实、准确、完整。

(2) 为证券发行出具有关文件的证券服务机构和人员,必须严格履行法定职责,保证所出具文件的真实性、准确性和完整性。

信息披露的内容真实、准确主要在于不得欺诈发行证券。而对于完整性,需要发行人和证券服务机构即会计师事务所、律师事务所作出专业预判

和评估,须勤勉尽职,为投资者做出价值判断和投资决策充分披露所必需的信息,并对投资人的损失依法承担连带赔偿责任。

（二）为投资者做出价值判断和投资决策充分披露所必需的信息

1. 充分性

发行上市申请文件披露的内容是否包含对投资者作出投资决策有重大影响的信息,披露程度是否达到投资者作出投资决策所必需的水平,包括但不限于是否充分、全面披露发行人业务、技术、财务、公司治理、投资者保护等方面的信息以及本次发行的情况和对发行人的影响,是否充分揭示可能对发行人经营状况、财务状况产生重大不利影响的所有因素等事项。

2. 一致性

发行上市申请文件的内容与信息披露内容是否一致、合理和具有内在逻辑性,包括但不限于财务数据是否钩稽合理,是否符合发行人实际情况,非财务信息与财务信息是否相互印证,保荐人、证券服务机构核查依据是否充分,能否对财务数据的变动或者与同行业公司存在的差异作出合理解释。

3. 可理解性

发行上市申请文件披露内容是否简明易懂,是否便于一般投资者阅读和理解,包括但不限于是否使用浅白语言,是否简明扼要、重点突出、逻辑清晰,是否结合企业自身特点进行有针对性的信息披露。

三、 注册制下拟上市企业及相关方的法律责任

与以"信息披露"为核心的注册制相对应,《证券法》和《中华人民共和国刑法修正案(十一)》针对欺诈发行的违法行为设立了高额的惩罚制度,大幅增加了欺诈发行的违法成本(见表1.1)。

表1.1　欺诈发行的惩罚比较

责任类型	原《证券法》规定	现行《证券法》规定
行政责任	(一)《中华人民共和国证券法》第一百八十九条: 发行人不符合发行条件,以欺骗手段骗取发行核准,尚未发行证券的,处以三十万元以上六十万元以下的罚款;已经发行证券	(一)《中华人民共和国证券法(2019修订)》第一百八十一条: 发行人在其公告的证券发行文件中隐瞒重要事实或者编造重大虚假内容,尚未发行证券的,处以二百万元以上二千万元以下的罚款;已经发行证券

(续表)

责任类型	原《证券法》规定	现行《证券法》规定
行政责任	的,处以非法所募资金金额百分之一以上百分之五以下的罚款。对直接负责的主管人员和其他直接责任人员处以三万元以上三十万元以下的罚款。 发行人的控股股东、实际控制人指使从事前款违法行为的,依照前款的规定处罚。 (二)《中华人民共和国证券法》第一百九十二条: 保荐人出具有虚假记载、误导性陈述或者重大遗漏的保荐书,或者不履行其他法定职责的,责令改正,给予警告,没收业务收入,并处以业务收入一倍以上五倍以下的罚款;情节严重的,暂停或者撤销相关业务许可。对直接负责的主管人员和其他直接责任人员给予警告,并处以三万元以上三十万元以下的罚款;情节严重的,撤销任职资格或者证券从业资格。 (三)《中华人民共和国证券法》第一百九十三条: 发行人、上市公司或者其他信息披露义务人未按照规定披露信息,或者所披露的信息有虚假记载、误导性陈述或者重大遗漏的,责令改正,给予警告,并处以三十万元以上六十万元以下的罚款。对直接负责的主管人员和其他直接责任人员给予警告,并处以三万元以上三十万元以下的罚款。 发行人、上市公司或者其他信息披露义务人未按照规定报送有关报告,或者报送的报告有虚假记载、误导性陈述或者重大遗漏的,责令改正,给予警告,并处以	的,处以非法所募资金金额百分之十以上一倍以下的罚款。对直接负责的主管人员和其他直接责任人员,处以一百万元以上一千万元以下的罚款。 发行人的控股股东、实际控制人组织、指使从事前款违法行为的,没收违法所得,并处以违法所得百分之十以上一倍以下的罚款;没有违法所得或者违法所得不足二千万元的,处以二百万元以上二千万元以下的罚款。对直接负责的主管人员和其他直接责任人员,处以一百万元以上一千万元以下的罚款。 (二)《中华人民共和国证券法(2019修订)》第一百八十二条: 保荐人出具有虚假记载、误导性陈述或者重大遗漏的保荐书,或者不履行其他法定职责的,责令改正,给予警告,没收业务收入,并处以业务收入一倍以上十倍以下的罚款;没有业务收入或者业务收入不足一百万元的,处以一百万元以上一千万元以下的罚款;情节严重的,并处暂停或者撤销保荐业务许可。对直接负责的主管人员和其他直接责任人员给予警告,并处以五十万元以上五百万元以下的罚款。 (三)《中华人民共和国证券法(2019修订)》第一百九十七条: 信息披露义务人未按照本法规定报送有关报告或者履行信息披露义务的,责令改正,给予警告,并处以五十万元以上五百万元以下的罚款;对直接负责的主管人员和其他直接责任人员给予警告,并处以二十万元以上二百万元以下的罚款。发行人的控股股东、实际控制人组织、指使从事上述违法行为,或者隐瞒相关事项导致发生上述情形的,处以五十万元以上五百万

（续表）

责任类型	原《证券法》规定	现行《证券法》规定
行政责任	三十万元以上六十万元以下的罚款。对直接负责的主管人员和其他直接责任人员给予警告，并处以三万元以上三十万元以下的罚款。 发行人、上市公司或者其他信息披露义务人的控股股东、实际控制人指使从事前两款违法行为的，依照前两款的规定处罚	元以下的罚款；对直接负责的主管人员和其他直接责任人员，处以二十万元以上二百万元以下的罚款。信息披露义务人报送的报告或者披露的信息有虚假记载、误导性陈述或者重大遗漏的，责令改正，给予警告，并处以一百万元以上一千万元以下的罚款；对直接负责的主管人员和其他直接责任人员给予警告，并处以五十万元以上五百万元以下的罚款。发行人的控股股东、实际控制人组织、指使从事上述违法行为，或者隐瞒相关事项导致发生上述情形的，处以一百万元以上一千万元以下的罚款；对直接负责的主管人员和其他直接责任人员，处以五十万元以上五百万元以下的罚款
民事责任	无先行赔付相关制度 无证券纠纷代表人诉讼相关规定	（一）《中华人民共和国证券法（2019修订）》第九十三条： 发行人因欺诈发行、虚假陈述或者其他重大违法行为给投资者造成损失的，发行人的控股股东、实际控制人、相关的证券公司可以委托投资者保护机构，就赔偿事宜与受到损失的投资者达成协议，予以先行赔付。先行赔付后，可以依法向发行人以及其他连带责任人追偿。 （二）《中华人民共和国证券法（2019修订）》第九十五条： 投资者提起虚假陈述等证券民事赔偿诉讼时，诉讼标的是同一种类，且当事人一方人数众多的，可以依法推选代表人进行诉讼。 对按照前款规定提起的诉讼，可能存在有相同诉讼请求的其他众多投资者的，人民法院可以发出公告，说明该诉讼请求的案件情况，通知投资者在一定期间向人民法院登记。人民法院作

（续表）

责任类型	原《证券法》规定	现行《证券法》规定
		出的判决、裁定，对参加登记的投资者发生效力。 投资者保护机构受五十名以上投资者委托，可以作为代表人参加诉讼，并为经证券登记结算机构确认的权利人依照前款规定向人民法院登记，但投资者明确表示不愿意参加该诉讼的除外
刑事责任	（一）《中华人民共和国刑法（九）》第一百六十条： 在招股说明书、认股书、公司、企业债券募集办法中隐瞒重要事实或者编造重大虚假内容，发行股票或者公司、企业债券，数额巨大、后果严重或者有其他严重情节的，处五年以下有期徒刑或者拘役，并处或者单处非法募集资金金额百分之一以上百分之五以下罚金。 单位犯前款罪的，对单位判处罚金，对其直接负责的主管人员和其他直接责任人员，处五年以下有期徒刑或者拘役	（一）《中华人民共和国刑法修正案（十一）》第一百六十条修改为： 在招股说明书、认股书、公司、企业债券募集办法等发行文件中隐瞒重要事实或者编造重大虚假内容，发行股票或者公司、企业债券、存托凭证或者国务院依法认定的其他证券，数额巨大、后果严重或者有其他严重情节的，处五年以下有期徒刑或者拘役，并处或者单处罚金；数额特别巨大、后果特别严重或者有其他特别严重情节的，处五年以上有期徒刑，并处罚金。 控股股东、实际控制人组织、指使实施前款行为的，处五年以下有期徒刑或者拘役，并处或者单处非法募集资金金额百分之二十以上一倍以下罚金；数额特别巨大、后果特别严重或者有其他特别严重情节的，处五年以上有期徒刑，并处非法募集资金金额百分之二十以上一倍以下罚金。 单位犯前两款罪的，对单位判处非法募集资金金额百分之二十以上一倍以下罚金，并对其直接负责的主管人员和其他直接责任人员，依照第一款的规定处罚

（一）行政责任

新《证券法》第十三章"法律责任"集中对发行人违规发行、欺诈发行、信息披露违法行为、虚假陈述等违法行为加大了处罚力度，并大幅提高处罚金额上限。对于欺诈发行的行为,中国证监会对发行人处以罚金的上限从 60 万元或非法所募资金金额的 5% 变为 2 000 万元或非法所募资金金额的 1 倍,对责任人员处以罚款的上限从 30 万元变为 1 000 万元;并将欺诈发行由"不符合发行条件"扩大至"公告的证券发行文件",从法律层面为社会公众对证券发行人行使信息披露监督权提供了依据。

(二) 民事责任

新《证券法》第九十三条规定了发行人因欺诈发行、虚假陈述或者其他重大违法行为给投资者造成损失时相关主体的先行赔付机制,并将先行赔付的责任主体扩大至发行人的控股股东和实际控制人。此外,新《证券法》第九十五条允许投资者推选代表人参加证券民事赔偿诉讼,在法院公告登记的情况下,投资者在一定期间向人民法院登记,人民法院作出的判决、裁定对参加登记的投资者发生效力。同时,对于投资者保护机构接受 50 名以上投资者的委托作为代表人参加的诉讼,实行"默示加入、明示退出"的诉讼机制,为保护投资者权益提供了强有力的制度支持。

(三) 刑事责任

对于构成刑事犯罪的欺诈发行行为,2020 年 12 月 26 日通过的《中华人民共和国刑法修正案(十一)》将欺诈发行的刑期上限由 5 年有期徒刑提高至 15 年有期徒刑,并将对个人的罚金由非法募集资金的 1%～5% 修改为"并处罚金",取消了 5% 的上限限制,对单位的罚金由非法募集资金的 1%～5% 提高至 20%～100%。

第二节　注册制下中国多层次资本市场介绍

中国内地资本市场进入注册制时代以来,逐步形成了以上海证券交易所(简称上交所)为主的主板市场和科创板市场,以深圳证券交易所(简称深交所)为主的主板市场和创业板市场,北京证券交易所(简称北交所)和全国中小企业股份转让系统的新三板市场,以及区域性股权转让市场(见图1.1)。

一、 主板市场

(一) 主板市场的发展及功能定位

中国 A 股资本市场的主板市场包括上海证券交易所主板和深圳证券交

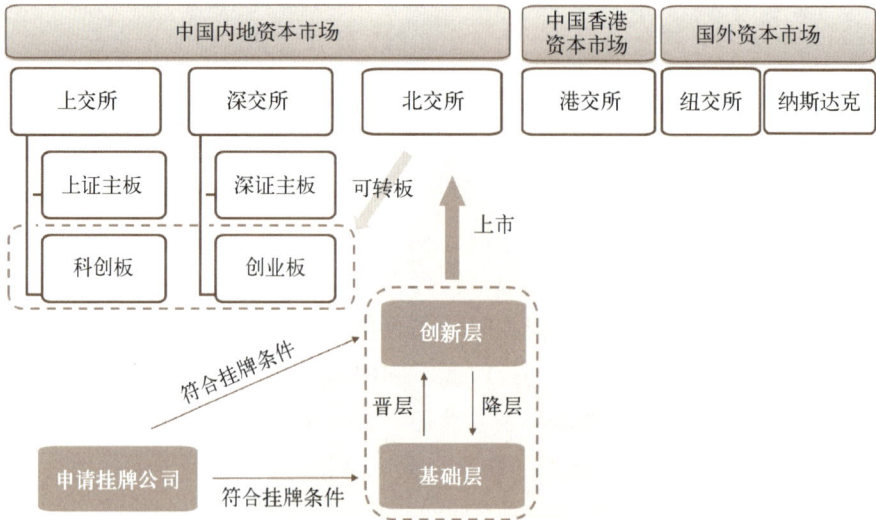

图 1.1 主要资本市场

易所主板。截至 2022 年 9 月 30 日,上海证券交易所主板 A 股共有 1 661 家企业上市,深圳证券交易所主板 A 股共有 1 495 家企业上市。

深交所主板和中小板在 2021 年 4 月 6 日实施合并,统一业务规则和运行监管模式,合并后上市条件不变,投资者门槛不变,交易机制不变,证券代码及简称合并,视为一个主板市场。

主板市场主要面向大型蓝筹企业,具体主要指治理规范、商业模式稳定、具有规模效应的行业领导型企业以及在细分领域具有一定竞争优势的企业。

(二) 主板首发上市标准

主板首发上市的主要条件如表 1.2 所示。

表 1.2 主板首发上市的主要条件

主体资格	(1) 发行人应当是依法设立且合法存续的股份有限公司。经国务院批准,有限责任公司在依法变更为股份有限公司时,可以采取募集设立方式公开发行股票。 (2) 发行人自股份有限公司成立后,持续经营时间应当在 3 年以上,但经国务院批准的除外。 (3) 有限责任公司按原账面净资产值折股整体变更为股份有限公司的,持续经营时间可以从有限责任公司成立之日起计算。

主体资格	(4) 发行人的注册资本已足额缴纳,发起人或者股东用作出资的资产的财产权转移手续已办理完毕,发行人的主要资产不存在重大权属纠纷。 (5) 发行人的生产经营符合法律、行政法规和公司章程的规定,符合国家产业政策。 (6) 发行人最近 3 年内主营业务和董事、高级管理人员没有发生重大变化,实际控制人没有发生变更。 (7) 发行人的股权清晰,控股股东和受控股股东、实际控制人支配的股东持有的发行人股份不存在重大权属纠纷
规范运行	(1) 发行人已经依法建立健全股东大会、董事会、监事会、独立董事、董事会秘书制度,相关机构和人员能够依法履行职责。 (2) 发行人的董事、监事和高级管理人员已经了解与股票发行上市有关的法律法规,知悉上市公司及其董事、监事和高级管理人员的法定义务和责任。 (3) 发行人的董事、监事和高级管理人员符合法律、行政法规和规章规定的任职资格,且不得有下列情形:被中国证监会采取证券市场禁入措施尚在禁入期的;最近 36 个月内受到中国证监会行政处罚,或者最近 12 个月内受到证券交易所公开谴责;因涉嫌犯罪被司法机关立案侦查或者涉嫌违法违规被中国证监会立案调查,尚未有明确结论意见。 (4) 发行人的内部控制制度健全且被有效执行,能够合理保证财务报告的可靠性、生产经营的合法性、营运的效率与效果。 (5) 发行人不得有下列情形:最近 36 个月内未经法定机关核准,擅自公开或者变相公开发行过证券;或者有关违法行为虽然发生在 36 个月前,但目前仍处于持续状态;最近 36 个月内违反工商、税收、土地、环保、海关以及其他法律、行政法规,受到行政处罚,且情节严重;最近 36 个月内曾向中国证监会提出发行申请,但报送的发行申请文件有虚假记载、误导性陈述或重大遗漏;或者不符合发行条件以欺骗手段骗取发行核准;或者以不正当手段干扰中国证监会及其发行审核委员会审核工作;或者伪造、变造发行人或其董事、监事、高级管理人员的签字、盖章;本次报送的发行申请文件有虚假记载、误导性陈述或者重大遗漏;涉嫌犯罪被司法机关立案侦查,尚未有明确结论意见;严重损害投资者合法权益和社会公共利益的其他情形。 (6) 发行人的公司章程中已明确对外担保的审批权限和审议程序,不存在为控股股东、实际控制人及其控制的其他企业进行违规担保的情形。 (7) 发行人有严格的资金管理制度,不得有资金被控股股东、实际控制人及其控制的其他企业以借款、代偿债务、代垫款项或者其他方式占用的情形
财务与会计	(1) 发行人资产质量良好,资产负债结构合理,盈利能力较强,现金流量正常。 (2) 发行人的内部控制在所有重大方面是有效的,并由注册会计师出具了无保留结论的内部控制鉴证报告。 (3) 发行人会计基础工作规范,财务报表的编制符合企业会计准则和相关会计制度的规定,在所有重大方面公允地反映了发行人的财务状况、经营成果和现金流量,并由注册会计师出具了无保留意见的审计报告。

(续表)

财务与会计	(4) 发行人编制财务报表应以实际发生的交易或者事项为依据;在进行会计确认、计量和报告时应当保持应有的谨慎;对相同或者相似的经济业务,应选用一致的会计政策,不得随意变更。 (5) 发行人应完整披露关联方关系并按重要性原则恰当披露关联交易。关联交易价格公允,不存在通过关联交易操纵利润的情形。 (6) 发行人应当符合下列条件:最近 3 个会计年度净利润均为正数且累计超过人民币 3 000 万元,净利润以扣除非经常性损益前后较低者为计算依据;最近 3 个会计年度经营活动产生的现金流量净额累计超过人民币 5 000 万元;或者最近3 个会计年度营业收入累计超过人民币 3 亿元;发行前股本总额不少于人民币3 000万元;最近一期末无形资产(扣除土地使用权、水面养殖权和采矿权等后)占净资产的比例不高于 20%;最近一期末不存在未弥补亏损。中国证监会根据《关于开展创新企业境内发行股票或存托凭证试点的若干意见》等规定认定的试点企业(以下简称试点企业),可不适用前款规定。 (7) 发行人依法纳税,各项税收优惠符合相关法律法规的规定。发行人的经营成果对税收优惠不存在严重依赖。 (8) 发行人不存在重大偿债风险,不存在影响持续经营的担保、诉讼以及仲裁等重大或有事项。 (9) 发行人申报文件中不得有下列情形:故意遗漏或虚构交易、事项或者其他重要信息;滥用会计政策或者会计估计;操纵、伪造或篡改编制财务报表所依据的会计记录或者相关凭证。 (10) 发行人不得有下列影响持续盈利能力的情形:发行人的经营模式、产品或服务的品种结构已经或者将发生重大变化,并对发行人的持续盈利能力构成重大不利影响;发行人的行业地位或发行人所处行业的经营环境已经或者将发生重大变化,并对发行人的持续盈利能力构成重大不利影响;发行人最近 1 个会计年度的营业收入或净利润对关联方或者存在重大不确定性的客户存在重大依赖;发行人最近 1 个会计年度的净利润主要来自合并财务报表范围以外的投资收益;发行人在用的商标、专利、专有技术以及特许经营权等重要资产或技术的取得或者使用存在重大不利变化的风险;其他可能对发行人持续盈利能力构成重大不利影响的情形

2020 年 10 月 9 日,《国务院关于进一步提高上市公司质量的意见》(国发〔2020〕14 号)发布,再次明确"支持优质企业上市。全面推行、分步实施证券发行注册制。优化发行上市标准,增强包容性"。

二、 科创板市场

(一)科创板市场的发展及功能定位

2018 年 11 月 5 日,习近平总书记在首届中国国际进口博览会开幕式上正式宣布设立科创板。科创板是独立于现有上海证券交易所主板市场的新设板块。截至 2022 年 9 月 30 日,上海证券交易所科创板共计有 473 家企业上市。

科创板精确定位于"面向世界科技前沿、面向经济主战场、面向国家重大需求",主要服务于符合国家战略、突破关键核心技术、市场认可度高的科技创新企业,重点支持新一代信息科技、高端装备、新材料、新能源、节能环保以及生物医药等高新技术产业和战略性新兴产业。

(二)科创板首发上市标准

科创板首发上市标准如表 1.3 所示。

表 1.3　科创板首发上市标准

基本条件	(1) 发行人是依法设立且持续经营 3 年以上的股份有限公司,具备健全且运行良好的组织机构,相关机构和人员能够依法履行职责。有限责任公司按原账面净资产值折股整体变更为股份有限公司的,持续经营时间可以从有限责任公司成立之日起计算。 (2) 发行人会计基础工作规范,财务报表的编制和披露符合企业会计准则和相关信息披露规则的规定,在所有重大方面公允地反映了发行人的财务状况、经营成果和现金流量,并由注册会计师出具无保留意见的审计报告。 (3) 发行人内部控制制度健全且被有效执行,能够合理保证公司运行效率、合法合规和财务报告的可靠性,并由注册会计师出具无保留结论的内部控制鉴证报告。发行人业务完整,具有直接面向市场独立持续经营的能力:① 资产完整,业务及人员、财务、机构独立,与控股股东、实际控制人及其控制的其他企业间不存在对发行人构成重大不利影响的同业竞争,以及严重影响独立性或者显失公平的关联交易。② 发行人主营业务、控制权、管理团队和核心技术人员稳定,最近 2 年内主营业务和董事、高级管理人员及核心技术人员均没有发生重大不利变化;控股股东和受控股股东、实际控制人支配的股东所持发行人的股份权属清晰,最近 2 年实际控制人没有发生变更,不存在导致控制权可能变更的重大权属纠纷。③ 发行人不存在主要资产、核心技术、商标等的重大权属纠纷,重大偿债风险,重大担保、诉讼、仲裁等或有事项,经营环境已经或者将要发生的重大变化等对持续经营有重大不利影响的事项。 (4) 发行人生产经营符合法律、行政法规的规定,符合国家产业政策。 (5) 最近 3 年内,发行人及其控股股东、实际控制人不存在贪污、贿赂、侵占财产、挪用财产或者破坏社会主义市场经济秩序的刑事犯罪,不存在欺诈发行、重大信息披露违法或者其他涉及国家安全、公共安全、生态安全、生产安全、公众健康安全等领域的重大违法行为。 (6) 董事、监事和高级管理人员不存在最近 3 年内受到中国证监会行政处罚,或者因涉嫌犯罪被司法机关立案侦查,或者涉嫌违法违规被中国证监会立案调查,尚未有明确结论意见等情形

上市标准	科创板现行5套发行标准均以"预计市值"作为衡量标准,结合营业收入、净利润和研发投入等财务指标,为目前在关键领域通过持续研发投入,已具备核心技术或取得阶段性成果、拥有良好发展前景,但财务表现不一的各类科创企业提供了上市渠道,弱化了对当前盈利能力的考量,门槛较主板明显降低,多套上市标准如下(满足以下任一条件即可申报): (1) 预计市值不低于10亿元人民币,最近2年净利润均为正且累计净利润不低于5 000万元人民币,或者预计市值不低于10亿元人民币,最近1年净利润为正且营业收入不低于1亿元人民币。 (2) 预计市值不低于15亿元人民币,最近1年营业收入不低于2亿元人民币,且最近3年研发投入合计占最近3年营业收入的比例不低于15%。 (3) 预计市值不低于20亿元人民币,最近1年营业收入不低于人民币3亿元,且最近3年经营活动产生的现金流量净额累计不低于1亿元人民币。 (4) 预计市值不低于30亿元人民币,且最近1年营业收入不低于3亿元人民币。 (5) 预计市值不低于40亿元人民币,主要业务或产品需经国家有关部门批准,市场空间较大,目前已取得阶段性成果,并获得知名投资机构一定金额的投资。医药行业企业需取得至少一项一类新药二期临床试验批件,其他符合科创板定位的企业需具备明显的技术优势并满足相应条件
科创属性要求	申报科创板发行上市的发行人,应当属于下列行业领域的高新技术产业和战略性新兴产业:新一代信息技术领域,主要包括半导体和集成电路、电子信息、下一代信息网络、人工智能、大数据、云计算、软件、互联网、物联网和智能硬件等;高端装备领域,主要包括智能制造、航空航天、先进轨道交通、海洋工程装备及相关服务等;新材料领域,主要包括先进钢铁材料、先进有色金属材料、先进石化化工新材料、先进无机非金属材料、高性能复合材料、前沿新材料及相关服务等;新能源领域,主要包括先进核电、大型风电、高效光电光热、高效储能及相关服务等;节能环保领域,主要包括高效节能产品及设备、先进环保技术装备、先进环保产品、资源循环利用、新能源汽车整车、新能源汽车关键零部件、动力电池及相关服务等;生物医药领域,主要包括生物制品、高端化学药、高端医疗设备与器械及相关服务等;符合科创板定位的其他领域。 支持和鼓励科创板定位规定的相关行业领域中,同时符合下列4项指标的企业申报科创板上市: (1) 最近3年研发投入占营业收入比例5%以上,或最近3年研发投入金额累计在6 000万元以上。 (2) 研发人员占当年员工总数的比例不低于10%。 (3) 应用于公司主营业务的发明专利5项以上。 (4) 最近3年营业收入复合增长率达到20%,或最近1年营业收入金额达到3亿元。 采用《上海证券交易所科创板股票上市规则》第2.1.2条第一款第(5)项规定的上市标准申报科创板的企业,或按照《关于开展创新企业境内发行股票或存托凭证

（续表）

科创属性要求	试点的若干意见》等相关规则申报科创板的已在境外上市的红筹企业,可不适用上述第(4)项指标的规定;软件行业不适用上述第(3)项指标的要求,研发投入占比应在10%以上。 支持和鼓励科创板定位规定的相关行业领域中,虽未达到前述指标,但符合下列情形之一的企业申报科创板上市: (1) 发行人拥有的核心技术经国家主管部门认定具有国际领先、引领作用或者对于国家战略具有重大意义。 (2) 发行人作为主要参与单位或者发行人的核心技术人员作为主要参与人员,获得国家科技进步奖、国家自然科学奖、国家技术发明奖,并将相关技术运用于公司主营业务。 (3) 发行人独立或者牵头承担与主营业务和核心技术相关的国家重大科技专项项目。 (4) 发行人依靠核心技术形成的主要产品(服务),属于国家鼓励、支持和推动的关键设备、关键产品、关键零部件、关键材料等,并实现了进口替代。 (5) 形成核心技术和应用于主营业务的发明专利(含国防专利)合计50项以上。 限制金融科技、模式创新企业在科创板上市。禁止房地产和主要从事金融、投资类业务的企业在科创板上市

(三) 科创板上市的审核流程

根据《科创板首次公开发行股票注册管理办法(试行)》第四条,首次公开发行股票并在科创板上市,应当符合发行条件、上市条件以及相关信息披露要求,依法经上海证券交易所发行上市审核并报经中国证监会履行发行注册程序。具体程序如下:

1. 受理

(1) 辅导机构对拟申请首次公开发行股票并上市的公司开展辅导工作,并向发行人所在地的中国证监会派出机构出具辅导验收材料。辅导验收材料符合齐备性标准的,验收机构应当自收到齐备的辅导验收材料之日起20个工作日内向发行人出具《验收工作完成函》。《验收工作完成函》有效期为12个月,发行人应当在有效期内向上交所提交首次公开发行股票并上市的申请。

(2) 发行人应当通过保荐人向上交所提交发行上市申请文件,上交所收到发行上市申请文件后5个工作日内作出是否予以受理的决定。

2. 审核

上交所审核机构自受理之日起20个工作日内发出审核问询,发行人及保荐人应及时、逐项回复上交所的问询。审核机构认为不需要进一步问询的,将出具审核报告提交上市委员会。

(1)设置若干行业审核小组,探索对上市申请实行分行业审核。

(2)保荐人答复问询问题的全部时间为3个月,对每一次问询回复的时间没有明确要求,由保荐人合理安排进度和工作。

3. 上市委审议

上市委员会召开会议对审核报告及发行上市申请文件进行审议,与会委员就审核机构提出的初步审核意见提出审议意见。

上市委员会可以要求对发行人代表及其保荐人进行现场问询。上市委员会通过合议形成发行人是否符合发行条件、上市条件和信息披露要求的审议意见。

(1)审核部门承担主要的审核职责,出具审核报告;上市委员会与审核机构共同承担审核职责。这与核准制下的发审委制度①不同。

(2)上市委员会由5人组成,审议会议就审核报告的内容和发行上市审核机构提出的初步审核意见充分讨论后进行合议,按照少数服从多数的原则,形成同意或不同意发行上市的审议意见。

(3)上市委员会委员主要由上交所以外的专家和上交所相关专业人员组成,由上交所聘任,包括法律、财务、公募基金、行业专家和系统内人员。

4. 报送证监会

上交所结合上市委审议意见,出具发行人是否符合发行条件、上市条件和信息披露要求的审核意见。上交所审核通过的,将审核意见、相关审核资料和发行人的发行上市申请文件报送中国证监会履行注册程序。

5. 证监会注册

中国证监会在20个工作日内对发行人的注册申请作出同意或者不予注册的决定。

6. 发行上市

中国证监会同意注册的决定自作出之日起1年内有效,发行人应当按照

---

① 发审委制度是发行审核中的专家决策机制。每届发审委成立时,均按委员所属专业划分为若干审核小组,按工作量安排各小组依次参加初审会和发审会。各组中委员个人存在需回避事项的,按程序安排其他委员替补。

规定在注册决定有效期内发行股票,发行时点由发行人自主选择。

具体审核流程如图 1.2 所示。

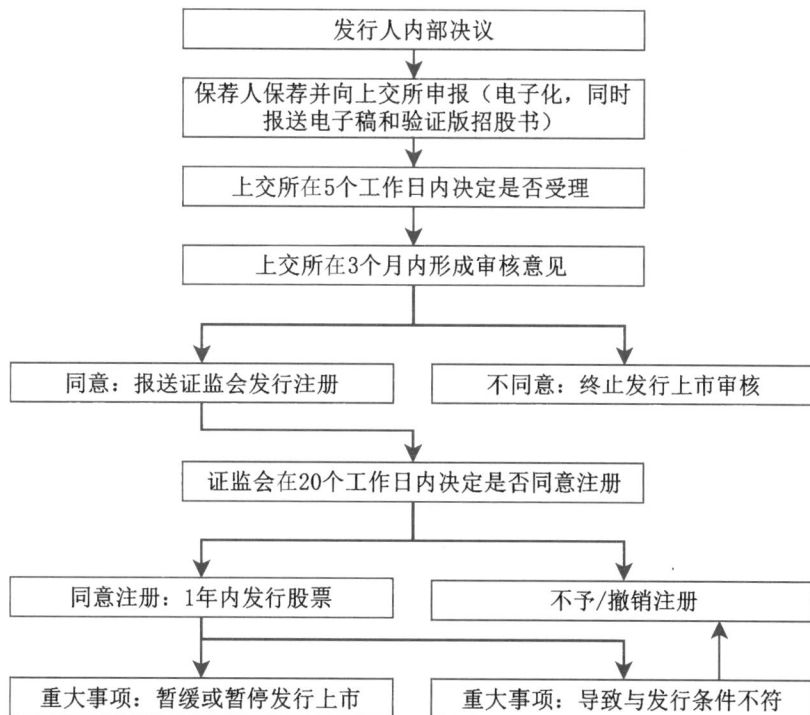

图 1.2　科创板上市审核流程

(四) 科创板的审核方式

科创板的审核方式如表 1.4 所示。

表 1.4　科创板的审核方式

问询式审核	(1) 以信息披露为中心,以投资者需求为导向,通过一轮或多轮审核问询,督促发行人充分披露与投资者投资决策相关的重要信息。 (2) 发行人、中介机构要及时、逐项回复问询,对审核问询的回复是发行上市申请文件的组成部分,发行人、中介机构要保证回复的真实、准确、完整,审核问询采用书面方式,电子化留痕。 (3) 审核问询和发行人及其中介机构的回复及时公开,使投资者能够清楚审核机构所关注的问题和风险点,引导投资者更好地理解公司

(续表)

分行业审核	(1) 审核部门根据不同行业的发展情况和风险特征设置若干行业审核小组,探索对发行上市申请实行分行业审核。 (2) 通过开展行业研究培训、在审核中学习和积累行业知识等方式,加深审核人员对行业的理解。 (3) 每家企业至少由法律、会计专业人员各 1 名进行审核,审核人员除了对企业法律、会计问题进行判断外,将结合具体行业特征,督促发行人从财务与非财务信息、定性与定量、价值与风险等多个角度为投资者提供决策信息
电子化审核	(1) 电子化审核:申请、受理、问询、回复等事项通过发行上市审核业务系统办理。 (2) 业务咨询、预约沟通均通过系统电子化办理。 (3) 无纸化,节约资源。 (4) 减少不必要的接触

三、 创业板市场

(一) 创业板市场的发展及功能定位

创业板是专为中小企业和高科技产业企业等需要进行融资和发展的企业提供融资途径与成长空间的证券交易板块,是对主板市场的重要补充,在资本市场占有重要地位。

创业板深入贯彻创新驱动发展战略,适应发展更多依靠创新、创造、创意的大趋势,主要服务于成长型创新创业企业,支持传统产业与新技术、新产业、新业态、新模式深度融合。2020 年 6 月 12 日,证监会发布《创业板首次公开发行股票注册管理办法(试行)》《创业板上市公司证券发行注册管理办法(试行)》《创业板上市公司持续监管办法(试行)》和《证券发行上市保荐业务管理办法》,自公布之日起施行。与此同时,中国证监会、深圳证券交易所、中国证券登记结算有限责任公司等发布了相关配套规则,创业板改革和注册制试点开始。

2020 年 8 月 24 日,深圳证券交易所创业板注册制首批企业上市。自创业板注册制实施之日起至 2022 年 9 月 30 日,深圳证券交易所创业板共计新增 380 家企业上市。

(二) 创业板的上市标准

创业板的上市标准如表 1.5 所示。

表 1.5 创业板的上市标准

基本条件	(1) 发行人是依法设立且持续经营 3 年以上的股份有限公司,具备健全且运行良好的组织机构,相关机构和人员能够依法履行职责。有限责任公司按原账面净资产值折股整体变更为股份有限公司的,持续经营时间可以从有限责任公司成立之日起计算。 (2) 发行人会计基础工作规范,财务报表的编制和披露符合企业会计准则和相关信息披露规则的规定,在所有重大方面公允地反映了发行人的财务状况、经营成果和现金流量,最近 3 年财务会计报告由注册会计师出具无保留意见的审计报告。 (3) 发行人内部控制制度健全且被有效执行,能够合理保证公司运行效率、合法合规和财务报告的可靠性,并由注册会计师出具无保留结论的内部控制鉴证报告。 (4) 发行人业务完整,具有直接面向市场独立持续经营的能力:① 资产完整,业务及人员、财务、机构独立,与控股股东、实际控制人及其控制的其他企业间不存在对发行人构成重大不利影响的同业竞争,不存在严重影响独立性或者显失公平的关联交易;② 主营业务、控制权和管理团队稳定,最近 2 年内主营业务和董事、高级管理人员均没有发生重大不利变化;控股股东和受控股股东、实际控制人支配的股东所持发行人的股份权属清晰,最近 2 年实际控制人没有发生变更,不存在导致控制权可能变更的重大权属纠纷;③ 不存在涉及主要资产、核心技术、商标等的重大权属纠纷,重大偿债风险,重大担保、诉讼、仲裁等或有事项,经营环境已经或者将要发生重大变化等对持续经营有重大不利影响的事项。 (5) 发行人生产经营符合法律、行政法规的规定,符合国家产业政策。 (6) 最近 3 年内,发行人及其控股股东、实际控制人不存在贪污、贿赂、侵占财产、挪用财产或者破坏社会主义市场经济秩序的刑事犯罪,不存在欺诈发行、重大信息披露违法或者其他涉及国家安全、公共安全、生态安全、生产安全、公众健康安全等领域的重大违法行为。 (7) 董事、监事和高级管理人员不存在最近 3 年内受到中国证监会行政处罚,或者因涉嫌犯罪正在被司法机关立案侦查或者涉嫌违法违规正在被中国证监会立案调查且尚未有明确结论意见等情形
一般企业 上市标准 (三选一)	发行人申请股票首次发行上市的,应当至少符合下列上市标准中的一项,发行人的招股说明书和保荐人的上市保荐书应当明确说明所选择的具体上市标准: (1) 最近 2 年净利润均为正,且累计净利润不低于人民币 5 000 万元。 (2) 预计市值不低于人民币 10 亿元,最近 1 年净利润为正且营业收入不低于人民币 1 亿元。 (3) 预计市值不低于人民币 50 亿元,且最近 1 年营业收入不低于人民币 3 亿元

(续表)

红筹企业 上市标准 (二选一)	符合《国务院办公厅转发证监会关于开展创新企业境内发行股票或存托凭证试点若干意见的通知》(国办发〔2018〕21号)等相关规定且最近一年净利润为正的红筹企业,可以申请其股票或存托凭证在创业板上市。营业收入快速增长,拥有自主研发、国际领先技术,同行业竞争中处于相对优势地位的尚未在境外上市的红筹企业,申请在创业板上市的,市值及财务指标应当至少符合下列标准中的一项: (1) 预计市值不低于100亿元,且最近1年净利润为正。 (2) 预计市值不低于50亿元,最近1年净利润为正且营业收入不低于5亿元。 前款所称营业收入快速增长,指符合下列标准之一: (1) 最近1年营业收入不低于5亿元的,最近3年营业收入复合增长率10%以上。 (2) 最近1年营业收入低于5亿元的,最近3年营业收入复合增长率20%以上。 (3) 受行业周期性波动等因素影响,行业整体处于下行周期的,发行人最近3年营业收入复合增长率高于同行业可比公司同期平均增长水平。 处于研发阶段的红筹企业和对国家创新驱动发展战略有重要意义的红筹企业,不适用"营业收入快速增长"的规定
特殊股权 结构企业 上市标准 (二选一)	发行人具有表决权差异安排的,市值及财务指标应当至少符合下列标准中的一项: (1) 预计市值不低于100亿元,且最近1年净利润为正。 (2) 预计市值不低于50亿元,最近1年净利润为正且营业收入不低于5亿元
行业要求	属于中国证监会公布的《上市公司行业分类指引(2012年修订)》中下列行业的企业,原则上不支持其申报在创业板发行上市,但与互联网、大数据、云计算、自动化、人工智能、新能源等新技术、新产业、新业态、新模式深度融合的创新创业企业除外:农林牧渔业;采矿业;酒、饮料和精制茶制造业;纺织业;黑色金属冶炼和压延加工业;电力、热力、燃气及水生产和供应业;建筑业;交通运输、仓储和邮政业;住宿和餐饮业;金融业;房地产业;居民服务、修理和其他服务业。 禁止产能过剩行业、《产业结构调整指导目录》中的淘汰类行业,以及从事学前教育、类金融业务的企业在创业板发行上市
成长型 创新创业 企业标准	本所支持和鼓励符合下列标准之一的成长型创新创业企业申报在创业板发行上市:① 最近3年研发投入复合增长率不低于15%,最近1年研发投入金额不低于1 000万元,且最近3年营业收入复合增长率不低于20%;② 最近3年累计研发投入金额不低于5 000万元,且最近3年营业收入复合增长率不低于20%;③ 属于制造业优化升级、现代服务业

| 成长型
创新创业
企业标准 | 或者数字经济等现代产业体系领域,且最近 3 年营业收入复合增长率不低于 30%。 |
| | 最近 1 年营业收入金额达到 3 亿元的企业,或者按照《关于开展创新企业境内发行股票或存托凭证试点的若干意见》等相关规则申报创业板的已境外上市红筹企业,不适用前款规定的营业收入复合增长率要求 |

（三）创业板的审核流程

拟创业板上市公司首次公开发行并上市的申请由深圳证券交易所受理审核,其审核流程与科创板上市的审核流程基本相同。

（四）创业板的审核方式

创业板的审核方式如表 1.6 所示。

表 1.6　创业板的审核方式

问询式审核	(1) 以信息披露为中心,以投资者需求为导向,通过一轮或多轮审核问询,督促发行人充分披露与投资者投资决策相关的重要信息。 (2) 发行人、中介机构要及时、逐项回复问询,对审核问询的回复是发行上市申请文件的组成部分,发行人、中介机构要保证回复的真实、准确、完整,审核问询采用书面方式,电子化留痕。 (3) 审核问询和发行人及其中介机构的回复及时公开,使投资者能够清楚审核机构所关注的问题和风险点,引导投资者更好地理解公司
分行业审核	(1) 审核部门根据不同行业的发展情况和风险特征设置若干行业审核小组,探索对发行上市申请实行分行业审核。 (2) 通过开展行业研究培训、在审核中学习和积累行业知识等方式,加深审核人员对行业的理解。 (3) 每家企业至少由法律、会计专业人员各 1 名进行审核,审核人员除了对企业法律、会计问题进行判断外,将结合具体行业特征,督促发行人从财务与非财务信息、定性与定量、价值与风险等多个角度为投资者提供决策信息
电子化审核	(1) 电子化审核:申请、受理、问询、回复等事项通过发行上市审核业务系统办理。 (2) 业务咨询、预约沟通均通过系统电子化办理。 (3) 无纸化,节约资源。 (4) 减少不必要的接触

四、北交所市场

(一)北交所的发展及功能定位

2021年9月2日,习近平总书记在中国国际服务贸易交易会全球服务贸易峰会上指出:将继续支持中小企业创新发展,深化新三板改革,设立北京证券交易所,打造服务创新型中小企业主阵地。2021年9月3日,北京证券交易所注册成立,是经国务院批准设立的中国第一家公司制证券交易所。2021年11月15日,北京证券交易所正式开市,新三板精选层原71家挂牌公司平移至北交所,另外10家已完成公开发行等程序的企业在北交所直接上市交易。截至2022年9月30日,北京证券交易所共计有114家企业上市。

北京证券交易所的总体建设思路为:总体平移精选层各项基础制度,坚持北京证券交易所上市公司由创新层公司产生,维持新三板基础层、创新层与北京证券交易所"层层递进"的市场结构,同步试点证券发行注册制。

北京证券交易所的战略定位将围绕以下原则进行:

(1)坚守"一个定位"。北京证券交易所将牢牢坚持服务创新型中小企业的市场定位,尊重创新型中小企业的发展规律和成长阶段,提升制度的包容性和精准性。

(2)处理好"两个关系"。一是北京证券交易所与沪深交易所、区域性股权市场坚持错位发展与互联互通,发挥好转板上市功能。二是北京证券交易所与新三板现有创新层、基础层坚持统筹协调与制度联动,维护市场结构平衡。

(3)实现"三个目标"。一是构建一套契合创新型中小企业特点的涵盖发行上市、交易、退市、持续监管、投资者适当性管理①的基础制度安排,提升多层次资本市场发展普惠金融的能力。二是畅通北京证券交易所在多层次资本市场的纽带作用,形成相互补充、相互促进的中小企业直接融资成长路径。三是培育一批专精特新中小企业,形成创新创业热情高涨、合格投资者踊跃参与、中介机构归位尽责的良性市场生态。

北交所坚持包容性特色,与主板、科创板、创业板坚持错位发展。从多

---

① 投资者适当性是指金融机构在销售金融产品的过程中应当遵守的标准和规定,并据此评估所出售的产品是否符合客户的财务状况和需求。

层次资本市场结构来看,在制度设计上,北交所与科创板和创业板在上市标准、上市公司行业范围等方面形成错位发展,丰富企业的成长路径,发挥资本市场对于推动科技、资本和实体经济高水平循环的枢纽作用。从上市标准看,北交所突出"更早、更小、更新",相较于科创板与创业板而言门槛相对较低,为偏小、偏早的企业提供专业的资本市场服务。从行业领域看,北交所鼓励"专精特新"①,行业范围广泛,包容性更强。北交所限制金融、房地产、产能过剩、淘汰类、学前教育、学科类培训等企业在北交所上市。截至2022 年 9 月 30 日,北交所已有 31 家国家级专精特新"小巨人"上市。

（二）北交所的上市标准

1. 主体资格

在全国股转系统连续挂牌满 12 个月的创新层挂牌公司。

2. 财务基础与合规要求

北交所的上市标准如表 1.7 所示。

表 1.7　北交所的上市标准

公开发行 上市条件	（1）发行人为在全国股转系统连续挂牌满 12 个月的创新层挂牌公司。 （2）符合中国证券监督管理委员会(以下简称中国证监会)规定的发行条件。 （3）最近 1 年期末净资产不低于 5 000 万元。 （4）向不特定合格投资者公开发行(以下简称公开发行)的股份不少于 100 万股,发行对象不少于 100 人。 （5）公开发行后,公司股本总额不少于 3 000 万元。 （6）公开发行后,公司股东人数不少于 200 人,公众股东持股比例不低于公司股本总额的 25%;公司股本总额超过 4 亿元的,公众股东持股比例不低于公司股本总额的 10%
市值及财务指标 (至少符合 1 项)	（1）预计市值不低于 2 亿元,最近 2 年净利润均不低于 1 500 万元且加权平均净资产收益率平均不低于 8%,或者最近 1 年净利润不低于 2 500 万元且加权平均净资产收益率不低于 8%。 （2）预计市值不低于 4 亿元,最近 2 年营业收入平均不低于 1 亿元,且最近 1 年营业收入增长率不低于 30%,最近 1 年经营活动产生的现金流量净额为正。

① 专精特新是指具有"专业化、精细化、特色化、新颖化"特征的工业中小企业。

（续表）

市值及财务指标 （至少符合 1 项）	(3) 预计市值不低于 8 亿元,最近 1 年营业收入不低于 2 亿元,最近 2 年研发投入合计占最近 2 年营业收入合计比例不低于 8%。 (4) 预计市值不低于 15 亿元,最近 2 年研发投入合计不低于 5 000 万元。 前款所称预计市值是指以发行人公开发行价格计算的股票市值
行业要求	发行人属于金融业、房地产业企业的,不支持其申报在北交所发行上市。 发行人生产经营应当符合国家产业政策。发行人不得属于产能过剩行业（产能过剩行业的认定以国务院主管部门的规定为准）、《产业结构调整指导目录》中规定的淘汰类行业,以及从事学前教育、学科类培训等业务的企业
不得存在的情形	(1) 最近 36 个月内,发行人及其控股股东、实际控制人,存在贪污、贿赂、侵占财产、挪用财产或者破坏社会主义市场经济秩序的刑事犯罪,存在欺诈发行、重大信息披露违法或者其他涉及国家安全、公共安全、生态安全、生产安全、公众健康安全等领域的重大违法行为。 (2) 最近 12 个月内,发行人及其控股股东、实际控制人、董事、监事、高级管理人员受到中国证监会及其派出机构行政处罚,或因证券市场违法违规行为受到全国中小企业股份转让系统有限责任公司（以下简称全国股转公司）、证券交易所等自律监管机构公开谴责。 (3) 发行人及其控股股东、实际控制人、董事、监事、高级管理人员因涉嫌犯罪正被司法机关立案侦查或涉嫌违法违规正被中国证监会及其派出机构立案调查,尚未有明确结论意见。 (4) 发行人及其控股股东、实际控制人被列入失信被执行人名单且情形尚未消除。 (5) 未按照《证券法》规定在每个会计年度结束之日起 4 个月内编制并披露年度报告,或者未在每个会计年度的上半年结束之日起 2 个月内编制并披露中期报告。 (6) 中国证监会和本所规定的,对发行人经营稳定性、直接面向市场独立持续经营的能力具有重大不利影响,或者存在发行人利益受到损害等其他情形

（三）北交所的转板机制

2022 年 1 月 7 日,中国证券监督管理委员会发布《中国证监会关于北京证券交易所上市公司转板的指导意见》,对《中国证监会关于全国中小企业股份转让系统挂牌公司转板上市的指导意见》进行了修订。

1. 总体路线

《转板意见》规定,试点期间,符合条件的北交所上市公司可以申请转板至上海证券交易所科创板或深圳证券交易所创业板(见图1.3)。

图 1.3 转板机制

2. 转板上市条件

北交所上市公司申请转板,应当已在北交所连续上市满 1 年,且符合转入板块的上市条件。转板公司申请转板至科创板或创业板上市,应当符合以下条件:

(1)《科创板首次公开发行股票注册管理办法(试行)》第十条至第十三条规定的发行条件,或《创业板首次公开发行股票注册管理办法(试行)》规定的发行条件。

(2)转板公司及其控股股东、实际控制人不存在最近 3 年受到中国证监会行政处罚,因涉嫌违法违规被中国证监会立案调查,尚未有明确结论意见,或者最近 12 个月受到北交所、全国中小企业股份转让系统有限责任公司公开谴责等情形。

(3)股本总额不低于人民币 3 000 万元。

(4)股东人数不少于 1 000 人。

(5)公众股东持股比例达到转板公司股份总数的 25% 以上;转板公司股本总额超过人民币 4 亿元的,公众股东持股的比例为 10% 以上。

(6)董事会审议通过转板相关事宜决议公告日前连续 60 个交易日(不包括股票停牌日)通过竞价交易方式实现的股票累计成交量不低于 1 000 万股。

(7)市值及财务指标符合本办法规定的标准。

（8）上交所或深交所规定的其他转板条件。

3. 转板程序

转板属于股票上市地的变更，不涉及股票公开发行，依法无需经中国证监会核准或注册，由上交所、深交所依据上市规则进行审核并作出决定。转板程序主要包括：企业履行内部决策程序后提出转板申请；上交所、深交所审核并作出是否同意上市的决定；企业在北交所终止上市后，在上交所或深交所上市交易。

提出转板申请的北交所上市公司，按照上交所、深交所有关规定聘请证券公司担任上市保荐人。鉴于企业公开发行股票并在北交所上市时，已经保荐机构核查，并在上市后接受保荐机构持续督导，对北交所上市公司转板的保荐要求和程序可以适当调整完善。

北交所上市公司转板的，股份限售应当遵守法律法规及上交所、深交所业务规则的规定。在计算北交所上市公司转板后的股份限售期时，原则上可以扣除在全国股转系统原精选层和北交所已经限售的时间。上交所、深交所对转板公司的控股股东、实际控制人、董监高等所持股份的限售期作出规定。

4. 监管安排

（1）严格转板审核。上交所、深交所建立高效透明的转板审核机制，依法依规开展审核。上交所、深交所在转板审核中，发现转板申请文件信息披露存在重大问题且未做出合理解释的，可以依据业务规则对拟转板公司采取现场检查等自律管理措施。转板的审核程序、申报受理情况、问询过程及审核结果应及时向社会公开。

（2）明确转板衔接。北交所应当强化上市公司的日常监管，督促申请转板的公司做好信息披露，加强异常交易监管，防范内幕交易、操纵市场等违法违规行为。上交所、深交所建立转板审核沟通机制，确保审核尺度基本一致。上交所、深交所、北交所建立转板监管衔接机制，就涉及的重要监管事项进行沟通协调，及时妥善解决转板过程中出现的各种新情况、新问题。

（3）压实中介机构责任。保荐机构及会计师事务所、律师事务所等证券服务机构应当按照中国证监会及上交所、深交所的相关规定，诚实守信、勤勉尽责，对申请文件和信息披露资料进行充分核查验证并发表明确意见。

上交所、深交所在转板审核中,发现保荐机构、证券服务机构等未按照规定履职尽责的,可以依据业务规则对保荐机构、证券服务机构等采取现场检查等自律管理措施。

(4)加强交易所审核工作监督。上交所、深交所在作出转板审核决定后,应当及时报中国证监会备案。中国证监会对上交所、深交所审核工作进行监督,定期或不定期对交易所审核工作进行现场检查或非现场检查。

(5)强化责任追究。申请转板的上市公司及相关中介机构应当严格遵守法律法规和中国证监会的相关规定。对于转板中的违法违规行为,中国证监会将依法依规严肃查处,上交所、深交所、北交所等应当及时采取相应的自律管理措施。

(四)北交所的审核流程

根据《北京证券交易所向不特定合格投资者公开发行股票注册管理办法》第四条,公开发行股票并在北交所上市,应当符合发行条件、上市条件以及相关信息披露要求,依法经北交所发行上市审核,并报中国证监会注册。

1. 受理

北交所实行电子化审核,申请、受理、问询、回复等事项均通过北交所审核系统办理。发行人通过保荐机构以电子文档形式向北交所提交申请文件。北交所在收到申请文件后5个工作日内作出是否受理的决定。受理当日,在北交所网站披露招股说明书等预先披露文件。

2. 审核机构审核

自受理之日起 20 个工作日内,北交所审核机构通过审核系统发出首轮问询。发行人及其保荐机构、证券服务机构应当及时、逐项回复审核问询事项。审核问询可多轮进行。

首轮问询发出前,发行人、保荐机构、证券服务机构及其相关人员不得与审核人员接触,不得以任何形式干扰审核工作。首轮问询发出后,发行人及其保荐机构、证券服务机构可与本所审核机构进行沟通;确需当面沟通的,应当预约。

北交所审核机构认为不需要进一步问询的,出具审核报告并提请上市委员会审议。

3. 上市委员会审议

上市委员会召开审议会议，对申请文件和审核机构的审核报告进行审议，通过合议形成发行人是否符合发行条件、上市条件和信息披露要求的审议意见。上市委员会进行审议时要求对发行人及其保荐机构进行现场问询的，发行人代表及保荐代表人应当到会接受问询，回答参会委员提出的问题。

北交所结合上市委员会审议意见，出具发行人符合发行条件、上市条件和信息披露要求的审核意见或作出终止发行上市审核的决定。

北交所自受理发行上市申请文件之日起 2 个月内形成审核意见，但发行人及其保荐机构、证券服务机构回复审核问询的时间，以及中止审核、请示有权机关、落实上市委员会意见、暂缓审议、处理会后事项、实施现场检查、实施现场督导、要求进行专项核查，并要求发行人补充、修改申请文件等情形，不计算在前述时限内。

4. 报送证监会

北交所审核通过的，向中国证监会报送发行人符合发行条件、上市条件和信息披露要求的审核意见、相关审核资料和发行人的发行上市申请文件。

中国证监会认为存在需要进一步说明或者落实事项的，可以要求北交所进一步问询。

5. 证监会注册

中国证监会在 20 个工作日内作出同意注册或不予注册的决定，通过要求北交所进一步问询、要求保荐机构和证券服务机构等对有关事项进行核查、对发行人现场检查等方式要求发行人补充、修改申请文件的时间不计算在内。

6. 发行上市

中国证监会同意注册的，发行人依照规定发行股票。中国证监会的予以注册决定，自作出之日起 1 年内有效，发行人应当在注册决定有效期内发行股票，发行时点由发行人自主选择。

（五）北交所的审核方式

北交所的审核方式如表 1.8 所示。

表 1.8　北交所的审核方式

问询式审核	（1）以信息披露为中心,以投资者需求为导向,通过一轮或多轮审核问询,督促发行人充分披露与投资者投资决策相关的重要信息。 （2）发行人、中介机构要及时、逐项回复问询,对审核问询的回复是发行上市申请文件的组成部分,发行人、中介机构要保证回复的真实、准确、完整,审核问询采用书面方式,电子化留痕。 （3）审核问询和发行人及其中介机构的回复及时公开,使投资者能够清楚审核机构所关注的问题和风险点,引导投资者更好地理解公司
电子化审核	（1）电子化审核:申请、受理、问询、回复等事项通过发行上市审核业务系统办理。 （2）业务咨询、预约沟通均通过系统电子化办理。 （3）无纸化,节约资源。 （4）减少不必要的接触
行业咨询委员会	北交所设立行业咨询委员会,负责为发行上市审核提供专业咨询和政策建议

五、 新三板市场

（一）新三板改革历程

三板市场源于 2001 年的"股权代办转让系统",最早承接两网公司和退市公司,被称为"老三板"。2006 年,中关村科技园区非上市股份公司进入代办转让系统进行股份报价转让,标志着"新三板"的诞生。随后,全国中小企业股份转让系统正式成立,成为国务院批准的全国证券交易场所。在持续推进改革的过程中,新三板将挂牌企业分为创新层和基础层,从而进行差异化管理。2019 年,证监会针对新三板深化全面改革,设立精选层,且符合条件的精选层企业可以直接转板上市。2021 年,北交所设立,精选层企业整体平移至北交所,形成了新三板基础层、创新层与北京证券交易所"层层递进"的市场结构。

新三板是中小企业登陆资本市场的有效通道,企业借助新三板定向募集资金,引进股权投资机构,促进其在市场中发展强大。在新三板与北交所"层层递进"的市场结构下,中小企业在市场中能够以合理的价格进行融资,买卖双方的正常交易需求也能够得到满足。市场功能、市场生态不断得到提升与完善,有利于中小企业持续健康发展。

(二)新三板挂牌条件

1. 新三板对挂牌企业的基本要求

全国中小企业股份转让系统有限责任公司按照"可把控、可举证、可识别"的原则,对《全国中小企业股份转让系统业务规则(试行)》规定的六项挂牌条件进行了细化,形成如下基本标准:

(1)依法设立且存续满两年。有限责任公司按原账面净资产值折股整体变更为股份有限公司的,存续时间可以从有限责任公司成立之日起计算。

(2)业务明确,具有持续经营能力。

(3)公司治理机制健全,合法规范经营。

(4)股权明晰,股票发行和转让行为合法合规。

(5)主办券商推荐并持续督导。

(6)全国中小企业股份转让系统公司要求的其他条件。

2. 新三板对挂牌企业的分层管理

2022年3月4日,为统筹新三板基础层、创新层与北京证券交易所之间的制度协同,完善新三板分层制度,全国中小企业股份转让系统有限责任公司(以下简称全国股转公司)修订了《全国中小企业股份转让系统分层管理办法》,2019年12月27日发布的《全国中小企业股份转让系统分层管理办法》同时废止(见图1.4)。

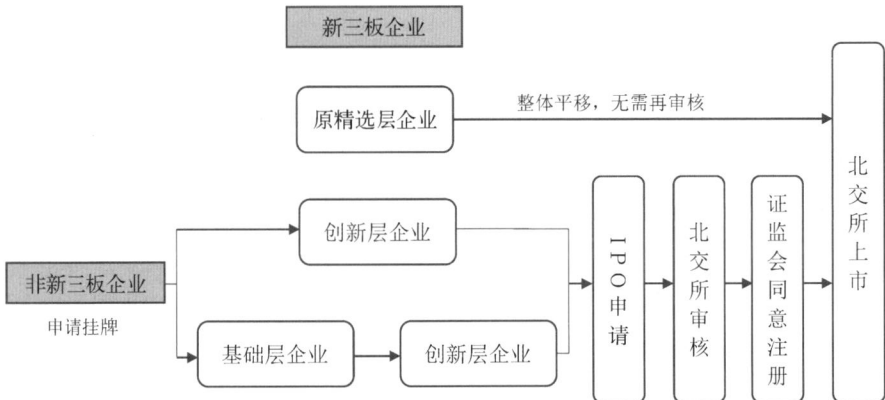

图1.4 新三板企业分层管理及上市流程

全国股转公司每年设置 6 次创新层进层实施安排。进层启动日分别为每年 1 月、2 月、3 月、4 月、5 月和 8 月的最后一个交易日。全国股转公司在各市场层级实行差异化的投资者适当性标准、股票交易方式、发行融资制度，以及不同的公司治理和信息披露等监督管理要求，针对各市场层级分别揭示证券交易行情、展示信息披露文件，为各市场层级挂牌公司提供差异化服务。

1）基础层

申请挂牌公司符合挂牌条件但未进入创新层的，应当自挂牌之日起进入基础层；挂牌公司未进入创新层和精选层的，也应当进入基础层。

2）创新层

挂牌公司进入创新层，应当符合以下条件（见表 1.9）。

表 1.9 新三板创新层进入条件

符合所列条件之一	（1）最近 2 年净利润均不低于 1 000 万元，最近 2 年加权平均净资产收益率平均不低于 6%，截至进层启动日的股本总额不少于 2 000 万元。 （2）最近 2 年营业收入平均不低于 8 000 万元，且持续增长，年均复合增长率不低于 30%，截至进层启动日的股本总额不少于 2 000 万元。 （3）最近 2 年研发投入累计不低于 2 500 万元，截至进层启动日的 24 个月内，定向发行普通股融资金额累计不低于 4 000 万元（不含以非现金资产认购的部分），且每次发行完成后以该次发行价格计算的股票市值均不低于 3 亿元。 （4）截至进层启动日的 120 个交易日内，最近有成交的 60 个交易日的平均股票市值不低于 3 亿元；采取做市交易方式的，截至进层启动日做市商家数不少于 4 家；采取集合竞价交易方式的，前述 60 个交易日通过集合竞价交易方式实现的股票累计成交量不低于 100 万股；截至进层启动日的股本总额不少于 5 000 万元
同时符合所列条件	（1）挂牌同时或挂牌后已完成定向发行普通股、优先股或可转换公司债券（以下简称可转债），且截至进层启动日完成的发行融资金额累计不低于 1 000 万元（不含以非现金资产认购的部分）。 （2）最近 1 年期末净资产不为负值。 （3）公司治理健全，截至进层启动日，已制定并披露经董事会审议通过的股东大会、董事会和监事会制度、对外投资管理制度、对外担保管理制度、关联交易管理制度、投资者关系管理制度、利润分配管理制度和承诺管理制度，已设董事会秘书作为信息披露事务负责人并公开披露。

(续表)

同时符合所列条件	(4) 中国证监会和全国股转公司规定的其他条件。 挂牌公司完成发行融资的时间,以定向发行普通股、优先股或可转债的挂牌交易日或挂牌转让日为准
以每年8月的最后一个交易日为进层启动日的挂牌公司,还应当同时符合所列条件	(1) 当年所披露中期报告的财务会计报告应当经符合《证券法》规定的会计师事务所审计,审计意见应当为标准无保留意见。 (2) 中期报告载明的营业收入和净利润均不低于上年同期水平
近12个月内或层级调整期间不得存在所列情形	(1) 挂牌公司或其控股股东、实际控制人因贪污、贿赂、侵占财产、挪用财产或者破坏社会主义市场经济秩序的行为被司法机关作出有罪判决,或刑事处罚未执行完毕。 (2) 挂牌公司或其控股股东、实际控制人因欺诈发行、重大信息披露违法或者其他涉及国家安全、公共安全、生态安全、生产安全、公众健康安全等领域的重大违法行为被处以罚款等处罚且情节严重,或者导致严重环境污染、重大人员伤亡、社会影响恶劣等情形。 (3) 挂牌公司或其控股股东、实际控制人、董事、监事、高级管理人员被中国证监会及其派出机构采取行政处罚,或因证券市场违法违规行为受到全国股转公司等自律监管机构公开谴责。 (4) 挂牌公司或其控股股东、实际控制人、董事、监事、高级管理人员因涉嫌犯罪正被司法机关立案侦查或涉嫌违法违规正被中国证监会及其派出机构立案调查,尚未有明确结论意见。 (5) 挂牌公司或其控股股东、实际控制人被列入失信被执行人名单且情形尚未消除。 (6) 未按照全国股转公司规定在每个会计年度结束之日起4个月内编制并披露年度报告,或者未在每个会计年度的上半年结束之日起2个月内编制并披露中期报告,因不可抗力等特殊原因导致未按期披露的除外。 (7) 最近2年财务会计报告被会计师事务所出具非标准审计意见的审计报告;仅根据本办法第七条第二项规定条件进入创新层的,最近3年财务会计报告被会计师事务所出具非标准审计意见的审计报告。 (8) 中国证监会和全国股转公司规定的其他情形
申请挂牌同时进入创新层的公司,应当符合所列条件之一	(1) 最近2年净利润均不低于1 000万元,最近2年加权平均净资产收益率平均不低于6%,股本总额不少于2 000万元。 (2) 最近2年营业收入平均不低于8 000万元,且持续增长,年均复合增长率不低于30%,股本总额不少于2 000万元。

(续表)

申请挂牌同时进入创新层的公司,应当符合所列条件之一	(3) 最近 2 年研发投入不低于 2 500 万元,完成挂牌同时定向发行普通股后,融资金额不低于 4 000 万元(不含以非现金资产认购的部分),且公司股票市值不低于 3 亿元。 (4) 在挂牌时即采取做市交易方式,完成挂牌同时定向发行普通股后,公司股票市值不低于 3 亿元,股本总额不少于 5 000 万元,做市商家数不少于 4 家,且做市商做市库存股均通过本次定向发行取得。 前款所称市值是指以申请挂牌公司挂牌同时定向发行普通股价格计算的股票市值
申请挂牌同时进入创新层的公司,同时还应当符合所列条件	(1) 完成挂牌同时定向发行普通股、优先股或可转债,且融资金额不低于 1 000 万元(不含以非现金资产认购的部分)。 (2) 符合本办法第八条第一款第二项和第三项的规定。 (3) 不存在本办法第十条第一项至第五项、第七项规定的情形。 (4) 中国证监会和全国股转公司规定的其他条件
创新层挂牌公司出现所列情形之一的,全国股转公司将其调整至基础层	(1) 最近 2 年净利润均为负值,且营业收入均低于 5 000 万元,或者最近 3 年净利润均为负值,且最近 2 年营业收入持续下降。 (2) 最近 1 年期末净资产为负值。 (3) 最近 1 年财务会计报告被会计师事务所出具否定意见或无法表示意见的审计报告,或者最近 1 年财务会计报告被会计师事务所出具保留意见的审计报告且净利润为负值。 (4) 半数以上董事无法保证年度报告或者中期报告内容的真实性、准确性、完整性或者提出异议。 (5) 因更正年度报告导致进层时不符合创新层进层条件,或者出现本款第一项至第四项规定情形。 (6) 不符合创新层进层条件,但依据虚假材料进入的。 (7) 未按照全国股转公司规定在每个会计年度结束之日起 4 个月内编制并披露年度报告,或者未在每个会计年度的上半年结束之日起 2 个月内编制并披露中期报告,因不可抗力等特殊原因导致未按期披露的除外。 (8) 进入创新层后,最近 24 个月内因不同事项受到中国证监会及其派出机构行政处罚或全国股转公司公开谴责的次数累计达到 2 次,或者因资金占用、违规对外担保受到中国证监会及其派出机构行政处罚或全国股转公司公开谴责,或者受到刑事处罚。 (9) 连续 60 个交易日,股票每日收盘价均低于每股面值。 (10) 仅根据本办法第七条第三项或第四项,或者第十一条第一款第三项或第四项进入创新层的挂牌公司,连续 60 个交易日,股票交易市值均低于 1 亿元的。

	(11) 中国证监会和全国股转公司规定的其他情形。 仅根据本办法第七条第三项或第四项,或者第十一条第一款第三项或第四项进入创新层的挂牌公司,不适用前款第一项的规定。 本条第一款第九项和第十项规定的连续 60 个交易日,不包括挂牌公司股票停牌日

六、 企业上市路径选择

(一) 境内企业

1. A 股市场上市

(1) 发行条件。满足相应的板块发行条件是选择上市的首要考虑因素,四个板块的发行条件参考上文。从财务条件来看,主板市场看重的是企业规模,细分领域的营收龙头或传统大型企业往往会选择主板市场,一般中小企业往往难以达到相应标准。此外,由于中小板在 2021 年 4 月 6 日与主板合并,且业务规则统一,运行监管模式统一,合并后上市条件不变,投资者门槛不变,交易机制不变,证券代码及简称合并,故视为一个主板市场,同样对中小企业来说难度较大。而科创板和创业板的财务要求相对灵活和宽松,况且是在注册制的审核制度下,科创板更加注重企业的创新性和技术实力,创业板更加注重企业的未来成长性和持续盈利能力,因此,这两个板块更加适合中小企业选择上市。

【案例 1-1】泽璟制药(688266.SH):科创板第五套标准首家上市企业

该公司是一家专注于肿瘤、出血及血液疾病、肝胆疾病等多个治疗领域的创新驱动型化学及生物新药研发企业。经过 10 年的发展,公司成功建立了 2 个新药创制核心技术平台,即精准小分子药物研发及产业化平台和复杂重组蛋白生物新药研发及产业化平台。以这两大技术及产业化平台为依托,公司自主研发了一系列具有专利保护的小分子新药和双/三特异抗体的产品管线,覆盖肝癌、非小细胞肺癌、结直肠癌、甲状腺癌、鼻咽癌、骨髓增殖性疾病等恶性肿瘤,以及出血、肝胆疾病、自身免疫性疾病等多个治疗领域。

公司符合并适用《上海证券交易所科创板股票发行上市审核规则》第二十二条第二款第(五)项规定的上市标准:预计市值不低于人民币 40 亿元,

主要业务或产品需经国家有关部门批准,市场空间大,目前已取得阶段性成果。医药行业企业需至少有 1 项核心产品获准开展二期临床试验,其他符合科创板定位的企业需具备明显的技术优势并满足相应条件。

【案例 1－2】寒武纪(688256.SH):科创板 AI 芯片第一股

公司自成立以来一直专注于人工智能芯片产品的研发与技术创新,致力于打造人工智能领域的核心处理器芯片,让机器更好地理解和服务人类。公司核心人员在处理器芯片和人工智能领域深耕 10 多年,带领公司研发了智能处理器指令集与微架构等一系列自主创新关键技术。经过不断的研发积累,公司产品在行业内赢得高度认可,广泛应用于消费电子、数据中心、云计算等诸多场景。

根据天健会计师出具的《审计报告》(天健审〔2020〕338 号),2019 年度公司经审计的营业收入为 44 393.85 万元,不低于人民币 2 亿元。公司最近 3 年累计研发投入合计 81 301.91 万元,占最近 3 年累计营业收入的比例为 142.93%,不低于 15%。结合发行人最近 1 年外部股权转让对应的估值情况以及可比公司在境内市场的近期估值情况,基于对发行人市值的预先评估,预计发行人发行后总市值不低于人民币 15 亿元。

综上,公司符合并适用《上海证券交易所科创板股票上市规则》第 2.1.2 条第(二)款规定的上市标准:预计市值不低于人民币 15 亿元,最近 1 年营业收入不低于人民币 2 亿元,且最近 3 年累计研发投入占最近 3 年累计营业收入的比例不低于 15%。

(2)行业属性和定位。对于行业归属和定位的要求,科创板和创业板存在一定的不同。

科创板首先判断公司的主营业务是否属于六大类高新技术产业和战略性新兴产业,其次是按照"4＋5"的科创属性评价指标从经营、研发、成长性和创新性对企业进行评定,包括 4 项常规指标和 5 项例外条款。在科创板的审核问询中,科创属性指标已经成为常规性的关注问题之一,主要包括技术先进性、专利纠纷、研发独立性、研发投入归集和研发人员的判定等,全面考察公司的"硬科技"特色,重点关注发行人的自我评估是否客观真实,优先支持符合国家战略、拥有先进技术、科技创新能力突出、成果转化能力突出、行业地位突出或者市场认可度高的科创企业上市。

创业板上市企业的行业定位依据《深圳证券交易所创业板企业发行上

市申报及推荐暂行规定》(2020)进行评定,文件中提到"属于中国证监会公布的《上市公司行业分类指引(2012 年修订)》中下列行业的企业,原则上不支持其申报在创业板发行上市,但与互联网、大数据、云计算、自动化、人工智能、新能源等新技术、新产业、新业态、新模式深度融合的创新创业企业除外:(一)农林牧渔业;(二)采矿业;(三)酒、饮料和精制茶制造业;(四)纺织业;(五)黑色金属冶炼和压延加工业;(六)电力、热力、燃气及水生产和供应业;(七)建筑业;(八)交通运输、仓储和邮政业;(九)住宿和餐饮业;(十)金融业;(十一)房地产业;(十二)居民服务、修理和其他服务业"。企业判断自身能否申报创业板,首先要考虑是否属于这 12 项负面清单。如果不属于,则可以进行申报;如果属于,则需要进一步论述是否与"三创四新"①的要求相符合。自该规定实施以来,仍然有属于负面清单的企业在创业板进行上市申报,具体举例如下。

【案例 1-3】三问家居股份有限公司

三问家居股份有限公司为全球中大型零售商和中高端品牌商提供特色家用纺织品、家居服饰和特色面料产品,具体包括客厅场景的靠垫、毯子、披巾,卧室场景的床品、浴袍、睡衣,以及家居休闲服、运动休闲服、配饰等。公司于 2020 年 12 月申报创业板,经过 3 轮反馈之后于 2021 年 9 月首发上会。按照证监会行业分类指引,公司招股书披露主营业务所处行业为"批发业",根据国家统计局《国民经济行业分类》(GB/T 4754—2017),公司所属行业为批发业(分类代码:F51),细分行业为纺织、服装及家庭用品批发(分类代码:F513)。在 3 轮反馈过程中创业板定位均被提问,发行人也进行了相应的回答,最终获得了审核通过。

【案例 1-4】三羊马(重庆)物流股份有限公司

三羊马(重庆)物流股份有限公司是一家主要通过公铁联运方式为汽车行业和快速消费品行业提供综合服务的第三方物流企业。公司于 2020 年 7 月申报创业板,经过 3 轮反馈后在 2020 年 11 月主动撤回材料,并于当年 12 月转报主板,在 2021 年 9 月 16 日的发审委会议上首发上市申请的审核结果为通过。按照证监会行业分类指引,公司所处行业为"交通运输、仓储和邮

① "三创四新"是指企业符合创新、创造、创意的大趋势,或者是传统产业与新技术、新产业、新业态、新模式深度融合。

政业",属于负面清单行业,但是根据《国民经济行业分类》(GB/T4754—2017),公司所处行业为"G5810多式联运",而"多式联运"为《新产业新业态新商业模式统计分类(2018)》(国统字〔2018〕111号)界定的"三创四新分类",故从行业分类和定位上符合创业板规定。

【案例1-5】深圳市金照明科技股份有限公司

这是一家集规划、设计、实施及运维于一体的城市照明综合服务提供商,主营业务包括照明统筹设计及建设、照明产品及信息平台定制与销售和照明设计。公司于2020年7月申报创业板,经过2轮反馈后在2021年4月主动撤回材料,并于当年6月重新申报转战主板市场。公司所处行业为"建筑业"下的"建筑装饰、装修和其他建筑业"中细分的"建筑装饰和装修业",行业代码为E501,按照证监会行业分类指引可以判断属于负面清单行业。2轮反馈均涉及对是否符合"三创四新"的提问。

【案例1-6】江苏鸿基节能新技术股份有限公司

公司致力于对地基基础及既有建筑维护改造的设计和施工。地基基础包括桩基施工、基坑支护、地基处理和边坡支护等,既有建筑维护改造包括隔震加固、结构补强、整体移位、纠偏、顶升/迫降、地下空间开发利用和文物保护等。公司于2020年7月申报创业板,经过3轮反馈在2021年3月上会被否决。按照证监会行业分类指引,公司所处行业为"建筑业",属于负面清单行业,被否决原因包括了发行人未能充分证明掌握并熟练运用行业通用技术属于传统产业与新技术的深度融合,也未能充分证明既有建筑维护改造属于新业态。

【案例1-7】亚洲渔港股份有限公司

公司主营业务为标准化生鲜餐饮食材的研发、销售及配送服务,是生鲜餐饮食材品牌供应商。产品主要为速冻海水深加工和初加工产品。公司以自有品牌"亚洲渔港"及旗下品牌产品主要面向餐饮渠道客户销售。公司于2020年7月申报创业板,经过3轮反馈在2022年2月上会被否决。根据《上市公司行业分类指引(2012年修订)》,公司属于"L72商务服务业",该行业不属于《深圳证券交易所创业板企业发行上市申报及推荐暂行规定》中规定的负面清单范围。被否决原因包括了发行人未能充分说明其"三创四新"特征,以及是否符合成长型创新创业企业的创业板定位要求。

【案例 1-8】浙江雅艺金属科技股份有限公司

公司主要从事户外火盆、气炉等户外休闲家具的研发、设计、生产和销售,公司总部设在武义茭道工业区,公司产品出口欧美国家,主要进入沃尔玛等大型超市。报告期内雅艺科技研发设计人员有 27～50 人,研发设计团队学历在大专、本科及以上的人数为 6～8 人。公司于 2020 年 11 月申报创业板,在经过 2 轮问询后于 2021 年 7 月通过了创业板上市委员会审核。根据中国证监会《上市公司行业分类指引(2012 年修订)》,公司所属行业为"C21 家具制造业",不属于《深圳证券交易所创业板企业发行上市申报及推荐暂行规定》中规定的负面清单范围。公司在上市审核过程中被问及"三创四新"属性及研发设计人员学历结构的合理性。根据回复,公司的主营产品较为细分,即便高学历人员也无法在学校中学习到相关知识和专业技能,且公司地理位置较为偏僻,加大了招聘员工的难度。公司目前研发设计人员学历结构具有合理性,满足产品设计及创新、创造、创意需求。此外,公司的研发设计能力和技术创新能力是公司创新、创造、创意特征的重要体现,自设立以来便不断通过自主研发形成火盆、气炉生产上的核心技术,并已形成了零部件复合冲压成型技术、金属零部件连续自动加工技术、自动化定制切压技术、自动喷塑技术等核心技术,符合创业板"三创四新"的定位。

从上面这些案例中,可以看到创业板对属于负面清单行业企业的上市审核仍保持一个较为严格的尺度,大多数无法审核通过,但部分公司由于符合"三创四新"的定位而得以通过,需要在反馈中详细论述相关理由来证明。

北交所主要服务于创新型中小企业,坚持与沪深交易所错位发展与互联互通,重点支持先进制造业和现代服务业等领域的企业,推动传统产业转型升级,培育经济发展新动能,促进经济高质量发展。北交所支持创新型中小企业上市发展,重点扶持一批"专精特新"企业,服务对象更早、更小、更新,在企业创新性上有很强的包容性,同时,北交所也是在这 3 个板块中上市财务门槛相对最低的板块。证监会也出台了相关的转板制度,给了北交所上市公司提供转板到科创板或创业板的机会。截至 2022 年 9 月 30 日,北交所设立后已有 3 家企业成功转板到科创板和创业板。

【案例 1-9】观典防务(688287.SH):北交所转科创板第一股

公司是国内领先的无人机服务提供商,也是国内最早从事无人机禁毒产品研发与服务产业化的企业,主营业务为无人机飞行服务与数据处理,无人机系统及智能防务装备的研发、生产与销售。公司在无人机整机、单项技术、行业应用等多方面,形成了拥有自主知识产权的核心技术和产品,覆盖无人机设计、生产应用与服务等全产业链。在飞行服务与数据处理方面,公司凭借自主研发的无人机,依托多年来自主创建并积累的飞行数据库和专业的数据处理技术,为客户提供项目策划、数据获取、数据解译、督导核查、情报研判等一体化解决方案,业务涵盖禁毒、反恐、资源调查、环境监测、应急救援等领域,在禁毒领域具有明显优势,相关科研项目获得公安部颁发的科学技术二等奖。

观典防务于 2021 年 10 月 20 日向上交所报送转板至科创板上市的申请材料,2021 年 11 月 10 日获受理,2022 年 1 月 27 日转板科创板过会,3 月 31 日转板获上交所同意,于 5 月 25 日在科创板上市。公司转板选取的上市标准为《上海证券交易所科创板股票上市规则》第 2.1.2 条规定的"(一)预计市值不低于人民币 10 亿元,最近 2 年净利润均为正且累计净利润不低于人民币 5 000 万元,或者预计市值不低于人民币 10 亿元,最近 1 年净利润为正且营业收入不低于人民币 1 亿元"。

【案例 1–10】诺思兰德(430047.BJ):北交所未盈利上市企业

公司为一家创新型生物制药企业,专业从事基因治疗药物、重组蛋白质类药物和眼科用药的研发、生产与销售,主要产品为生物工程新药(基因治疗药物、重组蛋白质类药物)和眼科药物,并依托自身技术平台提供技术转让和技术服务。生物工程新药为公司重点开发的产品,但因其开发周期长、投入大,公司同步开发了滴眼液化学仿制药。该类药物资金投入小、周期短、资金回笼快,可为生物工程新药的开发和公司持续运营提供资金支持。

公司于 2020 年 11 月 24 日挂牌精选层,并于 2021 年 11 月 15 日平移至北交所。公司适用《全国中小企业股份转让系统分层管理办法》第十五条第(四)项规定的精选层挂牌标准:市值不低于 15 亿元,最近 2 年研发投入合计不低于 5 000 万元。目前公司仍处于未盈利状态。

(3)发行市盈率。发行市盈率的高低决定了企业上市能募集多少资金。目前主板发行仍采取核准制,发行市盈率一般不超过 23 倍。科创板、创业板以及北交所的发行市盈率没有限制。目前来看,科创板和创业板主要通过询价的方式发行,少部分创业板发行适用定价发行规则。北交所主要按照定价方式发行①,少部分公司选择询价发行②。从 2022 年的数据统计来看,创业板发行市盈率大部分为 25～45 倍,科创板发行市盈率大部分为 30～50 倍,北交所发行市盈率大部分为 15～35 倍。整体来看,科创板的发行市盈率要高于创业板和北交所,但具体情况也要视公司而定,包括所属行业、成长性等。

(4) 审核速度和过会率。2020 年 12 月 4 日,上交所发布《上海证券交易所科创板股票发行上市审核规则(2020 年修订)》,明确审核时限为自受理发行上市申请文件之日起,交易所审核和中国证监会注册的时间总计不超过 3 个月,进一步加快了审核的节奏。此外,最新版的《创业板股票发行上市审核规则》也明确深交所审核和证监会注册的时间总计不超过 3 个月,发行人及其保荐人、证券服务机构回复问询不超过 3 个月。2021 年 11 月实施的《北交所股票上市规则》也明确规定北交所审核时间不超过 2 个月,发行人及其保荐人、证券服务机构回复问询不超过 3 个月。这些制度的实施更加细化了审核环节的具体时限和工作安排。主板并没有相关的规定来限定审核的时长,但为了解决"堰塞湖"的问题,监管部门在严把关口的同时提高了审核效率,排队积压情况得到了一定的缓解。2021 年 9 月 30 日—2022 年 9 月 30 日,主板的审核周期平均超过 1 年,创业板平均为 330 多天,科创板平均为 180 多天,北交所平均为 136 天。

从过会率来看,截至 2022 年 9 月 30 日,科创板自开板以来总计审核公司 608 家,已通过 515 家,通过率为 85%;创业板在 2020 年 8 月 24 日迎来首批注册制企业上市,总计审核公司 968 家,已通过 522 家,通过率为 54%;沪深主板近 3 年以来总计审核 539 家,已通过 253 家,通过率为 47%;北交所总计审核公司 213 家,已通过 139 家,通过率为 65%。基于中介机构对于企业上市问题的详细自查,注册制下对于信息披露的完整性、真实性、有效性提出了更高的要求,实际上各板块上会否决率均较低,大部分上市失败案例都是在审核阶段主动撤回申报材料。企业在尽调和辅导阶段配合中介机构完善相关申报工作,有助于提升申报效率和质量。

---

① 定价发行方式是指主承销商利用交易系统,按已经确认的上市价格向购买者发售股份。
② 询价发行方式是指给投资者一个询价区间(即申购价格上限和下限),然后根据投资者对该询价区间占大多数价格认同来确定发行价格后,以该价格进行配售。

综上所述,准备在境内上市的中小企业可以根据自身的财务情况、行业属性、经营模式等自主选择合适的板块上市。如果企业的科创属性较强,可以选择在科创板上市,从而获得更高的估值和发行市盈率,募集到更多的资金来投入研发、生产、经营活动;如果企业符合创业板"三创四新"的定位,则更适合在创业板上市;如果企业属于创新型中小企业,尤其是获评"专精特新"的企业,则可以考虑在北交所上市。

2. 港股市场上市

(1)上市方式。在中国内地注册的企业,可通过资产重组,经所属主管部门、国有资产管理部门(只适用于国有企业)及中国证监会审批,组建在中国内地注册的股份有限公司,即可申请在香港联交所发行 H 股。

(2)上市板块及条件。香港交易所目前有两个板块:主板和创业板。二者的上市条件对比如表 1.10 所示。

表 1.10　香港主板和创业板的上市条件比较

条件类别	香 港 主 板	香 港 创 业 板
市场目的	目的众多,包括为较大型、基础较佳以及具有盈利记录的公司筹集资金	为有主营业务增长的公司筹集资金
盈利要求	采用"盈利测试"标准的,上市前 3 个财政年度合计盈利 5 000 万港元(最近 1 年须达 2 000 万港元,再之前 2 年合计 3 000 万港元);采用"市值/收入"标准的,最近 1 个财政年度的收入至少为 5 亿港元;采用"市值/收入/现金流量测试"标准的,最近 1 个年度的收入至少为 5 亿港元,且前 3 个财政年度来自营运业务的现金流入至少 1 亿港元	无盈利要求
营业记录	不少于 3 个财政年度	须显示公司有紧接递交上市申请前 24 个月的"活跃业务记录",如营业额、总资产或上市时市值超过 5 亿港元,发行人可以申请将"活跃业务记录"减至 12 个月

(续表)

条件类别	香 港 主 板	香 港 创 业 板
主营业务	并无有关具体规定,但实际上,主营业务的盈利必须符合最低盈利的要求	须主要经营1项业务而非2项或多项不相干的业务,不过,涉及主营业务的周边业务是容许的
业务目标声明	并无有关规定,但申请人须列出1项有关未来计划及展望的概括说明	须载列申请人的整体业务目标,并解释公司如何计划于上市那个财政年度的余下时间及其后2个财政年度内达至该目标
最低市值	采用"盈利测试"标准的,新申请人预期在上市时市值不低于2亿港元;采用"市值/收入/现金流量测试"标准的,上市时市值至少为20亿港元;采用"市值/收入测试"标准的,上市时市值至少为40亿港元	无具体规定,但实际上在上市时不能少于4 600万港元;期权、权证或类似权利,上市时市值须达600万港元
最低公众持股	25%(如发行人市值超过40亿港元,则最低可降低为10%;如发行人预期市值超过100亿港元,可酌情降至15%~25%)	若公司在上市时的市值不超过40亿港元,则最低公众持股量须为25%,涉及金额至少须达3 000万港元;若公司在上市时的市值超过40亿港元,则最低公众持股量须为20%或使公司在上市时由公众人士持有的股份的市值至少达10亿港元的较高百分比。上述的最低公众持股量规定在任何时候均须符合。期权、权证或类似权利(权证)至少占到已发行权证数量的25%
股东人数	于上市时最少须有100名股东,而每100万港元的发行额须由不少于3名股东持有	于上市时公众股东至少有100名。如公司只能符合12个月"活跃业务记录"的要求,于上市时公众股东至少有300名
管理层、拥有权或控制权	至少前3个财政年度的管理层维持不变;至少经审计的最近1个财政年度的拥有权和控制权维持不变	除非在联交所接纳的特殊情况下,否则申请人必须于活跃记录期间在基本上相同的管理层及拥有权下运营

2022 年 10 月 19 日,香港特别行政区行政长官李家超在施政报告中称,将全面提升香港金融服务竞争力,港交所于 2023 年修改上市规则,为尚未达到利润和交易要求的先进科技企业融资提供便利。港交所于 2022 年 10 月发布了特专科技公司上市制度咨询文件,适用于五大特专科技行业的公司,包括新一代信息技术、先进硬件、先进材料、新能源及节能环保、新食品及农业技术,同时还设立了商业化企业收益方面的门槛为:经审计的最近 1 个会计年度特专科技业务所产生的收益至少达 2.5 亿港元。咨询文件主要内容如表 1.11 所示。

表 1.11 特专科技公司上市制度咨询文件

	已商业化公司	未商业化公司
预期市值	上市时至少 80 亿港元	上市时至少 150 亿港元
研发	从事研发至少 3 个会计年度	
	上市前 3 个会计年度每年研发投资金额占总营运开支至少 15%	上市前 3 个会计年度每年研发投资金额占总营运开支至少 50%
营业记录期	上市前须在管理层大致相若的条件下已于至少 3 个会计年度经营现有业务	
第三方投资	最低投资规定:上市申请人须获得来自资深独立投资者相当数额的投资。作为指标性基准,符合以下规定的申请人通常将被视为已获得"相当数额的投资": (1) 于上市申请日期的至少 12 个月前已获得来自至少 2 名符合条件的资深独立投资者的投资;在上市申请当日及上市申请前 12 个月期间,相关领航资深独立投资者一直各自持有相当于上市申请人于上市申请当日已发行股本 5% 或以上的股份或可换股证券。 (2) 于上市时至少获得来自所有资深独立投资者的以下合计投资金额	
	上市时预期市值大于等于 80 亿港元小于 200 亿港元,上市时最低投资总额(占已发行股本百分比)为 20%;上市时预期市值大于等于 200 亿港元小于 400 亿港元,上市时最低投资总额(占已发行股本百分比)为 15%;上市时预期市值大于等于 400 亿港元,上市时最低投资总额(占已发行股本百分比)为 10%	上市时预期市值大于等于 150 亿港元小于 200 亿港元,上市时最低投资总额(占已发行股本百分比)为 25%;上市时预期市值大于等于 200 亿港元小于 400 亿港元,上市时最低投资总额(占已发行股本百分比)为 20%;上市时预期市值大于等于 400 亿港元,上市时最低投资总额(占已发行股本百分比)为 15%

(续表)

	已商业化公司	未商业化公司
额外资格规定	—	(1) 证明及于上市文件中披露达至商业化收益门槛的可信路径。 (2) 有充足的营运资金(包括预期首次公开招股所得款项),足可应付集团未来至少12个月所需开支(须主要包括一般、行政及营运开支研究研发开支)的至少125%

(3)上市流程。上市流程有以下几个阶段。

第一阶段:委任上市保荐人、中介机构(会计师、律师、资产评估师等),确定大股东上市要求落实初步的销售计划。

第二阶段:制定上市方案并启动上市准备,进行审慎调查、评估和重组架构等工作,准备相关申报文件和材料,保荐人草拟售股章程;向中国证监会提交 H 股上市申请和要求的文件,取得中国证监会的受理函("小路条")。

第三阶段:递交香港上市文件予联交所审批;预备推广资料;邀请包销商;确定发行价;包销团分析员简介、编写公司研究报告并定稿。

第四阶段:取得中国证监会关于 H 股上市申请的批准("大路条");联交所聆讯批准上市申请;预路演,正式路演;公开招股、定价及分配;挂牌上市。

3. 中国境内企业在境外上市的主要形式

根据发行主体、证券种类、上市方式等可以进行各种分类,中国境内企业在境外上市的主要形式基本上可以归纳为直接上市、间接上市和其他方式,其中,间接上市为中国境内企业在境外上市采取的主要形式。直接上市与间接上市的主要区别如表 1.12 所示。

其他方式包括存托凭证和可转换债券等。存托凭证(depository receipts)[1],是境内公司为使其股票在境外流通,将一定数额的股票委托中间机构(通常为

---

① 存托凭证,又称存券收据或存股证。

表 1.12　直接上市与间接上市的主要区别

	直　接　上　市	间　接　上　市
含义	以境内公司的名义向境外证券主管部门机构提出发行股票的申请,并同时在境外证券市场申请挂牌上市	境内企业在境外注册公司、境外公司以收购等方式控制境内公司的资产,最后将境外公司通过境外交易所上市
发行人	中国境内注册的股份有限公司	境内自然人实际控制的开曼等境外主体
流通股	仅 H 股部分具有上市地位,内资股无法流通,大股东难以在二级市场套现	公司整体拥有上市地位,全部为流通股,大股东可在禁售期后自由买卖股票
审批要求	需中国证监会国际部和境外上市监管机构审批;审批流程较复杂	无须中国证监会国际部审批;审批流程简单
境外资本市场再融资	上市后境外资本市场再融资仍受境内监管机构监管	上市后境外资本市场再融资不受境内监管机构审批

银行)保管。由保管银行通知境外的存托银行在当地发行代表该股份的存托凭证,之后存托凭证便开始在境外证券交易所或柜台市场交易。可转换债券,是指债券持有人在一定条件下可按照发行时约定的价格将债券转换成公司的普通股票的债券。

(二) 红筹企业

红筹股这一概念诞生于 20 世纪 90 年代初期的香港股票市场。香港和国际投资者把在中国境外注册、在香港上市的那些带有中国内地概念的股票称为红筹股。

2018 年 3 月 30 日,《国务院办公厅转发证监会关于开展创新企业境内发行股票或存托凭证试点若干意见的通知》(国办发〔2018〕21 号)(简称《通知》)发布。《通知》中所称红筹企业,是指注册地在中国境外、主要经营活动在中国境内的企业。

红筹架构下,境内股权、业务和资产需注入境外实体,并通过境外实体(而非境内实体)实现在境外上市。根据境外实体对境内资产、业务等的不同控制方式,红筹架构可分为股权控制模式和协议控制模式(即通常所说的VIE 架构)。

(1) 股权控制模式。创始人和有关投资人在海外离岸地(多在开曼群岛)设立特殊目的公司作为上市主体(即境外融资主体),境外融资主体直接或间接(如通过香港子公司)在境内新设外商独资企业(即 WFOE)作为运营实体开展业务,或以并购方式将境内运营实体(即 OPCO)的股权或资产置于境外融资主体的控制之下(见图 1.5)。

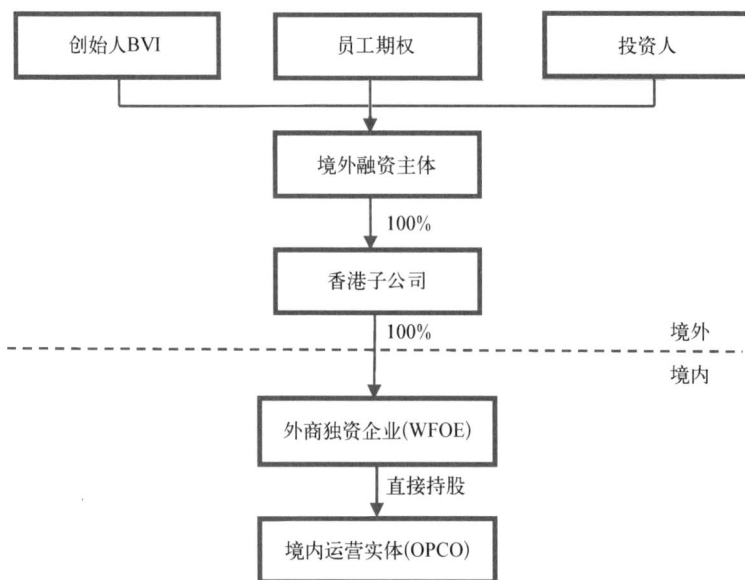

图 1.5 股权控制模式架构图

(2) 协议控制模式(VIE)。创始人和有关投资人先后设立境外融资主体、香港子公司(如有)、WFOE,并由 WFOE 与 OPCO(通常为持有有关资质、牌照的运营主体,且其股东一般均为境内自然人或企业)签署一系列控制协议(通常包括资产购买协议、独家服务协议、股权质押协议、表决权委托协议/委托书等),使境外融资主体得以间接实际控制 OPCO,并由此实现对OPCO 财务数据的并表(见图 1.6)。

1. A 股市场上市

2020 年 4 月证监会发布《关于创新试点红筹企业在境内上市相关安排的公告》,将已在境外上市红筹企业的市值要求调整为"二选一",即"市值不

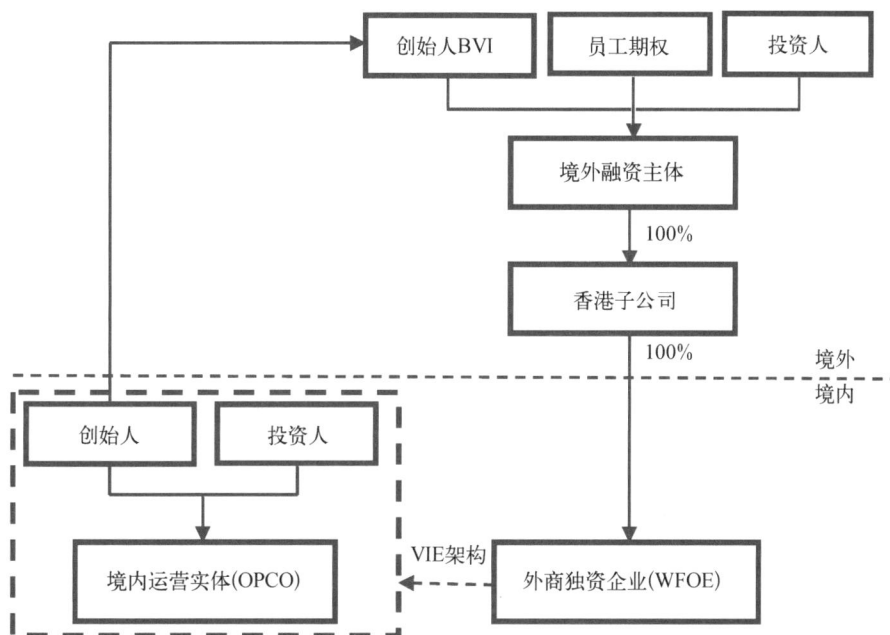

图 1.6　协议控制模式架构图

低于 2 000 亿元人民币"或"市值 200 亿元人民币以上,且拥有自主研发、国际领先技术,科技创新能力较强,在同行业竞争中处于相对优势地位",进一步降低了上市门槛。同年,上交所发布《关于红筹企业申报科创板发行上市有关事项的通知》,明确红筹企业申报科创板相关事项、信息披露要求及持续监管规定,在沿用科创板规定的同时,对红筹企业的上市条件进行了调整,使得红筹企业在科创板上市具备了实操依据。2021 年 9 月 17 日,证监会发布《关于扩大红筹企业在境内上市试点范围的公告》,将试点企业范围从互联网、大数据、云计算、人工智能、软件和集成电路、高端装备制造、生物医药等 7 个行业,进一步扩展至"新一代信息技术、新能源、新材料、新能源汽车、绿色环保、航空航天、海洋装备等高新技术产业和战略性新兴产业等 14 个行业"。未来预计将会有更多的红筹企业回归。随着不断探索回归之路,这些红筹企业也将会为中国资本市场带来新的活力。截至 2021 年 9 月 30 日,科创板有 6 家红筹架构企业上市发行,具体情况如表 1.13 所示。

表 1.13　A 股的红筹架构企业审核概况

代　码	公司名称	发行日期	上市标准	科创产业	拟募集资金（亿元）
688428	诺诚健华	2022 - 09 - 21	红筹股上市标准二	生物产业	29.19
688235	百济神州	2021 - 12 - 15	红筹股上市标准二	生物产业	221.60
688728	格科微	2021 - 08 - 18	红筹股上市标准二	新一代信息技术产业	35.93
689009	九号公司	2020 - 10 - 29	红筹股上市标准二	高端装备制造产业	13.34
688981	中芯国际	2020 - 07 - 16	红筹股上市标准二	新一代信息技术产业	532.30
688396	华润微	2020 - 02 - 27	红筹股上市标准二	新一代信息技术产业	43.13

2. 港股市场上市

红筹企业在联交所上市条件及流程同其他企业相同,上文已有所论述,不再赘述。港股市场红筹股和 H 股对比最明显的特点就是上市申请及再融资不需要中国证监会的审批,灵活度较高,但境内企业在境外注册的红筹企业仍然受到中国政府的法规监管。主要法律规范如下:

(1) 国家外汇管理局在 2015 年 2 月 13 日发布的《关于进一步简化和改进直接投资外汇管理政策的通知》(汇发〔2015〕13 号)(简称 13 号文)。

(2) 国家外汇管理局于 2014 年 7 月 14 日发布的《国家外汇管理局关于境内居民通过特殊目的公司境外投融资及返程投资外汇管理有关问题的通知》(汇发〔2014〕37 号)(简称 37 号文),同时废止 2005 年 11 月 1 日实施的汇发〔2005〕75 号(简称 75 号文)。

(3) 国家外汇管理局 2011 年 5 月 27 日发布的《境内居民通过境外特殊目的公司融资及返程投资外汇管理操作规程》(汇发〔2011〕19 号)(简称 19 号文)。

第〇二〇章

注册制下企业上市审核要点

第一节　科创板和创业板之重大问题审核问答[①]

一、法律问题

(一) 关于发行人的主体资格

1. 公司持续经营起算时间的计算

发行条件规定"发行人是依法设立且持续经营 3 年以上的股份有限公司"。有限责任公司按原账面净资产折股整体变更为股份有限公司的,持续经营时间可以从有限责任公司成立之日起计算。如有限公司以经评估的净资产折股设立股份公司,视同新设股份公司,业绩不可连续计算。

《创业板首次公开发行股票注册管理办法(试行)》中规定的"最近 1 年"以 12 个月计,"最近 2 年"以 24 个月计,"最近 3 年"以 36 个月计。

2. 控股股东、实际控制人位于国际避税区且持股层次复杂的企业申请上市

发行条件规定"控股股东和受控股股东、实际控制人支配的股东所持发行人的股份权属清晰"。对于控股股东、实际控制人设立在国际避税区且持股层次复杂的,保荐人和发行人律师应当对发行人设置此类架构的原因、合法性及合理性、持股的真实性、是否存在委托持股和信托持股、是否有各种影响控股权的约定、股东的出资来源等问题进行核查,说明发行人控股股东和受控股股东、实际控制人支配的股东所持发行人的股份权属是否清晰,以及发行人如何确保其公司治理和内控的有效性,并发表明确意见。

(二) 关于重大违法行为的判断

最近 3 年内,发行人及其控股股东、实际控制人在国家安全、公共安全、生态安全、生产安全、公众健康安全等领域,存在以下违法行为之一的,原则上视为重大违法行为:被处以罚款等处罚且情节严重;导致严重环境污染、重大人员伤亡、社会影响恶劣等。

[①]　信息来源:《上海证券交易所科创板股票发行上市审核问答》(2019 年 3 月 3 日由上海证券交易所发布)、《上海证券交易所科创板股票发行上市审核问答(二)》(2019 年 3 月 24 日由上海证券交易所发布)、《深圳证券交易所创业板股票首次公开发行上市审核问答》(2020 年 6 月 12 日由深圳证券交易所发布)。

有以下情形之一且中介机构出具明确核查结论的,可以不认定为重大违法:违法行为显著轻微,罚款数额较小;相关规定或处罚决定未认定该行为属于情节严重;有权机关证明该行为不属于重大违法。但违法行为导致严重环境污染、重大人员伤亡、社会影响恶劣等并被处以罚款等处罚的,不适用上述情形。

发行人合并报表范围内的各级子公司,若对发行人主营业务收入或净利润不具有重要影响(占比不超过5%),其违法行为可不视为发行人本身存在相关情形,但其违法行为导致严重环境污染、重大人员伤亡或社会影响恶劣的除外。

如被处罚主体为发行人收购而来,且相关处罚于发行人收购完成之前执行完毕,原则上不视为发行人存在相关情形。但发行人主营业务收入和净利润主要来源于被处罚主体或违法行为社会影响恶劣的除外。

最近3年内无重大违法行为的起算时点,从刑罚执行完毕或行政处罚执行完毕之日起计算。

(三) 关于董事、监事、高级管理人员及核心技术人员的稳定性

发行人应当根据企业生产经营需要和相关人员对企业生产经营发挥的实际作用,确定核心技术人员范围,并在招股说明书中披露认定情况和认定依据。原则上,核心技术人员通常包括公司技术负责人、研发负责人、研发部门主要成员、主要知识产权和非专利技术的发明人或设计人、主要技术标准的起草者等。

对发行人的董事、高级管理人员及核心技术人员是否发生重大不利变化的认定,应当本着实质重于形式的原则,综合两方面因素分析:一是最近2年内的变动人数及比例,在计算人数比例时,以上述人员合计总数作为基数;二是上述人员离职或无法正常参与发行人的生产经营是否对发行人生产经营产生重大不利影响。

变动后新增的上述人员来自原股东委派或发行人内部培养产生的,原则上不构成重大不利变化。发行人管理层因退休、调任等原因发生岗位变化的,原则上不构成重大不利变化,但发行人应当披露相关人员变动对公司生产经营的影响。

如果最近2年内发行人上述人员变动人数比例较大或上述人员中的核

心人员发生变化,进而对发行人的生产经营产生重大不利影响的,应视为发生重大不利变化。

（四）关于员工持股计划、期权激励计划的要求

1. 首发申报前实施员工持股计划

1）首发申报前实施员工持股计划的要求

发行人首发申报前实施员工持股计划的,应当体现增强公司凝聚力、维护公司长期稳定发展的导向,建立健全激励约束长效机制,有利于兼顾员工与公司的长远利益,为公司的持续发展夯实基础。原则上应当符合下列要求:

（1）发行人实施员工持股计划,应当严格按照法律、法规、规章及规范性文件要求履行决策程序,并遵循公司自主决定、员工自愿参加的原则,不得以摊派、强行分配等方式强制实施员工持股计划。

（2）参与持股计划的员工,与其他投资者权益平等,盈亏自负,风险自担,不得利用知悉公司相关信息的优势,侵害其他投资者的合法权益。

（3）员工入股应主要以货币出资,并按约定及时足额缴纳。按照国家有关法律法规,员工以科技成果出资入股的,应提供所有权属证明并依法评估作价,及时办理财产权转移手续。

（4）发行人实施员工持股计划,可以通过公司、合伙企业、资产管理计划等持股平台间接持股,并建立健全持股在平台内部的流转、退出机制,以及股权管理机制。

（5）参与持股计划的员工因离职、退休、死亡等原因离开公司的,其间接所持股份权益应当按照员工持股计划的章程或相关协议约定的方式处置。

2）员工持股计划计算股东人数的原则

根据《首发业务若干问题解答》《深圳证券交易所创业板股票首次公开发行上市审核问答》《科创板发行上市审核动态》（2021 年第 1 期）的相关规定,关于员工持股计划计算股东人数的原则如下:

（1）依法以公司制企业、合伙制企业、资产管理计划等持股平台实施的员工持股计划,在计算公司股东人数时,按 1 名股东计算。

（2）参与员工持股计划时为公司员工,离职后按照员工持股计划章程或协议约定等仍持有员工持股计划权益的人员,可不视为外部人员。

（3）新《证券法》施行之前（即 2020 年 3 月 1 日之前）设立的员工持股计划，参与人包括少量外部人员的，可不做清理，在计算公司股东人数时，公司员工部分按照 1 名股东计算，外部人员按实际人数穿透计算。

2. 首发申报前制定、准备在上市后实施的期权激励计划

发行人存在首发申报前制定、上市后实施的期权激励计划的，应体现增强公司凝聚力、维护公司长期稳定发展的导向。原则上应符合下列要求：

（1）激励对象应当符合上市规则的相关规定。

（2）激励计划的必备内容与基本要求、激励工具的定义与权利限制、行权安排、回购或终止行权、实施程序等内容，应参考《上市公司股权激励管理办法》的相关规定予以执行。

（3）期权的行权价格由股东自行商议确定，但原则上不应低于最近 1 年经审计的净资产或评估值。

（4）发行人全部在有效期内的期权激励计划所对应股票数量占上市前总股本的比例原则上不得超过 15％，且不得设置预留权益。

（5）在审期间，发行人不应新增期权激励计划，相关激励对象不得行权。

（6）在制定期权激励计划时应充分考虑实际控制人稳定，避免上市后因期权行权导致实际控制人发生变化。

（7）激励对象在发行人上市后行权认购的股票，应承诺自行权日起 3 年内不减持，同时承诺上述期限届满后比照董事、监事及高级管理人员的相关减持规定执行。

（五）关于历史上工会、职工持股会持股

1. 工会及职工持股会持股的规范要求

考虑到发行条件对发行人控股权权属清晰的要求，发行人控股股东或实际控制人存在职工持股会或工会持股情形的，应当予以清理。

对于间接股东存在职工持股会或工会持股情形的，如不涉及发行人实际控制人控制的各级主体，发行人不需要清理，但应予以充分披露。

2. 自然人股东人数较多的核查要求

对于历史沿革涉及较多自然人股东的发行人，保荐机构、发行人律师应当核查历史上自然人股东入股、退股（含工会、职工持股会清理等事项）是否按照当时有效的法律法规履行了相应程序，入股或股权转让协议、款项收付凭证、工商登记资料等法律文件是否齐备,并抽取一定比例的股东进行访谈,就相关自然人股东股权变动的真实性、所履行程序的合法性、是否存在委托持股或信托持股情形、是否存在争议或潜在纠纷发表明确意见。

（六）关于申报前后新增股东

1. 申报前新增股东

对申报前通过增资或股权转让产生的股东,主要考察申报前1年新增的股东,关注发行人新股东的基本情况,产生新股东的原因,股权转让或增资的价格及定价依据,有关股权变动是否为双方真实意思表示,是否存在争议或潜在纠纷,新股东与发行人其他股东、董事、监事、高级管理人员、本次发行中介机构负责人及其签字人员是否存在亲属关系、关联关系、委托持股、信托持股或其他利益输送安排,新股东是否具备法律、法规规定的股东资格。

股份锁定方面,控股股东和实际控制人持有的股份上市后锁定3年。申报前12个月内新增股东的,新增股东应当承诺所持新增股份自取得之日起36个月内不得转让。申报前6个月内进行增资扩股的,新增股份的持有人应当承诺:新增股份自发行人完成增资扩股工商变更登记手续之日起锁定3年。在申报前6个月内从控股股东或实际控制人处受让的股份,应比照控股股东或实际控制人所持股份进行锁定。控股股东和实际控制人的亲属所持股份应比照该股东本人进行锁定。

2. 申报后新增股东

申报后,通过增资或股权转让产生新股东的,原则上发行人应当撤回发行上市申请,重新申报。但股权变动未造成实际控制人变更,未对发行人控股权的稳定性和持续经营能力造成不利影响,且符合下列情形的除外:新股东的产生系因继承、离婚、执行法院判决或仲裁裁决、执行国家法律政策要求或由省级及以上人民政府主导,且新股东承诺其所持股份上市后36个月之内不转让、不上市交易（继承、离婚原因除外）。

（七）关于"三类股东"

发行人在新三板挂牌期间形成契约性基金、信托计划、资产管理计划等"三类股东"的,中介机构和发行人应从以下方面核查披露相关信息:

（1）中介机构应核查确认公司控股股东、实际控制人、第一大股东不属于"三类股东"。

（2）中介机构应核查确认发行人的"三类股东"依法设立并有效存续,已纳入国家金融监管部门的有效监管,并已按照规定履行审批、备案或报告程序,其管理人也已依法注册登记。

（3）发行人应当按照首发信息披露准则的要求对"三类股东"进行信息披露。通过协议转让、特定事项协议转让和大宗交易方式形成的"三类股东",中介机构应对控股股东、实际控制人、董事、监事、高级管理人员及其近亲属,本次发行的中介机构及其负责人、高级管理人员、经办人员是否直接或间接在该等"三类股东"中持有权益进行核查并发表明确意见。

（4）中介机构应核查确认"三类股东"已作出合理安排,可确保符合现行锁定期和减持规则要求。

（八）关于历史上存在出资瑕疵或改制瑕疵

1. 历史上存在出资瑕疵

历史上存在出资瑕疵的,应当在申报前依法采取补救措施。保荐机构和发行人律师应当对出资瑕疵事项的影响及发行人或相关股东是否因出资瑕疵受到过行政处罚,是否构成重大违法行为及本次发行的法律障碍,是否存在纠纷或潜在纠纷进行核查并发表明确意见。发行人应当充分披露存在的出资瑕疵事项、采取的补救措施,以及中介机构的核查意见。

2. 历史上存在改制瑕疵

对于发行人是国有企业、集体企业改制而来的或历史上存在挂靠集体组织经营的企业,若改制过程中法律依据不明确、相关程序存在瑕疵或与有关法律法规存在明显冲突,原则上发行人应在招股说明书中披露有权部门关于改制程序的合法性、是否造成国有或集体资产流失的意见。

（九）关于对赌协议

1. 对赌协议①的一般规定

投资机构在投资发行人时约定对赌协议等类似安排的,原则上要求发行人在申报前清理,但同时满足以下要求的可以不清理:一是发行人不作为对赌协议当事人;二是对赌协议不存在可能导致公司控制权变化的约定;三

---

① 对赌协议是投资协议的核心组成部分,是对企业估值的调整,是带有附加条件的价值评估方式,是投资方与融资方在达成融资协议时,对未来的不确定情况进行的一种约定。

是对赌协议不与市值挂钩;四是对赌协议不存在严重影响发行人持续经营能力或者其他严重影响投资者权益的情形。保荐人及发行人律师应当就对赌协议是否符合上述要求发表明确的核查意见。

发行人应当在招股说明书中披露对赌协议的具体内容、对发行人可能存在的影响等,并进行风险提示。

2. 红筹企业对赌协议优先权利特别安排

红筹企业向投资机构发行带有约定赎回权等优先权利的股份或可转换债券(以下统称优先股),发行人和投资机构应当约定并承诺在申报和发行过程中不行使优先权利,并于上市前终止优先权利,转换为普通股。投资机构按照其取得优先股的时点适用相应的锁定期要求。

发行人应当在招股说明书中披露优先股的入股和权利约定情况、转股安排及股东权利变化情况,转股对发行人股本结构、公司治理及财务报表等的影响,股份锁定安排和承诺等,并进行充分的风险提示。

保荐人、发行人律师及申报会计师应当对优先股投资人入股的背景及相关权利约定进行核查,并就转股安排和转股前后股东权利的变化、转股对发行人的具体影响、相关承诺及股份锁定期是否符合要求等发表专项核查意见。

发行人获准发行上市后,应当与投资机构按照约定和承诺及时终止优先权利,转换为普通股。发行人应当在向证券交易所提交的股票或者存托凭证上市申请中,说明转股结果及其对发行人股本结构、公司治理及财务报表等的实际影响。保荐人、发行人律师及申报会计师应当对优先股转股完成情况及其影响进行核查并发表意见。

(十) 关于同业竞争

同业竞争的"同业"是指竞争方从事与发行人主营业务相同或相似的业务。核查认定该相同或相似的业务是否与发行人构成"竞争"时,应按照实质重于形式的原则,结合相关企业历史沿革、资产、人员、主营业务(包括但不限于产品服务的具体特点、技术、商标商号、客户、供应商等)等方面与发行人的关系,以及业务是否有替代性、竞争性,是否有利益冲突,是否在同一市场范围内销售等,论证是否与发行人构成竞争;不能简单以产品销售地域不同、产品的档次不同等认定不构成同业竞争。注册制下各板块对于同业竞争的审核要求主要如下。

1. 创业板

申请在创业板上市的企业,应与控股股东、实际控制人及其控制的其他企业间不存在对发行人构成重大不利影响的同业竞争。如存在同业竞争情形,认定同业竞争是否构成重大不利影响时,保荐人及发行人律师应结合竞争方与发行人的经营地域、产品或服务的定位,同业竞争是否会导致发行人与竞争方之间的非公平竞争、是否会导致发行人与竞争方之间存在利益输送、是否会导致发行人与竞争方之间相互或者单方让渡商业机会情形,对未来发展的潜在影响等方面,核查并出具明确意见。竞争方的同类收入或毛利占发行人主营业务收入或毛利的比例达30%以上的,如无充分相反证据,原则上应认定为构成重大不利影响。

发行人应当结合目前经营情况、未来发展战略等,在招股说明书中充分披露未来对上述构成同业竞争的资产、业务的安排,以及避免上市后出现重大不利影响的措施。

2. 科创板

申请在科创板上市的企业,应与控股股东、实际控制人及其控制的其他企业间不存在对发行人构成重大不利影响的同业竞争。如存在同业竞争情形,认定同业竞争是否构成重大不利影响时,保荐机构及发行人律师应结合竞争方与发行人的经营地域、产品或服务的定位,同业竞争是否会导致发行人与竞争方之间的非公平竞争,是否会导致发行人与竞争方之间存在利益输送,是否会导致发行人与竞争方之间出现相互或者单方让渡商业机会的情形,对未来发展的潜在影响等方面,核查并出具明确意见。竞争方的同类收入或毛利占发行人该类业务收入或毛利的比例达30%以上的,如无充分相反证据,原则上应认定为构成重大不利影响。

发行人应在招股说明书中披露以下内容:一是竞争方与发行人存在同业竞争的情况;二是保荐机构及发行人律师针对同业竞争是否对发行人构成重大不利影响的核查意见和认定依据。

3. 北交所

发行人与控股股东、实际控制人及其控制的其他企业间如存在同业竞争情形,认定同业竞争是否对发行人构成重大不利影响时,保荐机构及发行人律师应结合竞争方与发行人的经营地域、产品或服务的定位,同业竞争是否会导致发行人与竞争方之间的非公平竞争、是否会导致发行人与竞争方之间存在利益输送、是否会导致发行人与竞争方之间相互或者单方让渡商业机会情形,对未来发展的潜在影响等方面,核查并出具明确意见。

发行人应在招股说明书中,披露保荐机构及发行人律师针对同业竞争是否对发行人构成重大不利影响的核查意见和认定依据。

(十一) 关于资产来自上市公司或经租赁、授权使用

1. 发行人部分资产来自上市公司的关注要点

(1) 发行人取得上市公司资产的背景、所履行的决策程序、审批程序与信息披露情况,是否符合法律法规、交易双方公司章程以及证监会和证券交易所有关上市公司监管和信息披露要求,是否存在争议或潜在纠纷。

(2) 发行人及其关联方的董事、监事和高级管理人员在上市公司及其控制公司的历史任职情况及合法合规性,是否存在违反竞业禁止义务的情形;上述资产转让时,发行人的董事、监事和高级管理人员在上市公司的任职情况,与上市公司及其董事、监事和高级管理人员是否存在亲属及其他密切关系。如存在上述关系,在相关决策程序的履行过程中,上述人员是否回避表决或采取了保护非关联股东利益的有效措施。

(3) 资产转让完成后,发行人及其关联方与上市公司之间是否就上述转让资产存在纠纷或诉讼。

(4) 发行人及其关联方的董事、监事、高级管理人员以及上市公司在转让上述资产时是否存在损害上市公司及其中小投资者合法利益的情形。

(5) 发行人来自上市公司的资产置入发行人的时间,在发行人资产中的占比情况,对发行人生产经营的作用。

(6) 境内外上市公司分拆子公司在科创板上市,是否符合相关规定。

2. 发行人租赁控股股东、实际控制人房产或者商标、专利、主要技术来自控股股东、实际控制人的授权使用的关注要点

对于发行人租赁控股股东、实际控制人房产或者商标、专利、主要技术来自控股股东、实际控制人的授权使用的,交易所通常关注以下方面: 相关资产的具体用途,对发行人的重要程度,未投入发行人的原因,租赁或授权使用费用的公允性,是否能确保发行人长期使用,今后的处置方案,等等,并就该等情况是否对发行人资产完整和独立性构成重大不利影响发表明确

意见。

如发行人存在以下情形之一的,发行人应当重点关注:

(1) 生产型企业的发行人,其生产经营所必需的主要厂房、机器设备等固定资产系向控股股东、实际控制人租赁使用。

(2) 发行人的核心商标、专利、主要技术等无形资产是由控股股东、实际控制人授权使用。

(十二) 关于实际控制人的认定

1. 实际控制人认定的基本要求

实际控制人是拥有公司控制权的主体。在确定公司控制权归属时,应当本着实事求是的原则,尊重企业的实际情况,以发行人自身的认定为主,由发行人股东予以确认。保荐机构、发行人律师应通过对公司章程、协议或其他安排以及发行人股东大会(股东出席会议情况、表决过程、审议结果、董事提名和任命等)、董事会(重大决策的提议和表决过程等)、监事会及发行人经营管理的实际运作情况的核查,对实际控制人认定发表明确意见。

发行人股权较为分散但存在单一股东控制比例达到 30% 的情形的,若无相反的证据,原则上应将该股东认定为控股股东或实际控制人。

2. 共同实际控制人

法定或约定形成的一致行动关系并不必然导致多人共同拥有公司控制权的情况,发行人及中介机构不应为扩大履行实际控制人义务的主体范围或满足发行条件而作出违背事实的认定。通过一致行动协议主张共同控制的,无合理理由的(如第一大股东为纯财务投资人),一般不能排除第一大股东为共同控制人。实际控制人的配偶、直系亲属,如其持有公司股份达到 5% 以上,或者虽未超过 5% 但是担任公司董事、高级管理人员并在公司经营决策中发挥重要作用,除非有相反证据,原则上应认定为共同实际控制人。

共同实际控制人签署一致行动协议的,应当在协议中明确发生意见分歧或纠纷时的解决机制。对于作为实际控制人亲属的股东所持的股份,应当比照实际控制人自发行人上市之日起锁定 36 个月。

3. 实际控制人变动的特殊情形

实际控制人为单名自然人或有亲属关系的多名自然人,实际控制人去世导致股权变动,股权受让人为继承人的,通常不视为公司控制权发生变更。

4. 实际控制人认定中涉及股权代持情形的处理

实际控制人认定中涉及股权代持情况的,发行人、相关股东应说明存在代持的原因,并提供支持性证据。对于存在代持关系但不影响发行条件的,发行人应在招股说明书中如实披露,保荐机构、发行人律师应出具明确的核查意见。如经查实,股东之间知晓代持关系的存在,且对代持关系没有异议,代持的股东之间没有纠纷和争议,则应将代持股份还原至实际持有人。发行人及中介机构通常不应以股东间存在代持关系为由,认定公司控制权未发生变动。对于以表决权让与协议、一致行动协议等方式认定实际控制人的,比照代持关系进行处理。

(十三) 关于股票锁定期

发行人控股股东和实际控制人所持股份自发行人股票上市之日起 36 个月内不得转让。对于发行人没有或难以认定实际控制人的,为确保发行人股权结构稳定,正常生产经营不因发行人控制权发生变化而受到影响,要求发行人的股东按持股比例从高到低依次承诺其所持股份自上市之日起锁定 36 个月,直至锁定股份的总数不低于发行前 A 股股份总数的 51%。

位列上述应予以锁定 51% 股份范围的股东,符合下列情形之一的,不适用上述锁定 36 个月的规定:员工持股计划;持股 5% 以下的股东;非发行人第一大股东且符合一定条件的创业投资基金股东。其中,"符合一定条件的创业投资基金股东"是指符合《私募基金监管问答——关于首发企业中创业投资基金股东的认定标准》的创业投资基金。

对于存在刻意规避股份限售期要求的,交易所将按照实质重于形式的原则,要求相关股东参照控股股东、实际控制人的限售期进行股份锁定。

(十四) 关于发行人与关联方共同投资行为

发行人如存在与其控股股东、实际控制人、董事、监事、高级管理人员及其亲属直接或者间接共同设立公司的情形,交易所主要关注以下事项:

(1) 相关公司的基本情况,包括但不限于公司名称、成立时间、注册资本、住所、经营范围、股权结构、最近一年又一期主要财务数据及简要历史沿革。

(2) 发行人与上述主体共同设立公司的背景、原因和必要性,发行人出资是否合法合规,出资价格是否公允。

（3）如发行人与共同设立的公司存在业务或资金往来的,还应关注相关交易的交易内容、交易金额、交易背景以及相关交易与发行人主营业务之间的关系。中介机构应当核查相关交易的真实性、合法性、必要性、合理性及公允性,是否存在损害发行人利益的行为。

（4）如公司共同投资方为董事、高级管理人员及其近亲属,中介机构应核查说明公司是否符合《公司法》第 148 条规定,即董事、高级管理人员未经股东会或者股东大会同意,不得利用职务便利为自己或者他人谋取属于公司的商业机会,自营或者为他人经营与所任职公司同类的业务。

（十五）关于劳务外包

部分首发企业存在将较多的劳务活动交由专门劳务外包公司实施的情况的,交易所主要关注以下方面:

（1）劳务公司的经营合法合规性等情况,比如是否为独立经营的实体,是否具备必要的专业资质,业务实施及人员管理是否符合相关法律法规的规定,发行人与其发生业务交易的背景及是否存在重大风险。

（2）劳务公司是否专门或主要为发行人服务,如存在主要为发行人服务的情形,应关注其合理性及必要性,关联关系的认定及披露是否真实、准确、完整。

（3）中介机构对于该类情形应当从实质重于形式角度按关联方的相关要求进行核查,并特别考虑其按规范运行的经营成果对发行人财务数据的影响,以及对发行人是否符合发行条件的影响。

（4）劳务公司的构成及变动情况,劳务外包合同的主要内容,劳务数量及费用变动是否与发行人的经营业绩相匹配,劳务费用定价是否公允,是否存在跨期核算情形。

二、 财务问题

（一）关于股改时公司存在累计未弥补亏损

部分科创企业因前期技术研发、市场培育等方面投入较大,在有限责任公司整体变更为股份有限公司前,存在累计未弥补亏损。此类发行人可以依照发起人协议,履行董事会、股东会等内部决策程序后,以不高于净资产金额折股,通过整体变更设立股份有限公司的方式解决以前累计未弥补亏损,持续经营时间可以从有限责任公司成立之日起计算。整体变更存在累计未弥补亏损,或者因会计差错更正追溯调整报表而致使整体变更时存在累计未弥补亏损的,发行人可以在完成整体变更的工商登记注册后提交发行上市申请文件,不受运行 36 个月的限制。

(二)关于研发支出资本化

发行人内部研究开发项目的支出,应按照《企业会计准则——基本准则》《企业会计准则第 6 号——无形资产》等相关规定进行确认和计量。研究阶段的支出,应于发生时计入当期损益;开发阶段的支出,应按规定在同时满足会计准则列明的条件时,才能确认为无形资产。

在初始确认和计量时,发行人应结合研发支出资本化相关内控制度的健全性和有效性,对照会计准则规定的相关条件,逐条具体分析进行资本化的开发支出是否同时满足上述条件。在后续计量时,相关无形资产的预计使用寿命和摊销方法应符合会计准则规定,按规定进行减值测试并足额计提减值准备。

(三)关于科研项目相关政府补助

发行人科研项目相关政府补助的非经常性损益列报应当符合以下要求。

1. 会计处理要求

发行人将科研项目政府补助计入当期收益的,应结合补助条件、形式、金额、时间及补助与公司日常活动的相关性等,说明相关会计处理是否符合《企业会计准则第 16 号——政府补助》的规定。

2. 非经常性损益列报要求

发行人应结合承担科研项目是否符合国家科技创新发展规划,相关政府补助的会计处理方法,补助与公司正常经营业务的相关性,补助是否具有持续性等情况,说明将政府补助相关收益列入经常性损益而未列入非经常性损益是否符合《公开发行证券的公司信息披露解释性公告第 1 号——非经常性损益》的规定。

(四)关于财务内控

部分企业在提交申报材料的审计截止日前存在财务内控不规范情形,主要包括:为满足贷款银行受托支付要求,在无真实业务支持的情况下,通过供应商等取得银行贷款或为客户提供银行贷款资金走账通道(简称"转贷"行为);为获得银行融资,向关联方或供应商开具无真实交易背景的商业票据,进行票据贴现后获得银行融资;与关联方或第三方直接进行资金拆借;因外销业务结算需要,通过关联方或第三方代收货款(内销业务应自主独立结算);利用个人账户对外收付款项;出借公司账户为他人收付款项;等等。

发行人应当严格按照现行法规、规则、制度的要求对涉及的财务内控不规范情形进行整改或纠正。在提交申报材料前,保荐机构在上市辅导期间,应会同申报会计师、发行人律师,帮助发行人强化内部控制制度建设并执行有效性检查。具体要求可从以下方面把握:

(1)首发企业申请上市成为上市公司,需要建立、完善并严格实施相关财务内部控制制度,保护中小投资者的合法权益。发行人在报告期内作为非上市公司,在财务内控方面存在上述不规范情形的,应通过中介机构上市辅导完成整改或纠正(如收回资金、结束不当行为等措施)和相关内控制度建设,达到与上市公司要求一致的财务内控水平。

(2)对首次申报审计截止日前报告期内存在的财务内控不规范情形,中介机构应根据有关情形发生的原因及性质、时间及频率、金额及比例等因素,综合判断是否构成对内控制度有效性的重大不利影响,是否属于主观故意或恶意行为并构成重大违法违规。

(3)发行人已按照程序完成相关问题整改或纠正的,中介机构应结合此前不规范情形的轻重或影响程度的判断,全面核查、测试并确认发行人整改后的内控制度是否已合理、正常运行并持续有效,出具明确的核查意见。

(4)首次申报审计截止日后,发行人原则上不能再出现上述内控不规范和不能有效执行的情形。

(5)发行人的销售结算应自主独立,内销业务通常不应通过关联方或第三方代收货款,外销业务如确有必要通过关联方或第三方代收货款且能够充分提供合理性证据的,最近1年(期)收款金额原则上不应超过当年营业收入的30%。

(五) 关于第三方回款

企业收到的销售回款通常是来自签订经济合同的往来客户,实务中,发行人可能存在部分销售回款由第三方代客户支付的情形,该情形可能影响销售确认的真实性。第三方回款通常是指发行人收到的销售回款的支付方(如银行汇款的汇款方、银行承兑汇票或商业承兑汇票的出票方式或背书转让方)与签订经济合同的往来客户不一致的情况。

1. 第三方回款应当符合的条件

企业在正常经营活动中存在的第三方回款,通常情况下应考虑是否符合以下条件:

(1)与自身经营模式相关,符合行业经营特点,具有必要性和合理性,例如境外客户指定付款等。

(2)第三方回款的付款方不是发行人的关联方。

(3)第三方回款与相关销售收入钩稽一致,具有可验证性,不影响销售循环内部控制有效性的认定,申报会计师已对第三方回款及销售确认相关内部控制的有效性发表明确的核查意见。

(4)能够合理区分不同类别的第三方回款,相关金额及比例处于合理可控范围,最近一期通常不高于当期收入的15%。

2. 可以不纳入第三方回款统计的情形

以下情况可不作为最近一期第三方回款限制比例的统计范围:

(1)客户为个体工商户或自然人,其通过家庭约定由直系亲属代为支付货款,经中介机构核查无异常的。

(2)客户为自然人控制的企业,该企业的法定代表人、实际控制人代为支付货款,经中介机构核查无异常的。

(3)客户所属集团通过集团财务公司或指定相关公司代客户统一对外付款,经中介机构核查无异常的。

(4)政府采购项目指定财政部门或专门部门统一付款,经中介机构核查无异常的。

(5)通过应收账款保理、供应链物流等合规方式或渠道完成付款,经中介机构核查无异常的。

3. 发行人报告期内存在第三方回款

如发行人报告期存在第三方回款,交易所重点关注以下方面:

(1)第三方回款的真实性,是否存在虚构交易或调节账龄的情形。

(2)第三方回款形成收入占营业收入的比例。

（3）第三方回款的原因、必要性及商业合理性。

（4）发行人及其实际控制人、董监高或其他关联方与第三方回款的支付方是否存在关联关系或其他利益安排。

（5）境外销售涉及境外第三方的，其代付行为的商业合理性或合法合规性。

（6）报告期内是否存在因第三方回款导致的货款归属纠纷。

（7）如签订合同时已明确约定由其他第三方代购买方付款，该交易安排是否具有合理原因。

（8）资金流、实物流与合同约定及商业实质是否一致。

（六）关于会计政策、会计估计变更或会计差错更正

发行人在申报前的上市辅导和规范阶段，如发现存在不规范或不谨慎的会计处理事项并进行审计调整的，应当符合《企业会计准则第 28 号——会计政策、会计估计变更和会计差错更正》和相关审计准则的规定，并保证发行人提交首发申请时的申报财务报表能够公允地反映发行人的财务状况、经营成果和现金流量。申报会计师应按要求对发行人编制的申报财务报表与原始财务报表的差异比较表出具审核报告并说明差异调整原因，保荐机构应核查差异调整的合理性与合规性。

同时，报告期内发行人会计政策和会计估计应保持一致性，不得随意变更，若有变更应符合企业会计准则的规定。如无充分、合理的证据表明会计政策或会计估计变更的合理性，或者未经批准擅自变更会计政策或会计估计的，或者连续、反复地自行变更会计政策或会计估计的，视为滥用会计政策或会计估计。

首发材料申报后，发行人如存在会计政策、会计估计变更事项，应当依据《企业会计准则第 28 号——会计政策、会计估计变更和会计差错更正》的规定，对首次提交的财务报告进行审计调整或补充披露，相关变更事项应符合专业审慎原则，与同行业上市公司不存在重大差异，不存在影响发行人会计基础工作规范性及内控有效性情形。

首发材料申报后，发行人如出现会计差错更正事项，应充分考虑差错更正的原因、性质、重要性与累积影响程度。交易所重点关注：会计差错更正的时间和范围，是否反映发行人存在故意遗漏或虚构交易事项或者其他重

要信息,滥用会计政策或者会计估计,操纵、伪造或篡改编制财务报表所依据的会计记录等情形;差错更正对发行人的影响程度,是否符合《企业会计准则第 28 号——会计政策、会计估计变更和会计差错更正》的规定,发行人是否存在会计基础工作薄弱和内控缺失、相关更正信息是否已恰当披露等问题。

首发材料申报后,如发行人同一会计年度内因会计基础薄弱、内控不完善、必要的原始资料无法取得、审计疏漏等原因,除特殊会计判断事项外,导致会计差错更正累积净利润影响数达到当年净利润的 20% 以上(如为中期报表差错更正则以上一年度净利润为比较基准)或净资产影响数达到当年(期)末净资产的 20% 以上,滥用会计政策或者会计估计,以及因恶意隐瞒或舞弊行为导致重大会计差错更正的,视为发行人在会计基础工作规范及相关内控方面不符合发行条件。

(七)关于尚未盈利或最近一期存在累计未弥补亏损

1. 发行人信息披露要求

尚未盈利或最近一期存在累计未弥补亏损的发行人,应结合行业特点分析并披露该等情形的成因,如:产品仍处于研发阶段,未形成实际销售;产品尚处于推广阶段,未取得客户的广泛认同;产品与同行业公司相比技术含量或品质仍有差距,未产生竞争优势;产品产销量较小,单位成本较高或期间费用率较高,尚未体现规模效应;产品已趋于成熟并在报告期内实现盈利,但由于前期亏损较多,导致最近一期仍存在累计未弥补亏损;其他原因。发行人还应说明尚未盈利或最近一期存在累计未弥补亏损是偶发性因素还是经常性因素导致。

发行人应充分披露尚未盈利或最近一期存在累计未弥补亏损对公司现金流、业务拓展、人才吸引、团队稳定性、研发投入、战略性投入、生产经营可持续性等方面的影响。

尚未盈利的发行人应当披露未来是否可实现盈利的前瞻性信息,对其产品、服务或者业务的发展趋势、研发阶段以及达到盈亏平衡状态时主要经营要素需要达到的水平进行预测,并披露相关假设基础;存在累计未弥补亏损的发行人应当分析并披露在上市后的变动趋势。披露前瞻性信息时应当声明其假设的数据基础及相关预测具有重大不确定性,提醒投资者进行投资决策时应谨慎使用。

尚未盈利或最近一期存在累计未弥补亏损的发行人,应充分披露相关风险因素,包括但不限于:未来一定期间无法盈利或无法进行利润分配的风险,收入无法按计划增长的风险,研发失败的风险,产品或服务无法得到客户认同的风险,资金状况、业务拓展、人才引进、团队稳定、研发投入等方面受到限制或影响的风险,等等。未盈利状态持续存在或累计未弥补亏损继续扩大的,应分析触发退市条件的可能性,并充分披露相关风险。

尚未盈利或最近一期存在累计未弥补亏损的发行人,应当披露依法落实保护投资者合法权益规定的各项措施,还应披露本次发行前累计未弥补亏损是否由新老股东共同承担以及已履行的决策程序。尚未盈利企业还应披露其控股股东、实际控制人和董事、监事、高级管理人员按照相关规定作出的关于减持股份的特殊安排或承诺。

2. 中介机构核查要求

保荐人及申报会计师应充分核查上述情况,对发行人尚未盈利或最近一期存在累计未弥补亏损是否影响发行人持续经营能力明确发表结论性意见。

(八)关于经销商模式下的收入确认

发行人采取经销商销售模式的,交易所重点关注其收入实现的真实性,包括经销商具体业务模式及采取经销商模式的必要性,经销商模式下收入确认是否符合企业会计准则的规定,经销商选取标准、日常管理、定价机制(包括营销、运输费用承担和补贴等)、物流(是否直接发货给终端客户)、退换货机制、销售存货信息系统等方面的内控是否健全并有效执行,经销商是否与发行人存在关联关系,对经销商的信用政策是否合理,等等。

发行人应就经销商模式的相关情况进行充分披露,主要包括:经销商和发行人是否存在实质和潜在关联关系,发行人同行业可比上市公司采用经销商模式的情况,发行人通过经销商模式实现的销售比例和毛利是否显著大于同行业可比上市公司,经销商是否专门销售发行人产品,经销商的终端销售及期末存货情况,报告期内经销商是否存在较多新增与退出情况,经销商是否存在大量个人等非法人实体,经销商回款是否存在大量现金和第三方回款,等等。

出现下述情况时,发行人应充分披露相关情况:发行人通过经销商模式实现的销售毛利率和其他销售模式实现的毛利率的差异较大;给予经销商的信用政策显著宽松于其他销售方式,对经销商的应收账款显著增大;海外经销商毛利率与国内经销商毛利率差异较大。

保荐人、发行人律师及申报会计师应当综合利用电话访谈、合同调查、实地走访、发询证函等多种核查方法,核查发行人报告期内经销商模式下的收入确认原则、费用承担原则及给经销商的补贴或返利情况,核查经销商的主体资格及资信能力,核查关联关系,结合经销商模式检查与发行人的交易记录及银行流水记录、经销商存货进销存情况、经销商退换货情况。保荐人、发行人律师和申报会计师应对经销商模式下收入的真实性发表明确意见。

(九) 关于提交季度报表的时间

发行人财务报告审计截止日至招股说明书签署日之间超过 4 个月的,在刊登招股说明书前,应当参照《关于首次公开发行股票并上市公司招股说明书财务报告审计截止日后主要财务信息及经营状况信息披露指引》规定,提供经审阅的期间季度的财务报表,并在招股说明书中披露审计截止日后的主要财务信息。经审阅的财务报表截止日为最近一个季度末。

同时,发行人应当在招股说明书"重大事项提示"中补充披露下一报告期业绩预告信息,主要包括年初至下一报告期末营业收入、扣除非经常损益前后净利润的预计情况、同比变化趋势及原因等。若前述财务信息与财务报告审计截止日或上年同期相比发生较大变化的,应当披露变化情况、变化原因及由此可能产生的影响。

(十) 关于企业合并

对于同一控制下的企业合并,发行人应严格遵守相关会计准则规定,详细披露合并范围及相关依据,对特殊合并事项予以重点说明。

1. 总体要求

(1) 发行人企业合并行为应按照《企业会计准则第 20 号——企业合并》相关规定处理。其中,同一控制下的企业合并,参与合并的企业在合并前后均受同一方或相同的多方最终控制且该控制并非暂时性的。

根据《〈企业会计准则第 20 号——企业合并〉应用指南》的解释,"同一方"是指对参与合并的企业在合并前后均实施最终控制的投资者。"相同的多方"通常是指根据投资者之间的协议约定,在对被投资单位的生产经营决策行使表决权时发表一致意见的两个或两个以上的投资者。"控制并非暂时性"是指参与合并的各方在合并前后较长的时间内受同一方或相同的多方最终控制。较长的时间通常指1年以上(含1年)。

(2) 根据《企业会计准则实施问题专家工作组意见第1期》解释,通常情况下,同一控制下的企业合并是指发生在同一企业集团内部企业之间的合并。除此之外,一般不作为同一控制下的企业合并。

(3) 在对参与合并企业在合并前控制权归属的认定中,如存在委托持股、代持股份、协议控制(VIE模式)等特殊情形,发行人应提供与控制权实际归属认定相关的充分事实证据和合理性依据,中介机构应对该等特殊控制权归属认定事项的真实性、证据充分性、依据合规性等予以审慎判断、妥善处理和重点关注。

2. 红筹企业协议控制下合并报表编制的信息披露与中介机构核查要求

《企业会计准则第33号——合并财务报表》第7条规定:"合并财务报表的合并范围应当以控制为基础确定。"第8条规定:"投资方应在综合考虑所有相关事实和情况的基础上对是否控制被投资方进行判断。"

部分按相关规定申请境内发行上市的红筹企业,如存在协议控制架构或类似特殊安排,将不具有持股关系的主体(简称被合并主体)纳入合并财务报表合并范围,在此情况下,发行人应:

(1) 充分披露协议控制架构的具体安排,包括协议控制架构涉及的各方法律主体的基本情况、主要合同的核心条款等。

(2) 分析披露被合并主体的设立目的,被合并主体的相关活动,以及如何对相关活动作出决策,发行人享有的权利是否使其目前有能力主导被合并主体的相关活动,发行人是否通过参与被合并主体的相关活动而享有可变回报,发行人是否有能力运用对被合并主体的权利影响其回报金额,投资方与其他各方的关系。

(3) 结合上述情况和会计准则规定,分析披露发行人合并依据是否充分,详细披露合并报表编制方法。保荐人及申报会计师应对上述情况进行核查,就合并报表编制是否合规发表明确意见。

三、 业务问题

(一) 关于持续盈利能力

发行人持续经营能力受到影响的判断标准包括:

（1）发行人所处行业受国家政策限制或国际贸易条件影响存在重大不利变化风险。

（2）发行人所处行业出现周期性衰退、产能过剩、市场容量骤减、增长停滞等情况。

（3）发行人所处行业准入门槛低、竞争激烈。相比竞争者,发行人在技术、资金、规模效应方面等不具有明显优势。

（4）发行人所处行业上下游供求关系发生重大变化,导致原材料采购价格或产品售价出现重大不利变化。

（5）发行人因业务转型的负面影响导致营业收入、毛利率、成本费用及盈利水平出现重大不利变化,且最近一期经营业绩尚未出现明显好转趋势。

（6）发行人重要客户本身发生重大不利变化,进而对发行人业务的稳定性和持续性产生重大不利影响。

（7）发行人由于工艺过时、产品落后、技术更迭、研发失败等原因导致市场占有率持续下降,重要资产或主要生产线出现重大减值风险,主要业务停滞或萎缩。

（8）发行人多项业务数据和财务指标呈现恶化趋势,短期内没有好转迹象。

（9）对发行人业务经营或收入实现有重大影响的商标、专利、专有技术以及特许经营权等重要资产或技术存在重大纠纷或诉讼,已经或者未来将对发行人财务状况或经营成果产生重大影响。

（二）关于科创板"最近3年累计研发投入占最近3年累计营业收入的比例不低于15%"中"研发投入"的认定及研发相关内控的要求

1. 研发投入认定

研发投入为企业研究开发活动形成的总支出。研发投入通常包括研发人员工资费用、直接投入费用、折旧费用与长期待摊费用、设计费用、装备调试费、无形资产摊销费用、委托外部研究开发费用、其他费用等。

本期研发投入为本期费用化的研发费用与本期资本化的开发支出之和。

2. 研发相关内控要求

发行人应制定并严格执行研发相关内控制度,明确研发支出的开支范围、标准、审批程序以及研发支出资本化的起始时点、依据、内部控制流程。

同时,应按照研发项目设立台账归集核算研发支出。发行人应审慎制定研发支出资本化的标准,并在报告期内保持一致。

(三)关于科创板"发行人应当主要依靠核心技术开展生产经营"的理解与适用

科创板上市审核要求的发行人应当主要依靠核心技术开展生产经营,是指企业的主要经营成果来源于依托核心技术的产品或服务。一是发行人能够坚持科技创新,通过持续的研发投入积累形成核心技术。二是发行人主要的生产经营能够以核心技术为基础,将核心技术进行成果转化,形成基于核心技术的产品(服务)。如果企业核心技术处于研发阶段,其主要研发投入均应当围绕该核心技术及其相关的产品(服务)。三是核心技术的判断主要结合发行人所处行业的国家科技发展战略和政策、整体技术水平、国内外科技发展水平和趋势等因素综合判断。

(四)关于客户集中度较高

发行人存在客户集中度较高情形的,交易所重点关注该情形的合理性、客户的稳定性和业务的持续性。

对于非因行业特殊性、行业普遍性导致客户集中度偏高的,发行人应充分考虑该单一大客户是否为关联方或者存在重大不确定性客户;该集中是否可能导致其未来持续经营能力存在重大不确定性。

对于发行人由于下游客户的行业分布集中而导致的客户集中具备合理性的特殊行业(如电力、电网、电信、石油、银行、军工等行业),发行人应与同行业可比上市公司进行比较,充分说明客户集中是否符合行业特性,发行人与客户的合作关系是否具有一定的历史基础,是否有充分的证据表明发行人采用公开、公平的手段或方式独立获取业务,相关的业务是否具有稳定性以及可持续性,并予以充分的信息披露。

针对因上述特殊行业分布或行业产业链关系导致发行人客户集中的情况,应当综合分析考量以下因素的影响:一是发行人客户集中的原因,与行业经营特点是否一致,是否存在下游行业较为分散而发行人自身客户较为集中的情况及其合理性;二是发行人客户在其行业中的地位、透明度与经营状况,是否存在重大不确定性风险;三是发行人与客户合作的历史、业务稳定性及可持续性,相关交易的定价原则及公允性;四是发行人与重大客户是否存在关联关系,发行人的业务获取方式是否影响独立性,发行人是否具备独立面向市场获取业务的能力。

四、 其他问题

(一) 关于"发行人应当符合科创板定位"的理解与把握

《上海证券交易所科创板股票发行上市审核规则》规定,上海证券交易所对发行人的发行上市申请文件进行审核。审核事项包括三个方面:一是发行人是否符合发行条件;二是发行人是否符合上市条件;三是发行人的信息披露是否符合要求。在对上述事项进行审核判断时,将关注发行人是否符合科创板的定位。

发行人进行自我评估时,应当尊重科技创新规律、资本市场规律和企业发展规律,并结合自身和行业科技创新实际情况,准确理解、把握科创板的定位,重点考虑以下因素:

(1) 所处行业及其技术发展趋势与国家战略的匹配程度。

(2) 企业拥有的核心技术在境内与境外发展水平中所处的位置。

(3) 核心竞争力及其科技创新水平的具体表征,如获得的专业资质和重要奖项、核心技术人员的科研能力、科研资金的投入情况、取得的研发进展及其成果等。

(4) 保持技术不断创新的机制、技术储备及技术创新的具体安排,依靠核心技术开展生产经营的实际情况等。

(二) 关于《上海证券交易所科创板股票上市规则》中上市标准的选择适用和变更

为增强科创板的包容性,《上海证券交易所科创板股票上市规则》以市值为中心,结合净利润、营业收入、研发投入和经营活动产生的现金流量等财务指标,设置了多套上市标准。其中,第2.1.2条规定了通用上市标准,第2.1.3条规定了红筹企业适用的上市标准,第2.1.4条规定了具有表决权差异安排的发行人适用的上市标准。

1. 发行人应当选择一项具体上市标准

根据《上海证券交易所科创板股票发行上市审核规则》相关规定,发行人申请股票首次公开发行并在科创板上市的,应当在相关申请文件中明确说明所选择的一项具体上市标准,即第2.1.2条中规定的五项标准之一。红筹企业应选择第 2.1.3 条规定的标准之一。具有表决权差异安排的发行人应选择第 2.1.4 条规定的标准之一。

发行人应当结合自身财务状况、公司治理特点、发展阶段以及上市后的持续监管要求等因素,审慎选择适当的上市标准。

2. 发行人申请上市标准变更的处理

科创板股票上市委员会召开审议会议前,发行人因更新财务报告等情形导致不再符合申报时选定的上市标准,需要变更为其他标准的,应当及时向交易所提出申请,说明原因并更新相关文件;不再符合任何一项上市标准的,可以撤回发行上市申请。

(三)关于《深圳证券交易所创业板股票上市规则》中上市标准选择后的变更

创业板上市委员会召开审议会议前,发行人因更新财务报告等情形导致不再符合申报时选定的上市标准,需要变更为其他标准的,应当及时向交易所提出申请,说明原因并更新相关文件。不再符合任何一项上市标准的,可以撤回发行上市申请。

(四)关于市值指标的选择

发行人在提交发行上市申请时,应当明确所选择的具体上市标准,保荐机构应当对发行人的市值进行预先评估,并在《关于发行人预计市值的分析报告》中充分说明发行人市值评估的依据、方法、结果以及是否满足所选择上市标准中的市值指标的结论性意见等。保荐机构应当根据发行人的特点、市场数据的可获得性及评估方法的可靠性等,谨慎、合理地选用评估方法,结合发行人报告期外部股权融资情况、可比公司在境内外市场的估值情况等进行综合判断。

在初步询价结束后,发行人预计发行后总市值不满足所选择的上市标准的,应当根据《上海证券交易所科创板股票发行与承销实施办法》的相关规定中止发行。对于预计发行后总市值与申报时市值评估结果存在重大差异的,保荐机构应当向上海证券交易所说明相关差异情况。

(五)关于部分申请科创板上市的企业尚未盈利或最近一期存在累计未弥补亏损情形的信息披露要求

1. 原因分析

尚未盈利或最近一期存在累计未弥补亏损的发行人,应结合行业特点分析并披露此等情形的成因,如:产品仍处于研发阶段,未形成实际销售;产品尚处于推广阶段,未取得客户广泛认同;产品与同行业公司相比技术含量或品质仍有差距,未产生竞争优势;产品产销量较小,单位成本较高或期间费用率较高,尚未体现规模效应;产品已趋于成熟并在报告期内实现盈利,但由于前期亏损较多,导致最近一期仍存在累计未弥补亏损;其他原因。发行人还应说明尚未盈利或最近一期存在累计未弥补亏损是偶发性因素还是经常性因素导致。

2. 影响分析

发行人应充分披露尚未盈利或最近一期存在累计未弥补亏损对公司现金流、业务拓展、人才吸引、团队稳定性、研发投入、战略性投入、生产经营可持续性等方面的影响。

3. 趋势分析

尚未盈利的发行人应当披露未来是否可实现盈利的前瞻性信息,对其产品、服务或者业务的发展趋势、研发阶段以及达到盈亏平衡状态时主要经营要素需要达到的水平进行预测,并披露相关假设基础;存在累计未弥补亏损的发行人应当分析并披露在上市后的变动趋势。披露前瞻性信息时应当声明其假设的数据基础及相关预测具有重大不确定性,提醒投资者进行投资决策时应谨慎使用。

4. 风险因素

尚未盈利或最近一期存在累计未弥补亏损的发行人,应充分披露相关风险因素,包括但不限于:未来一定期间无法盈利或无法进行利润分配的风险,收入无法按计划增长的风险,研发失败的风险,产品或服务无法得到客户认同的风险,资金状况、业务拓展、人才引进、团队稳定、研发投入等方面受到限制或影响的风险等。未盈利状态持续存在或累计未弥补亏损继续扩大的,应分析触发退市条件的可能性,并充分披露相关风险。

5. 投资者保护措施及承诺

尚未盈利或最近一期存在累计未弥补亏损的发行人,应当披露依法落实保护投资者合法权益规定的各项措施,还应披露本次发行前累计未弥补亏损是否由新老股东共同承担以及已履行的决策程序。尚未盈利企业还应披露其控股股东、实际控制人和董事、监事、高级管理人员、核心技术人员按照相关规定作出的关于减持股份的特殊安排或承诺。

（六）关于尚未在境外上市的红筹企业适用上市标准中关于"营业收入快速增长"规定的具体标准把握

尚未在境外上市的红筹企业申请在创业板上市,适用《深圳证券交易所创业板股票发行上市审核规则》和《深圳证券交易所创业板股票上市规则》中关于"营业收入快速增长"规定的,应当符合下列标准之一:

(1) 最近 1 年营业收入不低于人民币 5 亿元的,最近 3 年营业收入复合增长率 10％以上。

(2) 最近 1 年营业收入低于人民币 5 亿元的,最近 3 年营业收入复合增长率 20％以上。

(3) 受行业周期性波动等因素影响,行业整体处于下行周期的,发行人最近 3 年营业收入复合增长率高于同行业可比公司同期平均增长水平。

处于研发阶段的红筹企业和对国家创新驱动发展战略有重要意义的红筹企业,不适用"营业收入快速增长"上述要求。

（七）关于信息披露豁免

发行人有充分依据证明拟披露的某些信息涉及国家秘密、商业秘密的,发行人及其保荐人应当在提交发行上市申请文件或问询回复时,一并提交关于信息豁免披露的申请文件(以下简称豁免申请)。

1. 豁免申请的内容

发行人应在豁免申请中逐项说明需要豁免披露的信息,认定国家秘密或商业秘密的依据和理由,并说明相关信息披露文件是否符合招股说明书准则及相关规定要求,豁免披露后的信息是否对投资者决策判断构成重大障碍。

2. 涉及国家秘密的要求

发行人从事军工等涉及国家秘密业务的,应当符合以下要求:

(1) 提供国家主管部门关于发行人申请豁免披露的信息为涉密信息的认定文件。

(2) 提供发行人全体董事、监事、高级管理人员出具的关于首次公开发行股票并上市的申请文件不存在泄密事项且能够持续履行保密义务的声明。

(3) 提供发行人控股股东、实际控制人对其已履行和能够持续履行相关保密义务出具的承诺文件。

（4）在豁免申请中说明相关信息披露文件是否符合《军工企业对外融资特殊财务信息披露管理暂行办法》及有关保密规定。

（5）说明内部保密制度的制定和执行情况是否符合《保密法》等法律法规的规定，是否存在因违反保密规定受到处罚的情形。

（6）说明中介机构开展军工涉密业务咨询服务是否符合国防科技工业管理部门等军工涉密业务主管部门的规定。

（7）对审核中提出的信息豁免披露或调整意见，发行人应相应回复、补充相关文件的内容；有实质性增减的，应当说明调整后的内容是否符合相关规定，是否存在泄密风险。

3. 涉及商业秘密的要求

发行人因涉及商业秘密提出豁免申请的，应当符合以下要求：

（1）发行人应当建立相应的内部管理制度，并明确相关内部审核程序，审慎认定信息豁免披露事项。

（2）发行人的董事长应当在豁免申请文件中签字确认。

（3）豁免披露的信息应当尚未泄漏。

4. 中介机构核查要求

保荐人及发行人律师应当对发行人信息豁免披露符合相关规定、不影响投资者决策判断、不存在泄密风险出具专项核查报告。申报会计师应当对发行人审计范围是否受到限制、审计证据的充分性、豁免披露相关信息是否影响投资者决策判断出具核查报告。

第二节　北交所之重大问题审核问答

一、法律问题

（一）关于经营稳定性

《北京证券交易所股票上市规则（试行）》（以下简称《上市规则》）第2.1.4条第（六）项规定了发行人不得存在对经营稳定性具有重大不利影响的情形。发行人应当保持主营业务、控制权、管理团队的稳定，最近24个月内主营业务未发生重大变化；最近12个月内曾实施重大资产重组的，在重组实施前发行人应当符合《上市规则》第 2.1.3 条规定的 4 套标准之一(市值除外);最近 24 个月内实际控制人未发生变更;最近 24 个月内董事、高级管理人员未发生重大不利变化。

(二) 关于违法行为

《上市规则》第 2.1.4 条第(一)项规定了发行人及其控股股东、实际控制人最近 3 年内不得存在重大违法行为。最近 36 个月内,发行人及其控股股东、实际控制人在国家安全、公共安全、生态安全、生产安全、公众健康安全等领域,存在以下违法行为之一的,原则上视为重大违法行为:被处以罚款等处罚且情节严重;导致严重环境污染、重大人员伤亡、社会影响恶劣等。

有以下情形之一且保荐机构及发行人律师出具明确核查结论的,可以不认定为重大违法:违法行为显著轻微、罚款数额较小;相关规定或处罚决定未认定该行为属于情节严重;有权机关证明该行为不属于重大违法。但违法行为导致严重环境污染、重大人员伤亡、社会影响恶劣等并被处以罚款等处罚的,不适用上述情形。

(三) 关于同业竞争

发行人与控股股东、实际控制人及其控制的其他企业间如存在同业竞争情形,认定同业竞争是否对发行人构成重大不利影响时,保荐机构及发行人律师应结合竞争方与发行人的经营地域、产品或服务的定位,同业竞争是否会导致发行人与竞争方之间的非公平竞争、是否会导致发行人与竞争方之间存在利益输送、是否会导致发行人与竞争方之间相互或者单方让渡商业机会情形,对未来发展的潜在影响等方面,核查并出具明确意见。

发行人应在招股说明书中,披露保荐机构及发行人律师针对同业竞争是否对发行人构成重大不利影响的核查意见和认定依据。

(四) 关于关联交易

发行人应严格按照《企业会计准则第 36 号——关联方披露》《上市规则》以及相关业务规则中的有关规定,完整、准确地披露关联方关系及其交易。发行人的控股股东、实际控制人应协助发行人完整、准确地披露关联方关系及其交易。发行人与控股股东、实际控制人及其关联方之间的关联交易应根据业务模式控制在合理范围内。

保荐机构、申报会计师及发行人律师应重点关注:关联方的财务状况和经营情况;发行人报告期内关联方注销及非关联化的情况,非关联化后发行人与上述原关联方的后续交易情况;关联交易产生的收入、利润总额的合理性,关联交易是否影响发行人的经营独立性,是否构成对控股股东或实际控制人的依赖,是否存在通过关联交易调节发行人收入利润或成本费用、对发行人利益输送的情形;发行人披露的未来减少关联交易的具体措施是否切实可行。保荐机构、申报会计师及发行人律师在核查发行人与其客户、供应商之间是否存在关联方关系时,不应仅限于查阅书面资料,应采取实地走访,核对工商、税务、银行等部门提供的资料,甄别客户和供应商的实际控制人及关键经办人员与发行人是否存在关联方关系。

保荐机构、申报会计师及发行人律师应对发行人的关联方认定,关联交易信息披露的完整性,关联交易的必要性、合理性和公允性,关联交易是否影响发行人的独立性、是否可能对发行人产生重大不利影响,以及发行人是否已履行关联交易决策程序等进行充分核查并发表意见。

(五)关于承诺事项

发行人及其控股股东或实际控制人曾出具公开承诺的,应当诚实守信,最近 12 个月内不得存在违反公开承诺的情形。针对发行人及其控股股东或实际控制人作出的尚未履行完毕和新增的公开承诺,发行人和中介机构在进行信息披露和核查时应当重点关注下列事项:

(1)承诺事项内容应当具体、明确、无歧义、具有可操作性,符合法律法规和业务规则的相关要求。承诺无法履行或者无法按期履行的,发行人应及时履行变更程序并作重大事项提示。

(2)承诺事项不符合《上市规则》相关规定的,承诺相关方应当进行规范,中介机构应当对规范后的承诺事项是否符合《上市规则》的规定发表意见。

(六)关于与上市公司监管规定的衔接

1. 关于发行人上市前公司治理方面的衔接准备情况

保荐机构及发行人律师应重点核查发行人是否符合以下要求并发表明确意见:

(1)发行人申报时提交的公司章程(草案)内容应当符合《上市规则》等

相关规定,对利润分配、投资者关系管理、独立董事、累积投票等内容在公司章程(草案)中予以明确或者单独制定规则。

(2) 发行人申报时的董事(独立董事除外)、监事、高级管理人员(包括董事会秘书和财务负责人)应当符合《上市规则》等规则规定的任职要求,并符合本所上市公司董事兼任高级管理人员的人数比例、董事或高级管理人员的亲属不得担任监事的相关要求。

(3) 在上市委员会审议之前,发行人独立董事的设置应当符合本所上市公司独立董事的相关规定。

2. 发行人申报时存在全国中小企业股份转让系统挂牌期间发行的可转换公司债券的

保荐机构及发行人律师应重点核查发行人是否符合以下要求并发表明确意见:

(1) 发行人应当在董事会、股东大会审议通过公开发行股票并上市议案时,同步审议通过已发行可转债在本所挂牌转让的议案。

(2) 发行人应当按照全国股转系统可转债暂停与恢复转股的相关规定,在申报当日办理完成暂停转股事宜并披露可转债暂停转股的公告,在收到终止审核决定书或者股票上市后及时办理恢复转股事宜。

(3) 发行人应当在招股说明书中充分披露以下事项:报告期初至申报前可转债的发行、转股、赎回与回售等情况,历次可转债转股价格调整情况;在申报前调整转股价格、限售安排等可转债基本条款的,相应决策程序的合规性,是否存在损害可转债持有人利益的情形;转股价格的公允性;上市后可转债的转股、赎回、回售及价格修正等条款的执行对发行人控制权稳定性、财务状况等可能存在的不利影响。

3. 发行人申报时存在全国股转系统挂牌期间发行的优先股的

保荐机构及发行人律师应重点核查发行人是否符合以下要求并发表明确意见。

(1) 发行人应当在董事会、股东大会审议通过公开发行股票并上市议案时,同步审议通过已发行优先股在本所挂牌转让的议案。

(2) 发行人应当在招股说明书中充分披露以下事项:报告期初至申报前优先股的发行、付息与调息、赎回与回售等情况,优先股股东表决权的恢复、行使、变动及优先股股东分类表决情况等,前述事项对发行人控制权稳定性、财务状况可能存在的不利影响。

4. 发行人申报时存在全国股转系统挂牌期间依法实行的期权激励计划的

保荐机构及发行人律师应重点核查发行人是否符合以下要求并发表明确意见。

（1）发行人应当在招股说明书中充分披露以下事项：期权激励计划的基本内容、制定计划履行的决策程序、目前的执行情况；期权行权价格的确定原则，与最近一年经审计的净资产或评估值的差异与原因；期权激励计划对公司经营状况、财务状况、控制权变化等方面的影响；涉及股份支付费用的会计处理等。

（2）在审期间，发行人不应新增期权激励计划，相关激励对象原则上不得行权。

（七）关于重大事项报告

发行人及中介机构应当按照本所发行上市审核相关规定，对下列重大事项进行报告、核查并发表明确意见：

（1）发行人及其实际控制人、控股股东等发生重大媒体质疑、涉及重大违法行为的突发事件或被列入失信被执行人名单。

（2）发生涉及公司主要资产、核心技术等诉讼仲裁，或者公司主要资产被查封、扣押等。

（3）发行人控股股东和受控股股东、实际控制人支配的股东所持发行人股份被质押、冻结、拍卖、托管、设定信托或者被依法限制表决权，或发生其他可能导致控制权变更的权属纠纷。

（4）发行人发生重大资产置换、债务重组等公司架构变化的情形。

（5）发生影响公司经营的法律、政策、市场等方面的重大变化。

（6）发生违规对外担保、资金占用或其他权益被控股股东、实际控制人严重损害的情形，或者损害投资者合法权益和社会公共利益的其他情形。

（7）披露审计报告、重大事项临时公告或者调整盈利预测。

（8）发生可能导致中止或终止审核的情形。

（9）存在其他可能影响发行人符合发行条件、上市条件和相应信息披露要求，或者影响投资者判断的重大事项。

二、 财务问题

(一) 关于研发投入指标

1. 研发投入认定

研发投入为企业研究开发活动形成的总支出。研发投入通常包括研发人员工资费用、直接投入费用、折旧费用与长期待摊费用、设计费用、装备调试费用、无形资产摊销费用、委托外部研究开发费用、其他费用等。本期研发投入为本期费用化的研发费用与本期资本化的开发支出之和。

2. 研发相关内控要求

发行人应制定并严格执行研发相关内控制度,明确研发支出的开支范围、标准、审批程序以及研发支出资本化的起始时点、依据、内部控制流程。同时,应按照研发项目设立台账归集核算研发支出。发行人应审慎制定研发支出资本化的标准,并在报告期内保持一致。

3. 中介机构核查要求

(1) 保荐机构及申报会计师应对报告期内发行人的研发投入归集是否准确、相关数据来源及计算是否合规、相关信息披露是否符合招股说明书的准则要求进行核查,并发表核查意见。

(2) 保荐机构及申报会计师应对发行人研发相关内控制度是否健全且被有效执行进行核查,就发行人以下事项作出说明,并发表核查意见:① 是否建立研发项目的跟踪管理系统,有效监控、记录各研发项目的进展情况,并合理评估技术上的可行性;② 是否建立与研发项目相对应的人财物管理机制;③ 是否已明确研发支出开支范围和标准,并得到有效执行;④ 报告期内是否严格按照研发开支用途、性质据实列支研发支出,是否存在将与研发无关的费用在研发支出中核算的情形;⑤ 是否建立研发支出审批程序。

(3) 对于合作研发项目,保荐机构及申报会计师还应核查项目的基本情况并发表核查意见,基本情况包括项目合作背景,合作方基本情况,相关资质,合作内容,合作时间,主要权利义务,知识产权的归属,收入、成本、费用的分摊情况,合作方是否为关联方;若存在关联方关系,需要进一步核查合作项目的合理性、必要性、交易价格的公允性。

(二) 与挂牌公司定期报告和临时报告信息披露的衔接

(1) 发行人提供经审阅的季度财务报表前,应先按照挂牌公司信息披露相关监管规定,通过临时公告或在法定期限内披露的定期报告披露经审阅的季度财务报表。发行人拟提供经审阅的第一季度财务报表的,其公告披露时间不得早于上一年年度报告的披露时间;发行人拟提供经审阅的第二季度财务报表的,其公告披露时间不得早于对应的半年度报告的披露时间。

(2)发行人在财务报告审计截止日至发行启动前披露年度报告的,招股说明书引用的财务报表应当包括该定期报告对应年度经审计的财务报表。发行人应及时更新招股说明书对应期间的财务信息及经营状况,依规做好信息披露和风险揭示。

(三) 关于政府补助

发行人应结合政府补助的具体来源、获取条件、形式、金额、时间及持续情况、分类、政府补助与公司日常活动的相关性等,在招股说明书中披露报告期各期取得政府补助资金的具体情况和使用情况、计入经常性损益与非经常性损益的政府补助金额,以及政府补助相关收益的列报情况是否符合《公开发行证券的公司信息披露解释性公告第 1 号——非经常性损益》的规定;结合报告期各期计入损益的政府补助金额占同期净利润的比例说明对政府补助的依赖情况,报告期内经营业绩对政府补助存在较大依赖的,应当进行重大事项提示,并分析披露对发行人经营业绩和持续经营能力的影响。

保荐机构及申报会计师应对发行人上述事项进行核查,就发行人是否已在招股说明书中充分披露上述情况及风险,报告期内经营业绩是否对政府补助存在较大依赖发表明确意见。

(四) 关于税收优惠

对于税收优惠,发行人应遵循如下原则进行处理:

(1)如果很可能获得相关税收优惠批复,经税务部门同意,可暂按优惠税率预提并做风险提示,并说明如果未来被追缴税款的处理安排;同时,发行人应在招股说明书中披露税收优惠不确定性风险。

(2)如果获得相关税收优惠批复的可能性较小,需按照谨慎性原则按正常税率预提,未来根据实际的税收优惠批复情况进行相应调整。

(3)发行人依法取得的税收优惠,在《公开发行证券的公司信息披露解释性公告第 1 号——非经常性损益》规定项目之外的,可以计入经常性损益。

保荐机构、发行人律师及申报会计师应对照税收优惠的相关条件和履行程序的相关规定,对发行人税收优惠相关事项的处理及披露是否合规、发行人对税收优惠是否存在较大依赖、税收优惠政策到期后是否能够继续享受优惠进行专业判断并发表明确意见。

（五）关于现金交易

发行人存在销售或采购环节现金交易金额较大或占比较高情形的,应在招股说明书中披露以下信息:

（1）现金交易的必要性与合理性,是否与发行人业务情况或行业惯例相符,现金交易比例及其变动情况与同行业可比公众公司是否存在重大差异,现金使用是否依法合规。

（2）现金交易的客户或供应商的基本情况,是否为自然人或发行人的关联方;现金交易对象含自然人的,还应披露向自然人客户（或供应商）销售（或采购）的金额及占比。

（3）现金交易相关收入确认及成本核算的原则与依据,是否存在体外循环或虚构业务情形。

（4）现金交易是否具有可验证性,与现金交易相关的内部控制制度的完备性、合理性与执行有效性。

（5）现金交易流水的发生与相关业务发生是否真实一致,是否存在异常分布。

（6）实际控制人及发行人董事、监事、高级管理人员等关联方是否与相关客户或供应商存在资金往来。

（7）发行人为减少现金交易所采取的改进措施及进展情况。

保荐机构及申报会计师应对发行人的上述事项进行核查,说明对发行人现金交易可验证性及相关内控有效性的核查方法、过程与证据,以及发行人是否已在招股说明书中充分披露上述情况及风险,并对发行人报告期现金交易的真实性、合理性和必要性发表明确意见。

（六）关于转贷

"转贷"行为通常是指发行人为满足贷款银行受托支付要求,在无真实业务支持的情况下,通过供应商等取得银行贷款或为客户提供银行贷款资金走账通道。首次申报审计截止日后,发行人原则上不能再出现"转贷"情形。中介机构应关注发行人连续12个月内银行贷款受托支付累计金额与相关采购或销售(同一交易对手或同一业务)累计金额是否基本一致或匹配,是否存在"转贷"行为。

如发行人存在"转贷"行为,保荐机构、发行人律师及申报会计师应重点关注下列事项:

(1) 关注"转贷"行为的合法合规性,由中介机构对公司前述行为违反法律法规(如《贷款通则》等)的事实情况进行说明认定,是否存在被处罚情形或风险,是否构成重大违法违规,是否满足相关发行上市条件的要求。

(2) 发行人对前述行为的财务核算是否真实、准确,与相关方资金往来的实际流向和使用情况,是否通过体外资金循环粉饰业绩。

(3) 发行人是否已通过收回资金、完善制度、加强内控等方式积极整改,是否已建立针对性的内控制度并有效执行,且申报后未发生新的不合规资金往来等行为。

(4) 相关行为不存在后续影响,已排除或不存在重大风险隐患。

(5) 发行人前述行为信息披露的充分性,如相关交易形成原因、资金流向和使用用途、利息、违反有关法律法规的具体情况及后果、后续潜在影响的承担机制、整改措施、相关内控制度的建立及运行情况等。

(七) 关于权益分派

1. 申报前提出权益分派方案

发行人申报前就已提出了现金分红、分派股票股利或资本公积转增股本方案的,应充分披露相关方案的执行是否对发行人符合发行条件和上市条件造成影响,相关方案应在中国证监会同意注册前执行完毕;保荐机构应对前述事项的披露情况和相关方案执行完毕后发行人是否符合发行条件和上市条件发表明确意见。

2. 审核期间新增现金分红方案

发行人在申报受理后至上市前原则上不应提出分派股票股利或资本公积转增股本的方案。发行人在审期间提出现金分红方案的,保荐机构和发行人应按重大事项报告要求及时进行报告,并遵循如下原则进行处理:

(1) 发行人如拟现金分红的,应依据公司章程和相关监管要求,充分论证现金分红的必要性和恰当性,以最近一期经审计的财务数据为基础,测算和确定与发行人财务状况相匹配的现金分红方案,并履行相关决策程序。

如存在大额分红并可能对财务状况和新老股东利益产生重大影响的,发行人应谨慎决策。

(2) 发行人的现金分红方案应在中国证监会同意注册前执行完毕。

(3) 已通过上市委员会审议的企业,在上市前原则上不应提出新的现金分红方案。

保荐机构应对发行人在审核期间进行现金分红的必要性、合理性、合规性进行专项核查,就实施现金分红对发行人财务状况、生产运营的影响,相关方案执行完毕后发行人是否符合发行条件和上市条件发表明确意见。

(八) 关于境外销售

发行人报告期存在来自境外的销售收入的,保荐机构、发行人律师及申报会计师应重点关注下列事项:

(1) 境外销售业务的开展情况,包括但不限于主要进口国和地区情况,主要客户情况、与发行人是否签订框架协议及相关协议的主要条款内容,境外销售模式、订单获取方式、定价原则、信用政策等。

(2) 发行人在销售所涉国家和地区是否依法取得从事相关业务所必须的法律法规规定的资质、许可,报告期内是否存在被境外销售所涉及国家和地区处罚或者立案调查的情形。

(3) 相关业务模式下的结算方式、跨境资金流动情况、结换汇情况,是否符合国家外汇及税务等相关法律法规的规定。

(4) 报告期境外销售收入与海关报关数据是否存在较大差异及差异原因是否真实合理。

(5) 出口退税等税收优惠的具体情况。

(6) 进口国和地区的有关进口政策、汇率变动等贸易环境对发行人持续经营能力的影响。

(7) 主要境外客户与发行人及其关联方是否存在关联方关系及资金往来。

境外销售业务对发行人报告期经营业绩影响较大的,保荐机构、发行人律师及申报会计师应结合上述事项全面核查发行人的境外销售业务,说明采取的核查程序及方法。保荐机构及发行人律师应就境外销售业务的合规经营情况发表明确意见;保荐机构及申报会计师应就境外销售收入的真实性、准确性、完整性,收入确认是否符合企业会计准则规定,境外销售业务发展趋势是否对发行人的持续经营能力构成重大不利影响等发表明确意见。

发行人应在招股说明书中对境外销售业务可能存在的风险进行充分披露。

三、 业务问题

(一) 关于直接面向市场独立持续经营的能力

《上市规则》第 2.1.4 条第(六)项规定了发行人不得存在对直接面向市场独立持续经营的能力有重大不利影响的情形。

1. 关于"直接面向市场独立持续经营的能力",发行人应满足的要求

(1) 发行人业务、资产、人员、财务、机构独立,与控股股东、实际控制人及其控制的其他企业间不存在对发行人构成重大不利影响的同业竞争,不存在严重影响发行人独立性或者显失公平的关联交易。

(2) 发行人或其控股股东、实际控制人、对发行人主营业务收入或净利润占比超过 10% 的重要子公司在申报受理后至上市前不存在被列入失信被执行人名单且尚未消除的情形。

(3) 不存在其他对发行人持续经营能力构成重大不利影响的情形。

2. 发行人存在以下情形的,保荐机构及申报会计师应重点关注是否影响发行人的持续经营能力

(1) 发行人所处行业受国家政策限制或国际贸易条件影响存在重大不利变化风险。

(2) 发行人所处行业出现周期性衰退、产能过剩、市场容量骤减、增长停滞等情况。

(3) 发行人所处行业准入门槛低、竞争激烈;相比竞争者,发行人在技术、资金、规模效应等方面不具有明显优势。

(4) 发行人所处行业上下游供求关系发生重大变化,导致原材料采购价格或产品售价出现重大不利变化。

(5) 发行人因业务转型的负面影响导致营业收入、毛利率、成本费用及盈利水平出现重大不利变化,且最近一期经营业绩尚未出现明显好转趋势。

(6) 发行人重要客户本身发生重大不利变化,进而对发行人业务的稳定性和持续性产生重大不利影响。

（7）发行人由于工艺过时、产品落后、技术更迭、研发失败等原因导致市场占有率持续下降,重要资产或主要生产线出现重大减值风险,主要业务停滞或萎缩。

（8）发行人多项业务数据和财务指标呈现恶化趋势,短期内没有好转迹象。

（9）对发行人业务经营或收入实现有重大影响的商标、专利、专有技术以及特许经营权等重要资产或技术存在重大纠纷或诉讼,已经或者未来将对发行人的财务状况或经营成果产生重大影响。

（10）其他明显影响或丧失持续经营能力的情形。

保荐机构及申报会计师应详细分析和评估上述情形的具体表现、影响程度和预期结果,综合判断是否对发行人持续经营能力构成重大不利影响,审慎发表明确核查意见,并督促发行人充分披露可能存在的持续经营风险。

（二）关于业务、资产和股份权属

关于发行人的业务、资产和股份权属等事项,保荐机构、发行人律师及申报会计师应重点关注发行人报告期内的业务变化、主要股东所持股份变化以及主要资产和核心技术的权属情况,核查发行人是否符合以下要求并发表明确意见:

（1）发行人的主营业务、主要产品或服务、用途及其商业模式明确、具体,发行人经营一种或多种业务的,每种业务应具有相应的关键资源要素,该要素组成应具有投入、处理和产出能力,能够与合同、收入或成本费用等相匹配。

（2）对发行人主要业务有重大影响的土地使用权、房屋所有权、生产设备、专利、商标和著作权等不存在对发行人持续经营能力构成重大不利影响的权属纠纷。

（3）发行人控股股东和受控股股东、实际控制人支配的股东所持有的发行人股份不存在重大权属纠纷。

（三）关于经营业绩大幅下滑

发行人在报告期内出现营业收入、净利润等经营业绩指标大幅下滑情形的,保荐机构及申报会计师应当从以下方面充分核查经营业绩下滑的程度、性质、持续时间等:① 经营能力或经营环境是否发生变化,如发生变化应关注具体原因、变化的时间节点、趋势方向及具体影响程度;② 发行人正在采取或拟采取的改善措施及预计效果,结合前瞻性信息或经审核的盈利预测(如有)情况,判断经营业绩下滑趋势是否已扭转,是否仍存在对经营业绩产生重大不利影响的事项;③ 发行人所处行业是否具备强周期特征,是否存在严重产能过剩,是否呈现整体持续衰退,发行人收入、利润变动情况与同行业可比公众公司情况是否基本一致;④ 因不可抗力或偶发性特殊业务事项导致经营业绩下滑的,相关事项对经营业绩的不利影响是否已完全消化或基本消除。

发行人最近一年(期)经营业绩指标较上一年(期)下滑幅度超过 50%,如无充分相反证据或其他特殊原因,一般应认定对发行人的持续经营能力构成重大不利影响。

保荐机构及申报会计师应结合上述情况,就经营业绩下滑是否对发行人的持续经营能力构成重大不利影响发表明确意见。

(四) 关于特殊经营模式

发行人业务涉及委托加工、线上销售、经销商模式、加盟模式等特殊经营模式的,具体核查要求包括但不限于以下内容。

1. 委托加工

委托加工一般是指由委托方提供原材料和主要材料,受托方按照委托方的要求制造货物并收取加工费和代垫部分辅助材料加工的业务。当发行人与同一主体既有采购又有销售业务时,应结合业务合同的属性类别及主要条款、原材料的保管和灭失及价格波动等风险承担、最终产品的完整销售定价权、最终产品对应账款的信用风险承担、对原材料加工的复杂程度等方面判断业务作为独立购销业务,还是作为委托加工或受托加工处理。

如为委托加工,保荐机构及申报会计师应核查以下事项并发表明确意见:委托加工的主要合同条款、具体内容及必要性,交易价格是否公允,会计处理是否合规,是否存在受托方代垫成本费用的情形;受托加工方的基本情况,与发行人的合作历史,以及是否与发行人及其关联方存在关联关系;发行人委托加工产品质量控制的具体措施,以及公司与受托加工方关于产品质量责任分摊的具体安排;结合委托加工产品的产量占比,量化分析报告期内委托加工价格变动情况以及对发行人经营情况的影响。

2. 线上销售

保荐机构及申报会计师应结合客户名称、送货地址、购买数量、消费次数、消费金额及付款等实际情况，以及其他数据、指标、证明资料等，对线上销售收入确认是否符合企业会计准则规定、是否存在通过刷单虚增收入的情形以及收入的真实性等进行核查，说明采取的核查方法、程序以及核查结果或结论，并就报告期发行人线上销售收入的真实性、准确性、完整性发表明确意见。

3. 经销商模式

保荐机构及申报会计师应对经销业务进行充分核查，并对经销商模式下收入的真实性发表明确意见。主要核查事项包括但不限于：

（1）采取经销商模式的必要性及经销商具体业务模式，经销商的主体资格及资信能力。

（2）发行人报告期内经销商模式下的收入确认原则、费用承担原则及给经销商的补贴或返利情况，经销商模式下收入确认是否符合企业会计准则的规定。

（3）发行人经销商销售模式、占比等情况与同行业可比公众公司是否存在显著差异及原因。

（4）经销商管理相关内控是否健全并有效执行。

（5）经销商是否与发行人存在关联关系。

（6）对经销商的信用政策是否合理。

（7）结合经销商模式检查经销商与发行人的交易记录及银行流水记录。

（8）经销商的存货进销存情况、退换货情况及主要客户情况，经销商所购产品是否实现终端客户销售。

4. 加盟模式

保荐机构及申报会计师应结合加盟协议关键条款、行业惯例、加盟商的经营情况、终端客户销售和退换货情况等，核查加盟相关业务收入确认政策是否符合企业会计准则的规定。发行人频繁发生加盟商开业或退出的，保荐机构及申报会计师应核查发行人加盟相关收入确认政策是否谨慎，对部分不稳定加盟商的收入确认是否恰当，并结合与相关加盟商的具体合作情况说明发行人会计处理是否符合企业会计准则的规定。保荐机构及发行人律师应核查发行人加盟协议的主要内容、加盟业务经营过程，并对其合法合规性发表明确意见。

四、其他问题

(一)关于上市标准的选择与变更

《北京证券交易所股票上市规则(试行)》(以下简称《上市规则》)以市值为中心,结合净利润、净资产收益率、营业收入及增长率、研发投入和经营活动产生的现金流量净额等财务指标,设置了四套上市标准。

1. 发行人应当选择一项具体上市标准

发行人申请向不特定合格投资者公开发行股票并在北京证券交易所(以下简称本所)上市的,应当在相关申请文件中明确说明所选择的一项具体的上市标准,即《上市规则》2.1.3 规定的四套标准之一。发行人应当结合自身财务状况、公司治理特点、发展阶段以及上市后的持续监管要求等,审慎选择上市标准。

保荐机构应当为发行人选择适当的上市标准提供专业指导,审慎推荐,并在上市保荐书中就发行人选择的上市标准逐项说明适用理由,并就发行人是否符合上市条件发表明确意见。

2. 发行人申请变更上市标准的处理

本所上市委员会召开审议会议前,发行人因更新财务报告等情形导致不再符合申报时选定的上市标准,需要变更为其他标准的,应当及时向本所提出变更申请、说明原因并更新相关文件;不再符合任何一套上市标准的,可以撤回发行上市申请。保荐机构应当核查发行人变更上市标准的理由是否充分,就发行人新选择的上市标准逐项说明适用理由,并就发行人是否符合上市条件重新发表明确意见。

(二)关于上市标准的理解与适用

发行人选择适用《上市规则》第 2.1.3 条规定的第一套标准上市的,保荐机构应重点关注:发行人最近一年的净利润对关联方或者有重大不确定性的客户是否存在重大依赖,最近一年的净利润是否主要来自合并报表范围以外的投资收益,最近一年的净利润对税收优惠、政府补助等非经常性损益是否存在较大依赖,净利润等经营业绩指标大幅下滑是否对发行人经营业绩构成重大不利影响等。

发行人选择适用《上市规则》第 2.1.3 条规定的第一、第二、第三套标准上市的,保荐机构应重点关注:发行人最近一年的营业收入对关联方或者有重大不确定性的客户是否存在重大依赖,营业收入大幅下滑是否对发行人经营业绩构成重大不利影响。

发行人选择适用《上市规则》第2.1.3条规定的第三套标准上市的,其最近一年的营业收入应主要源于前期研发成果产业化。

发行人选择适用《上市规则》第2.1.3条规定的第四套标准上市的,其主营业务应属于新一代信息技术、高端装备、生物医药等国家重点鼓励发展的战略性新兴产业。保荐机构应重点关注:发行人创新能力是否突出,是否具备明显的技术优势,是否已取得阶段性研发或经营成果。

发行人若尚未盈利或最近一期存在累计未弥补亏损的情形,保荐机构应重点关注:发行人是否按照《公开发行证券的公司信息披露内容与格式准则第46号——北京证券交易所公司招股说明书》(以下简称招股说明书准则)的要求,在招股说明书"风险因素"和"其他重要事项"章节充分披露相关信息;发行人尚未盈利或最近一期存在累计未弥补亏损是偶发性因素还是经常性因素导致;发行人的产品、服务或者业务的发展趋势、研发阶段以及达到盈亏平衡状态时主要经营要素需要达到的水平;发行人尚未盈利或最近一期存在累计未弥补亏损是否影响发行人的持续经营能力;未盈利状态持续存在或累计未弥补亏损继续扩大是否会触发退市情形。

发行人应当在招股说明书中分析并披露对其经营业绩产生重大不利影响的所有因素,充分揭示相关风险。保荐机构应结合上述关注事项和发行人相关信息披露情况,就发行人是否符合发行条件和上市条件发表明确意见。

(三) 关于行业的相关要求

发行人应当结合行业特点、经营特点、产品用途、业务模式、市场竞争力、技术创新或模式创新、研发投入与科技成果转化等情况,在招股说明书中充分披露发行人自身的创新特征。保荐机构应当对发行人的创新发展能力进行充分核查,在发行保荐书中说明核查过程、依据和结论意见。

发行人属于金融业、房地产业企业的,不支持其申报在本所发行上市。发行人生产经营应当符合国家产业政策。发行人不得属于产能过剩行业(产能过剩行业的认定以国务院主管部门的规定为准)、《产业结构调整指导目录》中规定的淘汰类行业,以及从事学前教育、学科类培训等业务的企业。

（四）关于市值指标

《上市规则》第 2.1.3 条规定的四套上市标准均以市值为中心,针对申请文件涉及的预计市值、发行承销过程中涉及的预计发行后市值,应注意以下事项:

保荐机构应当对发行人的市值进行预先评估,并在《关于发行人预计市值的分析报告》中充分说明发行人市值评估的依据、方法、结果以及是否满足所选择上市标准中市值指标的结论性意见等。保荐机构应当根据发行人的特点、市场数据的可获得性及评估方法的可靠性等,谨慎、合理地选用评估方法,结合发行人报告期股票交易价格、定向发行价格以及同行业可比公众公司在境内外市场的估值情况等进行综合判断。

发行价格确定后,对于预计发行后总市值与申报时市值评估结果存在重大差异的,保荐机构应当向本所说明相关差异情况。发行人预计发行后总市值不满足上市标准的,应当根据《北京证券交易所证券发行与承销管理细则》的相关规定中止发行。

（五）关于上市公司直接或间接控制

发行人为上市公司直接或间接控制的公司的,应当独立于上市公司并在信息披露方面与上市公司一致、同步。中介机构应当重点核查下列事项并发表明确意见:

（1）发行人是否存在上市公司为发行人承担成本费用、利益输送或其他利益安排等情形,对上市公司是否存在重大依赖,是否具有直接面向市场独立持续经营的能力。

（2）发行人信息披露与上市公司是否一致、同步。

（3）发行人及上市公司关于发行人本次申请向不特定合格投资者公开发行股票并上市的决策程序、审批程序与信息披露等是否符合中国证监会、证券交易所的相关规定,是否符合境外监管的相关规定（上市公司在境外上市的）,如果存在信息披露、决策程序等方面的瑕疵,是否存在影响本次发行的争议、潜在纠纷或其他法律风险。

（六）关于共同投资

发行人如存在与其控股股东、实际控制人、董事、监事、高级管理人员及

其亲属直接或者间接共同设立公司的情形,发行人及中介机构应主要披露及核查以下事项:

(1)发行人应当披露相关公司的基本情况,包括但不限于公司名称、成立时间、注册资本、住所、经营范围、股权结构、最近一年及一期主要财务数据及简要历史沿革。中介机构应当核查发行人与上述主体共同设立公司的背景、原因和必要性,说明发行人出资是否合法合规,出资价格是否公允。

(2)如发行人与共同设立的公司存在业务或资金往来的,还应当披露相关交易的交易内容、交易金额、交易背景以及相关交易与发行人主营业务之间的关系。中介机构应当核查相关交易的真实性、合法性、必要性、合理性及公允性,是否存在损害发行人利益的行为。

(3)如公司共同投资方为董事、高级管理人员及其近亲属,中介机构应核查说明公司是否符合《公司法》第 148 条规定,即董事、高级管理人员未经股东会或者股东大会同意,不得利用职务便利为自己或者他人谋取属于公司的商业机会,自营或者为他人经营与所任职公司同类的业务。

(七)关于第三方数据

第三方数据主要指涉及发行人及其交易对手之外的第三方相关交易信息,例如发行人的交易对手与其客户或供应商之间的交易单价及数量、可比公司或可比业务财务数据等。考虑到第三方数据一般较难获取并具有一定的隐私性,发行人及中介机构在公开披露的文件中引用的第三方数据可以限于公开信息,并注明资料来源,一般不要求披露未公开的第三方数据。中介机构应当核查第三方数据来源的真实性及权威性,引用数据的必要性及完整性,与其他披露信息是否存在不一致;说明第三方数据是否已公开,是否专门为本次发行准备,以及发行人是否为此支付费用或提供帮助;确保直接或间接引用的第三方数据有充分、客观、独立的依据。

第三节　科创板审核经典案例

一、未盈利企业、红筹企业及差异表决权架构企业申报案例

科创板相对于主板而言,为企业设立了多元包容的发行上市条件,综合考虑了预计市值、收入、净利润、研发投入、现金流等因素,不要求企业在上

市前必须盈利,允许特殊股权结构企业、红筹企业上市。截至 2022 年 9 月
30 日,已有 45 家未盈利企业、8 家特殊股权结构企业、6 家红筹企业在科创
板上市。

在科创板上市案例中,存在部分尚未实现盈利的企业采用了第五套上
市标准申请上市并成功注册,例如抗癌药研发制造企业百济神州(688235)、
计算机视觉及人工智能行业公司格灵深瞳(688207)、集成电路晶圆代工企
业中芯国际(688981)、高端半导体专用设备公司拓荆科技(688072)等。

中芯国际(688981)、格科微(688728)、诺诚健华(688428)等为注册地在
境外、主要经营活动在境内的红筹企业,均满足《上海证券交易所科创板股
票上市规则》第 2.1.3 条设立的上市标准并成功上市。

依据《上海证券交易所科创板股票上市规则》第 2.1.4 条和第五节“表决
权差异安排”的规定,上市公司具有表决权差异安排①的,应当充分、详细披
露相关情况特别是风险、公司治理等信息。例如,经纬恒润(688326)为稳定
公司实际控制人的控制权,为其所持有的股份设置了 6 倍的特别表决权,以
实现实际控制人对公司的经营管理以及对需要股东大会决议的事项具有绝
对控制权。云从科技(688327)同样设置了特别表决权,根据该安排,公司控
股股东常州云从所持股份每股拥有的表决权数量为其他股东(包括本次公
开发行对象)所持股份每股拥有的表决权的 6 倍。根据公司现行有效的公司
章程,通过设置特别表决权,公司实际控制人通过常州云从控制了云从科技
64.60%的表决权比例。九号公司(689009)则是结合了表决权差异、VIE 架
构、CDR 发行的红筹企业,根据公司章程安排,对于提呈股东大会的决议案,
A 类普通股持有人每股可投 1 票,而 B 类股份持股人每股可投 5 票。

二、 报告期内业绩大幅下滑的申报案例

上海证券交易所包容科创板上市公司出现业绩大幅下滑的情形,并要求
其根据自身特点,强化对业绩波动、行业风险、公司治理等相关事项的针对性
信息披露。聚石化学(688669)、上纬新材(688585)、南新制药(688189)、中自科
技(688737)等科创板发行人依照《上海证券交易所科创板股票上市规则》第
8.2.3 条的规定,在其年度报告中对年度净利润或营业收入同比下降 50% 以

---

① 表决权差异安排是指上市公司内不同的股东具有不同的表决权,即同股不同权,这种制度
简称“双层股权结构”。

上的具体原因进行了解释,并就其持续经营能力是否存在重大风险进行了分析。

三、 存在对赌条款的申报案例

"对赌条款"是指投资方与融资方在达成股权性融资协议时,为解决交易双方对目标公司未来发展的不确定性、信息不对称以及代理成本而设计的包含了股权回购、现金补偿、股权补偿等对未来目标公司的估值进行调整或者回购退出的条款,《九民纪要》对"对赌条款"的法律有效性及实施的可能性进行了积极的解释,但同时对对赌的执行进行了限制,比如与公司对赌的,应以公司减资为前提。

对于目前存在对赌的拟上市企业,应当如何把握监管的尺度? 根据2019年中国证监会发行监管部发布的《首发业务若干问题解答》的规定,并结合最近审核的情况来看,监管机构对拟上市企业的股权和经营不允许存在重大不确定因素,如果对赌条款不满足"可以不清理"的条件,则会要求企业在上市前清理对赌条款。

股东间的对赌协议一直是主板 IPO 审核过程中的红线,证券监管部门对股东特殊权利安排持有比较明确的否定态度。随着实践中对赌条款履行情况的日渐丰富,兼顾上市前投资人和上市后公众股东的权益,监管部门对于对赌协议的态度也根据对赌条款的具体内容而细化区分,而不再一律禁止。2019 年 3 月上海证券交易所(简称上交所)发布《上海证券交易所科创板股票发行上市审核问答(二)》,其中第 10 条首次明确满足一定条件的对赌协议,可以于申报前不进行清理。

经查询已经在科创板完成注册的企业信息,以终止对赌协议的方式完成对赌协议的清理,加快推进上市进程,仍是大多数企业的选择。绝大多数企业于申报前股东之间即签署了关于终止对赌协议的相关文件,或对赌条款本身即约定于公司在科创板上市的申请被受理之日起自动终止,比如创耀科技(688259)。实践中亦有部分企业在申请于科创板上市时,股东之间仅约定中止对赌协议,并约定于特定情形发生后,恢复对赌条款的履行,例如皖仪科技(688600)。针对该等"中止对赌"的约定,监管部门在问询函中进一步要求发行人律师结合《上海证券交易所科创板股票发行上市审核问答(二)》第 10 条的规定,对发行人在相关协议项下的权利、义务和责任进行说明,并说明发行人不属于对赌当事人的充分性,以及中止条款自动恢复是否符合监管要求。皖仪科技案例中,在反馈问询过程中,股东通过在各方之间另行签署全面终止协议的方式而免去了进一步对监管反馈问询的回复,但从问询意见本身进行解读,如果发行人亦作为回购协议的签署主体,虽然发行人本身没有直接承担回购、款项支付等未能上市或业绩不达标的不利后果,但因该等上市或业绩指标都直接指向发行人,因此,监管部门仍要求对发行人是否属于对赌当事人进行充分论证。

实践中亦有个别企业,在股东之间仍存在有效的对赌协议的情况下完成了科创板的注册,比如埃夫特(688165)。在该案例中,睿博投资为发行人的第五大股东,持有发行人股份的比例为 11.61%,并与发行人控股股东签署了《一致行动人协议》。睿博投资于 2019 年 4 月 12 日分别与深创投、红土丝路创投、红土智能创投签署了《股份转让协议》,将其所持发行人合计0.33% 的股份转让给深创投、红土丝路创投、红土智能创投,并约定若发行人未能于交割日起 3 周年内完成合格 IPO(指在国内主板、中小板、创业板、科创板上市),睿博投资予以回购。

在埃夫特首发的法律意见书中,律师认为虽然上述条款仍然有效,可能导致股权结构发生变更,但由于涉及对赌的股份比例仅为 0.33%,且发行人和控股股东并非协议当事人,不存在可能导致发行人控制权变更的情形;同时,因为回购条款不与发行人市值挂钩,亦不存在严重影响发行人持续经营能力或者其他严重影响投资者权益的情形。发行人律师认为上述回购安排对发行人本次发行上市不构成实质性障碍。因此,在本案例中,发行人在股东之间存在对赌回购安排的情况下,仍然成功在科创板完成注册。

通过上述案例分析可以看出:科创板注册审核中仍然以要求清理对赌协议为原则,但如果发行人、保荐机构和发行人律师根据上交所的要求,详细说明发行人股东之间的对赌协议能够完全满足《上海证券交易所科创板股票发行上市审核问答(二)》问答 10 中所要求的不清理条件——发行人不作为对赌协议当事人,对赌协议不存在可能导致公司控制权变化的约定,对赌协议不与市值挂钩,对赌协议不存在严重影响发行人持续经营能力或者其他严重影响投资者权益的情形,那么股东之间即使存在未清理的对赌协议,亦可以成功完成科创板的注册,且目前已有成功注册案例。

四、 报告期内存在重大诉讼的申报案例

根据《上海证券交易所科创板股票上市规则》第 9.3.1 条的规定,上市公司应当及时披露重大诉讼、仲裁。益方生物(688382)和麦澜德(688273)在上市时,分别就其新增的重大诉讼在指定信息披露平台进行了公示,说明了案件受理情况和基本案情、诉讼请求、判决结果及执行情况、诉讼案件对发行人的影响等事项。无锡市好达电子股份有限公司在 2021 年 11 月通过科创板上市委员会审核,在招股说明书和第一轮问询中充分披露了未决诉讼的具体情况和案件进展。2020 年 9 月 3 日,极米科技(688696)在报告期间就专利侵权诉讼与光锋科技(688007)签署专利许可协议和战略合作协议,并于 2021 年 3 月 3 日在科创板成功上市。根据《科创板首次公开发行股票注册管理办法(试行)》第十二条等相关规定,发行人在发生对其持续经营有重大不利影响的诉讼时,可能对上市构成实质性障碍。

五、 涉及商业模式稳定性论证的申报案例

根据《上海证券交易所科创板股票发行上市审核规则》第 3 条的规定,发行人需要满足商业模式稳定的条件。步科股份(688160)在招股说明书中通过说明其核心技术的竞争力,与客户和供应商稳定的合作关系,以及公司整体销售收入的稳定增长,论证了步科股份具有稳定的商业模式。寒武纪(688256)作为一家专注于各类型人工智能芯片产品开发的企业,其公司运营时间较短,且人工智能芯片技术仍处于发展初期阶段,未来公司仍将不断推出新产品和经营与人工智能芯片相关的新业务,公司未来的产品结构、客户结构、业务结构、商业模式等方面仍可能发生较大变化。寒武纪(688256)在招股说明书风险因素部分特别提示了商业模式风险,公司于 2020 年 7 月在科创板成功上市。

六、 涉及"三类股东"、国有股权设置的申报案例

"三类股东",系契约性基金、资产管理计划、信托计划作为公司股东的统称。天智航(688277)共有 137 名股东,其中 39 名为机构股东,上海证券交易所在第二轮问询中要求其对是否存在契约性基金、信托计划、资产管理计划等"三类股东"的情形进行说明。经天智航说明并提供相应的资质证书,39 家机构股东有 4 家基金管理人、1 家证券直投子公司的下属机构、19 家私募基金、2 家证券公司直投基金、2 家员工持股平台以及 11 家非私募投资基

金公司或有限合伙企业。

转板上市公司观典防务(688287)共计50名"三类股东",申报转板时仅其中21名股东出具了《承诺函》,确认已经按照《指导意见》的要求,在过渡期内完成相关整改。上海证券交易所在问询中要求企业按照《关于规范金融机构资产管理业务的指导意见》《中国人民银行有关负责人就资管新规过渡期调整答记者问》和《审核问答(二)》问题9的相关规定,补充披露观典防务全部"三类股东"的过渡期安排情况。观典防务在问询中对全部"三类股东"的持股情况、调查表及过渡期《承诺函》出具情况进行了充分披露。截至观典防务转板上市报告书签署日,尚未提供过渡期承诺或调查问卷的"三类股东"有7家,其中5家截至停牌日前已出售所持观典防务股票,2家已处于清算期,上述"三类股东"未出具过渡期安排相关的承诺不会对转板公司的持续经营产生实质性影响。观典防务的控股股东、实际控制人、董事、监事、高级管理人员及其上述人员的近亲属,以及相关中介机构及其签字人员不存在直接或间接在上述"三类股东"中持有权益的情形。

天智航的股权设置同时涉及国有股权的事项,上海证券交易所对天智航及其子公司历史沿革中的国有资产流转合规性均进行了问询,要求披露国有资产历次增资入股以及股权转让是否合法合规,是否履行了必要的上级部门审批、评估、转让的程序,以及是否符合《企业国有资产监督管理暂行条例》等相关法律法规的规定。

云从科技(688327)的股权设置涉及国有股权的事项,上海证券交易所就企业国有股权事项进行问询,要求公司披露国有股权设置方案批复文件的办理进度,是否存在实质性障碍;国有股东入股及股权变动是否履行评估、备案等程序,是否符合相关法律法规的规定,是否造成国有资产流失。

珠海冠宇(688772)在法律意见书中披露了关于国有股东标识的情况:珠海科创投、珠海格力创投为珠海市国资委直接或间接持股100%的企业,属于《上市公司国有股权监督管理办法》第三条规定的国有股东,其证券账户应标注为"SS",深创投属于《上市公司国有股权监督管理办法》第七十四条规定的不符合国有股东标准,但政府部门、机构、事业单位和国有独资或全资企业通过投资关系、协议或者其他安排,能够实际支配其行为的境内外企业,其证券账户应标注为"CS"。上海证券交易所在第一轮问询中进一步问及珠海科创投等国有股权管理方案批复的办理进展、预计完成时间,后续是否存在取得障碍等。

七、 知识产权无法满足研发要求的申报案例

知识产权作为科技型公司核心技术和创新的重要指标，成了众多上市企业的拦路虎。这些企业一是未能通过证监会和上交所的知识产权审核，二是在上市过程中遭遇竞争对手的知识产权诉讼阻击。《科创属性评价指引（试行）》第 1 条即对拟上市企业所需要达到的研发能力提出了一定的要求，比如最近 3 年研发投入占营业收入比例 5% 以上等指标。达不到前述指标，或仅从表面而言具有多项专利但是实际上无法满足研发能力的企业，不一定能通过上市委员会的审核。

以江苏高凯精密流体技术股份有限公司（以下简称"高凯技术"）为例，高凯技术为专用设备制造公司，共拥有发明专利 9 项，其中，形成主营业务收入的发明专利仅 5 项。5 项专利中的"一种用于自动点胶机的压电元件喷射阀驱动电源"原为上海师范大学和高凯技术子公司苏州高凯共有，上海师范大学将其权属部分转让给苏州高凯，转让完成后，该专利由苏州高凯单独享有并单独申请专利权。上市审核要求高凯技术说明上海师范大学转让的专利申请权是否已转化成公司专利，专利申请是否存在障碍，专利权属是否清晰，是否能够满足专利指标要求，公司现有研发体系是否具备持续创新能力。最终经过 4 轮审核问询及回复，高凯技术于 2021 年 12 月 13 日主动撤回了科创板上市申请文件。

武汉珈创生物技术股份有限公司（以下简称"珈创生物"）在上市之初，与主营业务收入有关的发明专利有 14 项之多，然而上市委员会通过核查发现其自主研发的只有 4 项。上市委员会高度怀疑珈创生物的自主研发能力，多次要求珈创生物对此作出合理解释，但珈创生物的多次回复未能充分说明相关核心内容。最终，珈创生物科创板上市被否。

八、 行政处罚较多，内控存在缺陷的申报案例

根据《首次公开发行股票并上市管理办法》的规定，发行人最近 36 个月内不得有违反工商、税收、土地、环保、海关以及其他法律、行政法规，受到行政处罚且情节严重的情形。《科创板首次公开发行股票注册管理办法（试行）》规定，发行人的董监高不得存在最近 3 年内受到中国证监会行政处罚的情形。

对于 A 股资本市场而言,企业的行政处罚事项可能对项目的成败产生重大影响。在科创板上市案例中,上海康鹏科技股份有限公司(简称"康鹏科技"),曾因公司及其子公司存在较多行政处罚,在审期间频繁出现安全事故和环保违法事项,使重要子公司破产,导致公司重要业务及经营业绩大幅下滑,被科创板上市委员会认为不符合《科创板首次公开发行股票注册管理办法(试行)》第 11 条的规定,于 2021 年 3 月上市被否。经过公司整改,2022 年康鹏科技再次申报科创板,在首轮问询中,行政处罚与环保内控仍是上交所重点关注内容。

九、 涉及同业竞争的申报案例

"同业竞争"是资本运作的"红线"之一,也是监管部门核查的重点。所谓同业竞争,是指公司所从事的业务与其控股股东、实际控制人及其所控制的企业所从事的业务相同或近似,双方构成或可能构成直接或间接的竞争关系。

在同业竞争方面,中国证监会对拟上市的企业的要求是(原则上)禁止同业竞争。拟上市企业如存在同业竞争,应当根据《科创板首次公开发行股票注册管理办法(试行)》《公开发行证券的公司信息披露内容与格式准则第 41 号——科创板公司招股说明书》的有关规定,披露同业竞争的内容:如避免同业竞争承诺的作出及履行情况,对存在相同、相似业务的,发行人应对是否存在同业竞争做出合理解释以及避免同业竞争有关措施的有效性发表意见。

振华新材(688707)于 2021 年 6 月上市时,科创板上市委员会就因为其实际控制人中国振华电子集团有限公司直接及间接控制的企业较多,其中从事和振华新材主营业务相同或相似业务的企业很多,所以对同业竞争的事宜进行了问询,企业的发行人律师论述了振华新材与其同业竞争者之间客户相互独立,业务模式存在区别,不存在客户引流情况,同时承诺已制定避免同业竞争的相关充分、有效、可执行的具体措施,最终被科创板上市委员会认可。

在合肥晶合集成电路股份有限公司(以下简称"晶合集成")的审核中,科创板上市委员会问询了关于公司第二大股东力晶科技持股企业力积电从事与发行人同一类型业务的相关问题。晶合集成在回复中说明了力晶科技已经没有晶圆代工业务,而发行人与力积电的晶圆代工业务存在细分市场、细分产品不同的差异。发行人阐述了公司客户拓展、供应商选择、公司治理层面的独立性,说明了发行人与力晶科技及力积电从事同类型业务不会导致非公平竞争和利益输送。最终,晶合集成于2022年3月通过上市委审议。

依据《上海证券交易所科创板股票发行上市审核问答》的相关规定,三生国健(688336)、心脉医疗(688016)、西部超导(688122)、威胜信息(688100)、铁建重工(688425)和振华新材(688707)均受到了上海证券交易所关于同业竞争事项的相关问询,通过论证发行人与其实际控制人控制的其他企业之间在主营产品的分类、生产工艺和核心设备、产品的形态和用途、下游客户、技术储备和发展方向等方面存在较大差异,6家企业均认为自身不存在构成重大不利影响的同业竞争并最终成功过会。

十、 涉及关联交易的申报案例

《科创板首次公开发行股票注册管理办法(试行)》第12条要求发行人不存在严重影响独立性或者显失公平的关联交易。依据证监会发布的《公开发行证券的公司信息披露内容与格式准则第41号——科创板公司招股说明书》,海尔生物(688139)、石头世纪(688169)、科前生物(688526)、山大地纬(688579)、天微电子(688511)、金迪克(688670)、华依科技(688071)、唯赛勃(688718)在其招股说明书中及相关申报文件中对其报告期内关联方名称、交易内容、交易价格的确定方法、交易金额、占当期营业收入或营业成本的比重、占当期同类型交易的比重及关联交易增减变化的趋势、与交易相关应收应付款项的余额及增减变化的原因,以及上述关联交易是否仍将持续进行等事项进行了充分披露,并说明该等关联交易不存在严重影响公司独立性或显失公平的情形。

十一、 涉及反垄断、反不正当竞争行为的申报案例

2021年初,中共中央办公厅、国务院办公厅印发《建设高标准市场体系行动方案》,主张全面完善公平竞争制度,加强和改进反垄断与反不正当竞争执法,加强新业态领域反垄断规制。在资本市场领域,上市委员会对反不正当竞争行为的审核愈发严格。所谓反不正当竞争,在法律上是指经营者在生产经营活动中,违反本法规定,扰乱市场竞争秩序,损害其他经营者或者消费者的合法权益的行为,主要包括混淆行为、商业贿赂、虚假宣传、侵害

商业秘密、不正当有奖销售、商业诋毁、互联网不正当竞争、违反诚信之不正当竞争行为。

对于医药企业而言,仪器及试剂的捆绑销售模式在医疗器械行业中较为普遍,科创板上市委员会近两年在对浩欧博、热景生物、硕世生物的问询中也提到了该问题。这是因为"仪器+试剂"销售模式主要涉及两个关键问题,即是否构成《反垄断法》下的强制搭售,及《反不正当竞争法》下的商业贿赂。

就反垄断而言,企业投放设备的成本必然要通过后续试剂销售收回,则企业前期投放的设备可能被视为后期销售试剂的搭售产品。根据《反垄断法》的规定,禁止具有市场支配地位的经营者滥用市场支配地位,没有正当理由搭售商品,或者在交易时附加其他不合理的交易条件。对于是否构成强制搭售,企业应当适当从企业在目前领域是否具有市场支配地位、仪器和试剂搭配使用具有客观关联性、设备投放与试剂销售属不同的独立协议、企业并未强制经销商或终端客户购买其试剂或设定最低采购限额等方面,来衡量企业目前的销售模式是否违反《反垄断法》的相关规定。

对于商业贿赂而言,"仪器+试剂"的销售模式下,企业是否构成对医院等终端客户的商业贿赂,主要标准是是否以"明示"方式进行,即是否在合同中明确约定,及是否在财务账簿中如实记录。因此,企业无论以何种形式,均不得以赠予方式将设备投放给终端用户,以赠予之外的其他方式投放的,也应当如实在合同中约定并在财务账簿中记录。

十二、 涉及会计差错更正的申报案例

根据《上海证券交易所科创板股票发行上市审核问答(二)》第 16 条规定,首发材料申报后,如发行人同一会计年度内因会计基础薄弱、内控不完善、必要的原始资料无法取得、审计疏漏等原因,除特殊会计判断事项外,导致会计差错更正累积净利润影响数达到当年净利润的 20% 以上(如为中期报表差错更正则以上一年度净利润为比较基准)或净资产影响数达到当年(期)末净资产的 20% 以上,以及滥用会计政策或者会计估计并因恶意隐瞒或舞弊行为导致重大会计差错更正的,应视为发行人在会计基础工作规范及相关内控方面不符合发行条件。

2019 年 8 月 30 日,证监会发布公告,不予同意恒安嘉新(北京)科技股

份公司首次公开发行股票注册。由此,恒安嘉新成为科创板试点注册制下IPO被否的第一单。根据证监会发布的公告,其核心问题是公司对4个重大合同收入确认时点进行调整。证监会认为,"发行人将该会计差错更正认定为特殊会计处理事项的理由不充分,不符合企业会计准则的要求,发行人存在会计基础工作薄弱和内控缺失的情形"。

诺泰生物(688076)报告期内曾出现多次前期差错更正,其中一次涉及25个科目会计差错更正及追溯调整。诺泰生物通过论证其会计差错更正的发生原因、对财务报表的影响以及相关内控设计和执行情况、整改效果等,说明对财务报表不存在重大影响,不存在会计基础工作不规范、内控制度薄弱的情形。

十三、 带期权激励方案申报案例

根据《上海证券交易所科创板股票上市规则》和《上海证券交易所科创板股票发行上市审核问答》,科创板拟上市公司可以带期权激励方案上市。格科微(688728)带着期权方案IPO,上海证券交易所对此问询了其股权激励方案计划和实施是否符合《审核问答》第12号的要求,包括激励对象、激励计划的必备内容与基本要求、激励工具的定义与权利限制、行权安排、回购或终止行权、实施程序等。

十四、 分拆上市申报案例

根据《上市公司分拆规则》等相关规定以及从监管层对上市公司分拆上市的审核问询情况来看,独立性、关联交易、同业竞争、分拆流程的合规性、投资者权益保护等方面是监管关注的重点。第一,分拆后有利于上市公司突出主业、增强独立性。第二,分拆后,上市公司与拟分拆所属子公司均符合中国证监会、证券交易所关于同业竞争、关联交易的监管要求;分拆到境外上市的,上市公司与拟分拆所属子公司不存在同业竞争。第三,分拆后,上市公司与拟分拆所属子公司的资产、财务、机构方面相互独立,高级管理人员、财务人员不存在交叉任职。第四,应当参照中国证监会、证券交易所关于上市公司重大资产重组的有关规定,充分披露对投资者投资决策和上市公司证券及其衍生品种交易价格可能产生较大影响的所有信息。第五,上市公司分拆应当由董事会依法作出决议,并提交股东大会批准,并就分拆是否符合相关规定、是否有利于维护股东和债权人合法权益、上市公司分拆后能否保持独立性及持续经营能力、分拆后能否保持独立性及持续经营能力等进行审议。

厦钨新能(688778)分拆自厦门钨业(600549.SH),于2021年8月在科创板IPO上市。铁建重工(688425)分拆自铁建股份(601186.SH;1186.HK),于2021年6月在科创板IPO上市,为A股首单央企分拆子公司上市案例;复旦微电(688385)分拆自港股上市公司上海复旦(01385.HK),于2021年8月在科创板IPO上市。

十五、 相关被否案例

【案例2-1】宁波菲仕技术股份有限公司

2021年11月24日,科创板上市委员会2021年第88次审议会议否决了宁波菲仕技术股份有限公司(以下简称"菲仕技术")的发行上市申请。菲仕技术是一家专注于运动控制和能量转换领域的机构,主要从事高精高效稀土永磁同步电机、伺服和驱动系统、控制系统和新能源汽车电驱动系统的研发、生产和销售。

科创板上市委员会会议提出问询的主要问题包括:

(1) 请发行人代表说明:① 2020年与2021年1—6月,与新能源汽车业务相关在建工程项目没有实质性投入的原因及合理性,相关在建工程项目继续确认利息资本化是否符合《企业会计准则》的规定;② 在新能源汽车业务的收入及盈利下滑、产能利用率较低、主要客户北汽新能源产销率下降且库存增长较大的情况下,发行人对相关在建工程、已建成产能的相关固定资产、对应客户产销率下降车型的存货是否已充分计提减值准备或跌价准备;③ 在与新能源汽车业务相关在建工程项目尚未建成、已建成产能利用率较低的情况下,发行人动用募集资金继续建设新能源汽车项目的合理性与必要性。请保荐代表人发表明确意见。

(2) 请发行人代表说明:在中国市场乘用车电动化快速推进的背景下,发行人选择进入商用车领域的原因及合理性,与吉利商用车所签协议转为实际订单是否存在重大不确定性。请保荐代表人发表明确意见。

(3) 请发行人代表说明:发行人在报告期内持续确认递延所得税资产,造成所得税费用总额持续为负的原因及合理性,该等情形是否与发行人关于"整体盈利能力面临较大压力"的风险提示自相矛盾。请保荐代表人发表明确意见。

科创板上市审核中心在审核问询中重点关注了如下事项：一是 2020 年和 2021 年上半年新能源汽车电驱动系统客户集中度较高、收入下滑、业务分部亏损的原因，新客户的开拓情况，产能利用率较低的情况下募集资金投向新能源汽车驱动电机和动力总成项目的合理性；二是新能源汽车电驱动业务相关资产如存货等的减值计提情况；三是公司目前整体业务净利率较低的原因；四是公司核心技术先进性的体现，与同行业公司的比较情况。

科创板上市委员会审议认为："根据申请文件，发行人未能充分、合理、准确说明：(1) 新能源汽车业务相关在建工程项目延缓投入的原因、合理性以及相关信息披露的充分性，相关在建工程项目继续确认利息资本化的合规性；(2) 在新能源汽车业务的收入及盈利下滑、产能利用率较低等情况下，发行人对相关在建工程、已建成产能的相关固定资产减值准备计提的充分性，相关募集资金项目的必要性；(3) 报告期内持续确认递延所得税资产及对利润影响的信息披露充分性。发行人本次发行上市申请文件信息披露不符合《科创板首次公开发行股票注册管理办法(试行)》第五条、第三十四条的规定，不符合《上海证券交易所科创板股票发行上市审核规则(2020 年修订)》第二十八条的规定。"

【案例 2-2】精英数智科技股份有限公司

2020 年 9 月 1 日，科创板上市委员会 2020 年第 68 次审议会议否决了精英数智科技股份有限公司的发行上市申请。精英数智科技股份有限公司是一家为煤炭等高危行业提供以自主软件为主的安全生产监测及管理整体解决方案的高新技术企业，产品和服务面向煤矿等高危行业企业、安全监管部门、保险及安全服务机构。

科创板上市委员会在审核中重点关注了如下事项：根据发行人披露，发行人业务主要采用项目服务商模式，项目服务商起到协调客户和发行人关系、顺利推进项目并回款等职能。报告期内发行人向项目服务商支付的项目服务费金额分别为 1 411.94 万元、2 769.52 万元、5 743.10 万元。发行人项目服务费一般以项目毛利率、所属区域的市场竞争情况、市场成熟度和项目实施复杂度为依据确定费用，项目服务费与销售合同金额之间不具有稳定的量化关系。审核重点关注：通过项目服务商协助销售的商业合理性以及与最终达成销售交易价格的关系，相关内控制度是否健全有效，是否存在商业贿赂、利益输送或体外资金循环的情形。

科创板上市委员会审议认为:"发行人未能充分、准确披露项目服务商所提供服务的内容、项目服务费的计费标准及确定方式,与项目服务商合作的相关内部控制不够健全,不符合《科创板首次公开发行股票注册管理办法(试行)》第五条、第十一条的规定;不符合《上海证券交易所科创板股票发行上市审核规则》第十五条、第二十八条的规定。"

【案例 2－3】长沙兴嘉生物工程股份有限公司

2020 年 11 月 26 日,科创板上市委员会 2020 年第 110 次审议会议否决了长沙兴嘉生物工程股份有限公司的发行上市申请,兴嘉生物成为 2020 年第二家被科创板上市委员会否决的公司。兴嘉生物成立于 2002 年,主要从事矿物微量元素的研发生产,核心技术和产品主要应用于动物营养领域和植物营养领域。

上市委员会会议提出问询的主要问题包括:

(1)请发行人代表:① 说明新产品研发及饲喂效果验证的流程;② 说明如何区分新产品研发支出的量产产品的成本;③ 分析发行人所持发明专利与核心技术、主营业务收入的相关性;④ 说明包括董事长、总经理在内的管理团队成员参与研发项目的情况;⑤ 结合发行人在审核期间将部分工资支出由研发投入改列为管理费用的情况,说明对研发投入的会计核算是否准确、合理。请保荐代表人发表明确意见。

(2)请发行人代表说明:① 经销商的终端销售及期末存货情况,经销商是否根据其终端客户的需求向发行人采购,国外经销商期末库存情况,经销商期末库存水平是否合理;② 上述情形是否受到 2020 年新冠肺炎疫情的影响而发生重大变化;③ 报告期内,是否存在通过放宽信用政策促进销售、利用经销商囤货提前确认收入的情形,发行人披露的各期营业收入是否真实准确。请保荐代表人说明对境外经销商期末存货、报告期内销售收入的核查情况,包括但不限于是否受到疫情影响而未能进行现场访谈,该等情形是否对销售真实性的核查造成不利影响,并发表明确意见。

(3)请发行人代表结合发行人在审核期间修改关于自身行业属性、专利数量等表述的情况,说明发行人是否已按照注册制的要求,对自身的科创板定位进行合理的评价,相关信息披露是否充分、准确。请保荐代表人发表明确意见。

科创板上市委员会审议认为:"发行人的行业归属和多项科创属性指标,包括研发投入和发明专利数量等信息披露前后不一致。发行人在审核期间,曾修改其研发费用中的高管薪酬列支情况,表明其关于研发投入的内部控制存在缺陷。相关信息披露未能达到注册制的要求,不符合《科创板首次公开发行股票注册管理办法(试行)》第五条、第十一条、第三十四条和第三十九条的规定;不符合《上海证券交易所科创板股票发行上市审核规则》第五条、第二十八条的规定。"

【案例 2-4】上海康鹏科技股份有限公司

2021 年 3 月 17 日,科创板上市委员会 2021 年第 18 次审议会议否决了上海康鹏科技股份有限公司的发行上市申请。上海康鹏科技股份有限公司是一家含氟精细化学品制造商,主营业务为显示材料、新能源电池材料及电子化学品、功能性材料及其他特殊化学品(医药化学品、有机硅材料等)。

上市委员会会议现场问询问题:

(1) 根据申请文件,泰兴康鹏与发行人被同一实际控制人控制,前者因委托无资质方处置危险废物构成污染环境罪。请发行人代表说明:① 泰兴康鹏上述犯罪行为相关业务与发行人业务是否紧密关联,发行人与其外协定价是否公允,上述模式是否降低了泰兴康鹏和发行人相应的环保成本和风险;② 发行人实际控制人是否对泰兴康鹏犯罪行为存在管理或其他潜在责任,此后将泰兴康鹏剥离给张时彦是否存在关联交易非关联化情形;③ 相关重组及兰州康鹏的业务是否会导致新的环保和安全生产风险,增加相应的成本费用。请保荐代表人发表明确意见。

(2) 根据申请文件,发行人报告期及在审期间发生多起安全事故和环保违法事项,导致重要子公司停工停产,进而导致公司重要业务和经营业绩大幅下滑。请发行人代表说明:① 衢州康鹏停工停产的原因及标准,是否与事故发生在核心生产环节、受处罚严重程度有关;② 发行人及包括衢州康鹏、上海万溯、浙江华晶在内的重要子公司生产技术、安全和环保管理、资质等相关内控是否存在重大缺陷,相关整改是否完毕;③ 发行人业务是否存在高污染、高环境风险事项及相应的内控措施。请保荐代表人发表明确意见。

(3) 根据申请文件,发行人转让万溯众创 100% 股权的直接目的是转让相关不动产。请发行人代表说明该次交易是否需要缴纳土地增值税,是否存在被追缴风险。请保荐代表人发表明确意见。

科创板上市审核中心在审核问询中重点关注了以下事项：在审核期间发行人重要子公司衢州康鹏连续发生两起安全事故导致长时间停产、子公司浙江华晶由于废气排放问题被衢州生态环境局罚款、衢州康鹏安全事故导致的资产损失和减值及业绩下滑等事项，以及相关事项对发行人内控有效性及持续经营能力的影响。

科创板上市委员会审议认为："根据申请文件，报告期内发行人及其子公司存在较多行政处罚，在审期间频繁出现安全事故和环保违法事项，导致重要子公司停工停产，进而导致公司重要业务及经营业绩大幅下滑，发行人在内控方面存在缺陷，不符合《科创板首次公开发行股票注册管理办法（试行）》第十一条的规定。"

【案例 2–5】福建汇川物联网技术科技股份有限公司

2021 年 3 月 18 日，科创板上市委员会 2021 年第 19 次审议会议否决了福建汇川物联网技术科技股份有限公司的发行上市申请。汇川物联是一家通过自主研发的软、硬件技术，专业为行业质量安全生产远程视频智能监管提供整体解决方案的物联网科技企业。同时，根据客户不同的实际需求，公司还直接向客户销售智能硬件设备和系统集成产品等。

上市委员会会议现场问询问题：

（1）请发行人代表说明：① 发行人前财务经理陈剑钗于发行人申报上市期间离职的原因，是否存在离职补偿或其他形式的补偿，以及未提供全部账户流水的原因；② 实际控制人与其亲友往来款项中是否存在最终流入发行人客户的情况。请保荐代表人发表明确意见。

（2）请发行人代表说明发行人业务实质与物联网定位是否相符，发行人公司名称使用物联网字样是否会对投资人造成误导。请保荐代表人发表明确意见。

（3）请发行人代表说明申报期受让的专利与发行人的主营业务直接相关的表述是否真实、准确。请保荐代表人发表明确意见。

（4）请发行人代表结合目前的行业监管政策变化，说明发行人的行业空间和市场份额是否具有稳定性，发行人是否具有直接面向市场独立持续经营的能力。请保荐代表人发表明确意见。

科创板上市审核中心在审核问询中重点关注了以下事项：一是发行人物联网行业的认定依据及理由；二是专利与公司核心技术及主营业务的相

关性,以及认定技术先进性的依据是否审慎、客观;三是发行人业务集中在福建省内,相关行业政策变化对持续经营的影响。

科创板上市委员会审议认为:"根据申请文件,发行人对其物联网业务实质、核心技术及技术先进性的信息披露不充分、不准确,不符合《科创板首次公开发行股票注册管理办法(试行)》第五条、第三十四条及第三十九条的规定,不符合《上海证券交易所科创板股票上市审核规则》第十五条、第十九条及第二十八条的规定。"

【案例 2-6】武汉珈创生物技术股份有限公司

2021 年 4 月 29 日,科创板上市委员会 2021 年第 27 次审议会议否决了武汉珈创生物技术股份有限公司的发行上市申请。珈创生物是一家为生物制品企业、医疗机构、科研院所提供细胞建库与保藏、细胞检定、生产工艺病毒去除/灭活验证及相应生物安全评估第三方服务的高新技术企业,目前提供的检测服务为细胞检定、生产工艺病毒去除/灭活验证。

上市委员会会议现场问询问题:

(1)请发行人代表:① 结合《中华人民共和国药典》对相关检测工作内容、检测技术原理及方法等的描述,说明发行人主要从事的细胞检定业务的性质、技术通用性及稳定性、相关仪器及设备在其中所起的作用;② 对比同行业检测机构,说明发行人所从事的该项业务的主要技术壁垒,分析发行人与同行业可比检测机构在检测技术上是否存在重大差异;③ 结合发行人部分核心技术专利由外部机构受让取得、发行人的自行研发投入较少、技术人员较少且人数在报告期内发生过较大波动等情况,论证发行人是否具有突出的创新能力。请保荐代表人发表明确意见。

(2)请发行人代表说明:① 发行人所持《检验检测机构资质认定证书》(CMA 认证)和《湖北省生物安全实验室备案凭证》(BSL-2)等资质是否为发行人从事主营业务所必备;② 鉴于该等资质将于 2022 年到期,一旦无法续期是否将对发行人的持续经营能力造成重大不利影响。请保荐代表人发表明确意见。

(3)请发行人代表说明是否存在将非研发费用计入研发费用的情形,以及研发费用相关的内部控制是否完善。请保荐代表人发表明确意见。

科创板上市审核中心在审核问询中重点关注了以下事项:一是发行人按照《中华人民共和国药典》开展细胞检定等业务,发行人核心技术与《中华人民共和国药典》的关系;二是发行人外购仪器与核心技术的关系;三是发行人外购发明专利及核心技术的具体体现;四是报告期内研发费用和研发人员变动的原因。

科创板上市委员会审议认为:"根据申请文件,发行人未能充分披露核心技术的先进性,相关信息披露不符合《科创板首次公开发行股票注册管理办法(试行)》第五条、第三十九条的规定;不符合《上海证券交易所科创板股票发行上市审核规则》第十五条、第十九条等规定。"

【案例 2-7】赛赫智能设备(上海)股份有限公司

2021 年 7 月 22 日,科创板上市委员会 2021 年第 49 次审议会议否决了赛赫智能设备(上海)股份有限公司的发行上市申请。赛赫智能的主营业务为汽车车身成型系统、总装系统的研发、生产、销售。主要产品包括车身成型系统、车轮装配与检测系统、其他整车总装与整车下线检测系统等三类。

上市委员会会议现场问询问题:

(1) 请发行人代表说明是否已向合肥市肥东县人民政府提交关于延后发行人对爱斯伯特出资期限的申请,预计何时可以获得肥东县人民政府的相关批复,是否存在实质性障碍。若无法及时获得上述批复,发行人是否面临丧失对爱斯伯特控制权的风险,以及是否对发行人的经营业绩构成重大不利影响?请保荐代表人发表明确意见。

(2) 请发行人代表说明发行人与兴业银行上海陆家嘴支行所签备忘录的法律效力,发行人获得兴业银行授信是否存在不确定性。同时,根据顾村镇政府及宝山区经济委员会出具的《关于协助申请〈宝山区加快建设上海科创中心针对促进产业高质量发展政策〉的情况说明》,发行人获得相应财政补贴是否具备确定性。如果发行人无法获得兴业银行授信贷款及相应财政补贴,发行人是否会面临重大偿债风险,是否影响发行人的持续经营能力。请保荐代表人发表明确意见。

(3) 请发行人代表说明如果其未能按时支付与收购 Expert 相关或有对价的违约责任和法律后果,以及如果 CMBC 并购贷款未能按时偿还,CMBC 行使股份质押权的法律后果,是否存在发行人丧失对相关境外子公司控制权的风险,进而对发行人的持续经营能力产生重大不利影响。请保荐代表人发表明确意见。

(4) 请发行人代表说明在《招股说明书》中,对相关子公司股份质押及其风险未在"重大事项提示""风险因素""重大合同"章节进行披露的原因,并说明是否符合《公开发行证券的公司信息披露内容与格式准则第41号——科创板公司招股说明书》的信息披露要求。请保荐代表人发表明确意见。

(5) 请保荐代表人说明对发行人研发费用归集方面的核查情况,发行人研发投入占比是否符合科创板上市条件,相关信息披露事项是否符合《上海证券交易所科创板股票发行上市审核规则》的要求。

科创板上市审核中心在审核问询中重点关注了以下事项:一是发行人的偿债能力和偿债风险,发行人主要资产均已被质押和抵押;二是发行人研发投入中研发领料和研发人工工时核算的准确性。

科创板上市委员会审议认为:"发行人存在重大偿债风险和重大担保风险,对发行人持续经营构成重大不利影响,不符合《科创板首次公开发行股票注册管理办法(试行)》第十二条第(三)款的规定;同时,发行人有关研发投入核算的信息披露不符合《上海证券交易所科创板股票发行上市审核规则》第二十八条的规定。"

【案例2-8】浙江天地环保科技股份有限公司

2021年9月3日,科创板上市委员会2021年第63次审议会议否决了浙江天地环保科技股份有限公司的发行上市申请。天地环保主要从事大气污染治理业务及固废处理业务,业务范围包括超低排放及有机挥发物(VOCs)整体解决方案、船舶脱硫系统研发与制造、脱硫特许经营、固体废弃物综合利用以及催化剂研发与生产、水处理等。从方案咨询、工艺设计、产品研发、组织施工、安装调试,到配套催化剂、环保建材的生产等。

上市委员会会议现场问询问题:

(1) 请发行人代表结合具体生产经营模式和细分工序环节说明:报告期固废处理业务收入、脱硫特许经营收入、以总额法确认的与施工分包和船厂改装相关的船舶脱硫系统收入和大气污染治理综合解决方案收入是否属于核心技术相关收入,是否依靠核心技术经营,上述业务所涉技术是否具有先进性。请保荐代表人说明对船舶脱硫系统业务的核查方式,说明《招股说明书》对核心技术先进性及其收入占比的披露是否准确。

(2) 根据申请文件,报告期固废处理业务公司向关联方采购粉煤灰及脱硫石膏等固体废弃物金额占同类交易比例为98.03%、99.21%和98.82%,大气污染治理综合解决方案关联销售占同类交易的比例为92.01%、74.25%和

73.98%；脱硫特许经营全部为关联电厂服务且报告期委托关联电厂经营。相关业务毛利率高于同类非关联业务或其他可比公司相应毛利率。请保荐代表人对上述交易的公允性及发行人相关业务的独立性发表明确意见。

（3）请发行人代表结合在手订单及执行情况说明：① 报告期内发行人船舶脱硫业务收入是否源于限硫令生效实施前后船东抢装带来的阶段性收入，随着限硫令正式实施是否存在持续经营风险；② 报告期发行人大气污染治理综合解决方案业务收入持续下滑，VOCs 治理市场订单储备较少，无计划承接其他脱硫特许经营项目，上述业务是否存在持续经营风险。请保荐代表人结合行业变化及政策执行情况发表明确意见。

（4）请发行人代表结合浙能迈领船舶脱硫业务 2018 年、2019 年在手订单及执行周期、2019 年和 2020 年实现净利润情况说明：① 浙能迈领于 2019 年 6 月实施员工股权激励的评估方法是否适当，价格是否公允，是否涉及国有资产流失及股份支付；② 入股价格等相关事项确定程序是否符合国有控股混合所有制企业开展员工持股试点相关规定。请保荐代表人发表明确意见。

科创板上市审核中心在审核问询中重点关注了以下事项：一是技术先进性，公司主要从事大气污染治理业务及固废处理业务，相关技术较为成熟；二是关联交易公允性及相关业务的独立性；三是船舶脱硫业务的稳定性和可持续性。

科创板上市委员会审议认为："根据申请文件，发行人未能充分、合理说明：报告期内固废处理、脱硫特许经营、与施工分包和船厂改装相关的船舶脱硫系统和大气污染治理综合解决方案等业务和经营环节所涉技术是否具有先进性；上述业务所涉关联交易的公允性及相关业务的独立性。发行人本次发行上市申请文件信息披露不符合《科创板首次公开发行股票注册管理办法（试行）》第五条、第三十四条的规定，不符合《上海证券交易所科创板股票发行上市审核规则（2020 年修订）》第二十八条的规定。"

【案例 2-9】上海吉凯基因医学科技股份有限公司

2021 年 9 月 22 日，科创板上市委员会 2021 年第 71 次审议会议否决了上海吉凯基因医学科技股份有限公司的发行上市申请。吉凯基因主要从事靶标发现相关业务，为客户提供靶标筛选及验证服务并同时自主开展靶标筛选验证和新药研发，客户主要为研究型医生以及高等院校、科研院所的研究者等;同时,公司也从事医学检测服务业务、科研仪器和耗材销售业务。

上市委员会议现场问询问题:

(1) 请发行人代表说明:① 发行人提供服务的可替代性;② 发行人靶标筛选和验证方面的核心技术是否是行业内常规技术,是否具备较高的技术壁垒;③ CHAMP 平台和细胞治疗平台目前研发的产品大部分是否针对常规成熟靶点,发行人的技术优势和相应的研发能力。请保荐代表人对发行人的技术先进性和科技创新能力发表明确意见。

(2) 根据申请文件,同行业可比公司的主要客户为制药企业、生物技术公司等,而发行人的主要客户为研究型医生等个人客户。请发行人代表说明:① 研究型医生是否国内从事靶标发现研究的主流群体,其采购发行人产品是否涉及买卖数据、数据造假、编造研究过程等医学科研诚信事件;② 报告期各期公司销售费用率远高于同行业公司的原因及合理性,报告期第三方回款占营业收入比例在 50% 以上的原因及合理性。请保荐代表人发表明确意见。

(3) 根据申请文件,发行人报告期持续亏损且亏损幅度扩大,毛利率持续下降,期间费用率远高于同行业可比公司。请发行人代表说明:① 靶标筛选及验证服务业务收入下降幅度较大的原因;② 公司服务的群体特殊且范围有限,公司经营情况改善是否有核心技术和市场空间方面的支撑;③ 公司 2020 年 12 月确认的向普米斯生物转让项目收入是否符合收入确认条件,公司是否符合《科创属性评价指引》对收入及增长率的要求。请保荐代表人对公司的持续经营能力发表明确意见。

科创板上市审核中心在审核问询中重点关注了以下事项:一是发行人拥有的核心技术与行业内常规技术的关系,发行人核心技术是否具有先进性;二是目前发行人靶标筛选和验证业务的主要客户为研究型医生,对相关业务未来市场空间和成长性的影响;三是报告期内持续亏损,发行人未来发展的变化趋势和影响因素。

科创板上市委员会审议认为:"发行人没有充分披露其核心技术是否具有先进性、相关业务的成长性和潜在市场空间及对持续经营能力的影响。不符合《科创板首次公开发行股票注册管理办法(试行)》第五条、第三十四条、第三十九条以及《上海证券交易所科创板股票发行上市审核规则》第十五条、第二十八条等规定的信息披露要求。"

十六、 主动撤回案例

【案例 2‑10】珠海云洲智能科技股份有限公司

珠海云洲智能科技股份有限公司(以下简称"云洲智能")专注于无人船艇的研发、生产、销售及相关服务。公司研发和定型了多款无人船艇产品,产品及服务已在城市水域应用、海洋工程、公共安全、国防工业等领域广泛使用。公司无人船艇平台分为内河级、海工级和海防级 3 个级别,具有从遥控到 L4 级的自主作业能力。

2021 年 12 月 29 日,上海证券交易所受理云洲智能的科创板上市申请文件;2021 年 7 月 15 日,经上海证券交易所的一轮审核问询后,云洲智能向上交所递交申请撤回上市申请文件。上海证券交易所对公司未来业绩增长的可持续性和募集资金的必要性等方面提出质疑。

科创板上市审核中心提出问询的主要问题包括:

(1) 关于公司未来实现批量销售的不确定性。请发行人披露:① 公司市场占有率、未来民用市场空间测算的依据及合理性,以及竞争对手市场占比情况;② 目前民用市场规模较小的原因,民用及军用行业应用发展前景和趋势;③ 竞争对手在军用领域业务拓展情况;④ 进入型研阶段预研项目最新进展情况;⑤ 分析未来市场竞争加剧的情况下,公司核心竞争力及竞争优劣势。

(2) 云洲智能专注于无人船艇的研发、生产、销售及相关服务。无人船艇具有自主、半自主、遥控控制等多种形态。无人船艇可以从自主能力等级、排水量和航速 3 个方面进行分类。公司客户群体主要包括公安、海事、渔政、交通、生态环境、自然资源、应急管理等政府职能部门、科研院校、企业等。公司产品已应用在城市水域应用、海洋工程、公共安全、国防工业等领域。在无人船艇民用领域,主要企业有科微智能、华测导航、L3ASV(无人水面舰艇公司 ASV Global, LLC 被美国 L3 Technologies 收购后新公司的名称);在军用领域,主要企业有美国 L3 集团等。

请发行人进一步说明:① 上述分类的合理性,是否符合行业惯例;② 按上述分类,报告期内公司产品分别实现销售的数量、金额;③ 举例分析公司产品在具体领域的应用情况,下游客户是否还需要加装其他设备,公司产品是依客户需求定制化生产还是具有通用性;④ 公司与竞争对手产品的比较情况,包括产品类别、实现功能、下游应用等。

(3)关于募集资金的用途和必要性。请发行人进一步说明:① 根据现有产能、产能利用情况、销售和市场需求情况,扩大产能的必要性和合理性,预计产能扩大和消化情况以及对公司财务的影响;② 在公司机器设备相对较少的情况下,大规模采购机器设备的必要性和合理性,拟采购设备的主要内容和作用;③ 购置软件的主要内容、用途及与公司业务的关系;④ 募投资金用于支付研发人员薪资和人员费用的比例较高的合理性,营销网络及品牌建设项目中其他费用的主要内容;⑤ 将大额资金存为定期存单的合理性,大额定期存单的变现能力;⑥ 在将大额资金存为定期存单的情况下,补充流动资金的必要性和合理性。

【案例 2 - 11】杭州索元生物医药股份有限公司

杭州索元生物医药股份有限公司(以下简称"索元生物")是一家生物医药公司。公司通过收购或引进后期临床试验失败但已证明其安全性的创新药,通过公司生物标志物发现平台寻获可预测药效的生物标志物,重新开展以生物标志物为指导的临床试验,最终开发出面向全球市场的创新药。

2021 年 6 月 30 日,上海证券交易所受理索元生物的科创板上市申请文件;经过两轮问询,2021 年 11 月 25 日,索元生物向上交所提交了撤回申请文件。上海证券交易所对公司持续经营能力的确定性和商业模式的局限性等方面提出问询。

科创板上市审核中心提出问询的主要问题包括:

(1)关于公司持续经营能力的确定性。随着公司现有临床试验的继续推进以及未来的商业化推广,更多在研药品进入临床试验阶段,公司的研发费用可能会大幅增加。未来一段时间内,公司预期将持续亏损。基于生物标志物的新药开发策略三期成功率可达到 70% 以上,且从一期临床到获批总体临床试验成功率约为 26%,请发行人进一步说明:① 上述基于生物标志物的新药开发策略数据是否可以反映公司"死药重生"模式下的成功率;② 结合公司药品研发成功率、盈亏平衡点的测算以及可预期未来的销售金额等情况,具体分析公司实现盈亏平衡所需要的时间,是否具有确定性,在公司现有研发经营模式下持续经营是否具有确定性,并在重大事项提示和风险因素中的相关部分予以明确提示。

(2)关于公司商业模式的特殊性。上海证券交易所要求索元生物披露:

① 结合具体的项目,说明在收购前,公司如何判断某个失败的临床试验或药物适合进行生物标志物分析,是否存在完成收购后,无法发现有效的生物标志物的风险;② 公司目前的研发管线集中在罕见疾病的原因,罕见疾病导致的研发难度和风险;③ 公司的技术平台和商业模式是否存在局限,请根据实际情况,补充完善竞争劣势部分的信息披露。

【案例 2‑12】珠海智融科技股份有限公司

珠海智融科技股份有限公司(以下简称"智融科技")是一家专注于电源管理芯片领域的数模混合芯片设计企业,主营业务为电源管理芯片的研发、设计和销售。电源管理芯片种类繁多,公司利用自主研发的高集成度数模混合 SoC① 设计技术、跨平台多协议快充集成技术、高低压快充兼容技术和多口功率动态调节技术等核心技术,以单颗数模混合 SoC 芯片替代传统需要多颗不同类别电源管理芯片搭配才能实现的功能,先后推出锂电池快充放管理芯片、多口输出动态功率调节芯片和快充协议芯片等主要产品,形成了较为完整的供电端设备多协议快充解决方案。

2022 年 4 月 15 日,上海证券交易所受理智融科技的科创板上市申请文件;2022 年 9 月 7 日,在经过上海证券交易所的两轮审核问询后,智融科技向上交所申请撤回上市申请文件。上海证券交易所对公司的科创属性、信息披露的准确性等方面提出质疑。

科创板上市审核中心提出问询的主要问题包括:

(1)关于科创属性。请发行人进一步说明:① 发行人主要产品的市场需求规模及测算依据,移动电源领域发行人终端品牌客户的业务发展情况,是否存在下游行业增长停滞或市场饱和的情形;② 最终产品功能模块的物理结构,模块中各类芯片的构成、类型、用途和数据交互关系,相关模块中发行人芯片具体发挥的功能情况以及成本占比,发行人产品对氮化镓充电器实现快充功能是否具有关键性作用;③ 发行人多协议快充集成技术、功率动态调整技术等核心技术是否为行业通用技术,行业内同行业竞争对手相关产品的技术应用情况,结合解决功率分配和多协议集成的具体实现方式进

---

① SoC:系统级芯片(system on chip),国内外学术界一般倾向将 SoC 定义为将微处理器、模拟 IP(intellectual property)核、数字 IP 核和存储器(或片外存储控制接口)集成在单一芯片上,它通常是客户定制的,或是面向特定用途的标准产品。

一步分析发行人产品和技术的先进性;④ 能体现发行人整体技术能力和竞争力的指标及与同行业企业对比情况,首轮问询回复中披露的产品技术指标是否仅是实现产品功能的必备基础指标;⑤ ARM① 授权的具体情况和相关会计处理,发行人内置 ARM 内核产品的销售收入情况,MCU② 在发行人相关芯片中的作用和实现的功能,主要收入产品 SW2303 是否内置了 MCU 以及是否需要搭配 MCU 芯片使用;⑥ 发行人未进入主流终端设备原厂供应链的原因,进入原厂供应链是否存在较大的技术壁垒和进入壁垒;⑦ 发行人目前聚焦锂电池快充放管理芯片和动态功率调节芯片这一细分领域,是否存在向其他细分领域和应用场景拓展的持续研发能力;⑧ 全面梳理并说明发行人技术和产品符合国家科技创新战略、发行人产品拥有关键核心技术、发行人科技创新能力突出、发行人市场认可度的具体情况和判断依据。

(2) 关于知识产权纠纷。① 2022 年 5 月新增英集芯起诉发行人侵权诉讼。英集芯认为公司侵害其发明专利"多口充电控制电路和方法、充电芯片及供电设备"(ZL202011064256.0)和其集成电路布图设计专有权"IP5328"(BS.175531811),诉求为公司停止销售侵权产品、销毁所有库存侵权产品,并赔偿英集芯经济损失及维权费用合计 6 609.37 万元。公司已收到法院出具的《先行调解通知书》,目前法院尚未安排调解,上述专利及集成电路布图设计专有权侵权纠纷在法院尚未转入正式立案程序。② 公司共有发明专利27 项,自 2022 年 5 月 16 日以来,已有 26 项发明专利被提起宣告无效请求,目前相关专利无效宣告请求尚在国家知识产权局审查过程中。

请发行人进一步说明:① 上述纠纷事项目前的进展情况,对发行人生产经营的影响,以及对本次发行上市的影响;② 发行人专利被提起宣告无效请求的审查进展情况,相关专利被宣告无效的可能性分析,相关事项对发行人生产经营的影响,以及对本次发行上市的影响。

(3) 关于不同型号产品收入差异较大的原因以及消费电子行业整体出货量下降可能存在的风险。请发行人进一步说明:① 发行人各类产品的销售周期和技术迭代周期,目前主要产品所处的销售周期阶段,2022 年发行人

---

① ARM:英国 ARM 公司是全球领先的半导体知识产权(IP)提供商。全世界超过 95% 的智能手机和平板电脑都采用 ARM 架构。

② MCU:微控制单元(microcontroller unit),是把中央处理器、存储器、定时/计数器、各种输入输出接口等都集成在一块集成电路芯片上的微型计算器。

新产品的量产和销售情况,发行人的销售收入增长是否具有可持续性;② SW6206 和 SW6208 等型号产品销售收入快速增长的原因,SW6106 和 SW6103S 型号产品收入未大幅上升或出现下降的原因,其他型号产品销售收入构成及快速增长的原因;③ SW3516H,SW3517S 和 SW3526 型号产品快速增长的原因,SW3510S 和 SW3515K 型号产品收入下降的原因;④ 同行业竞争对手快充协议芯片的产品数量和收入规模,发行人快充协议芯片产品主要销售型号单一的原因,是否符合行业惯例;⑤ 2022 年以来消费电子行业出货量下降对发行人下游配件厂商的传导情况,说明截至目前是否已经出现了需求疲软的情形,是否对发行人经营业绩存在较大不利影响。

(4) 关于公司与睿芯联合、展嵘电子和尊信电子等主要经销商客户是否存在关联关系的确认。请发行人进一步说明:① 发行人对睿芯联合、展嵘电子和尊信电子以及主要经销发行人产品的长大合众、森美康、优联科、恩潮盛和睿立科技的销售毛利及其占比,信用政策、回款周期、备货周期、销售价格和毛利率等与其他经销商客户的比较情况并说明差异原因,发行人对该等经销商的销售价格是否公允,单据流、货物流和资金流是否匹配,终端客户与前述经销商之间是否存在关联关系;② 报告期内第一大客户睿芯联合、主要经销商客户展嵘电子和尊信电子对外销售发行人产品的终端客户名称、销售内容、产品型号和销售数量并分析销量变动原因,说明报告期内发行人对该等客户销售收入增长的原因;③ 尊信电子承接展嵘电子部分存货的过程和原因,尊信电子向经销商客户国芯盟和优联科采购芯片须发行人同意的原因以及是否与买断式经销的表述存在冲突,同一终端客户是否存在同时向尊信电子和展嵘电子采购的情形,尊信电子和展嵘电子是否存在关联关系或受同一实际控制人控制,发行人前五大客户的信息披露是否准确。请保荐机构和申报会计师对上述事项进行核查并发表明确意见。请保荐机构和发行人律师核查第一大客户睿芯联合的股权是否存在代持、是否实际由发行人实际控制人控制并发表明确核查意见。

【案例 2 - 13】南京森根科技股份有限公司

南京森根科技股份有限公司(以下简称"森根科技")是一家专注于数据采集、数据融合计算及公共安全等领域的企业,主营业务为无线网数据采集、数据融合平台等产品的研发、生产和销售,以及相关产品的安装、调试和培训等技术服务。公司产品主要包括自主研发的无线通信设备,目前产品主要面向公安、电信运营商和部队。

2020年5月29日,上海证券交易所受理森根科技的科创板上市申请文件;2020年11月19日,公司通过上市委审议成功过会。在注册阶段,证监会对公司的科创属性和业绩大幅增长的真实性等提出质疑。最终森根科技在2021年11月17日撤回发行上市申请文件。

在注册阶段,证监会主要问询问题如下:

(1)关于公司的科创属性,发行人2020年度营业收入为20 313.33万元,较上年同期增长0.52%。请发行人补充论证说明,其是否符合《科创属性评价指引(试行)》的相关要求,是否具备科创属性、符合科创板行业定位。请保荐机构核查并发表明确意见。

(2)关于公司营业收入大幅增长的真实性。请发行人:① 说明2019年第四季度、2020年第二季度通过技术推广服务商、直接向公安部门、直接向集成商三种方式的销售收入占比情况,与当年/期三种方式整体收入占比是否存在较大差异;② 对比发货至验收周期的同比变动情况说明2019年第四季度、2020年第二季度是否存在验收周期明显缩短情况;③ 说明2019年第四季度与2018年第四季度相比,2020年第二季度与2019年第二季度相比,所实现销售收入期后三个月、六个月的回款占比情况,是否存在明显差异。

(3)关于会计核算。请发行人:① 结合借货产品的生命周期、客户使用产品的一般期限与折旧年限、税法规定对同类产品的折旧年限等说明未对借货产品计提折旧的原因及合理性,是否符合会计准则规定;② 测算如按照客户使用产品的折旧年限计提费用对发行人报告期各期经营业绩的影响;③ 结合借货产品的迭代周期,更新换代产品在功能、结构、硬件等方面的变化,说明对借出时间2年以内的借货不计提跌价准备的原因及合理性。

(4)关于采购成本大幅下降的原因及合理性。请发行人:① 披露报告期各期主要原材料和配件的采购与耗用金额、数量,并分析说明采购耗用比是否合理;② 披露报告期各期主要原材料在各主要产品中的单位消耗量,并分析说明单位消耗量变动的原因及合理性。

【案例2-14】广州创尔生物技术股份有限公司

广州创尔生物技术股份有限公司(以下简称"创尔生物")是一家应用活性胶原生物医用材料制备关键技术,进行活性胶原原料、医疗器械及生物护肤品的研发、生产及销售的高新技术企业。创尔美系列产品主要用于皮肤屏障护理、提升肌肤愈活能力，产品包括胶原多效修护面膜、胶原多效修护原液等。

2020年6月29日，上海证券交易所受理创尔生物的科创板上市申请文件，2020年12月17日，在经过两轮问询后，科创板上市委员会审议通过了创尔生物的上市申请。在注册阶段，证监会对公司线上收入的真实性、大额现金分红的原因及合理性等方面提出质疑。最终，创尔生物于2021年12月24日撤回了发行上市申请文件。

在注册阶段，证监会主要问询问题如下：

(1) 关于同业可比公司的选取。请发行人说明：① 选取同行业可比公司的标准，以及可比公司前后差异较大或不统一的原因；② 从产品主要成分、功能、用途等方面比较华熙生物、昊海生物、锦波生物与发行人的异同，以及选择该等公司进行毛利率对比分析的合理性；③ 未选取"敷尔佳""荣晟"等品牌的厂商（生产企业）或上述崇山生物等公司作为可比公司进行毛利率等分析的原因。请发行人根据《科创板公司招股说明书格式准则》第五十条规定，补充披露与同行业可比公司的比较情况。

(2) 关于研发费用。请发行人说明：① 报告期内对委托开展调研服务并同时提供推广服务的CSO①公司，调研服务费和推广服务费等相关款项是一并支付还是分开支付，是否可以与合同相对应，请按交易对方名称、服务类别进行列示；② 2013年发起胶原论坛至今历届胶原论坛会议费用发生金额、具体核算科目情况；③ 区分母公司及各子公司，分析说明报告期内各主体的研发人员数量、岗位设置及员工职级、人均薪酬及变动情况，与各主体的主营业务、经营方向是否匹配，研发人员人均薪酬金额及变化情况与同行业可比公司、行业趋势是否存在较大差异、原因及合理性；④ 在采购、研发、生产、销售、营销、售后服务等过程中，研发人员和销售人员、其他人员各自的角色及任务，相关支出是否能在销售费用、管理费用和研发费用之间明确区分，是否可能出现区分不明确的情况；⑤ 详细说明报告期内罗思施、李奕恒、雷静、崔玉、蒋国华等董事、监事与高级管理人员各自在公司担任的职务、任职的部门、负责的工作内容，在任职研发岗位期间是否同时兼任其他

---

① CSO是指"合同销售组织"，其业务是根据与药品生产企业（或药品销售权所有人）签订药品销售合同取得销售权，并基于药品销售获得报酬的一种销售模式。

职务或负责与研发无直接关系的工作,各报告期计入研发费用及其他会计科目的薪酬金额、原因及依据;⑥ 是否存在同时从事研发和其他工作的人员,若存在,请按照员工级别分别说明相关的薪酬和费用如何在研发费用和其他费用之间分摊,是否存在区分不明确的情况,薪酬在各项费用中分摊的比例是否合理,是否有内控制度作为依据。

(3)关于线上收入的真实性。报告期内,发行人线上销售收入占比较高,存在买家频繁下单、同一买家在多个店铺下单的订单、同一买家在同一店铺多次下单、一个买家对应多个地址、一个地址对应多个买家等情形。请发行人:① 结合消费者的区域分布、消费平台差异、消费季节性变化、消费时间集中度等因素,补充说明线上销售单个买家频繁下单 10 次以上、同一买家在 5 家以上店铺下单、同一买家在同一店铺下单 50 次以上、一个买家对应 6 个及以上地址、一个地址对应 6 个及以上买家才认定为潜在异常消费情形的原因、依据及合理性,同行业可比公司是否存在类似情形,该等情形是否属于行业普遍特征,是否涉及刷单、虚构交易等行为。② 对买家频繁下单 1~5 次的买家数量、成交金额及其占比,按买家频繁下单次数作进一步细分,并细化说明买家频繁下单销售的区域分布情况。③ 量化分析说明同一买家在同一店铺多次下单的客户的消费季节性、所属区域与消费时间集中度等特点,并解释原因及合理性。④ 对于一个买家对应 3~5 个地址的销售,按地址个数作进一步分拆,补充说明对应的销售平台、产品类别的分布情况,补充说明未认定为异常消费情形的原因。⑤ 对于一个地址对应 2~5 个买家的销售,补充说明对应的销售平台、产品类别、所属区域的分布情况,分析合理性;对于一个地址对应 6 个及以上买家的销售,说明高校地址销售收入占比。

(4)关于审计截止日后的业绩趋势。请发行人:① 对于 2020 年销售收入,区分产品和渠道,分析说明各季度销售收入变化的具体原因,进一步说明在 2020 年 6 月底国内新冠肺炎已经基本得到控制且国内市场生产、消费等基本恢复正常的情况下,2020 年下半年收入同比增长率反而低于 2020 年上半年的具体原因及合理性,与同行业可比公司是否存在较大差异、原因及合理性;② 结合 2019 年以来的行业发展趋势、公司各产品所属细分市场的竞争态势、各产品的市场占有率与业绩实现情况,补充说明收入增长是否主要依赖营销推广,是否因营销力度下降导致 2020 年下半年收入下降;补充说明公司各产品销售收入是否存在增长乏力情形,并作充分的风险披露;③ 分支出项目对比分析 2020 年销售费用较 2019 年的同比变化情况,说明 2020 年销售费用下降的具体原因及合理性,降幅与行业趋势及可比公司情况是否存在较大差异,并进一步说明是否存在为确保业绩增长而控制、压降费用的情形;④ 量化分析说明管理费用 2020 年上半年同比上升但 2020 年全年却同比下降的具体原因及合理性;⑤ 分支出项目对比分析 2020 年研发费用较 2019 年的同比变化情况,结合各业务主体在研项目投入与进展、研发人员数量及薪资变化等情况分析说明 2020 年研发费用增加较多的具体原因与合理性。

(5) 关于公司销售费用率高于同行业可比公司平均水平的原因及合理性。请发行人:① 量化分析并补充披露销售费用率高于同行业可比公司的具体原因与合理性;② 按线上销售平台、主要产品进行分类,补充披露线上推广服务费的明细构成、占对应线上销售收入的比例,并说明各平台、各产品线上推广服务费支出与对应线上销售收入的匹配性与合理性;③ 结合市场推广服务的具体内容、产品销售区域及提供服务的供应商类别,说明市场推广服务费占对应收入比例较高的原因及合理性,并对比分析与同行业可比公司、行业趋势是否存在重大差异;④ 结合"两票制"政策①推行情况,量化分析说明报告期内推行"两票制"的区域及产品与非"两票制"区域及产品在销售价格、推广服务费(销售服务费)等方面的变化及差异情况,进一步说明并补充披露"两票制"政策对公司各产品销量、销售价格及对应销售服务费的影响趋势。

(6) 关于公司报告期内先后实施 7 次现金分红且金额较大的事项。请发行人结合公司章程规定、公司业务发展资金需求、主要股东对现金分红资金的明确需求及具体用途,分析说明报告期内持续大额现金分红的原因、依据及合理性。

请保荐机构及申报会计师结合资金流水核查的具体情况,对上述问题

---

① 2017 年 1 月 11 日,国务院医改办会同国家卫生计生委等 8 部门联合印发《关于在公立医疗机构药品采购中推行"两票制"的实施意见(试行)》,综合医改试点省(区、市)和公立医院改革试点城市的公立医疗机构要率先推行药品采购"两票制"。"两票制"是指药品生产企业到流通企业开一次发票,流通企业到医疗机构开一次发票,旨在通过压缩药品流通环节达到规范药品流通秩序、降低虚高药价、强化医药市场监管的目的。

进行核查并发表明确意见。

【案例 2－15】广东德冠薄膜新材料股份有限公司

广东德冠薄膜新材料股份有限公司(以下简称"德冠新材")主要从事功能薄膜、功能母料的研发、生产与销售。功能薄膜主要用于白酒、乳制品、化妆品等商品外包装,功能母料是生产功能性 BOPP 薄膜关键的原材料之一。

2020 年 6 月 29 日,上海证券交易所受理德冠新材的科创板上市申请文件,2020 年 12 月 22 日,科创板上市委审议通过了德冠新材的上市申请。在注册阶段,证监会对公司的科创属性和定位、研发费用差异的原因和合理性等方面提出质疑。最终德冠新材在 2021 年 11 月 25 日撤回发行上市申请文件。

在注册阶段,证监会主要问询问题如下:

(1)关于科创属性和定位。请发行人：① 结合公司主要产品与行业政策性文件中所列举产品的对应情况,分析公司从事的 BOPP 功能薄膜生产加工业务是否属于高端聚烯烃塑料制造业务,并请列明相关政策依据;② 结合公司现有无胶膜、标签膜、镭射膜等主要产品的技术水平,对比行业相关公司生产同类同种产品情况,分析公司技术工艺、市场等方面具备哪些优势,说明公司生产工艺和技术是否具有"硬科技"成色,是否符合科创属性和定位。

(2)关于等外品销售收入。请发行人：① 结合等外品的具体类型、产生的原因、产品质量控制标准等,说明报告期内等外品产量与功能薄膜产量的匹配性;② 结合报告期内等外品销售客户、销售内容、销售价格、销售数量、销售毛利等,说明向温州驰迅、温州塑皓销售包括等外品、镭射膜等产品价格的公允性。

(3)关于功能薄膜产能。请发行人结合同行业可比公司情况,考虑产品轻量化、停产等因素,计算功能薄膜生产线产能利用率,说明相关生产线已处于满负荷生产状态的合理性;披露各生产环节配置的主要机器设备数量、价值、成新率、技术性能等情况,说明与产能及经营规模是否匹配,是否同行业可比;结合生产线的启用时间及更新改造情况,说明是否存在生产设备成新率较低、产品先进性不足等情况。

(4)关于研发投入。请发行人：① 补充披露报告期内已完结的研发项目形成的技术成果,列示新产品名称、新专利名称和专利号以及形成的其他形式的技术成果;分析各研发项目与发行人业务、产品之间的关系;说明持续研发阶段的研发项目与在研项目的对应关系,目前进展情况,是否与预期进度存在差异。② 说明实际享受加计扣除的研发费用金额与发行人研发费用金额存在差异的原因及合理性。

【案例 2 - 16】长威信息科技发展股份有限公司

长威信息科技发展股份有限公司(以下简称"长威科技")是一家从事智慧城市建设的信息技术企业。公司专注于政府治理、应急指挥、政务民生等领域,为各级党政机关、金融、企业等客户提供集行业应用开发、系统集成、运维和技术服务于一体的综合信息技术服务。

2020 年 9 月 4 日,上海证券交易所受理了长威科技的科创板上市申请文件,2021 年 3 月 22 日,在经过三轮问询后,公司通过了科创板上市委审议成功过会。在注册阶段,证监会对公司的会计核算的有效性和交易定价的公允性等方面提出质疑。最终长威科技于 2022 年 1 月 12 日撤回了发行上市申请文件。

在注册阶段,证监会主要问询问题如下:

(1) 关于研发支出与研发项目。请发行人说明研发支出与研发项目的对应情况及计算依据。请保荐机构及申报会计师详细说明研发费用的核查方法、过程、比例及结论并发表明确意见,说明相关核查程序能否对发行人研发费用的真实性、准确性、完整性获取合理保证。

(2) 关于应收账款的核查。请发行人:① 分项目说明报告期各期质保金收入金额及依据,账龄、期后回款比例、逾期比例情况;② 分金融类、非金融类客户说明截至目前的应收账款逾期及回款比例,是否存在大额账龄较长的客户信用恶化情形;③ 结合质保期及质保期间提供的相关服务等,说明确认收入时是否应同步计提与质保相关的预计负债。

(3) 关于公司核心技术的确认。请发行人说明:① 集成管控类技术在营业收入贡献方面如何量化,该项技术对应的产品情况;② 按照上交所发行上市审核问答第 10 条要求,结合发行人所处行业的国家科技发展战略和政策、整体技术水平、国内外科技发展水平和趋势等,分析集成管控类技术是否属于核心技术并补充披露相关信息,进一步说明发行人是否主要依靠核心技术开展生产经营。

(4) 关于公司与电子信息集团的关联关系。请发行人说明:① 电子信息集团入股前后,发行人自福建省内取得营业收入的变动情况,是否与发行人此前福建省内业务增长趋势相匹配,如增长趋势不一致,请说明具体原因及福建省内业务增长情况是否可持续;② 电子信息集团与发行人福建省内主要客户是否存在业务往来,或存在其他关系能够影响该等客户做出采购决策的情形,说明发行人自该等客户取得收入占比情况,相关交易定价是否公允。

第四节　创业板审核经典案例

一、被否案例

【案例 2-17】华泰永创(北京)科技股份有限公司

2021 年 11 月 25 日,创业板上市委员会 2021 年第 68 次审议会议否决了华泰永创(北京)科技股份有限公司(以下简称"华泰永创")的发行上市申请。华泰永创定位为焦化技术研发及推广应用输出集成服务商,自成立以来,以干熄焦①技术为引领,专注于焦化技术的创新研发及推广应用。公司为冶金、焦化等行业客户提供焦化技术整体解决方案及焦化工程全生命周期服务,主要业务包括焦化领域节能环保技术研发、焦化工程设计咨询,及涵盖工程设计、项目管理、设备成套、生产调试的焦化工程总承包业务。

创业板上市委员会会议提出问询的主要问题包括:

(1)徐列等管理层股东对发行人的历次出资中,部分资金系向发行人股东濮耐股份和秦冶重工的实际控制人借款取得,相关借款无利息、无期限、无明确还款计划。发行人称借款原因系管理层股东存在资金压力,但实际控制人徐列曾以 2 176.15 万元收购发行人原子公司。请发行人说明:① 股东之间借款的合理性;② 徐列所持发行人的股份权属是否清晰。请保荐人发表明确意见。

(2)发行人客户铁雄冶金和铁雄新沙于 2020 年被列入失信被执行人后,委托第三方公司向发行人代付款项且金额较大。中介机构未获取相应

_____

① 煤炭经过高温干馏过程生成焦炭,此过程称为炼焦。炼焦终了时,经过熄焦将温度降到250℃以下。干熄焦是相对湿熄焦而言的,是指采用惰性气体将红焦降温冷却的一种熄焦方法。干熄焦能回收焦炭的高温显热,改善焦炭质量,对环境污染较小,但相较湿熄焦成本较高。

资金流水以证明代付资金性质。相关期间末发行人应收上述客户款项未按单项计提坏账准备。请发行人说明：① 上述第三方公司代付款项的真实性；② 未对上述应收款项按单项计提坏账准备的理由。请保荐人发表明确意见。

（3）发行人客户建龙集团于申报前 12 个月内入股，入股价格与 2017 年第三方投资机构入股价格相近。请发行人说明建龙集团入股价格的公允性，相关会计处理是否准确。请保荐人发表明确意见。

（4）发行人报告期内关联交易种类较多、金额较大。此外，发行人报告期内多次向实际控制人控股的公司拆出大额资金，且事先未履行相应决策程序。请发行人说明：① 发行人的业务独立性；② 关联交易的必要性及价格公允性；③ 是否采取有效措施规范和减少关联交易；④ 与关联方资金拆借相关的内部控制制度是否被有效执行。请保荐人发表明确意见。

（5）发行人多名董监高及核心人员曾在同行业公司任职。请发行人说明上述人员和原单位之间是否存在知识产权、竞业禁止、保密义务等相关的纠纷或潜在纠纷。请保荐人发表明确意见。

创业板上市审核中心在审核问询中重点关注了以下事项：

一是发行人客户铁雄冶金和铁雄新沙被列入失信被执行人，在上述两方可能承担较大赔付金额的情况下，截至 2021 年 10 月 31 日，铁雄冶金和铁雄新沙累计通过第三方公司向发行人支付 8 158.16 万元，其中部分第三方公司成立时间较短；截至 2021 年 6 月 30 日，发行人应收铁雄冶金科技有限公司 6 156.16 万元，未单项计提坏账准备。关注铁雄系应收账款相关第三方回款的合理性、真实性，相关应收账款坏账准备计提的充分性。

二是报告期内发行人与股东建龙集团、秦冶重工、濮耐股份、实际控制人徐列控制的其他公司存在持续关联交易，与实际控制人徐列控制的其他公司存在持续资金拆借。关注前述关联交易的合规性、必要性、公允性。

三是建龙集团于 IPO 申报前 12 个月内突击入股发行人，成为发行人第二大股东和当年第二大客户；在发行人报告期业绩快速增长的情况下，建龙集团 2020 年入股价格与 2017 年第三方投资机构入股价格基本一致。关注建龙集团突击入股发行人的合理性，股份支付会计处理的合规性、准确性。

四是发行人自 2011 年创立至 2021 年，多名管理层股东同时、多次向投资方股东借款用于向发行人出资，该借款无息、无期限、无明确还款计划，上述借款占管理层股东出资款比例较高,而该两名投资方股东合计持股比例与徐列接近。关注发行人股东之间借款的合理性,实际控制人所持发行人的股份权属是否清晰。

上市委会议审议认为:"发行人在其客户铁雄冶金和铁雄新沙2020年已被列入失信被执行人的情况下,相关期间未对应收款项按单项计提坏账准备的依据不充分。同时,铁雄冶金和铁雄新沙委托第三方公司向发行人代付款项且金额较大,中介机构实施的核查程序获取的证据尚不足以证明该等付款的性质。报告期内,发行人在事先未履行决策程序的情况下,多次向实际控制人控股的公司拆出大额资金,且未采取有效措施规范和减少关联交易。发行人对应收款项坏账准备的会计处理、第三方付款性质的解释不够充分、合理,报告期内发行人关联交易相关内部控制制度未得到有效执行。发行人不符合《创业板首次公开发行股票注册管理办法(试行)》第六条、第十一条以及《深圳证券交易所创业板股票发行上市审核规则》第十八条、第二十八条的规定。"

【案例2-18】浙江世佳科技股份有限公司

2021年12月16日,创业板上市委员会2021年第71次审议会议否决了浙江世佳科技股份有限公司(以下简称"世佳科技")的发行上市申请。世佳科技是一家以农药制剂产品研发、生产和销售为主的高新技术企业。公司主要产品包括农业病虫草害防控、植物生长调节与生物刺激、林业病虫害防控等类型农药制剂。

创业板上市委员会会议提出问询的主要问题包括:

(1) 2019年发行人首次与金翼化工合作,当年即取得1 186.57万元的销售收入,且主要集中在第四季度。2020年以来,发行人与金翼化工的交易金额快速下降。请发行人结合与金翼化工业务合作的具体背景以及发行人境外销售变化情况,说明发行人对该客户的销售发生重大变化的原因及合理性。请保荐人说明针对金翼化工、境外终端客户情况以及交易真实性所履行的核查程序,并发表明确意见。

(2) 发行人2020年3—5月的间接出口贸易业务收入、2020年12月境内经销收入较往年同期增幅较大;2020年第四季度境内经销第二大经销商客户杭州林源为发行人前员工之父控制的企业,郑州鼎典、宿迁泽丰等在成立当年或次年即成为发行人的主要客户。请发行人:① 说明发行人遴选经销商的相关内控制度是否健全且被有效执行;② 说明对上述经销商的销售是否具有商业实质,收入确认是否符合企业会计准则;③ 结合与上述经销商的收入确认情况,说明相关月份业务收入较往年同期快速增长的合理性。请保荐人发表明确意见。

(3) 请发行人结合所处行业地位、产品特点、研发投入等因素,说明2019—2020 年:① 除草剂产品毛利率显著高于可比公司,且变动趋势与可比公司不一致的原因及合理性;② 内销毛利率高于可比公司的原因及合理性。请保荐人发表明确意见。

(4) 发行人的主要产品为农业病虫草害防控、植物生长调节与生物刺激、林业病虫害防控等类型农药制剂。请发行人结合截至目前对环境保护相关法律法规的遵守情况,说明农药使用监管升级的趋势对发行人持续经营的影响。

创业板上市审核中心在审核问询中重点关注了以下事项:

发行人报告期内部分月份间接出口贸易业务收入和境内经销收入较往年同期增长较快,发行人除草剂产品毛利率、内销毛利率高于同行业可比公司,发行人和中介机构未能充分说明原因及合理性;发行人控股股东及实际控制人存在向发行人供应商或其股东、发行人客户的股东提供借款的情形,且部分款项尚未收回,相关原因未有合理解释。关注前述事项对发行人会计核算规范性、内部控制有效性的影响。

上市委会议审议认为:"发行人未能对部分月份收入异常增长、除草剂产品的毛利率和内销业务毛利率与同行业可比公司存在差异的原因等事项进行充分说明,不符合《创业板首次公开发行股票注册管理办法(试行)》第六条、第十一条,以及《深圳证券交易所创业板股票发行上市审核规则》第十八条、第二十八条的相关规定。"

【案例 2‑19】江苏扬瑞新型材料股份有限公司

2021 年 12 月 17 日,创业板上市委员会 2021 年第 72 次审议会议否决了江苏扬瑞新型材料股份有限公司(以下简称"扬瑞新材")的发行上市申请。扬瑞新材主要从事功能性涂料的研发、生产和销售。公司现阶段研发、生产和销售的功能性涂料包括食品饮料金属包装涂料、油墨和 3C 涂料。其中,食品饮料金属包装涂料为公司现阶段主要的产品领域,包括三片罐①涂

---

① 三片罐是以金属薄板为材料经压接、粘接、电阻焊接等方法加工成型的罐型包装容器,由罐身、罐底和罐盖三部分组成,是罐身有接缝、罐身与罐底和罐盖卷封的包装容器。

料、二片罐①涂料和易拉盖涂料等,最终应用于饮料、啤酒、食品品牌的金属包装。

创业板上市委员会会议提出问询的主要问题包括:

(1) 报告期各期,中国红牛对发行人营业收入的影响比例为 37.54%、30.64%、28.75% 和 26.76%,对净利润的影响比例为 56.10%、53.15%、42.78% 和 43.09%。截至目前,红牛商标权属仍然存在未决诉讼或纠纷,该争议将对发行人第一大客户奥瑞金及其他中国红牛的制罐供应商与发行人的业务合作带来重大不确定性影响。发行人披露"中国红牛对发行人销售收入具有一定的重要性,但不构成业务依赖;泰国红牛产品相关涂料也由发行人间接供应,即便奥瑞金或中国红牛败诉,中国红牛的市场份额被泰国红牛所替代,对公司订单量也不会造成显著影响"。请发行人:① 结合行业实际情况与诉讼或纠纷的最新进展,说明"一定的重要性"与"不造成重大不利影响"的信息披露是否准确;② 结合最高法民事判决书(〔2020〕最高法民终(394)号)关于驳回中国红牛就红牛系列商标享有合法权益的诉讼请求的相关判决内容,说明发行人通过奥瑞金向中国红牛销售是否涉及纠纷或侵权行为,是否存在相关的诉讼与仲裁等风险。请保荐人发表明确意见。

(2) 奥瑞金系发行人多年以来的第一大客户,报告期的销售占比一直在 30.00% 以上,其持有发行人 4.90% 的股份。奥瑞金也是发行人实际控制人陈勇控制的博瑞特系列公司的主要客户,山东博瑞特与奥瑞金股东之间存在资金拆借行为。报告期内,陈勇与奥瑞金高管存在大额资金往来。请发行人说明:① 奥瑞金入股发行人是否影响发行人的业务独立性;② 发行人与奥瑞金高管之间存在大额资金往来的原因,是否存在代持入股、商业贿赂等利益输送或特殊利益安排的情形;③ 陈勇控制的常州博瑞特、福建博瑞特、山东博瑞特与奥瑞金控股股东原龙控股以及奥瑞金之间资金借贷的必要性和商业合理性;④ 2017 年常州博瑞特以 4.36 亿元收购福建博瑞特后,在 2019 年以 1.92 亿元将福建博瑞特台湾子公司卖给奥瑞金的商业合理性;⑤ 销售给奥瑞金的三片罐内涂粉末涂料价格较高的原因、合理性与可持续性;⑥ 发行人未按"实质重于形式"的要求将奥瑞金认定为关联方并披露的原因。请保荐人发表明确意见。

---

① 二片罐指的是由罐盖和带底的整体无缝的罐身两个部分组成的金属容器。

（3）陈勇曾于1998—2012年在苏州PPG包装涂料有限公司工作，2008—2012年升任PPG中国区市场总监。发行人于2006年7月成立，当年即与PPG的重要客户奥瑞金开始业务合作关系并持续10余年。在2014年与苏州PPG前次诉讼中，陈勇曾经否认股份代持事实。请发行人说明：① 发行人成立当年即与奥瑞金开始长期业务合作的原因与商业合理性；② 上述合作是否侵害了苏州PPG的商业利益。请保荐人发表明确意见。

（4）报告期内，发行人第二大股东郑丽珍持有发行人18.20％的股份，其丈夫陈彬任昇兴集团子公司昇兴昆明总经理，其姐夫林建伶曾任昇兴北京、昇兴山东经理，现任昇兴安徽的三片罐总经理。昇兴集团是发行人的前五大客户之一。请发行人说明：① 郑丽珍、陈彬、林建伶与昇兴集团及其董事长林永贤之间的关系，以及是否存在利益输送或其他特殊的利益安排；② 发行人未按"实质重于形式"的要求将昇兴集团认定为关联方并披露的原因。请保荐人发表明确意见。

（5）报告期内，陈勇控制的山东博瑞特及子公司与发行人存在较多客户重叠的情形。请发行人说明是否存在陈勇或关联方替发行人承担成本、费用，以及其他利益输送的情形。请保荐人发表明确意见。

创业板上市审核中心在审核问询中重点关注了以下事项：

一是奥瑞金间接持有发行人4.9％的股份，发行人向奥瑞金销售部分产品价格及毛利率较高，实际控制人陈勇与奥瑞金高管存在大额资金往来，发行人未将奥瑞金认定为关联方是否合理。

二是发行人关联方博瑞特向奥瑞金出售资产的必要性以及交易价格的公允性。

三是发行人主要股东与昇兴集团子公司高管存在亲属关系，发行人未将昇兴集团认定为关联方是否合理。

四是发行人及其实际控制人与苏州PPG的诉讼、红牛商标纠纷及诉讼事项是否导致发行人持续经营能力发生重大不利变化。

创业板上市委会议审议认为："发行人第一大客户奥瑞金间接持有发行人4.9％的股份，且在报告期内与发行人的关联公司存在资产买卖行为，以及奥瑞金高管与发行人实际控制人陈勇持续发生大额资金往来的情形。发行人的前五大客户之一昇兴集团相关子公司高管与发行人的主要股东存在亲属关系。发行人未按照'实质重于形式'的要求，将奥瑞金、昇兴集团认定为关联方并披露。会议认为,发行人不符合《创业板首次公开发行股票注册管理办法(试行)》第六条、《深圳证券交易所创业板股票发行上市审核规则》第十五条的规定。"

【案例 2－20】浙江鑫甬生物化工股份有限公司

2022年1月6日,中国证券监督管理委员会(以下简称"证监会")披露了《关于不予同意浙江鑫甬生物化工股份有限公司首次公开发行股票注册的约定》。浙江鑫甬生物化工股份有限公司(以下简称"鑫甬生物")成为创业板注册制以来,首家通过创业板上市委会议后被证监会否决的拟创业板上市企业。鑫甬生物主要从事丙烯酰胺①类单体和聚丙烯酰胺功能高分子的研发、生产和销售。目前,公司已经形成以丙烯酰胺、羟甲基丙烯酰胺为主的单体产品和聚丙烯酰胺、干强剂②为主的功能高分子产品,为下游水处理、造纸制浆、纺织印染、油气开采、洗煤选矿等领域客户提供产品和专业技术服务。

在注册阶段,证监会主要问询问题如下:

(1)关于业绩波动。请发行人:① 结合主要产品产量、毛利率变化和期间费用等,说明2021年1—9月收入大幅增长、净利润下滑的原因,业绩变动是否符合行业状况,与同行业可比公司变化是否相符;② 结合报告期内干强剂业务销量和包装费的匹配关系,说明单位包装费是否发生较大波动及相关原因;③ 结合干强剂主要客户签署合同的服务期限、调价约定,说明销售价格滞后性对干强剂业务稳定性的影响。

(2)关于应收账款。请结合新金融工具准则,测算并披露使用预期信用损失法与账龄分析法计提坏账准备的差异。请保荐机构、申报会计师核查并发表意见。

(3)关于历史增资。请发行人补充说明:① 2018年3月增资对象中钱梦嘉、马芹芹属于员工近亲属的具体情况及二人基本简历;② 公司确定由其

---

① 丙烯酰胺通常被用作合成聚丙烯酰胺,此聚集物可作为水溶性增稠剂,用于污水处理、凝胶电泳、造纸、矿石处理等。根据2017年10月27日世界卫生组织国际癌症研究机构公布的致癌物清单,丙烯酰胺在2A类致癌物清单中。

② 干强剂是造纸工业中增加纸张强度的一类重要化学品,许多水溶性的、与纤维能形成氢键结合的高聚物都可以成为干强剂。干强剂通常用于补偿添加填料或低等级的纤维(如再生纤维)所引起的纸强度的下降。

增资入股的理由;③ 核实并披露其入股资金来源;④ 其入股是否存在代持或其他利益安排。

（4）关于产品属于高环境风险。请发行人补充说明:① 主要产品丙烯酰胺属于《"高污染、高环境风险"产品名录》中的高环境风险产品,发行人是否有减产或压降产能的计划安排;结合丙烯酰胺在发行人收入、利润中的占比情况,其属于高环境风险产品是否构成对发行人持续经营有重大不利影响的事项。② 在产品有高环境风险的情况下,应急管理制度、环境风险防范措施是否到位。

（5）干强剂总产量的前后矛盾:在有关委外加工表里,显示 2020 年干强剂系自产,总产量 10 928.02 吨,但在产能利用表格处显示的仅湖北基地2020 年的干强剂产量就达到 14 260.76 吨,同时还有宁波基地的干强剂剂中性施胶剂产量合计 9 033.11 吨。

向中石化体系采购丙烯腈①数据前后不一致:丙烯腈是发行人生产中的重要原料。在关联交易重叠采购表格中,披露的发行人对中国石化化工销售公司华东分公司的单一采购金额,2017—2020 年分别是 21 863.66 万元、22 977.43 万元、22 549.64 万元、15 475.52 万元。但在报告期前五大供应商的采购表格中,对中国石化同一控制下企业的全部采购额,仅 2018 年与前处数据一致,2019 年、2020 年的采购金额均少于上述对应年度数据。

（6）涉及我国台湾地区的相关表述,不正确。

请发行人补充说明:上述干强剂、丙烯腈数据差异形成的原因并修改完善相关披露内容。请保荐机构核查并发表意见。同时,调整涉及我国台湾地区的相关表述。

中国证监会在审阅注册申请文件中关注到:鑫甬生物核心产品、募投项目、主要原材料涉及"高污染、高环境风险"产品且无法提出有效的压降方案;信息披露存在严重错误。

中国证监会认为鑫甬生物在申请首次公开发行股票并在创业板上市过程中存在的情形与《创业板首次公开发行股票注册管理办法（试行）》（证监

---

① 丙烯腈是无色、有刺激性气味、极易燃的有机液体。有毒。主要被用作单体来生产聚合物,如聚丙烯腈、腈纶纤维和丁腈橡胶。丙烯腈被世界卫生组织分类作为一种可能致癌的物质(IARC 第2B类)。

会令第167号)第十三条、第三十三条相关规定不符。根据《创业板首次公开发行股票注册管理办法(试行)》(证监会令第167号)第二十三条的规定,依法对鑫甬生物首次公开发行股票的注册申请作出不予注册的决定。

【案例2-21】湖南恒茂高科股份有限公司

2022年2月25日,创业板上市委员会2022年第9次审议会议否决了湖南恒茂高科股份有限公司(以下简称"恒茂高科")的发行上市申请。恒茂高科是网络通信设备制造商,业务包括相关产品的研发、设计、生产与销售。公司主要为国内外网络通信设备品牌商提供"研发设计—生产制造—交付及售后"的一站式服务。公司可提供完整的网络通信技术解决方案,主要网络通信产品包括交换机、路由器及Wi-Fi接入设备、网卡等。

创业板上市委员会会议提出问询的主要问题包括:

(1)2016年7月至2019年8月,发行人实际控制人郭敏及一致行动人蒋汉柏通过自身及控制的他人银行账户,为持有兆和惟恭出资份额的蒋汉柏等6人偿还银行借款(用于认购兆和惟恭出资份额)及利息提供资金。2019年11月,蒋汉柏以1元/份额的价格购买其他5人所持兆和惟恭部分出资份额。蒋汉柏等人取得分红款、份额转让款后,均发生大额取现行为。根据郭敏和蒋汉柏签署的《一致行动协议书》,蒋汉柏在公司重大事项表决上,与郭敏保持一致行动,均以郭敏的意见作为最终意见。请发行人结合上述情况,说明发行人员工通过兆和惟恭持有发行人股权以及蒋汉柏所持有发行人股权是否为郭敏代持,控股股东、实际控制人及其一致行动人所持的发行人股份权属是否清晰。请保荐人发表明确意见。

(2)蒋汉柏持有兆和亚特85.84%出资额、兆和众泰61.62%出资额,其他合伙人退出份额均由蒋汉柏承接。兆和亚特、兆和众泰的普通合伙人及执行事务合伙人分别为汪辉明及易茂威。汪辉明系郭敏同学,易茂威系郭敏亲属,郭敏及蒋汉柏曾借用、控制二人银行账户。请发行人结合上述情况,说明未认定蒋汉柏实际控制兆和亚特、兆和众泰的原因及合理性。请保荐人发表明确意见。

(3)请发行人结合业务模式、成本管控水平、客户议价能力等因素,说明报告期内产品毛利率显著高于同行业可比公司的合理性。请保荐人发表明确意见。

创业板上市审核中心在审核问询中重点关注了以下事项:

一是发行人员工通过兆和惟恭持有发行人股份以及发行人实际控制人的一致行动人蒋汉柏所持发行人股份是否代实际控制人持有,蒋汉柏不能控制兆和亚特、兆和众泰两个员工持股平台的依据是否充分,受实际控制人支配的股东所持发行人的股份权属是否清晰。二是发行人毛利率显著高于同行业可比公司的解释是否充分,发行人毛利率披露是否准确。三是现场督导发现,实际控制人及其一致行动人存在控制他人银行账户的情况,且相关账户存在异常资金往来、大额取现等情况,关注资金流水账户核查是否完整及相关资金去向的解释是否合理。

上市委员会审议认为:"发行人未能充分说明控股股东、实际控制人及其一致行动人所持发行人股份的权属清晰情况,以及蒋汉柏不实际控制兆和亚特、兆和众泰的合理性,不符合《创业板首次公开发行股票注册管理办法(试行)》第六条、第十二条以及《深圳证券交易所创业板股票发行上市审核规则》第十八条、第二十八条相关规定。"

【案例 2-22】深圳市兴禾自动化股份有限公司

2022 年 3 月 3 日,创业板上市委员会 2022 年第 10 次审议会议否决了深圳市兴禾自动化股份有限公司(以下简称"兴禾股份")的发行上市申请。兴禾股份主营工业自动化设备及配套配件治具的研发设计、制造销售和升级改造。公司致力于为工业自动化生产提供整线设备,通过提供某一生产过程内多个工序的自动化设备,并辅以配套的配件治具,助力客户提升自动化生产的整体性,客户主要来自电子、通信、医疗、食品等领域。

创业板上市委员会会议提出问询的主要问题包括:

(1) 李卫斌、韩涛系苹果公司前员工。2018 年 7 月,二人控制的梅山宇达以 750 万元入股发行人,出资比例为 5%。2020 年 3 月,梅山宇达以 8 740.09 万元价格转让上述股权。梅山宇达入股时以 2017 年财务数据为基础计算的市盈率为 7.84 倍,以 2018 年财务数据为基础计算的市盈率为 0.84 倍。二人在苹果公司任职时参与设计产线过程中驻场对接的客户均为发行人主要客户,发行人来自相关客户的订单收入在二人入股当年大幅增加,在二人离职及转让股权后大幅减少。请发行人:① 结合李卫斌、韩涛在苹果公司的经历和专业背景,说明二人入职发行人的原因,以及通过梅山宇达以 750 万元取得发行人 5%股权的原因和合理性;② 说明在 2017 年度发行人收入利润快速增长,2017 年末及 2018 年 6 月末发行人在手订单数量大幅增长的情况下,李卫斌、韩涛入股定价主要参照历史业绩的公允性;③ 结合李卫斌、韩涛入职及梅山宇达入股前后发行人与苹果产业链相关客户收入的波动情况,说明二人的入股是否构成利益输送或不正当竞争,发行人生产经营是否合法合规。请保荐人发表明确意见。

(2) 2018 年以来,发行人收入出现整体下降,并且:① 发行人苹果产业链收入金额及占比大幅下滑,收入金额从 2018 年的 62 419.46 万元下滑至 2020 年的 39 908.52 万元,收入占比从 2018 年的 98.54% 下滑至 2020 年的 76.26%,且 2021 年上半年进一步下滑至 47.55%;② 发行人苹果产业链在手订单(含意向订单)从 2018 年末的 57 412.82 万元下滑至 2021 年 6 月末的 14 227.35 万元,其中,苹果公司与厂商客户共同决定的在手订单金额从 39 112.85 万元下滑至 1 088.22 万元。请发行人:① 结合同行业可比公司收入变动情况,说明发行人涉及苹果产业链收入及在手订单大幅减少的原因,以及与同行业可比公司变动情况不一致的原因,其下滑趋势是否将持续,是否对持续经营构成重大不利影响;② 说明苹果公司要求发行人自查的原因、自查的内容和结论,相关自查工作与报告期发行人苹果产业链收入持续下降有何关联。请保荐人发表明确意见。

(3) 2020 年 12 月,发行人集中确认了非苹果产业链客户珠海冠宇的收入,占该客户全年收入比例的 82.48%,当年发行人来自该客户的收入大幅增长。该客户与发行人存在共同股东。请发行人说明前述收入集中确认的合理性和对该客户收入增长的可持续性。请保荐人发表明确意见。

创业板上市审核中心在审核问询中重点关注了以下事项:

一是发行人收入主要来源于苹果产业链,李卫斌、韩涛作为苹果公司前员工曾参与发行人部分设备技术方案的评审且驻场对接发行人主要客户,两人入股发行人不足 2 年,退出获得收益约 8 000 万元。关注苹果公司前员工入股发行人的背景、入股价格公允性及后续退出的合理性,该事项是否构成利益输送或不正当竞争,发行人生产经营是否合法合规。

二是报告期内苹果公司要求发行人自查公司在苹果产业链业务中是否存在支付回扣等违法违规或不正当商业行为,关注苹果公司要求发行人自查的原因、自查内容、自查结论及该事项对发行人生产经营的影响,自查事项与苹果公司前员工入股的关联性。

三是 2020 年开始发行人苹果产业链收入和利润大幅下滑且与同行业可

比公司存在差异,关注原因及合理性,对发行人持续经营能力是否构成重大不利影响;2020 年开始非苹果产业链客户珠海冠宇(与发行人存在共同股东)收入大幅增长且收入集中在当年 12 月份确认的合理性。

上市委员会审议认为:"报告期苹果公司要求发行人自查事件后,发行人苹果产业链收入大幅下滑,对发行人持续经营产生重大不利影响,不符合《创业板首次公开发行股票注册管理办法(试行)》第十二条、《深圳证券交易所创业板股票发行上市审核规则》第十八条相关规定。"

【案例 2‑23】北京市九州风神科技股份有限公司

2022 年 3 月 29 日,创业板上市委员会 2022 年第 16 次审议会议否决了北京市九州风神科技股份有限公司(以下简称"九州风神")的发行上市申请。九州风神是电脑散热器的研发和生产厂商,产品包括各品类散热器、机电产品,以及消费电子类产品,是集品牌、研发、市场、销售、制造为一体的多元化企业集团。

创业板上市委员会会议提出问询的主要问题包括:

(1)报告期内,发行人境外销售收入占比较高且主要为经销收入。请发行人:① 说明外销收入大幅增长的原因及合理性;② 说明国际形势变化对发行人的持续经营能力是否构成重大不利影响。请保荐人发表明确意见,并说明对外销收入核查的有效性。

(2)报告期内发行人会计差错较多,涉及范围较广,且未能及时调整入账。同时,报告期内发行人存在使用个人银行账户收付与经营相关款项的情况。请发行人说明报告期内相关内部控制制度的建立情况及执行的有效性。请保荐人发表明确意见。

(3)发行人热管材料的主要原材料为铜。2020 年 4 月以来,发行人热管材料采购价格的变动幅度和铜价的变动幅度差异较大。请发行人说明上述差异产生的原因及合理性。请保荐人发表明确意见。

创业板上市审核中心在审核问询中重点关注了以下事项:

一是发行人以境外销售为主,报告期各期外销收入占比均超过 70%,发行人外销收入增长的解释是否合理,中介机构对发行人外销收入真实性、最终销售情况的核查是否充分。二是发行人 2021 年归属于母公司所有者的净利润大幅下滑,2022 年一季度经营业绩继续下滑,发行人持续经营能力是否发生重大不利变化。三是发行人主要原材料采购价格与市场价格变动幅度存在较大差异,毛利率快速提高且高于同行业可比公司。四是发行人会计差错较多,涉及范围较广,内部控制制度是否健全有效。

上市委员会审议认为:"发行人关于外销收入增长及原材料采购成本的合理性等信息披露不够充分、合理,报告期内发行人内部控制制度未能得到有效执行,不符合《创业板首次公开发行股票注册管理办法(试行)》第六条、第十一条,《深圳证券交易所创业板股票发行上市审核规则》第十八条、第二十八条的规定。"

【案例 2-24】万香科技股份有限公司

2022 年 7 月 14 日,创业板上市委员会 2022 年第 39 次审议会议否决了万香科技股份有限公司(以下简称"万香科技")的发行上市申请。万香科技产品主要包括二氢茉莉酮酸甲酯①、龙涎酮②、左旋香芹酮③、乙基麦芽酚④和薄荷油系列等,该等产品主要作为配制香精的原料或直接作为食品添加剂。公司产品销售已覆盖全球六大洲 30 多个国家和地区,广泛应用于香精香料、日化、食品饮料等行业和领域。

上市委员会会议提出问询的主要问题包括:

申报材料显示:① 2005—2019 年,发行人实际控制人、时任高管、核心技术人员涉及 9 项行贿事项;② 红筹架构拆除期间,李春南等 15 名自然人因未能及时办理外汇投资登记被行政处罚,李春南等 15 名自然人未缴纳在万香国际私有化过程中涉及的个人所得税;③ 2017—2021 年,发行人及其子公司因气体污染物排放超标、海关申报违规、消防违规等被行政处罚 11 次。

请发行人说明:① 上述事项是否构成重大违法违规行为,发行人实际控制人及其控制的企业、发行人董监高及关键岗位人员是否存在其他涉嫌违法情形;② 发行人公司治理结构是否健全,是否已经建立完善的内部控制制度并有效执行,是否能够合理保证发行人合法合规。请保荐人发表明确意见。

---

① 二氢茉莉酮酸甲酯为无色或浅黄色透明液体,是最为流行、深受调香师欢迎的合成香料,广泛用于香水、化妆品香精配方中。其化学性能较稳,具有不变色的优点。
② 龙涎酮是一种无色至淡黄色液体,为合成香料,香气近似天然龙涎香,极持久。
③ 左旋香芹酮,淡黄色澄清液体,难溶于水,常用于食品如口香糖等的香味添加剂。
④ 乙基麦芽酚是一种白色固体,主要用作增香剂,有类似焦糖的气味。

创业板上市审核中心在审核问询中重点关注了以下事项：

发行人实际控制人、时任高管、核心人员存在多次行贿行为且报告期内仍有发生，发行人相关内部控制制度是否健全并有效执行，是否存在重大缺陷，能否合理保证公司合法合规。

上市委员会审议认为："2005 年至 2019 年，发行人实际控制人、时任高管、核心技术人员涉及 9 项行贿事项，报告期内仍有发生。会议认为，发行人不符合《创业板首次公开发行股票注册管理办法（试行）》第十一条、《深圳证券交易所创业板股票发行上市审核规则》第十八条的规定。"

【案例 2－25】厦门科拓通讯技术股份有限公司

2022 年 8 月 30 日，创业板上市委员会 2022 年第 58 次审议会议否决了厦门科拓通讯技术股份有限公司（以下简称"科拓股份"）的发行上市申请。科拓股份主营业务为智慧停车管理系统的研发、生产、销售，以及提供智慧停车运营管理服务。发行人应用视频识别、超声波检测、移动支付、IP 对讲①、云计算、人工智能、大数据分析等技术，为停车场实现进出场免取卡、车位引导、反向寻车、自助停车缴费等功能以及提供"无人收费＋集中管理"停车运营管理服务。同时，发行人开展人行道闸系统销售业务和基于停车场景的其他衍生业务（开通电子支付功能、进行市场推广等）。

创业板上市委员会会议提出问询的主要问题包括：

（1）中青汇杰为发行人 2020 年第五大客户。2020 年发行人与中青汇杰先后签署停车场投资运营管理合作协议、设备销售合同和软件销售合同，设备销售合同的付款期限为 8 年。请发行人结合上述交易的具体内容、作价依据、交付流程、付款进度及外部证据，说明该交易的合理性和商业逻辑，相关信息披露是否准确、完整。请保荐人说明核查过程，并发表明确意见。

（2）2020 年 9 月，发行人与深圳义德签署广告协议，协议及结算单中未约定广告推送内容。发行人 2020 年 12 月确认对深圳义德的广告收入 452.83 万元，相关毛利额 408.80 万元。请发行人结合上述交易的具体内容、作价依据、交付流程及外部证据，说明该交易的真实性、合理性和商业逻辑，相关信息披露是否准确、完整。请保荐人说明核查过程，并发表明确意见。

---

① IP 对讲采用 TCP/IP 技术，将音频信号以数据包形式在局域网和广域网上进行传送，是一套纯数字传输的免提对讲系统，解决了传统对讲系统存在的传输距离有限、易受干扰等问题。

(3) 现场督导发现,发行人 2018 年前五大客户之一的重庆一枝花科技有限公司持股 40％的股东兼董事万朝云系发行人控股孙公司重庆速泊的财务负责人,发行人当年对上述客户的销售额为 664.34 万元。发行人 2019 年前五大客户之一的沈阳健安通讯技术有限公司长期使用发行人"科拓""速泊"商号并存在发行人员工为其办理工商变更登记、其实际控制人郭作有与发行人实际控制人存在大额资金往来的情形,2019—2021 年,发行人对沈阳健安通讯技术有限公司相关主体的销售、采购金额分别合计为 1 888.36 万元、365.23 万元。请发行人说明是否与上述公司存在商品或服务购销关系以外的关系,相关信息披露是否准确、完整。请保荐人发表明确意见。

(4) 2019—2021 年,发行人未获取收入确认凭证的项目对应营业收入金额分别为 4 573.50 万元、4 299.20 万元和 3 203.65 万元。另外,发行人以"合同期限与 5 年孰短原则"确定折旧年限。现场督导发现,报告期内发行人实际存在 120 个项目因故提前终止,导致实际运营期限短于合同期限。在发行人与管理方签订的 2 340 个合同中,2 288 个合同未取得管理方与业主方的合同期限信息,占比 97.78％;24 个合同发行人与管理方约定的合同期限长于管理方与业主方的合作期限。请发行人针对上述事项,说明会计基础工作是否规范,相关内部控制制度是否健全并有效运行。请保荐人发表明确意见。

创业板上市审核中心在审核问询中重点关注了以下事项:

一是发行人智慧停车运营管理业务收入增长的合理性,报告期内毛利率大幅上升的原因,部分项目未保留货物签收或工程验收凭证的原因及影响;二是发行人无法核实智慧停车运营管理服务业务中业主方与管理方合作期限的原因,该项业务中折旧政策的准确性,设备投入、承包费用、人工成本、施工劳务成本的完整性;三是发行人内部控制制度是否健全且被有效执行,是否能够合理保证公司运行效率、合法合规和财务报告的可靠性。

上市委员会审议认为:"发行人部分业务原始单据不完整,固定资产折旧政策不谨慎,合同管理不规范。会议认为,发行人不符合《创业板首次公开发行股票注册管理办法(试行)》第十一条、《深圳证券交易所创业板股票发行上市审核规则》第十八条的规定。"

【案例 2-26】江苏网进科技股份有限公司

2020 年 11 月 11 日,创业板发行上市审核信息公开网站公布创业板上市 2020 年第 44 次审议会议结果公告,江苏网进科技股份有限公司(以下简称"网进科技")首发申请的审议结果为不符合发行条件、上市条件和信息披露要求。这是创业板改革并试点注册制以来上市委员会会议环节首次出现否决案例。

网进科技的收入主要来源于江苏省内,特别是昆山市,2017 年、2018 年、2019 年和 2020 年 1—6 月网进科技江苏省内营业收入占营业总收入的比例分别为 97.34%、99.26%、99.24%和 92.08%,昆山市内营业收入占营业总收入的比例分别高达 92.38%、96.90%、97.07%和 91.86%。网进科技的销售不仅严重依靠某一地区,更依赖少数客户。根据网进科技的招股说明书,报告期的前五大名客户销售收入及其占营业收入的比重均在 60%左右,分别为 58.71%、66.27%、64.98%和 63.07%,昆山市公安局在报告期内始终是公司的第一大客户。

上市委员会主要关注问题包括:

1. 股东间的资金流水异常

要求公司结合黄玉龙、张亚娟和潘成华之间的股权转让及其资金往来和纳税情况等说明实际控制人的认定理由是否充分,实际控制人所持发行人的股份权属是否清晰,是否符合《创业板首次公开发行股票注册管理办法(试行)》第 12 条的有关规定。

2. 实际控制人地位的认定存疑

网进科技的第一大股东文商旅集团持股比例超过 1/3,并有 2 名来自文商旅集团的人员担任董事,其中 1 名担任公司董事长。文商旅集团为昆山市国有独资企业,报告期公司 90%以上销售收入来源于昆山市智慧城市建设。对此,上市委员会要求网进科技说明文商旅集团被认定为对公司既无控制权,也无重大影响,仅作为财务投资人的理由是否充分。

3. 收入地域集中,客户集中,供应商集中

(1) 公司收入高度集中于昆山。2017 年、2018 年、2019 年及 2020 年一季度,公司江苏省内营业收入占营业总收入的比例分别为 97.34%、99.26%、99.24%和 92.08%,昆山市内营业收入占营业总收入的比例分别为 92.38%、96.90%、97.07%和 91.86%,公司的区域市场集中度较高。

(2) 客户集中。2017 年度、2018 年度、2019 年度和 2020 年一季度,公司来自前五大客户的销售收入分别为 16 000 万元、25 748 万元、28 343 万元

和 2 856 万元,占同期销售收入的比例为 58.71%、66.27%、64.98%和 63.07%。第一大客户系昆山市公安局,占公司营业收入的比例分别是 21.44%、41.81%、37.73%和 28.51%。

(3) 供应商集中。公司承接的智慧城市建设项目所需设备及材料覆盖面广泛,报告期内,公司向前五大设备及材料供应商采购的金额分别为 3 776 万元、6 627 万元、7 185 万元和 746 万元,占同期营业成本中直接材料总额的比例分别为 37.15%、36.81%、41.10%和 45.28%,核心供应商较为集中。

【案例 2-27】郑州速达工业机械服务股份有限公司

2021 年 1 月 20 日,创业板上市委员会 2021 年第 5 次审议会议否决了郑州速达工业机械服务股份有限公司的发行上市申请。速达股份是一家从事机械设备全寿命周期管理的服务公司,公司为客户提供机械设备综合后市场服务,并兼顾机械设备前端市场。

上市委员会会议现场问询问题:

(1) 请发行人代表进一步说明:① 郑煤机对发行人存在重大影响而不构成实际控制的理由;② 发行人第一大股东李锡元与贾建国、李优生形成一致行动关系的背景,是否系为避免将郑煤机认定为实际控制人或共同实际控制人而进行的相关安排。请保荐人代表发表明确意见。

(2) 报告期内,发行人与郑煤机存在较多关联交易,且客户、供应商存在重叠,发行人为郑煤机客户提供免费的质保期服务,并接受郑煤机派驻的财务人员。请发行人代表进一步说明:① 发行人与郑煤机关联交易的定价依据及合理性,相关交易是否公允;② 发行人直接面向市场独立获取订单的能力;③ 发行人对郑煤机的依赖是否对发行人的持续经营能力构成重大不利影响。请保荐人代表发表明确意见。

(3) 根据申报材料,2019 年 11 月发行人变更《关于避免同业竞争的说明及承诺函》,变更后综机公司与发行人在区域及服务定位存在潜在竞争关系。请发行人代表说明综机公司业务开展对发行人可能造成的不利影响。请保荐人代表发表明确意见。

创业板上市审核中心在审核中重点关注了以下事项。一是发行人是否具有直接面向市场独立持续经营的能力。发行人与郑煤机之间存在关联销售和关联采购,部分业务存在依赖郑煤机的情形,发行人未充分说明排除郑煤机影响后,发行人是否仍具有面向市场独立获取订单的能力;发行人为郑煤机客户提供免费质保期服务,未充分说明该项业务的商业合理性及对独立性的影响;郑煤机向发行人派驻财务人员,发行人未合理解释该事项对财务独立性的影响。二是郑煤机控制的综机公司对发行人业务的影响。发行人第二大股东郑煤机持有发行人29.82%的股份,发行人未将其认定为实际控制人。发行人与郑煤机存在较多业务往来,实际控制人中的贾建国、李优生曾在郑煤机任职,郑煤机控制的综机公司2019年及最近一期维修业务收入与毛利均超过发行人主营业务收入与毛利的30%,发行人未充分披露及解释综机公司对其业务是否构成重大不利影响。

创业板上市委员会审议认为:"发行人对是否具有直接面向市场独立持续经营能力、业务及财务等是否独立的相关解释理由不够充分、合理,对综机公司与发行人的业务竞争关系对发行人未来业务开展可持续性造成的影响披露及解释不够充分、合理。发行人不符合《创业板首次公开发行股票注册管理办法(试行)》(以下简称《注册管理办法》)第十二条以及《深圳证券交易所创业板股票发行上市审核规则》(以下简称《审核规则》)第十八条、第二十八条的规定。"

【案例 2-28】上海灿星文化传媒股份有限公司

2021年2月2日,创业板上市委员会2021年第9次审议会议否决了上海灿星文化传媒股份有限公司的发行上市申请。灿星文化是一家主营综艺节目制作和产业链开发运营的文化娱乐公司,其代表产品有《中国好声音》《中国新歌声》《蒙面唱将猜猜猜》《中国达人秀》《这!就是街舞》等一系列综艺节目以及旗下艺人的原创音乐作品等。

上市委员会会议现场问询问题:

(1) 根据《共同控制协议》,发行人的共同控制人将稳定发行人控制权至上市后36个月。请发行人代表说明上市36个月后如何认定实际控制人,是否会出现控制权变动风险。请保荐人代表发表明确意见。

(2) 请发行人代表说明在已经拆除红筹架构的情况下,共同控制人之一田明依然通过多层级有限合伙架构来实现持股的原因。请保荐人代表发表明确意见。

(3) 灿星有限成立至红筹架构搭建期间,贺斌等4名中国公民根据美国新闻集团安排持有灿星有限的股权,灿星有限的经营范围包括当时有效的《外商投资产业指导目录》中禁止外商投资的电视节目制作发行和文化(含演出)经纪业务。请发行人代表说明,上述安排是否存在规避相关外商投资规定的情形,相关风险是否已充分披露。请保荐人代表发表明确意见。

(4) 2016 年发行人收购共同控制人之一田明持有的梦响强音 100% 的股权,收购价格为 20.80 亿元,形成商誉 19.68 亿元。2020 年 4 月,发行人基于截至 2019 年末的历史情况及对未来的预测,根据商誉追溯评估报告对 2016 年末商誉减值进行追溯调整,计提减值 3.47 亿元。请发行人代表说明:① 收购价格的公允性;② 报告期内未计提商誉减值的原因及合理性;③ 在 2020 年 4 月对 2016 年末的商誉减值进行追溯调整是否符合企业会计准则的相关规定。请保荐人代表发表明确意见。

(5) 截至 2020 年 10 月底,发行人作为被告的未决诉讼及仲裁共计 8 件,累计被请求金额约 2.3 亿元。请发行人代表说明:① 未对上述事项计提预计负债的原因及合理性;② 上述事项是否对发行人的核心竞争力和持续经营能力构成重大不利影响。请保荐人代表发表明确意见。

创业板上市审核中心在审核中重点关注了以下事项。一是发行人实际控制人的认定。发行人历史上存在红筹架构的搭建、拆除情形,现有股权架构系映射红筹架构拆除前的结构形成,设计较为复杂。发行人实际控制人包括华人文化天津、田明、金磊及徐向东,前述四方对发行人实施共同控制。黎瑞刚系华人文化天津董事长、总经理、法定代表人,曾任发行人董事长。二是梦响强音商誉减值的会计处理。发行人于 2016 年 3 月收购梦响强音,交易对价金额为 20.80 亿元,形成商誉金额为 19.68 亿元。梦响强音收购前实际控制人为田明,发行人将本次交易作为非同一控制下企业合并处理。报告期内,梦响强音未发生商誉减值。2020 年 4 月,发行人聘请评估机构出具商誉追溯评估报告,并根据报告对梦响强音截至 2016 年末的商誉计提减值 3.47 亿元,该项减值损失发生于 2016 年度,不在报告期内。发行人认为,追溯调整系从保护中小投资者利益角度出发并基于审慎原则作出。

创业板上市委员会审议认为:"发行人在拆除红筹架构后,股权架构设计复杂,认定实际控制人的理由不充分、披露不完整,不符合《创业板首次公开发行股票注册管理办法(试行)》(以下简称《注册管理办法》)第六条以及《深圳证券交易所创业板股票发行上市审核规则》(以下简称《审核规则》)第十八条、第二十八条的规定。发行人在 2020 年 4 月基于截至 2019 年末的历史情况及对未来的预测,根据商誉追溯评估报告对收购梦响强音产生的商誉进行追溯调整,并在 2016 年计提减值损失 3.47 亿元,上述会计处理未能准确反映发行人当时的实际情况,不符合《注册管理办法》第十一条以及《审核规则》第十八条的规定。"

【案例 2-29】四川华夏万卷文化传媒股份有限公司

2021 年 3 月 19 日,创业板上市委员会 2021 年第 17 次审议会议否决了四川华夏万卷文化传媒股份有限公司的发行上市申请。华夏万卷是一家以硬软笔书法内容创意为核心的文化企业,主营业务包括字帖图书的策划、内容制作、发行及相关文化用品的开发与销售。

上市委员会会议现场问询问题:

(1)发行人自 2006 年至 2020 年,未经认证或申请流程,在部分产品封面印有"教育部门推荐练字用书"字样。请发行人代表说明:① 是否违反相关法律法规的规定,是否属于重大违法行为;② 发行人的内控制度是否健全且被有效执行,能够合理保证发行人经营合法合规。请保荐人代表发表明确意见。

(2)报告期内,发行人在部分产品封面印有"教育部门推荐练字用书"字样,发行人及其相关经销商被消费者投诉举报。请发行人代表说明原因及风险。请保荐人代表发表明确意见。

(3)请发行人代表说明与田英章著作权许可使用合同纠纷诉讼再审情况,其结果对发行人持续经营是否存在重大不利影响。请保荐人代表发表明确意见。

创业板上市审核中心在审核问询中重点关注了以下事项。一是发行人自 2006 年至 2020 年,在部分产品封面印有"教育部门推荐练字用书"字样,发行人经营是否合法合规,前述事项是否违反有关部门规定,对字帖图书销量、退库等的影响,是否构成重大违法违规行为;发行人及其相关经销商存在被消费者投诉举报情形,是否会导致后续纠纷或投诉风险。二是发行人与田英章存在著作权许可使用合同纠纷,2021 年 1 月,田英章向最高人民法院申请案件再审,该合同纠纷事项产生的原因、与书家的具体合作模式及相关风险、对发行人财务数据的影响。

创业板上市委员会审议认为:"发行人产品销售涉嫌违法违规,且持续时间较长、涉及金额较大,内部控制未能合理保证发行人经营合法合规,不符合《创业板首次公开发行股票注册管理办法(试行)》(以下简称《注册管理办法》)第十一条,以及《深圳证券交易所创业板股票发行上市审核规则》(以下简称《审核规则》)第十八条的规定。"

【案例2-30】江苏鸿基节能新技术股份有限公司

2021年3月25日,创业板上市委员会2021年第18次审议会议否决了江苏鸿基节能新技术股份有限公司的发行上市申请。鸿基节能是一家集科研、勘察、设计、施工、检测于一体的高科技综合型企业。公司的主营业务是岩土工程(地基基础类)和基于地基基础的特种工程的设计与施工。

上市委员会会议现场问询问题:

(1) 根据申报材料,发行人主营业务包括地基基础、既有建筑维护改造,所处行业为"土木工程建筑业";发行人认为其属于传统产业与新技术、新业态的深度融合,符合创业板定位。请发行人代表:① 结合建筑业企业运用《建筑业10项新技术(2017版)》在列新技术开展业务的情况,说明发行人掌握并熟练运用行业通用技术属于传统产业与新技术深度融合的理由;② 结合既有建筑维护改造业务的特点、合同签订及对应收入确认情况,说明既有建筑维护改造业务属于新业态的理由,以及相关业务收入占比持续下降的原因;③ 说明发行人的核心技术和研发优势。请保荐人代表发表明确意见。

(2) 请发行人代表说明:①"高性能隔震建筑系列关键技术与工程应用"项目的参与单位和人员,以及发行人董事长在该项目中发挥的作用;② 发行人利用该技术实施的工程建设及对应收入确认情况。请保荐人代表发表明确意见。

(3) 请发行人代表说明,报告期内经营活动产生的现金流量净额持续低于净利润且曾为负数的原因及合理性。请保荐人代表发表明确意见。

创业板上市审核中心在审核问询中重点关注了以下事项。一是发行人是否符合创业板定位。根据申报材料,发行人所属证监会行业为"土木工程建筑业",属于《深圳证券交易所创业板企业发行上市申报及推荐暂行规定》第四条规定的原则上不支持在创业板发行上市的行业之"(七) 建筑业"。审核中心关注发行人是否适应发展更多依靠创新、创造、创意的大趋势,是否与新技术、新产业、新业态、新模式深度融合。二是关注发行人应收账款周转率低于同行业可比公司平均值、逾期应收账款占比较高、经营活动产生的现金流量净额持续低于净利润对发行人持续经营能力的影响。

创业板上市委员会审议认为:"发行人所处行业为'土木工程建筑业',

属于《深圳证券交易所创业板企业发行上市申报及推荐暂行规定》第四条规定的原则上不支持在创业板发行上市的行业。发行人未能充分证明掌握并熟练运用行业通用技术属于传统产业与新技术深度融合,也未能充分证明既有建筑维护改造业务属于新业态。同时,《招股说明书》披露的新技术、新业态相关业务收入占比、毛利占比分别从 2017 年度的 51.94%、60.24% 下降到 2020 年 1—6 月的 24.94%、29.30%。综上所述,会议认为,发行人不符合《创业板首次公开发行股票注册管理办法(试行)》(以下简称《注册管理办法》)第三条、《深圳证券交易所创业板股票发行上市审核规则》(以下简称《审核规则》)第三条、《深圳证券交易所创业板企业发行上市申报及推荐暂行规定》第二条及第四条的规定。"

【案例 2-31】淄博鲁华泓锦新材料股份有限公司

2021 年 9 月 23 日,创业板上市委员会 2021 年第 60 次审议会议否决了淄博鲁华泓锦新材料股份有限公司的发行上市申请。鲁华泓锦是一家专业从事新型高分子材料研发、生产和销售的高新技术企业。公司通过对裂解碳五、碳九进行精细分离和深加工,研发、生产和销售高性能、高附加值的碳五树脂、加氢树脂、异戊橡胶、锂系弹性体等高分子新材料。

上市委员会会议现场问询问题:

(1) 2018 年以来,发行人重要子公司天津鲁华先后受到 4 项涉及生产安全、1 项涉及生态安全的行政处罚,且还有 2 项涉及生态安全的违法违规行为可能受到有关部门的行政处罚。请发行人:① 说明上述行为是否构成涉及生产、生态安全的重大违法行为,是否对发行人的持续经营能力产生不利影响;② 针对天津鲁华多次出现涉及生产、生态安全的违法违规行为情况,说明发行人生产、生态安全相关内部控制制度是否健全且被有效执行。请保荐人发表明确意见。

(2) 报告期各期,发行人向中石化的采购金额占比超过 70%,中石化同时是发行人的第一大客户,且中石化下属公司从事与发行人类似业务。发行人对中石化的平均销售毛利率低于其他客户。请发行人:① 结合与中石化合作的稳定性和持续性,说明对中石化是否存在重大依赖,是否对发行人的持续经营能力构成重大不利影响;② 说明中石化下属公司从事类似业务对发行人业务的影响。请保荐人发表明确意见。

(3) 报告期内,发行人实际控制人郭强与其亲属、发行人员工存在大额资金往来。请发行人说明：① 相关资金往来的具体情况、原因和合理性；② 发行人资金管理相关内部控制制度是否存在较大缺陷,是否存在应披露未披露的重要信息。请保荐人发表明确意见。

（4）发行人因调整期初固定资产减值准备等事项,影响报告期净利润分别为 2 895.77 万元、3 100.23 万元、2 420.25 万元。请发行人说明产生大额减值准备的原因及合理性。请保荐人发表明确意见。

创业板上市审核中心在审核问询中重点关注了以下事项：发行人报告期内存在多项涉及生产安全的行政处罚,在审核期间重要子公司天津鲁华多次出现涉及生态安全的违法违规行为,有关部门对部分违法行为的处罚时间和金额存在不确定性；报告期各期,发行人向中石化的采购金额占比超过 70%,中石化同时是发行人的第一大客户,且中石化下属公司从事与发行人类似业务,发行人与中石化合作的稳定性和持续性、是否存在重大依赖,对发行人的持续经营能力构成重大影响；发行人实际控制人与其亲属、发行人员工之间存在大额资金往来。审核中心关注上述事项对发行人内部控制有效性及持续经营能力的影响。

创业板上市委员会审议认为："发行人重要子公司天津鲁华多次出现涉及生态安全、生产安全的违法违规行为,发行人实际控制人郭强与其亲属、发行人员工存在大额资金往来,且发行人未能充分说明相关资金往来的合理性。发行人未能建立相关的内部控制制度且有效执行,以合理保证发行人合法合规和财务报告的可靠性,不符合《创业板首次公开发行股票注册管理办法(试行)》第十一条,以及《深圳证券交易所创业板股票发行上市审核规则》第十八条的规定。"

二、 主动撤回的案例

【案例 2 - 32】麦斯克电子材料股份有限公司

麦斯克电子材料股份有限公司(以下简称"麦斯克")成立于 1995 年,公司主营业务为半导体硅片的研发、生产与销售。公司主要产品是集成电路级(IC 级)4 英寸、5 英寸、6 英寸和 8 英寸硅抛光片。

2021 年 5 月 26 日,深圳证券交易所受理麦斯克的上市申请文件,经过两轮审核问询,公司于 2022 年 6 月 30 日向深交所申请撤回发行上市申请文件。深圳证券交易所对公司业绩可持续性和公司持续经营能力等方面提出质疑。

创业板上市审核中心提出问询的主要问题包括：

（1）关于政府补助。申报文件显示，报告期内发行人其他收益分别为1 060.44万元、1 038.23万元、2 124.33万元，主要为政府补助，占各期净利润比重呈现逐年上升趋势。根据发行人目前所获得的政府补助计入递延收益的情况，未来5年预计递延收益摊销计入其他收益金额分别为1 417.73万元、1 417.73万元、1 417.73万元、1 417.73万元、1 400.29万元。请发行人分析并披露是否对政府补助存在重大依赖，是否具有可持续性。

（2）关于公司收入波动较大的原因和业绩大幅增长的可持续性。请发行人：① 结合行业主要公司8英寸及以下产品产能及在建产能变化情况、发行人下游客户轻掺/重掺产品新增需求情况等，分析说明发行人产品未来是否存在供过于求、毛利率大幅下滑风险；② 结合报告期前主要财务数据变动情况、行业周期性波动情况等，分析说明如未来行业景气度下降，未来业绩是否存在大幅下滑风险，业绩是否存在周期性大幅波动风险，并补充相关风险提示；③ 结合报告期内主要客户主要财务数据变动情况等，说明2019年收入及净利润大幅下滑的原因、2021年1—6月收入及净利润大幅增长的可持续性。

（3）关于公司大尺寸硅片。请发行人：① 对比可比公司8英寸产品研发成功至量产成为主要供应商平均周期情况、8英寸产品毛利率及良品率差异情况等，说明2018年8英寸产品研发成功以来销售收入占比长期较低、未能成为发行人主要业务的原因，是否表明发行人产品竞争力显著弱于竞争对手；② 说明报告期各期8英寸产品向各主要客户销售金额及占比情况，对相关客户销售收入变动情况；③ 结合下游客户对主供应商产能要求标准等，进一步说明8英寸产品未能满产、8英寸产能主要用于生产6英寸产品的原因；④ 列表说明2019年末发行人购进8英寸产品机器设备名称、金额、折旧计提情况，并分析对8英寸产品毛利率的影响。

【案例2－33】珠海市杰理科技股份有限公司

珠海市杰理科技股份有限公司（以下简称"杰理科技"）主要从事射频智能终端、多媒体智能终端等系统级芯片（SoC）的研究和开发。公司芯片产品主要应用于蓝牙音箱、蓝牙耳机、行车记录仪、视频监控器、无人机摄录机、智能语音玩具、便携式音箱、车载音响、血压计等智能终端产品。

2021年9月13日,深圳证券交易所受理杰理科技的上市申请文件,经过三轮审核问询,公司于2022年8月17日向深交所申请撤回发行上市申请文件。深圳证券交易所对公司关于销售真实性和收入核查的有效性等方面提出质疑。

创业板上市审核中心提出问询的主要问题包括:

(1) 关于期后业绩下滑。请发行人:① 结合客户、产品等,分析说明2022年第一、第二季度业绩及同比变动情况并分析变动原因;② 结合可比公司2021年业绩变动情况及未来业绩预计情况、发行人下游主要产品TWS耳机及蓝牙音箱等的出货量变化情况、对主要客户的在手订单及同比变化情况、行业最新供求变化情况等,说明发行人所处行业是否发生重大不利变化,对发行人持续经营能力是否构成重大不利影响,发行人2022年及未来是否存在业绩持续下滑风险。

(2) 关于销售真实性和收入核查的有效性。请发行人:① 结合方案商下游客户采购分层情况说明报告期内发行人产品应用于各终端品牌的收入占比情况;② 说明对超大型下游客户、大型客户的最终客户销售情况,是否实现最终销售、真实销售;③ 说明向不同收入规模方案商下游客户的具体销售及销售占比情况,是否存在主要向收入规模较小的下游客户进行销售的情形。

(3) 关于与珠海建荣的诉讼纠纷。请发行人:① 结合发行人核心技术情况及研发时间、研发周期、涉及的研发人员等,说明曾在珠海建荣及其关联方任职的发行人员工是否存在违反珠海建荣及其关联方保密协议、竞业禁止规定的情形,目前是否存在纠纷或潜在纠纷。② 说明珠海建荣及其关联方的成立时间、业务规模、报告期内的主要财务经营情况、主要业务和产品,与发行人在业务、产品上的关系,是否存在重叠客户和供应商,是否为竞争对手;珠海建荣及其关联方主动撤回相关诉讼的原因及具体情况,是否就相关事项出具不再对发行人主张相关权利的书面材料。③ 说明是否存在侵权或侵害珠海建荣及其关联方商业秘密的情形,目前与珠海建荣及其关联方是否仍存在纠纷或潜在纠纷,对发行人是否构成重大不利影响。④ 说明发行人涉诉技术在目前发行人产品中的应用情况、涉及的产品及报告期内收入及毛利占比情况,第三方司法鉴定机构是否就发行人是否存在侵权情况进行鉴定及具体情况。⑤ 分别说明发行人全部无效、部分无效专利涉及产品的收入和毛利占比情况,宣告无效后相关专利是否存在由其他权利人主张的情况、对发行人经营及竞争力的影响;被提起无效宣告的专利中,维持有效的审查决定是否为终局决定,是否仍存在被宣告无效的风险。⑥ 说明报告期内发行人被宣告无效专利涉及产品收入及占比快速下滑的原因,是否为专利宣告无效导致竞争加剧、使用受限;如涉及技术替代,说明具体替代情况。⑦ 说明发行人起诉国家知识产权局的具体缘由、涉及知识产权、相关收入及占比情况,未披露相关情况的原因;发行人及核心技术人员等是否存在新增纠纷、诉讼、被提起的无效宣告申请等。

【案例 2-34】广东佳奇科技教育股份有限公司

广东佳奇科技教育股份有限公司(以下简称"佳奇科技")是一家智能科教玩具企业,主营业务为各种智能科教玩具的研发、生产和销售,主要产品包括变形玩具、机器人玩具、婴幼童玩具、恐龙玩具等几大系列。

2020 年 6 月 28 日,深圳证券交易所受理佳奇科技的上市申请文件,在经过一轮审核问询后,公司于 2020 年 10 月 15 日通过了创业板上市委审议会议。在注册阶段,证监会对公司募投项目的合理性、收入结构变动的原因以及内部控制的有效性等方面提出质疑。最终由于公司申请文件中的财务资料于 2021 年 7 月 1 日超过有效期且截至 2021 年 9 月 30 日仍未更新,证监会决定终止佳奇科技的发行注册。

在注册阶段,证监会主要问询问题如下:

(1) 关于报告期内新增股东。请发行人进一步补充说明,报告期内新增股东陈姿及其配偶与发行人的供应商、经销商及其实际控制人是否存在关联关系或资金往来,是否存在股份代持情形。

(2) 关于募投项目的合理性和必要性。请发行人进一步说明并披露:在自产成本大幅高于委外加工成本的情况下,发行人部分产品采用自产的原因及合理性,是否均可由委外加工替代并进而降低加工成本。发行人拟投入 2.75 亿元募投资金建设玩具生产基地建设项目,用于自产各类玩具产品,在委外加工已较为成熟、成本更低的前提下,该募投项目的合理性和必要性;如发行人拟以自产替代委外加工,是否会提高生产成本,降低发行人的利润水平。请发行人进行测算并视具体情况补充进行风险因素揭示。

(3) 关于动漫影视制作。请发行人补充披露:发行人拍摄《机变英盟》是否取得所有应取得的经营许可证、发行许可证、公映许可证等相关许可文件,在电视剧制作资格准入、电视剧摄制许可、电视剧内容审查、电视剧备案公示、电视剧播出管理等方面是否均已履行相应法律程序。

关于发行人的动漫影视制作募投项目,发行人目前是否已取得相应资质许可,是否具备相关人员和技术来实施该项目。

(4)发行人全称为"广东佳奇科技教育股份有限公司",请结合发行人的主营业务、主要产品、核心技术等,说明公司名称是否符合公司定位,是否存在误导投资者的情形。请保荐机构发表明确核查意见。

(5)关于收入结构变动。请发行人:① 补充说明婴幼童玩具 2019 年起销售收入大幅增长的原因;补充说明各期婴幼童玩具主要客户的情况,包括名称、注册地、成立时间、主营业务,与发行人起始合作时间,向发行人采购金额及与其业务规模是否匹配,与发行人及其股东、实际控制人、董监高是否存在关联关系,相关交易价格是否公允,销售政策和信用政策与其他种类玩具客户或同一客户不同产品是否存在重大差异,应收账款回款情况,采购产品主要去向,是否实现最终销售。请保荐机构、会计师详细说明对上述事项的核查情况,包括方式、比例、结果和结论意见。② 请补充披露 2019 年、2020 年除婴幼童玩具外,其他种类玩具收入均呈下降趋势的原因;结合 2020 年以来的经营和财务数据,分析披露上述变动趋势是否仍在持续,如存在持续下降,请充分披露相关风险。③ 请保荐机构、会计师详细说明资金流水核查情况,并结合该情况说明发行人与主要客户是否存在体外资金循环或利益输送。

(6)关于经销商库存核查。根据中介机构函证获取信息,报告期内,主要经销商中,绝大多数期末库存金额为零,请发行人说明该等情况是否具有合理性;请保荐机构和会计师说明,除函证程序外,是否采取走访等手段实际查看主要经销商库存情况,取得的核查证据与函证结果是否一致;请详细说明对经销收入真实性及产品是否实现最终销售的核查情况,包括方式、比例、结果和结论意见。

(7)关于发行人会计基础及内部控制。请发行人:① 说明对于委托运输公司承运部分,在物流公司不出具运输单据情况及对账单无法与销售收入明细一一对应的情况下,如何根据双方盖章确认的对账单进行结算确认;② 说明检查期间未能提供涉及收入与模具倒挂所涉及的全部产品型号排模表的原因,提供有效资料说明主营收入产品与模具的匹配性;③ 说明原材料未区分型号管理但不同型号原材料采购单价差异较大的原因及合理性；④ 说明 ERP 系统原材料委外加工出库单与手工出库单差异较大的原因及合理性；⑤ 说明未提供主要生产过程流转的原始单据、2017—2019 年考勤表、标准工时表的原因，提供有效资料说明直接人工成本的归集、分配的内部控制措施及执行情况；⑥ 说明通过现金形式向临时工发放工资的内部控制措施，提供有效资料说明相关工资发放是否真实、准确、完整。

请保荐机构、会计师：① 对上述事项进行核查并发表明确意见；② 说明发行人未留存第三方运输单、出入门记录、装车记录等关键控制节点证据资料情况下，如何核查发行人销售产品是否实际从发行人生产厂区发出情况；③ 说明对发行人原材料仓库中物料权属的核查程序；④ 对照现场检查发现的情况与前期交易所审核阶段相关审核问询回复、注册阶段反馈意见回复等所述相关核查程序，列示相关差异并说明原因；⑤ 结合上述情况，说明发行人会计基础工作是否规范，内部控制制度是否健全且被有效执行。

（8）关于供应商及委外加工商。请发行人：① 说明 2019 年度向实得贸易预付采购款金额较大且期间较长的原因及合理性；② 结合原材料仓储、盘点过程中的异常情况及部分原材料采购由供应商送货且无相关物流单据的情况，说明原材料采购业务是否真实发生且具有商业实质；③ 说明发行人与相关委外加工商及供应商是否存在关联关系，委外加工业务是否真实发生。

（9）关于玩具产品下游客户及终端客户。请发行人：① 说明对部分直接发货至终端零售商或经销商的下游客户的销售明细无法与发行人销售收入明细进行匹配的原因，该部分下游客户具体情况，相关销售是否真实发生及相关证据；② 结合内销客户的实际终端销售区域，重新统计并在招股说明书中披露内销收入和外销收入。

请保荐机构及会计师对上述事项进行核查并发表明确意见，并：① 对照现场检查发现的情况与前期交易所审核阶段相关审核问询回复、注册阶段反馈意见回复等所述相关核查程序，列示相关差异并说明原因；② 结合获取的外销物流信息显示的货物抵达港口、货物接收人等信息进一步核查货物达到客户指定地点之后的去向；③ 说明前期终端销售核查的抽样方法是否合理，是否具有代表性，终端门店过程中未取得门店销售发行人产品的相关证据资料、未取得相关销售数据、未取得对终端门店的访谈记录的原因，相关核查证据是否充分；④ 结合上述情况对发行人终端销售的真实性发表明确意见。

【案例 2‑35】宁夏沃福百瑞枸杞产业股份有限公司

宁夏沃福百瑞枸杞产业股份有限公司是一家以有机枸杞种植、开发研究、生产销售为一体,专业从事枸杞深加工的民营企业。现有产品包括枸杞原汁、枸杞浓缩汁、枸杞籽油、枸杞冻干粉、枸杞果脯、枸杞多糖、鲜枸杞果汁饮料、有机枸杞干果等七大类 50 多个规格。

2020 年 4 月 3 日,深圳证券交易所受理沃福百瑞的上市申请文件,经过一轮审核问询,公司原定于 2020 年 9 月 10 日上会却突遭暂缓审议,之后公司在 2020 年 11 月 16 日迎来二次上会并成功过会。在注册阶段,证监会对公司销售的真实性、采购价格的公允性等方面提出质疑。最终沃福百瑞在 2021 年 11 月 23 日撤回发行上市申请文件。

在注册阶段,证监会主要问询问题如下:

(1)关于公司向美国 Young Living 销售的真实性和合理性。请发行人:① 结合报告期内美国 Young Living 采购枸杞浓缩汁数量、枸杞浓缩汁在相关枸杞果汁饮料中的掺配比例等,测算美国 Young Living 相关枸杞果汁饮料各期的销售数量;② 结合第三方机构对相关类别饮料的售价、市场容量等的调查数据,说明美国 Young Living 相关枸杞果汁饮料售价的合理性,结合上述情况进一步说明发行人对美国 Young Living 销售的枸杞浓缩汁的终端销售实现情况;③ 结合报告期内发行人各月对美国 Young Living 发货数量的变动情况等,说明海运时间约为 30 天的情况下,美国 Young Living 根据上一年的市场需求至少提前 12 个月进行计划采购的合理性;④ 说明在枸杞果汁饮料商品保质期为 18 个月以内、对外销售及客户消费完毕仍需一定周期的情况下,美国 Young Living 保持较高的枸杞浓缩汁库存规模的原因及合理性。请保荐机构对上述事项进行核查并发表意见。

(2)关于向海外销售枸杞干果业务的真实性及合理性。请发行人:① 结合未经过初级加工的枸杞干果原材料的市场供应情况、发行人枸杞干果生产工艺流程及产品深加工程度等,说明发行人在枸杞干果产品的原材料采购、加工技术、销售渠道、品牌等方面的竞争优势;② 结合上述情况进一步说明发行人出口美国、德国的枸杞干果金额占全国出口金额的比例较高的原因及合理性,对美国 ABB&德国 ABI 销售的枸杞干果仅为经销情况下 2018、2019 年度毛利率较高的原因及合理性;③ 分析说明 2020 年度发行人对美国ABB&德国ABI的销售金额、产品类型、毛利率等的同比变化情况。请保荐机构、发行人会计师对上述事项进行核查并发表意见,并说明在未对美国ABB的2个第三方仓库进行盘点的情况下,核查措施是否充分,是否可对美国ABB枸杞干果存货情况真实、准确的核查结论提供合理保证。

(3)关于枸杞干果采购。报告期内,发行人从个人供应商和非个人供应商处采购枸杞干果均价差异较大,请补充说明并详细分析差异较大的具体原因及合理性。(请结合以下内容,包括但不限于发行人是否具备统一的采购质量控制体系及与质量挂钩的定价标准体系,如有是否严格执行;从枸杞种植合作社等非个人供应商采购,发行人是否因规模采购优势而具备更强的议价能力等。)

根据《增值税暂行条例》规定,"农业生产者销售自产农产品"免征增值税。而农业生产企业向农民收购自产农产品,可以自行开具收购发票,并按照农产品收购价格的13%抵扣进项税额。请补充说明发行人向个人供应商采购,双方是否依法开具发票,个人供应商是否属于销售自产农产品,是否符合税务相关规定。

请补充披露枸杞鲜果直接采购占比从0到3.13%到43.09%到14.06%变化的原因及合理性。发行人委托潘太军等关联自然人采购的价格公允性、各自对应的采购金额、定价依据及公允性。

公司干果、鲜果的供应商及委托采购方中存在大量自然人,请列表披露报告期内公司向主要自然人供应商及委托采购自然人的采购金额、采购内容及占比情况,是否存在依赖少数自然人的情况,补充披露向自然人及部分为关联自然人采购的相应风险。

请保荐机构、发行人律师、会计师说明核查过程、核查依据,并发表明确核查意见。

(4)2019年公司出口欧洲的枸杞退换货金额为429.54万元,国内销售额为3 210.73万元,两批退换货直接转国内销售,占比较高。请发行人披露枸杞干果进口国有机检测与国内有机检测机构的检测结果具体差异。针对国外退换货,发行人重新验收入库和转为在国内销售,是否应更换相应标识,增加食品安全检测措施。

【案例2-36】成都倍特药业股份有限公司

成都倍特药业股份有限公司(以下简称"倍特药业")成立于1995年,主要从事高端仿制药、创新药、原料药的研发、生产和销售。公司目前产品涵盖抗感染用药、生殖系统用药、心血管系统用药、血液和造血系统用药、呼吸系统吸入给药等多个细分领域。

2020 年 7 月 6 日,深圳证券交易所受理倍特药业的上市申请文件,在经过三轮审核问询后,公司于 2020 年 12 月 17 日通过了创业板上市委审议会议。在注册阶段,证监会对公司收入的真实性、销售费用占比过高的合理性以及利润下滑的原因等方面做出了两轮问询。最终倍特药业在 2022 年 1 月 4 日撤回发行上市申请文件。

在注册阶段,证监会第一轮问询问题如下:

(1)关于收入的真实性。请发行人:① 量化分析并说明不同经销模式的收入结构及变化趋势、经销商数量众多及收入较为分散的特点,与同行业可比公司是否存在较大差异及差异的原因;② 区分经销商类型,补充披露经销产品的主要终端流向。

请保荐机构、申报会计师进行核查并发表明确意见,并结合资金流水核查情况,补充说明对发行人收入真实性尤其是经销产品终端销售实现情况的核查内容,包括但不限于核查方式、过程、比例、结果和结论性意见。

(2)关于专利技术收购。请发行人说明:① 四川升和药业未将 14 个药品批件与房屋、机器设备等其他实物资产一同出资设立宝鉴堂药业、发行人分开收购四川升和药业所持宝鉴堂药业股份及 14 个药品批件的原因及合理性,是否存在其他利益安排。② 四川升和药业转让上述药品批件的原因,发行人收购上述药品批件的原因及必要性,收购价格的公允性。③ 结合上述药品批件的技术先进性、市场准入、市场前景、品牌及团队建设等情况,说明收购预测收入与实际收入存在较大差异的原因,是否存在过分夸大收入预测的情况,收购预测技术分成率高于联合国工业发展组织颁布的技术贸易合同提成率中制药行业提成率的具体原因;14 个药品批件被收购前的销售情况,收购前后是否存在重大差异,若是,请一并分析重大差异的原因及合理性;2020 年 4—11 月,泻肝安神胶囊、复方满山红糖浆、盐酸格拉司琼注射液等多个药品批件预测收入与实际收入均为 0 的原因。④ 14 个药品批件相关无形资产摊销期限确定的依据及合理性,与批件有效期、收购及减值测试评估中预测收入达到市场稳定期/成熟期的年限是否存在差异及差异原因。⑤ 结合报告期内 14 个药品批件的实际销售与预测收入的差异情况,说明相关无形资产是否存在明显的减值迹象,减值测算是否合理,减值计提是否充分。

(3) 关于销售费用。请发行人说明:① 报告期内销售费用金额较大且占收入比重较高的具体原因,与同行业公司相比是否存在较大差异。② 2018 年开始,销售费用中业务推广费金额大幅增加且占收入比重持续提高的具体原因,尤其是 2018 年年底"两票制"政策基本落地后,发行人 2019 年业务推广费占销售收入比例继续增加的原因,与同行业公司相比趋势是否一致。③ 推广服务商相关制度的建立及执行情况,推广服务商的选取标准、选择程序、推广服务的主要内容、合作定价机制,推广服务商与经销商是否存在重合情形;报告期内前五大推广服务商变动较大、大量注销的原因,前五大推广服务商注册时间晚、参保人数少、短时间内即成为公司前五大推广服务商的原因,前五大推广服务商与公司之间是否存在真实业务往来,是否具备与其收入金额相匹配的业务开展能力;报告期内除前五大推广服务商外,其他推广服务商是否存在大量注销、注册时间晚、参保人数少、短时间内即成为公司推广服务商的异常情形,如存在,请一并分析原因及合理性;公司与推广服务商之间是否存在关联关系,是否存在其他利益安排,是否存在商业贿赂情形。④ 经查询工商信息,资阳盐宸希文化传播有限公司、资阳市康顺宏企业管理咨询服务有限公司、资阳西成丰企业管理咨询服务有限公司、资阳上善颐和企业管理咨询服务有限公司等 4 家公司均成立于 2018 年,参保人数为 0,其中前两家公司分别于 2018 年、2019 年被列入经营异常名录。请补充说明上述 4 家公司是否具备开展相关市场推广的业务能力,发行人是否存在无真实业务往来情况下向上述公司购买增值税发票的情形;除前述 4 家公司外,发行人与其他推广服务商之间是否存在类似情形。

(4) 关于公司收入增长但利润下滑的业绩趋势。请发行人:① 结合收入、成本、费用等变动情况,量化分析发行人 2019 年以来收入持续增长但净利润大幅波动的具体原因,与同行业可比公司相关趋势是否一致,进一步说明带量采购导致的中标药品价格大幅下降对发行人持续经营能力的影响;② 结合报告期内带量采购对经营及业绩的影响,进一步完善重大事项提示中"药品价格下降的风险"披露内容。

(5) 关于历史沿革及实际控制人。招股说明书披露,四川方向直接持有发行人 77.72% 的股份,为发行人控股股东,发行人实际控制人苏忠海持股

100％的成都镇泰持有四川方向97％的股份。根据举报信核查回复,四川方向原股东成都国投清算组于2018年2月在司法拍卖平台拍卖其持有的四川方向26.94％的股权,并由成都镇泰以5 324万元的底价竞拍取得。请发行人补充披露控股股东四川方向的历史沿革,并结合四川方向在2013年取得倍特有限100％股权等发行人股权变动情况,详细列示自发行人成立以来,其实际控制人的演变情况,说明是否存在导致控制权可能发生变更的重大权属纠纷。

(6) 关于业务形成过程及收购。请发行人补充说明并披露:① 关于同一控制下合并,海锐特、普锐特、慈安药业的历史沿革,收购前的基本情况,河北新张药、成都镇泰取得海锐特、普锐特、慈安药业股权的价格,发行人收购其的价格公允性;② 关于为取得药品批件对蓉锐昌和蓉德康的股权收购,补充披露蓉锐昌和蓉德康的基本情况,收购定价及公允性,通过收购取得药品批件并进行药品生产是否符合相关法律法规的规定,收购药品批件在发行人处的对应产品及收入、利润贡献情况;③ 结合发行人同一控制下合并、非同一控制下股权收购和为取得药品批件进行的股权收购,按照是否系通过收购取得来分类列示发行人主营业务、主要产品、发明专利及核心技术的形成过程、比例,说明发行人能否有效整合所收购的业务,能否发挥良好的协同效应。

(7) 关于关联资金拆借。请发行人补充说明并披露,发行人实际控制人及成都镇泰、四川方向及其所直接或间接控制的企业,是否有大额亏损或大额负债的情形;发行人的内控制度能否有效防范控股股东及关联方进行资金占用。请保荐机构核查并发表明确意见。

在注册阶段,证监会第二轮问询问题如下:

(1) 关于虚开增值税专用发票及向供应商支付"点子费"的原因及合理性。请发行人:① 说明并披露发行人支付鼎硕公司"点子费",余款由发行人向第三方个人支付是否属实,报告期内发行人与其他推广服务商之间是否存在类似情况或由推广服务商向第三方个人支付的情况;② 结合实际推广活动由第三方个人开展的情况,说明并披露发行人是否明确知晓鼎硕公司提供的推广活动资料为虚构,报告期内是否存在类似情况,注册阶段问询回复所称发行人未能发现推广公司提供的推广活动资料存在虚构的表述是否符合实际,发行人是否存在同相关被告人和推广公司合谋从事虚假学术推广进而虚开增值税发票的主观故意;③ 说明并披露注册阶段问询回复所称发行人按照鼎硕公司提供的人员名单、金额向第三方人员支付推广费用,与43号判决书相关证人证言表示鼎硕公司与第三方推广人员没有任何关系的表述之间存在矛盾的原因,发行人扣除"点子费"后向第三方个人支付的具体情况,发行人未能掌握实际承担推广活动的个人实际活动情况下相关业务推广费是否真实发生,报告期内发行人及公司推广服务商是否存在商业贿赂情形;④ 进一步说明并披露报告期内推广服务商注销家数多、部分注册时间较短即成为发行人推广服务商、各年前五大推广服务商变动较大是否存在异常情形;⑤ 结合以上情况,说明并披露报告期内销售费用相关的内部控制制度是否健全,是否得到有效执行。

请保荐机构、会计师:① 对上述事项进行核查并发表明确意见;② 说明对发行人报告期内推广服务商注销家数多、部分注册时间较短即成为发行人推广服务商、各年前五大推广服务商变动较大的情况以及43号判决书、83号判决书显示相关事项是否充分关注,是否执行进一步核查程序;③ 对照上述情况,说明前期交易所审核阶段相关审核问询回复、注册阶段反馈意见回复等所述相关核查程序是否充分,是否实际执行,发行人与推广服务商之间的业务具有真实性的核查结论是否准确。

(2) 关于历史沿革。请发行人补充说明:① 发行人最近一年新增股东股权转让或增资价格差异较大,心睿医药在较短时间内受让股份并转出股份,且定价差异较大,请结合《监管规则适用指引——关于申请首发上市企业股东信息披露》的相关要求核查并说明原因、合理性;② 发行人存在多项历史沿革瑕疵,如工商登记瑕疵、出资瑕疵、国资审批备案程序瑕疵等,相关历史沿革瑕疵是否构成重大违法行为或本次发行的法律障碍。

(3) 关于实控人是否存在重大违法行为。请结合媒体质疑中关于发行人实控人收购河北大安制药并出售等相关事项,说明发行人是否符合《创业板首次公开发行股票注册管理办法(试行)》第十三条的相关规定。请保荐机构和发行人律师核查并发表明确意见。

【案例 2-37】江苏新视云科技股份有限公司

江苏新视云科技股份有限公司(以下简称"新视云")是一家面向法院信息化的综合服务提供商,通过自主研发的软硬件设备及互联网平台为法院提供庭审公开、智能法庭等智慧法院建设的综合解决方案。新视云的主营业务包括庭审公开、智能法庭和其他智慧法院业务三大类。

2020 年 7 月 1 日,深圳证券交易所受理新视云的上市申请文件,经过两轮审核问询,公司于 2021 年 7 月 23 日通过了创业板上市委员会的审议。在注册阶段,证监会对公司订单获取的合规性、毛利率高于同业的合理性以及司法送达业务的合规性等方面提出质疑。最终新视云在 2022 年 6 月 12 日撤回发行上市申请文件。

在注册阶段,证监会主要问询问题如下:

(1)关于订单获取方式的合规性和真实性。请发行人:① 修改"订单获取及业务开展的合规性"的相关披露,使其反映业务真实情况,并与"销售模式"章节的相关披露保持一致;② 说明订单获取中"其他方式"的具体内容;③ 结合可比公司订单获取方式、业务规模以及销售人员配备,进一步说明公司销售人员配备与业务规模的匹配性,销售费用率与订单获取数量变动方向不一致的原因。

(2)关于毛利率高于同行业的原因及合理性。请发行人:① 结合仅选取久其软件、华宇软件作为可比公司进行毛利率分析的原因及合理性,进一步说明发行人毛利率远高于同行业的原因及合理性;② 结合庭审公开业务提供服务与销售设备的内容差异,说明庭审公开业务设备销售业务高毛利率的原因及合理性。

(3)关于司法送达业务。请发行人:① 补充披露报告期内司法送达业务在手订单、毛利率、人员配备及薪酬等情况;② 结合司法送达业务的具体内容、市场容量、同行业可比公司等情况,说明发行人司法送达业务的发展潜力;③ 结合送达业务中与相关法院的具体合作协议的主要内容、业务模式,法院文书送达的相关法律规定等,说明开展相关业务的合法合规性,是否存在相应的法律风险。

(4)关于运营新浪法院频道的合规性。根据申报文件,公司负责新浪网WEB 页面法院频道的内容运营及"新浪法院频道"官方微博账号的运营。请发行人说明上述运营过程是否客观具有新闻采编内容的能力,是否建立相关制度、程序保证运营过程中不构成新闻采编,运营新浪法律频道与第三项"非公有资本不得经营新闻机构的版面、频率、频道、栏目、公众账号等"是否存在实质性差异,是否构成《市场准入负面清单(2021 年版)》规定的情形。请保荐机构及发行人律师核查并发表意见。

（5）关于与新浪合作情况。根据申报文件，发行人股东海南盈盛、海南弘新均为受新浪控制的企业，分别持有发行人18.18％、11.11％的股份，新浪为发行人的关联方。发行人共有7名董事，其中1名董事由海南盈盛提名，1名独立董事由海南弘新提名。报告期内，发行人与新浪旗下的子公司开展微博"司法公开"页签合作和新浪法院频道合作。

请发行人结合新浪入股发行人过程及业务合作情况、参与公司日常管理情况，说明发行人通过无偿使用新浪商标、域名、新浪法律频道等是否客观获得经济利益，日常销售过程中是否利用运营新浪法院频道等进行推广宣传，是否存在利益输送情形，对发行人公司治理的具体影响等。补充披露新浪协议控制海南盈盛、海南弘新的具体架构，披露穿透后最终控制实体的基本信息。请保荐机构及发行人律师核查并发表意见。

【案例2-38】三羊马（重庆）物流股份有限公司

三羊马（重庆）物流股份有限公司是一家主要通过公铁联运方式为汽车行业和快速消费品行业提供综合服务的第三方物流企业，以物流结点为标准化作业单元，依托铁路长距离、大批量、安全环保的优势，构建起以铁路为核心的多式联运物流网络，为客户提供全方位、一体化的综合物流服务。

2020年7月7日，深圳证券交易所受理重庆三羊马的上市申请文件，11月12日，重庆三羊马申请撤回发行上市申请文件。在此期间，深圳证券交易所对重庆三羊马展开了三轮审核问询。深圳证券交易所审核关注的主要问题如下：

（1）重庆三羊马开发了数据互联互通供应链管理模式创新。重庆三羊马列示了财务结算系统V1.0等9项数据互联互通供应链管理模式核心技术，与重庆三羊马招股说明书中披露的7项计算机软件著作权无法一一对应，且未披露重庆三羊马执行数据互联互通供应链管理配备的人员具体情况。

深圳证券交易所要求重庆三羊马披露：①9项数据互联互通供应链管理模式核心技术与无形资产不一致的合理性；②重庆三羊马数据互联互通供应链管理模式的业务实质，其实际承载的无形资产，其执行地点，配备的人员数量、学历、薪酬、从业时长，是否已获取相应证书及资质情况。

（2）重庆三羊马为除国铁集团、中车集团以外中铁特货最大的供应商，亦是中铁特货第一大两端作业供应商。

深圳证券交易所要求重庆三羊马披露：①报告期内中铁特货采购国铁

集团、中车集团的服务内容、金额及占中铁特货总采购额比重情况,中铁特货采购重庆三羊马服务内容、金额及占其总采购额比重情况;② 对比国铁集团、中车集团与重庆三羊马提供服务内容及上述金额占比情况,披露重庆三羊马以此论证"中铁特货对公司具有依托性"的准确性及合理性。

(3) 中集国际物流及其 2 名股东北京中集华通物流有限公司和北京南方中集投资管理有限公司为"中集"文字商标的合法持有人。自 2005 年 9 月公司设立起,重庆三羊马一直使用"中集"字号,以"重庆中集汽车物流股份有限公司"为企业名称,并获得工商登记;重庆三羊马为避免混淆及可能纠纷,于 2019 年 12 月向中集国际物流购买了"中集"文字商标的使用权,其后于 2020 年 1 月更名为"三羊马(重庆)物流股份有限公司"。

深圳证券交易所要求重庆三羊马披露:① 重庆三羊马向中集国际物流购买"中集"文字商标使用权的具体过程、谈判情况、授权费金额;② 重庆三羊马获取"中集"文字商标授权后,仍然于 2020 年 1 月更名为目前企业名称的原因,是否存在中集国际物流或第三方向重庆三羊马提起商标、商号诉讼、仲裁的事项;③ 国内上百家物流公司以"中集"字号命名的产生原因,结合工商登记、企业商号、名称相关规定,披露其合理性及合规性。

【案例 2-39】成都武侯高新技术产业发展股份有限公司

成都武侯高新技术产业发展股份有限公司是一家提供产业园区运营与管理服务,致力于为客户提供高端办公场所租赁和综合服务的企业。

2020 年 7 月 6 日,深圳证券交易所受理武侯高新的上市申请文件,11 月12 日,武侯高新申请撤回发行上市申请文件。在此期间,深圳证券交易所对武侯高新展开了二轮审核问询。深圳证券交易所审核关注的主要问题如下:

(1) 关于同业竞争及参股公司。武侯高新称,西部智谷公司、武侯资本控制的其他企业所从事的具体业务与武侯高新业务不具有相似性,不存在上下游关系,但部分相关企业的营业范围包括房屋租赁、物业管理、企业咨询。

深圳证券交易所要求武侯高新:① 按照实质重于形式的原则,结合相关企业历史沿革、资产、人员、主营业务等方面与武侯高新的关系,以及业务是否有替代性、竞争性,是否有利益冲突,是否在同一市场范围内销售等,披露相关企业与武侯高新是否构成重大不利影响的同业竞争;② 补充披露西部智谷公司、武侯资本控制的其他企业提供的服务与武侯高新提供的服务的对比情况,结合服务的本质与预期达到的目的、提供服务对象等情况披露相关业务是否具有相似性或上下游关系。

(2)关于业务模式。武侯高新主要的招商渠道有五种:武侯高新依据公开信息进行客户挖掘,主动对接目标客户;通过武侯高新网站和第三方平台实现客户导流;以商招商;武侯高新组织社群活动实现营销推广;武侯区政府招商部门信息共享。

深圳证券交易所要求武侯高新:① 补充披露五种招商模式实现销售的金额及占比,武侯高新是否存在高度依赖武侯区政府招商部门信息共享进行招商的情形;② 补充披露报告期内不同招商模式拓展的前五大客户情况,披露武侯高新是否具有独立开拓客户的资源和能力,是否存在对政府部门的重大依赖;③ 结合武侯高新业务主要集中于成都市的情形,补充披露武侯高新业务模式是否具有推广性,是否具备向成都市以外、四川省以外区域扩张的能力。

【案例 2-40】广东金源照明科技股份有限公司

广东金源照明科技股份有限公司是一家专业从事 LED 移动照明、LED 固定照明、光伏电池组件、LED 封装等产品研发、生产、销售及相关技术服务的高新技术企业。

2020 年 6 月 22 日,深圳证券交易所受理金源照明的上市申请文件,12 月 22 日,金源照明申请撤回发行上市申请文件。在此期间,深圳证券交易所对金源照明展开了三轮审核问询。深圳证券交易所审核关注的主要问题如下:

(1)关于核心竞争力和发展战略。金源照明的主要产品为 LED 移动照明产品、LED 固定照明产品、LED 封装产品及光伏电池组件产品等。金源照明所处的 LED 照明行业企业众多,竞争激烈。报告期内,移动照明产品的销售收入占比逐年下降,LED 封装产品及光伏电池组件产品等销售收入占比逐年上升。

深圳证券交易所要求金源照明:① 结合各子行业的行业竞争情况、产品销售区域、相关产品的技术性能与先进性等,真实、准确、客观地披露相较于市场上同质产品和同行业竞争对手,金源照明核心竞争力的具体体现,以及所处的市场地位;② 结合各子行业同行业竞争对手在技术、渠道、价格等方面的情况,针对性地披露金源照明与竞争对手相比存在的差距和短板,金源照明的产品和渠道是否面临被替代的风险。

(2)关于第三方回款。报告期内金源照明第三方回款金额较大,分别为11 737.57万元、14 506.64万元和4 949.10万元,占营业收入的比例分别为26.23%、31.79%和8.55%。

深圳证券交易所要求金源照明:① 补充披露报告期各期第三方回款的具体情况,包括但不限于原因、必要性、商业合理性、一个客户对应多个回款方的具体情况及变化合理性、主要客户和地区等,2017年第三方回款金额较大且占营业收入比例较高的原因;② 付款第三方为生意伙伴的,补充披露中介机构对该生意伙伴与客户之间代付款项原因、理由、债权债务等对应的商业行为及其合理性核查的具体情况,披露中介机构对第三方代付单位、客户提供的代付账号对应单位与客户的关系、回款对应的收入、相关核查程序的有效性和充分性,披露财务机构代为回款的情形中财务机构是否为金源照明指定或介绍给客户;③ 补充披露第三方回款的规范情况,包括具体的内控制度、执行情况以及执行效果;④ 补充披露2020年1—6月第三方回款的金额及占营业收入的比例。

【案例2-41】苏州久美玻璃钢股份有限公司

苏州久美玻璃钢股份有限公司位于苏州市相城区,公司主营业务为玻璃钢管道及其附件的研发、生产与销售,主要产品包括船用玻璃钢管道、脱硫玻璃钢管道、海洋工程耐火玻璃钢管道等管道产品及与其配套的法兰、弯头、三通、异径等附件产品,公司产品属于新型复合材料,性能优良。作为国内领先的玻璃钢管道系统集成商,目前公司产品主要应用于船舶及海洋工程装备制造,为船舶及海洋工程装备的压载水系统、消防系统、脱硫系统、舱底水系统、生活污水系统、冷却水系统、通风系统、电缆保护系统等提供质量稳定可靠的管道系统支持。

2020年8月19日,深圳证券交易所受理了苏州久美玻璃钢股份有限公司的上市申请文件,9月15日进行了首轮问询,经过两轮问询,2021年3月30日久美股份及保荐人向深交所上交申请撤回文件,于2021年4月8日终止创业板上市审核。深圳证券交易所审核关注的主要问题如下:

(1)关于新三板挂牌与《招股说明书》中的数据不一致。公开信息及申报文件显示,发行人股票于2015年5月至2019年8月在股权系统挂牌并公开转让。挂牌期间披露的前五大客户、供应商与本次申报文件披露的情况存在差异,差异原因为会计差错更正和披露口径不一致。

深圳证券交易所要求久美股份披露:请发行人说明本次申报文件披露的前五大客户、供应商与新三板挂牌期间披露情况不一致的具体原因,涉及会计差错的相关整改情况,发行人的财务内控制度是否健全且被有效执行。

(2)关于企业行业前景。2013—2019 年世界及我国三大造船指标处于持续下滑趋势。发行人船用玻璃钢管道及其附件的销量与全球及中国造船完工量理论上应存在匹配关系,但实际走势存在一定差异,发行人船用玻璃钢管道收入下降趋势快于全球及中国造船完工量。

深圳证券交易所要求久美股份披露:① 按报告期内发行人船用玻璃钢业务、脱硫玻璃钢业务中新建船业务或改造船业务等业务类型,分别披露各期各类业务的数量、金额及占比,并分析说明变化趋势;② 结合"2019 年全球 77% 的船舶脱硫改造在中国船厂完成"以及中国船舶运力的世界占有率份额等,分析说明中国船厂未来完成全球大部分船舶脱硫改造的趋势是否可持续;③ 结合"2019 年发行人脱硫玻璃钢管道及其附件实现收入 128 单,约占中国船舶脱硫改造市场的 18.29%",补充披露中国船舶脱硫改造市场中其他提供脱硫玻璃钢管道的主要厂商、产品及经营规模情况,并与发行人进行对比分析。

【案例 2-42】海默尼药业股份有限公司

海默尼药业股份有限公司位于拉萨市(以下简称海默尼),公司为从事药品研发、生产、销售及推广服务的综合性医药企业,从医药销售起步,经过多年积累,建立了规范的运营管理体系,打造了专业的营销团队,拥有了优质的客户资源,并逐步完成了医药全产业链拓展。

2020 年 7 月 8 日,深圳证券交易所受理海默尼药业股份有限公司的上市申请文件,8 月 4 日进行了首轮问询,经过四轮问询,2021 年 4 月 6 日海默尼及保荐人向深交所上交申请撤回文件,于 2021 年 4 月 8 日终止创业板上市审核。深圳证券交易所审核关注的主要问题如下:

(1)自主研发能力存疑。据《招股说明书》显示,2017 年至 2019 年,海默尼的研发费用分别为 72.74 万元、188.59 万元、349.95 万元,分别占营收比例约为 0.17%、0.36%、0.62%。为此,深交所要求其披露主要自有产品均采用委托生产的原因,公司是否具备自主生产相关药品的能力,对主要生产商是否构成依赖。

(2) 关于环保违法违规情况。《招股说明书》披露,报告期内发行人子公司重庆海默尼 2018 年因环保问题受到重庆市生态环境局两江新区分局处罚。请发行人:① 披露报告期内发行人注销或转让的子公司存续期间是否涉及违法违规行为,是否存在子公司转让后继续与发行人交易的情形,是否存在为发行人承担成本、费用或输送利益情形;② 披露发行人主要自产产品产能产量情况与环保投入是否匹配,环保运行费用与污染物排放量是否匹配;③ 进一步说明发行人对重庆海默尼超标排放所采取的整改措施和内部控制机制,发行人是否已建立了健全的环保内控制度,实际运行是否有效。

(3) 关于对赌协议情况。申报文件显示,发行人与创始股东与部分股东于 2017 年签署了具有对赌性质的股权转让补充协议。请发行人补充披露相关协议是否符合《深圳证券交易所创业板股票首次公开发行人上市审核问答》问题 13 的规定。请保荐人、发行人律师对上述对赌事项发表明确意见。《深圳证券交易所创业板股票首次公开发行人上市审核问答》问题 13 内容如下:"13、部分投资机构在投资发行人时约定对赌协议等类似安排的,发行人及中介机构应当如何把握?红筹企业的对赌协议中存在优先权利安排的,应如何进行处理和信息披露?"

第五节　北交所审核经典案例

一、被否案例

【案例 2‑43】安徽泰达新材料股份有限公司

2022 年 9 月 19 日,北京证券交易所(以下简称"北交所")上市委员会 2022 年第 43 次审议会议否决了安徽泰达新材料股份有限公司(以下简称"泰达新材")的发行上市申请。泰达新材也是北交所成立以来首家被上市委会议否决的拟北交所上市企业。

泰达新材是一家专业从事重芳烃氧化系列产品研发、生产与销售的高新技术企业,所属行业为精细化学品制造行业。公司主导产品为偏苯三酸酐[①],

---

① 偏苯三酸酐是一种无色晶体或粉末,可溶于水和乙醇、丙酮等一般有机溶剂,可用于制造环氧树脂的固化剂、耐热绝缘层压物、耐热清漆、稳定剂、增塑剂等。

属于精细化工产品,广泛应用于环保增塑剂、粉末涂料、绝缘材料、高温固化剂等多个行业。

北交所上市委员会会议提出问询的主要问题包括:

(1) 关于毛利率变动。2018—2021年,发行人偏酐产品毛利率分别为9.62%、10.20%、22.91%和30.74%,呈现快速增长趋势,与同行业可比公司正丹股份及百川股份同类产品毛利率变动趋势不一致,且2020年以来毛利率显著高于同行业可比公司。① 请发行人对自身及可比公司的成本构成进行分项量化分析,说明单位成本显著低于可比公司是否具有合理性;② 请发行人结合财务数据分析说明毛利率快速增长的主要原因及合理性,上述增长趋势是否可持续;③ 发行人的工艺路线是否有继续改造优化以达到大幅度降低成本的潜力,成本下降能否直接带来市场占有率的大幅度提升。请保荐机构、申报会计师核查并发表意见。

(2) 关于收入利润增长。报告期内发行人营业收入分别为13 899.60万元、20 865.19万元、28 237.24万元,增幅分别为50.11%、35.33%;净利润分别为574.06万元、3 538.51万元、6 517.48万元,增幅分别为516.4%、84.18%。根据申报文件,2016—2019年,发行人净利润呈现显著下滑趋势,但2020年度大幅增加。请发行人说明:① 2020年度净利润改变下滑趋势且大幅度上升的主要影响因素,该因素是否具有可持续性,发行人未来是否存在业绩大幅下滑风险;② 报告期内净利润增长显著高于收入增长的原因,结合财务数据逐项分析各项影响因素的具体影响金额。请保荐机构、申报会计师核查并发表意见。

(3) 关于安庆亿成。根据申报文件,偏三甲苯供应商安庆亿成2万吨偏三甲苯装置自2016年投产至2019年期间生产不稳定,因此,公司自2016年与安庆亿成合作至2019年采购量不大。安庆亿成2019年年底流动资金压力大,其考虑让客户提前预付货款、安庆亿成以降低价格为代价的方式来缓解流动资金压力,因此希望获取发行人的资金支持。经双方充分协商,2019年12月,发行人与安庆亿成达成战略合作意向。2020年,安庆亿成化工科技有限公司成为发行人偏三甲苯的主供应商,发行人自安庆亿成的采购价格较同期市场价格有平均每吨200~300元左右的优惠。① 请发行人说明在生产所需的主要原材料偏三甲苯市场供应充足的情况下,选择存在资金风险且历史上生产不稳定的安庆亿达作为主要供应商的原因及合理性。

② 请发行人结合预付款对发行人、安庆亿成的实际影响,通过量化数据解释说明 2 000 万元预付款产生的商业利益与低价销售偏三甲苯是否存在对等性,是否具有商业合理性。③ 发行人 2016 年及 2019 年度净利润持续下滑,2020 年净利润大幅上涨,净利润变动时点同公司与安庆亿成的合作时点吻合。请发行人说明业绩波动与安庆亿成采购之间的关系,发行人采购安庆亿成偏三甲苯的公允性,是否存在利用安庆亿成调节利润的情况。④ 请发行人说明安庆亿成等主要供应商的实际控制人和主要关联方与发行人及其董事、监事、高级管理人员等主要关联方是否存在关联关系,是否存在特殊利益安排。请保荐机构核查并发表意见。

北交所上市审核中心在审核问询中重点关注了泰达新材毛利率显著高于同行业公司及业绩大幅波动的合理性等问题。上市委会议审议认为:"发行人及中介机构未就报告期内毛利率显著高于同行业上市公司的合理性、净利润连续大幅增长的合理性进行充分的解释、说明,相关信息披露不符合《证券法》第十九条、《北京证券交易所向不特定合格投资者公开发行股票注册管理办法(试行)》第五条、《北京证券交易所向不特定合格投资者公开发行股票并上市审核规则(试行)》第二十条等相关规定。"

二、 主动撤回案例

【案例 2‑44】湖南天济草堂制药股份有限公司

湖南天济草堂制药股份有限公司(以下简称"天济草堂")成立于 2009 年 11 月,是一家集药品研发、中药材种植、药品生产和药品销售为一体的综合性药品制造企业。主要产品系列包括:清热解毒系列(清热散结胶囊、炎宁胶囊、穿王消炎胶囊等),心脑血管系列(脑得生丸、灯盛花素片等),利尿系列(复方石淋通胶囊、复方石韦胶囊等)。

2020 年 12 月 1 日,全国中小企业股份转让系统受理了天济草堂在精选层挂牌的申请文件。2022 年 4 月 6 日召开的上市委会议上,北京证券交易所对天济草堂的审议结果为暂缓审议;此后,北交所于 2022 年 6 月 7 日发布 2022 年第 25 次审议会议公告,将于 2022 年 6 月 14 日再次审议天济草堂的上市申请;6 月 12 日,距天济草堂第二次审议会议仅两日,天济草堂的保荐机构西部证券向北交所单方面申请撤回。

北交所上市委员会会议提出问询的主要问题如下:

（1）关于收入。"两票制"对发行人经营造成的短期不利影响逐渐消化，发行人2021年同比销售收入及净利润大幅增加，营业收入及净利润增幅分别为14.64％、48.52％。2021年公司加强与推广服务机构合作，加大市场推广力度，对重要客户采取学术、市场等方面的支持政策。请发行人进一步说明：① 发行人利润增幅与营业收入增幅是否匹配；② 在发行人未推出新产品的情况下，2021年下半年业绩大幅增长的原因及合理性；③ 结合销售策略、价格、销售费用、经销商布局等方面具体分析，发行人如何消化"两票制"对生产经营的影响；④ 发行人现有中成药目前未进入集采目录，若进入集采目录，对发行人的生产经营是否会产生重大影响。请保荐机构发表核查意见。

（2）关于市场推广费。2018年至2021年6月，发行人的销售费用分别为2.23亿元、2.08亿元、1.78亿元和0.99亿元，占各期收入比例分别为62.14％、65.04％、61.18％和64.02％，发行人市场推广费占比处于同行业较高水平，销售费用构成主要为市场推广费和职工薪酬，市场推广费主要包括：学术推广会议、市场调研费、信息收集费、教育培训费、终端客户服务费。发行人市场推广活动主要由推广服务机构进行，报告期各期内，推广服务机构为发行人提供推广服务业务占其各自所从事同类业务比例较高的15家推广服务机构中，7家已注销，且多数推广服务机构为个体工商户等小微企业，市场推广服务机构规模较小且变动较大。发行人2021年中小型临床科室会频次大幅增长，市场推广活动频次、人次较高且变动较大。请发行人进一步说明：① 2021年中小型临床科室会频次大幅增长的原因及合理性，学术推广会议等活动是否实际开展，高频次开展推广活动是否符合行业发展情况，是否在市场推广活动中给予过医务人员、医药代表或客户回扣、账外返利、礼品，是否存在商业贿赂、变相商业贿赂等不正当竞争行为，发行人是否存在将市场推广费直接汇入无商业往来第三方账户的情形，取得市场推广费的票据形式、内容是否合法合规，发行人关于市场推广费支付的相关内部控制制度是否有效执行，发行人和相关服务推广商是否存在因商业贿赂被追责、处罚的风险，是否存在市场推广费用过高引起的法律合规风险；② 推广服务机构的人力资源是否可以支撑发行人高频次开展相关推广活动，请保荐机构和申报会计师说明对市场推广活动举办次数、参会人数、费用真实性采取的核查方式；③ 推广服务机构承担信息搜集和市场调研的工作内容是否存在重合,推广服务机构是否定期向发行人提供相关推广活动的工作成果;④ 发行人选定推广服务机构的程序和标准,报告期内发行人推广服务机构大量变动的原因及合理性,相关推广服务机构注销登记的原因,请保荐机构、发行人律师核查并发表意见。

(3) 关于研发能力及研发费用。招股说明书披露发行人"坚持以中药为经营特色、中西药并重的发展战略""公司技术研发团队实力雄厚,拥有丰富的药物研发经验"。发行人募投项目研发中有 4 个中药和 3 个西药项目,报告期内发行人仅获得化药盐酸莫西沙星原料药及片剂的生产批文,盐酸莫西沙星原料药及片剂已投入生产销售,且发行人对多项化药采用委外研发。请发行人进一步说明:① 目前各项化药研发的具体进展,发行人是否配备足够的化药研发人员,研发费用核算是否准确;② 发行人已实现的销售的盐酸莫西沙星利润以及产能利用情况,未来对化药的生产销售规划,募集资金拟投放于化药研发的金额;③ 发行人未来的市场定位、发展战略、经营特色,相关化药产品是否具有竞争优势,并分析对发行人未来经营的影响;④ 发行人研发人员数量、技术储备情况,与同行业可比公司相比发行人研发能力情况,发行人披露"实力雄厚、丰富经验"是否准确。

三、 转板上市案例

【案例 2-45】观典防务技术股份有限公司

观典防务技术股份有限公司(以下简称"观典防务")成立于 2004 年,是国内最早从事无人机禁毒产品研发与服务产业化的企业,主营业务为无人机飞行服务与数据处理,无人机系统及智能防务装备的研发、生产与销售。

2020 年 7 月 27 日,观典防务在精选层挂牌,是首批 32 家在精选层挂牌的企业之一;2021 年 10 月 20 日,当时还属于新三板精选层的观典防务发布公告称,公司于当日向上交所报送了申请转板至科创板上市的申报材料,为首家提交转板申报材料的新三板精选层公司。2021 年 11 月 10 日,观典防务转板上市申请获上交所受理;2022 年 1 月 27 日,公司转板上市申请获科创板上市委审议通过;2022 年 3 月 31 日,上海证券交易所发布自律监管决定书,同意观典防务转板至科创板上市。本次成功转板上市标志着观典防务成为北交所开市以来首家成功转板上市的企业。

科创板上市委员会会议提出问询的主要问题包括:

（1）请转板公司代表：① 说明在国家对数据采集及使用加强监管的背景下，转板公司未来持续使用因从事禁毒业务而获取的数据对外提供服务是否可能面临限制；② 结合中科智蓝的数据来源、是否已经取得空天院授权对外合法出售数据等情况，说明转板公司向中科智蓝采购数据的合规性；③ 说明转板公司如若为提供禁毒以外服务而自主开展飞行作业以获取相关数据，该等飞行作业能否获得有关部门的批准，相关操作能否满足非禁毒领域服务的地域范围与时效性需求。请保荐代表人发表明确意见。

（2）请转板公司代表说明转板公司在包括军品在内的非禁毒领域拓展业务所面临的挑战、采取的措施及获得的最新进展。请保荐代表人发表明确意见。

（3）请转板公司代表结合在研项目的情况，分析转板公司研发费用率显著低于同行业可比公司平均值、设计开发支出在研发费用中占比较低的原因及合理性，说明核心技术通过定制设计开发在无人机产品业务中的体现及运用，进一步论证无人机产品并非简单集成。请保荐代表人发表明确意见。

【案例 2-46】翰博高新材料（合肥）股份有限公司

翰博高新材料（合肥）股份有限公司（以下简称"翰博高新"）是液晶显示面板重要零部件背光显示模组的一站式综合方案提供商，集光学设计、导光板设计、精密模具设计、整体结构设计和产品智能制造于一体，目前产品主要应用于笔记本电脑、桌面显示器、平板电脑、车载屏幕、手机等消费电子领域。

翰博高新于 2020 年 7 月 27 日正式挂牌精选层，也是首批精选层挂牌企业之一。2021 年 11 月 9 日，翰博高新转板至创业板上市的申请获深交所受理；2022 年 3 月 10 日，翰博高新通过了创业板上市委审议会议；2022 年 7 月 5 日，深交所同意了翰博高新转板上市的决定，翰博高新成为北交所成立来首家成功转板创业板上市的企业。

创业板上市委员会会议提出问询的主要问题包括：

（1）报告期内转板公司对京东方销售占比分别为 79.34%、86.97%、87.48% 和 85.05%。请转板公司说明是否对京东方存在重大依赖，是否在客户稳定性及业务持续性方面存在重大风险。请保荐人发表明确意见。

（2）请转板公司说明，报告期扣除非经常性损益后归属于公司股东的净利润变动趋势与背光显示模组行业可比公司存在较大差异的合理性。请保荐人发表明确意见。

(3)请转板公司结合报告期营业收入和净利润变动情况,说明转板公司是否具有成长性。请保荐人发表明确意见。

【案例 2-47】十堰市泰祥实业股份有限公司

十堰市泰祥实业股份有限公司(以下简称"泰祥股份")主要从事汽车发动机零部件的研发、生产与销售。公司是大众汽车的供应商,产品主要用于大众集团旗下大众、奥迪、斯柯达等品牌。公司对主轴承盖的生产工艺进行持续研发和改进,使得公司掌握了主轴承盖的核心铸造技术。

泰祥股份于 2020 年 7 月 7 日正式在精选层挂牌,2021 年 11 月 10 日,深圳证券交易所受理了泰祥股份转板至创业板上市的申请。2022 年 3 月 25 日,在经过一轮问询后,泰祥股份通过了创业板上市委的审议。2022 年 6 月 17 日,深交所发布公告:同意泰祥股份转板至创业板上市。

创业板上市委员会会议提出问询的主要问题包括:

(1)报告期内,转板公司境外收入占比较高,主要集中于欧洲与美洲。请转板公司说明 2022 年第一季度预计向东欧地区,特别是俄、乌两国的销售情况,以及俄乌冲突对发行人业绩的影响。请保荐人发表明确意见。

(2)报告期内,转板公司产品单一,产品销量有所下降,且研发人员较少,研发投入较低。请转板公司结合研发能力、技术优势、产品创新、市场空间、客户拓展能力、成长性等情况,说明转板公司"三创四新"以及符合创业板定位的情况。请保荐人发表明确意见。

(3)报告期内,转板公司对大众集团构成重大依赖。请转板公司结合新能源汽车发展趋势及大众集团的战略调整,说明未来与大众集团的合作稳定性。请保荐人发表明确意见。

(4)截至 2021 年 6 月 30 日,转板公司持有交易性金融资产 16 345.53 万元,部分为中高、高风险的理财产品。请转板公司说明:① 理财产品的购买赎回情况及相应的会计处理是否符合《企业会计准则》的相关规定;② 理财投资相关的内控制度是否健全并有效执行。请保荐人发表明确意见。

四、 其他经典案例

(一)客户集中度过高案例

【案例 2-48】十堰市泰祥实业股份有限公司

十堰市泰祥实业股份有限公司(以下简称"泰祥股份")主要从事汽车发

动机零部件的研发、生产与销售。报告期内对客户大众集团销售收入占当期营业收入的比例分别为99.11％、98.95％、97.82％,发行人泰祥股份对客户大众集团存在重大依赖。根据《北京证券交易所向不特定合格投资者公开发行股票并上市业务规则适用指引第1号》1—14规定,发行人存在客户集中度较高情形的,保荐机构应重点关注该情形的合理性、客户的稳定性和业务的持续性,督促发行人做好信息披露和风险揭示。北交所在审核中重点关注了泰祥股份与大众集团合作的稳定性与业务持续性,相关信息披露是否充分。

保荐机构核查后认为,大众集团作为全球最大的整车制造企业,2019年汽车销量占全球汽车总销量的11.71％,排名全球第一;根据中国汽车工业协会统计,在国内市场上,大众汽车参股企业一汽大众、上汽大众分别以9.54％和9.34％的乘用车市场份额分列前两名。泰祥股份与大众集团配套合作多年,已成为大众汽车的A级供应商,即核心供应商,合作关系稳固。

泰祥股份下游行业为整车制造行业,集中度本身较高,汽车零部件行业企业客户集中度较高具有普遍性。泰祥股份在当前人力、资金等资源和产能规模下,集中资源服务好客户大众集团,符合其经营战略,在技术、产能规模等方面具备竞争优势。泰祥股份自2005年与大众集团建立合作关系以来,伴随着大众集团的成长实现了自身的快速发展,从服务单一客户,供应单一型号产品,发展到与越来越多的大众集团旗下主体合作,供应多种型号产品;目前已陆续获得大众集团发动机更新换代后新的项目订单,向大众集团销售具有持续性及增长性,不存在被替代风险。泰祥股份已充分披露客户依赖相关情况,并进行针对性风险揭示。

(二) 同业竞争案例

【案例2-49】中航富士达科技股份有限公司

中航富士达科技股份有限公司(以下简称“富士达”)主要从事射频同轴连接器、射频同轴电缆组件、射频电缆等产品的研发、生产和销售。富士达与其控股股东中航光电存在经营同类业务的情形,报告期内中航光电同类业务收入占富士达营业收入的11％~14％。

《北京证券交易所股票上市规则(试行)》《北京证券交易所向不特定合格投资者公开发行股票并上市业务规则适用指引第1号》要求不存在对发行

人直接面向市场独立持续经营的能力具有重大不利影响的情形,不存在对发行人构成重大不利影响的同业竞争。《公开发行证券的公司信息披露内容与格式准则第46号——北京证券交易所公司招股说明书》规定,发行人应对不存在对发行人构成重大不利影响的同业竞争作出合理解释,并披露发行人防范利益输送、利益冲突及保持独立性的具体安排。北交所在审核中重点关注了富士达与其控股股东中航光电之间存在同业竞争的合理性,经营地域、产品定位等方面的差异,同业竞争是否导致非公平竞争、利益输送、相互或者单方让渡商业机会以及对公司未来发展的潜在影响等,同业竞争对富士达是否构成重大不利影响。

保荐机构及发行人律师核查后认为,中航光电存在少量射频连接器业务,对富士达不构成重大不利影响。具体而言,一是中航光电的产品客户属性和资质要求特殊,少量经营同类业务存在合理性。

二是业务定位和主要产品区别明显。富士达定位于射频连接器及组件产品业务,不涉及其他领域连接器业务,中航光电主要专注于光连接器、低频连接器业务;二者的主要产品在技术原理、产品设计及发展方向、应用专利、核心工艺、关键设备等方面具有明显区别。

三是存在同类业务对富士达无重大不利影响。报告期内,中航光电自主生产并销售射频连接器等产品的金额无较大变化,平均约为5 000万元,占中航光电的业务比重不到1%,占发行人的业务比重为11%~14%,对中航光电和发行人均没有重大影响。

四是未导致非公平竞争,不存在利益输送、利益冲突以及相互或者单方让渡商业机会情形。就射频连接器业务而言,中航光电与富士达不存在共同客户,未竞争客户资源。富士达和中航光电分别独立向同一客户销售射频连接器、低频连接器、光连接器等不同产品,相关产品不具有替代性且能满足客户的不同需求。就射频连接器产品而言,同一客户仅会从发行人或中航光电中一方采购,中航光电未发生与发行人竞争客户资源的情形。同时,为减少和避免同业竞争,中航光电在实际业务执行过程中,已在客户同意和确认的基础上将部分采购订单移交给公司,即从公司处采购射频连接器等产品并向客户交付,采购价格均按照市场价格执行,不存在利益输送情况。

（三）关联交易占比较高

【案例 2-50】大连连城数控机器股份有限公司

发行人大连连城数控机器股份有限公司（以下简称"连城数控"）面向光伏及半导体行业客户提供晶硅制造和硅片处理等生产设备，共同实际控制人为隆基股份的第二、第三大股东。连城数控报告期各期来自关联方隆基股份的收入占比分别为 69.12%、83.40% 和 67.84%。按照《发行上市指引 1号》1—6 和 1—13 的规定，发行人应不存在严重影响发行人独立性或者显失公平的关联交易。保荐机构、申报会计师及发行人律师应对关联交易的必要性、合理性和公允性，关联交易是否影响发行人的独立性、是否可能对发行人产生重大不利影响等进行充分核查并发表意见。

中介机构核查后认为：

第一，关联交易占比较高具有商业合理性。在单晶硅产业链中，连城数控属于上游设备提供商，隆基股份属于下游单晶硅棒、硅片、单晶电池片、组件生产商及光伏电站开发商，双方业务联系较为紧密。隆基股份通过创立初期的技术研发储备，2006 年开始专注单晶技术路线，持续扩大单晶硅片产能；连城数控于 2008 年在国内率先推出单晶、多晶砂浆多线切割设备，契合了隆基股份的需求和发展战略。近年来单晶硅产能扩张迅速，隆基股份与中环股份共同成为下游单晶硅行业双寡头，快速发展光伏行业持续推动和巩固单晶硅的核心地位。受此影响，隆基股份等占据市场份额较高的主要单晶硅制造企业与其设备供应商形成了一种长期稳定的合作关系，连城数控等单晶硅设备企业的客户集中度较高具有行业普遍性。

第二，关联交易价格公允、程序合规。发行人对隆基股份及下属公司销售定价政策与对其他客户基本一致，销售价格与对其他客户相比亦无明显差异。隆基股份向另一单晶炉供应商北方华创采购的单晶炉均不含部分核心部件（热场、真空泵）及控制系统，上述采购模式符合隆基股份的采购习惯；隆基股份向连城数控和北方华创采购的单晶炉采购价格不存在实质性差异。公司销售给隆基股份单晶炉的单位成本与其他客户的差异主要为热场、真空泵及控制系统差异所致，按上述采购成本并按 30% 的毛利率进行加成测算，发行人向隆基股份销售的产品包含前述零部件的情况下销售单价与向其他客户销售价格无明显差异，价格公允。发行人与隆基股份的关联交易依据公司章程等相关规定均履行了必要的决策程序。

第三,关联交易真实。中介机构通过检查每笔交易合同、查验连城数控的采购生产销售信息、物流运输记录、发货验收单据、对应资金流转情况等方式,对报告期发行人与隆基股份的关联交易进行了核查,认为关联交易真实,不存在通过关联交易虚增业绩的情形。

第四,合作稳定可持续。连城数控自2009年开始与隆基股份开展合作,通过持续的技术研发,不断推出契合隆基股份需求的产品,从而保持了持续稳定的合作关系;从2009年传统多线砂浆单晶硅切割设备合作,到2014年的单晶炉、金刚线单晶硅切割设备合作,以及后来的磨床、清洗设备合作,再到2019年的单晶硅生产线自动化整体交付合作、氢气回收设备合作,双方合作深度不断提升,合作范围不断扩大;发行人依靠持续的自主研发和产品迭代保持产品的先进性,为隆基股份持续产能扩张并降低单晶硅片的成本提供了战略支持。

第五,除受偶发性政策因素影响外,连城数控各类产品产能利用率较高,设备产能利用率高于上机数控,与同行业可比公司保持一致,不存在产能闲置的情形。连城数控同国内外众多知名光伏企业保持持续合作,与隆基股份系平等合作,不存在受隆基股份限制向其他客户限制供货的情况,不存在影响连城数控独立性的情形,具备独立面向市场的持续经营能力。发行人与隆基股份不存在资产混同、人员共用,采购、销售渠道相同,商标、专利、技术等混用的情形。连城数控具备服务隆基股份以外的行业内主要客户的能力。

(四) 会计差错更正案例

【案例2-51】河南硅烷科技发展股份有限公司

河南硅烷科技发展股份有限公司(以下简称"硅烷科技")主要从事电子级硅烷气的研发、生产和销售。公司目前生产的主要产品为电子级硅烷气,副产品为四氯化硅。报告期内硅烷科技接受公司股东及其关联方提供的无息资金支持,因无实际利息支出,未计提财务费用。北交所在审核中重点关注了上述行为从经济实质上是否属于实际控制人对发行人的资本性投入,是否应按权益性交易处理,发行人相关会计处理是否符合《企业会计准则》等相关规定。

保荐机构核查后认为,硅烷科技未针对股东河南平煤神马首山化工科技有限公司(以下简称"首山化工")及其关联方借款计提财务费用、调整水费及氢气费用实质上为公司股东对公司的长期资本金投入未及时到位的一种临时补救措施,上述资金不支付利息,符合商业惯例,具有商业合理性,同时考虑到上述资金拆借并没有约定利息,偿还时无实际利息支出,从法律角度无息资金不构成捐赠、债务豁免,因此未计提财务费用。硅烷科技报告期内历史水量与硅烷气及氢气产量呈现正相关趋势,但无固定比例关系,氢气实际耗用量与理论值存在差异,氢气相关历史成本可靠数据无法取得,不满足"前期财务报告批准报出时能够取得的可靠信息"的条件,属于《企业会计准则第 28 号——会计政策、会计估计变更和差错更正》规定的"确定前期差错影响数不切实可行"情形,因此对历史未计量核算水费、氢气费用采用未来适用法进行调整。2021 年 9 月开始,公司发生的水费已计入各产品的生产成本,2022 年 2 月开始,公司已按照新表数据与首山化工进行氢气成本费用的结算。

因此,硅烷科技对股东首山化工及其关联方的借款不需要支付利息。但在进一步深刻学习相关规则和理解 IPO 监管理念的基础上,为更加真实地反映公司的实际盈利能力,公司认识到上述事项在经济实质上属于股东对企业的资本性投入,故按照同期贷款利率计提了利息,应计入资本公积。根据《关于做好执行企业会计准则 2008 年年报工作的通知》(财会函【2008】60 号)、《监管规则适用指引——会计类第 1 号》,硅烷科技已对前期会计差错进行了更正,并对 2018 年度、2019 年度、2020 年度、2021 年度财务报表进行了追溯调整,更正后的相关会计处理符合《关于做好执行企业会计准则 2008 年年报工作通知》(财会函【2008】60 号)、企业会计准则解释第 5 号等相关规定。

公司于 2022 年 5 月 6 日召开了第二届董事会第二十五次会议及第二届监事会第十二次会议,审议通过前期差错更正事项,立信会计师事务所于 2022 年 5 月 6 日出具了《关于河南硅烷科技发展股份有限公司前期会计差错更正专项说明的专项报告》(信会师报字[2022]第 ZB11000 号)。

第三章

企业上市之中介机构的选择
及上市筹备

第一节　中介机构的选择

一、 股票发行上市过程中企业需要聘请的中介机构

(一) 保荐机构(股票承销机构)

保荐机构是为企业上市进行推荐的机构,服务对象是拟上市公司,同时受相关政府部门的监管。在推荐发行人首次公开发行股票前,应当按照发行上市的法律法规对发行人进行辅导准备审核材料,对公开发行的募集文件进行核查,并向上市审核部门出具保荐意见。在发行人证券上市后,保荐机构应当持续督导发行人履行规范运作、信守承诺、信息披露等义务,在注册制下更注重客观、准确、及时、透明的信息公开,为维持市场秩序尽到应尽的责任。

(二) 会计师事务所

会计师事务所是在企业上市过程中辅助进行会计、审计、税务等方面业务核查的机构,必须由符合《证券法》规定的会计师事务所承担。在公开发行股票前同企业的财务部门进行对接,按照上市规范对财务报表账目进行检查与审验,主要内容包括审计、验资、盈利预测等,同时也为其提供财务咨询和会计服务。

(三) 律师事务所

律师事务所是为企业上市提供专业的法律咨询服务的机构。由于其本身受司法行政机关和律师协会的监督管理,故被聘请的律师事务所有权利和义务辅助保荐机构对各种文件的合法性进行判断,并对发行上市涉及的法律问题出具法律意见。

(四) 资产评估机构

资产评估机构是对于无法确定的企业资产包括不动产、动产、无形资产、企业价值或其他经济权益通过科学的方法进行评定、估算的机构,通常在企业上市融资过程中起到公正的作用。资产评估工作通常是由符合《证券法》规定的资产评估机构承担。资产评估具有严格的程序,整个过程一般包括申请立项、资产清查、评定估算和出具评估报告。

二、 中介机构的职责

（一）保荐机构(股票承销机构)的职责

（1）协助企业拟定改制重组方案和设立股份有限公司。

（2）根据《保荐人尽职调查工作准则》的要求对企业进行尽职调查。

（3）对公司主要股东、董事、监事和高级管理人员等进行辅导与专业培训,帮助其了解与股票发行上市有关的法律法规,知悉上市公司及其董事、监事和高级管理人员的法定义务和责任。

（4）帮助企业完善组织结构和内部管理,规范企业行为,明确业务发展目标和募集资金投向等。

（5）组织发行人和中介机构制作发行申请文件,并依法对公开发行申请文件进行全面核查,向上市审核部门尽职推荐并出具发行保荐书及发行保荐工作报告等。

（6）对发行人是否具备持续盈利能力、是否符合法定发行条件作出专业判断,并确保发行人的申请文件和招股说明书等信息披露资料真实、准确、完整、及时。

（7）组织发行人和中介机构对上市审核部门的审核反馈意见进行回复或整改。

（8）负责证券发行的主承销工作,组织承销团承销。

（9）与发行人共同组织路演、询价和定价工作。

（10）在发行人证券上市后,持续督导发行人履行规范运作、信守承诺、信息披露等义务。

（二）会计师事务所的职责

（1）负责企业财务报表审计,并出具三年又一期的审计报告。

（2）负责企业资本验证,并出具有关验资报告。

（3）负责企业盈利预测报告审核,并出具盈利预测审核报告。

（4）负责企业内部控制鉴证,并出具内部控制鉴证报告。

（5）负责核验企业的非经常性损益明细项目和金额。

（6）对发行人主要税种纳税情况出具专项意见。

（7）对发行人原始财务报表与申报财务报表的差异情况出具专项意见。

（8）提供与发行上市有关的财务会计咨询服务。

（三）律师事务所的职责

（1）对改制重组方案的合法性进行论证。

（2）指导股份公司的设立或变更。

（3）对企业发行上市涉及的法律事项进行审查并协助企业规范、调整和完善。

（4）对发行主体的历史沿革、股权结构、资产、组织机构运作、独立性、税务等公司全面的法律事项的合法性进行判断。

（5）对股票发行上市的各种法律文件的合法性进行判断。

（6）协助和指导发行人起草公司章程等公司法律文件。

（7）出具法律意见书。

（8）出具律师工作报告。

（9）对有关申请文件提供鉴证意见。

（四）资产评估机构的职责

企业以实物、知识产权、土地使用权等非货币资产出资设立公司的，应当评估作价、核实资产。国有及国有控股企业以非货币资产出资或者接受其他企业的非货币资产出资，应当遵守国家有关资产评估的规定，委托有资格的资产评估机构和执业人员进行；其他非货币资产出资的评估行为，可以参照执行。

企业申请公开发行股票涉及资产评估的，应聘请符合《证券法》规定的资产评估机构承担，资产评估工作一般包括资产清查、评定估算、出具评估报告。

三、 选择中介机构

企业和中介机构是双向选择的，最终能否达到上市的目的取决于双方合作的效率高低。对于企业来说，作为被服务方，在选择中介机构时应该注意以下几个方面：

一是中介机构的执业能力、执业经验和执业质量。首先，企业应该考察中介机构和项目团队近期的业绩实力，了解该机构和团队是否有从事过类似于本企业或相同行业的项目，完成情况如何，从客观反映执业的相关经验和能力；其次，随着注册制在科创板、创业板和北交所的逐步推行，市场透明度和包容性的提高更加考验保荐机构的 IPO 定价能力，因此，有比较强的研究能力、资产配置能力的综合性券商,在企业的发行定价及后续公司企业价值维护方面能提供更好的服务。

二是中介机构之间能够进行良好的合作。股票发行上市是发行人以及各中介机构群策群力的结果,各方中介机构之间的协同合作将有利于项目的推进。企业要对中介机构之间的关系进行理性的判断,确保各方在进场后能够各司其职,同时认清需求,结合自身特点匹配相应的中介机构,最终取得一加一大于二的效果。

三是中介机构项目负责人的选择。中介机构的项目负责人这一角色在辅导上市过程中起着承上启下的重要作用。在和中介机构的项目负责人进行沟通时,要选择适合自身的上市路径和方案,保持双方的目标和方向一致,观察是否能与其建立稳定的合作伙伴关系,以及负责人驱动各方资源的能力和对公司勤勉尽责的态度。

四是费用。通常来说,知名度高、实力强的中介机构会要价更高,但也不要盲目相信"品牌效应",要结合自身情况,在企业控制发行上市成本的条件下,选择更优质的中介机构,可以把最近 6 个月已经发行上市的企业中介费用作为收费标准的参考依据。

第二节　团队的组建和准备工作

一、组建企业内部上市团队

由于上市工作非常复杂,具有涉及面广、工作量大和周期长的特点,准备上市的企业必须调配专门的人才,成立专门的组织机构来从事这项工作。企业一般应成立上市领导小组和上市工作小组。

（一）组建上市领导小组

上市领导小组一般由 3～7 人组成,应该包括股东代表、主要董事会成员、主要高管成员,主要职责是负责企业整个上市进程中所有重大问题的决策,领导、指挥上市工作小组实施上市工作计划,圆满完成上市工作。其中高管成员主要包括:

（1）董事会秘书。董事会秘书作为拟上市公司的高级管理人员,在公司选择中介机构、企业改制设立、申请及报批、发行上市等各环节中起着关键作用,其专业素质和职业操守直接影响企业上市工作的成功与否。

其主要职责为:熟悉公司基本情况,协助选择中介机构,了解上市审核流程和政策,熟悉资本市场知识;协调和配合券商、律师、会计师事务所等中介机构,负责公司上市前辅导工作的组织与协调,办理相关辅导备案手续并准备相关备案材料;公司上市涉及税务、土地、环保、工商、海关等各个主管政府部门,负责与相关部门的沟通与协调,还要取得当地主管上市工作的政府机关如金融办、证监局的支持;负责组织和筹备董事会、监事会和股东大会,准备会议资料、签字决议等,督促建立公司治理相关制度;其他相关工作,如协助制定公司募集资金投资方案,协调媒体关系等。

(2)证券事务代表。证券事务代表一般是上市公司或公司在筹备上市工作时才设立的岗位,隶属于董事会秘书领导的证券事务部,职责范围多同董事会秘书,一般是协助董事会秘书履行职责,负责企业上市过程中各项细节工作的操办。证券事务代表应当参加交易所组织的董事会秘书资格培训并取得董事会秘书资格证书。

其主要职责为:协助董事会秘书协调公司内部各部门的关系,确保对公司经营、管理、财务、投资决策等方面信息的及时掌握;协助董事会秘书协调与投资者及证券监管部门的关系,负责公司信息披露的具体操作,促使公司在各方面实现规范运作;负责准备、起草、管理并报送公司董事会及股东大会等的各类文件资料;对公司上市具体存在的问题进行分析,协调中介机构解决具体问题。

(3)财务总监。财务总监作为企业的高级管理人员及企业财务报告的直接负责人,在企业上市过程中扮演着重要的角色。财务总监不仅要了解企业上市的财务规范要点和上市监管审核重点,确保公司的财务和税务规范,还要熟悉企业的融资渠道,协助公司做出正确的投资决策。

其主要职责为:协助公司建立规范的财务会计制度;协调公司内外部关系,配合中介机构准备及提供 IPO 申报过程中的相关财务资料;监督和管理公司和下属公司的财务状况,全面负责会计核算、财务管理和税收筹划,及时发现相关问题,监督公司资金运作等;全面了解证券市场规范运作基本要求,根据公司情况制定财务战略,保证与公司发展战略的一致性,作出正确的投、融资决策。

(二) 组建上市工作小组

上市工作小组是上市领导小组下属的日常工作机构,一般由总经办、人事行政部门、财务部门及其他相关部门各选派 3～5 人组成。上市工作小组在上市领导小组的领导下开展上市的各项具体工作,主要包括配合上市顾问、券商、律师、会计师、评估师等中介机构工作,按照要求提供详尽资料,完成各机构安排的各项工作。

二、 上市的准备工作

(一) 选择中介机构

股票发行上市一般需要聘请以下中介机构:保荐机构(通常也是承销机构)、会计师事务所、律师事务所、资产评估机构。

(二) 中介机构尽职调查

中介机构向企业提交尽职调查提纲,企业根据提纲要求提供文件资料。中介机构通过尽职调查,全面了解企业各方面的情况,确定改制方案。尽职调查是为了保证向投资者提供全面、真实、完整的招股资料,也是制作申报材料的基础,需要企业全力配合。企业内部根据各中介机构的要求所提供的文件需安排专人进行保管,最好制作为扫描文件存档,有利于提高日后申报过程中的效率。

尽职调查的范围包括母公司、控股子公司、对企业生产经营业绩具有重大影响的非控股子公司。其内容主要包括企业成立以来的合法性、业务状况以及发展前景,具体包括以下 9 个方面:

(1) 发行人基本情况调查。发行人基本情况调查包括:对企业最初设立登记以及持续经营过程中的改制与设立情况、发行人历史沿革情况、发起人和股东的出资情况、重大股权变动情况、重大重组情况、主要股东情况、员工情况、发行人独立情况、内部职工股(如有)情况、商业信用情况等是否合法合规进行核查。

(2) 发行人业务与技术调查。发行人业务与技术调查包括:发行人行业情况及竞争状况、采购情况、生产情况、销售情况、核心技术人员、技术与研发等情况。

(3) 高管人员调查。高管人员调查包括:高管人员任职情况及任职资格、高管人员的经历及行为操守、高管人员胜任能力、高管人员薪酬及兼职情况、报告期内高管人员变动、高管人员是否具备上市公司高管人员的资格、高管人员持股及其他对外投资等情况。

（4）财务与会计调查。财务与会计调查包括：财务报告及相关财务资料、会计政策和会计估计、评估报告、内控鉴证报告、财务比率分析、销售收入、销售成本与销售毛利、期间费用、非经常性损益、货币资金、应收款项、存货、对外投资、固定资产、无形资产、投资性房地产、主要债务、资金流量、或有负债、合并报表的范围、纳税情况、盈利预测等情况。

（5）同业竞争与关联交易调查。同业竞争与关联交易调查包括：同业竞争情况、关联方及关联交易情况。

（6）组织结构与内部控制调查。组织结构与内部控制调查包括：公司章程及其规范运行情况、组织结构和股东大会、董事会和监事会运作情况、独立董事制度及其执行情况、内部控制环境、业务控制、信息系统控制、会计管理控制、内部控制的监督情况。

（7）业务发展目标调查。业务发展目标调查包括：发展战略、经营理念和经营模式、历年发展计划的执行和实现情况、业务发展目标、募集资金投向与未来发展目标的关系。

（8）募集资金运用调查。募集资金运用调查包括：历次募集资金使用情况、本次募集资金使用情况、募集资金投向产生的关联交易。

（9）风险因素及其他重要事项调查。风险因素及其他重要事项调查包括：风险因素、重大合同、诉讼和担保情况、信息披露制度的建设和执行情况、中介机构执业情况。

（三）中介机构协调会

中介机构经过尽职调查阶段对公司的了解，发行人与保荐机构将召集所有中介机构参加中介机构协调会。协调会由保荐机构主持，就发行上市的重大问题，如股份公司设立方案、资产重组方案、股本结构、财务审计、资产评估、土地评估、盈利预测等事项进行讨论。协调会将根据工作进展情况不定期召开。首次中介机构协调会的召开，标志着中介机构正式进场，改制工作拉开序幕。

（四）各中介机构开展工作

根据协调会所决定的工作进程，确定各中介机构工作的时间表。各中介机构按照时间表开展工作,主要包括对初步方案的进一步分析,财务审计、资产评估及各种法律文件的起草工作。

企业筹建工作基本完成后,向注册地市场监管局提出正式申请设立股份有限公司。根据《公司法》第 79 条的规定,设立股份有限公司,应有 2 人以上 200 人以下为发起人,其中必须有半数以上的发起人在中国境内有住所。股份有限公司注册资本的最低限额为人民币 500 万元。法律、行政法规对股份有限公司注册资本的最低限额有较高规定的,从其规定。股份有限公司采取发起设立方式设立的,注册资本为在公司登记机关登记的全体发起人认购的股本总额。公司全体发起人的首次出资额不得低于注册资本的 20%,其余部分由发起人自公司成立之日起 2 年内缴足。在缴足前,不得向他人募集股份。发起人、认股人缴纳股款或者交付抵作股款的出资后,除未按期募足股份、发起人未按期召开创立大会或者创立大会决议不设立公司的情形外,不得抽回资本。

企业还需提交以下文件(具体请参考注册地市场监管局要求):公司设立申请书、主管部门同意公司设立意见书、企业名称预核准通知书、发起人协议书、公司章程、公司改制可行性研究报告、资金运作可行性研究报告、资产评估报告、资产评估确认书、土地使用权评估报告书、国有土地使用权评估确认书、发起人货币出资验资证明、固定资产立项批准书、3 年财务审计及未来 1 年业绩预测报告。

(五)召开创立大会

注册地市场监管局对上述有关材料进行审查论证,审批企业是否具备注册股份公司的条件,公司组织召开创立大会,选举产生董事会和监事会。在创立大会召开后 30 天内,公司组织向注册地市场监管局报送批准设立股份公司的文件、公司章程、验资证明等文件,申请设立登记。注册地市场监管局在 30 日内作出是否准予设立股份有限公司的决定,符合设立条件的公司将获得营业执照。

(六)辅导阶段

在取得营业执照之后,股份公司依法成立,按照证券监管部门的有关规定,拟公开发行股票的股份有限公司在提出股票发行申请前,均须由具有主承销资格的证券公司进行辅导。辅导内容主要包括以下方面:

（1）对公司董事、监事、高级管理人员及持有 5％以上（含 5％）股份的股东（或其法人代表）进行《公司法》《证券法》等有关法律法规的培训。通过培训公司核心人员以及主要股东，帮助其理解和明确发行上市有关的法律法规以及相关政策。

（2）协助公司按照《公司法》的规定建立起符合上市公司要求的法人治理结构并使其规范运行，包括制定符合上市要求的公司章程，规范公司组织结构，完善内部决策和控制制度以及激励约束机制等。

（3）对公司在设立、改制重组、股权设置、资产评估、资本验证等方面进行尽职核查。辅导机构需要全方位核查企业在股份公司设立、改制重组、股权设置和转让、增资扩股、资本验证等方面是否合法。

（4）督促公司实现独立运营，做到业务、资产、人员、财务、机构独立完整，主营业务突出。

（5）辅导机构将规范公司关联方、关联关系以及关联交易的概念和界定标准，关联交易的会计处理规定和方法，关联交易的信息披露标准等问题。

（6）协助发行人建立健全财务管理体系，增强有关人员的诚信意识和责任意识，杜绝财务虚假情形。

（7）协助发行人建立健全符合上市公司要求的信息披露制度。进行上市公司信息披露专题培训，包括上市公司信息披露制度、信息披露的内容和格式、信息披露的相关责任等。

（8）协助公司形成明确的业务发展目标和未来发展计划。辅导机构将与公司董事、监事、高级管理人员进行充分讨论，结合行业发展趋势，确定公司的发展目标以及实施计划。

辅导工作开始前 10 个工作日内，辅导机构应当向派出机构提交以下材料：辅导机构及辅导人员的资格证明文件（复印件），辅导协议，辅导计划，拟发行公司基本情况资料表，最近两年经审计的财务报告（资产负债表、损益表、现金流量表等）。辅导协议应明确双方的责任和义务。辅导费用由辅导双方本着公开、合理的原则协商确定，并在辅导协议中列明，辅导双方均不得以保证公司股票发行上市为条件。辅导计划应包括辅导的目的、内容、方式、步骤、要求等内容，辅导计划要切实可行。

三、企业上市流程

企业上市流程如图 3.1 所示。

```
   ┌──────────┐        ┌──────────┐        ┌──────────┐
   │  财务尽调 │        │  业务尽调 │        │  法律尽调 │
   └────┬─────┘        └────┬─────┘        └────┬─────┘
        └───────────────────┼───────────────────┘
                            ▼
                     ┌──────────┐        ┌────────────────────┐
                     │  重组改制 │────────│ 相关方案的确定与报批 │
                     └────┬─────┘        │ 拟改制资产的审计评估 │
                          │              │ 设立股份有限公司      │
                          ▼              └────────────────────┘
   ┌────────────────┐ ┌──────────┐
   │ 上市培训、辅导备案 │─│  上市辅导 │
   │ 辅导验收          │ └────┬─────┘
   └────────────────┘      │
                            ▼
                     ┌──────────┐        ┌──────────────────────┐
                     │ 文件制作申报 │──────│ 中介机构制作申请文件    │
                     └────┬─────┘        │ 企业完成发行申报内部决策 │
                          │              │ 券商向证监会报送申请材料 │
                          ▼              └──────────────────────┘
   ┌────────────────────┐ ┌──────────┐
   │ 初审、征求省级政府意见 │─│  发行审核 │
   │ 反馈意见答复、初审会    │ └────┬─────┘
   │ 通过发审会并领取发行批文 │      │
   └────────────────────┘      ▼
                     ┌──────────┐        ┌──────────┐
                     │ 路演询价定价 │──────│ 初步累计询价 │
                     └────┬─────┘        │ 协商确定价格 │
                          │              │ 开展路演推介 │
                          ▼              └──────────┘
   ┌────────────────────┐ ┌──────────┐
   │ 网下、网上发行         │─│ 发行挂牌上市│
   │ 股份托管、登记、挂牌上市 │ └──────────┘
   │ 券商负责上市后的持续督导 │
   └────────────────────┘
```

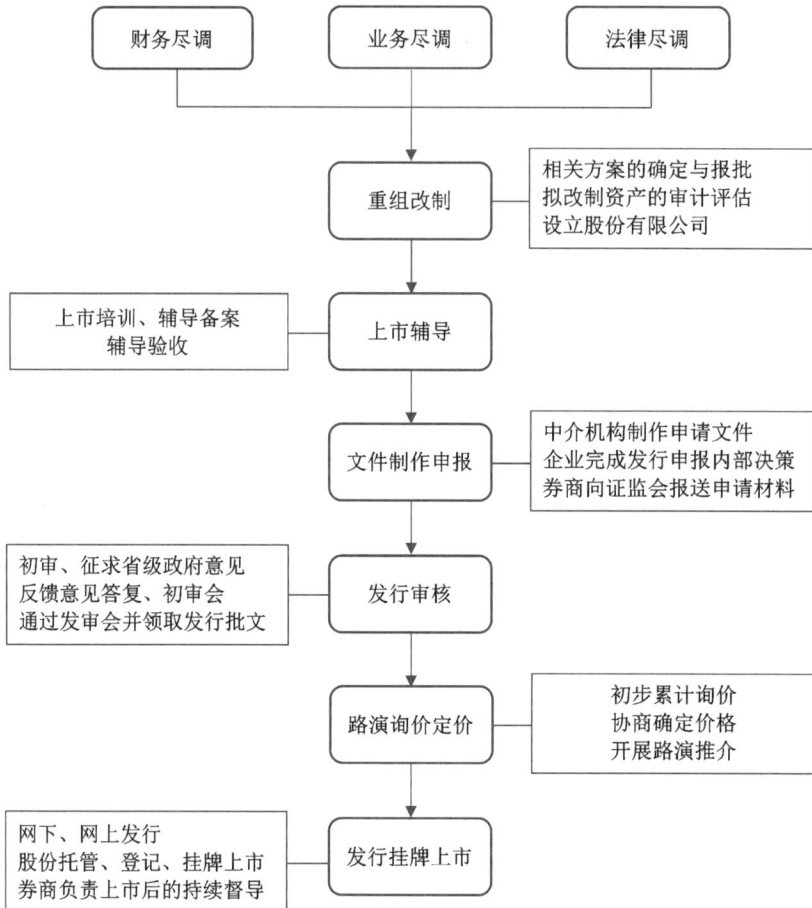

图 3.1　企业上市流程图

第四章

企业上市之尽职调查

第一节　尽职调查的目的和程序

　　尽职调查贯穿企业上市的整个过程。中介机构通过初步尽职调查,判断上市的可行性,经过初步了解后,进一步与企业洽谈,签订相关服务协议;进入正式调查阶段,中介机构经过全面的正式尽职调查发现问题,并就发现的问题召开中介协调会与企业进行深度沟通、讨论,确定最终上市方案;在企业上市推进过程中,项目组成员通过不断深入项目亦会进一步发现问题,并就相关问题进行补充尽职调查,直至企业申报上市。

　　尽职调查不是简单地如实提供尽调材料,重点在于通过中介机构尽职调查清单了解熟悉中介机构需要这些材料的真正用途。公司的实际控制人以及董事会秘书、财务总监、主管业务和技术的副总等人员均是中介机构开展尽职调查的关键人物。

一、尽职调查的目的

　　企业上市尽职调查的目的主要包括以下四点:

　　(1) 确定企业是否具备较为全面的上市条件。

　　(2) 为引进战略投资者或者引入私募融资奠定相应的基础。

　　(3) 为中介机构是否推荐公司上市提供初步评价资料。

　　(4) 为企业改制重组提供决策依据。

二、尽职调查的程序

　　尽职调查最关键的是制定详细的尽职调查计划,对调查内容、调查程序、调查执行人、时间进度及文件管理等做出规划。有组织、有计划的尽职调查将提高调查的效率、效果。

　　在作出尽职调查规划以后,一般会执行以下流程:

　　(1) 根据企业的实际情况,确定各项调查内容的重要性水平,编制并讨论《尽职调查问卷》。

　　(2) 进行尽职调查前的动员会,培训企业相关人员。

　　(3) 发放尽职调查问卷,执行相应的尽职调查程序。

　　尽职调查的方式一般包括以下几种:

(1) 问卷调查、尽调文件审查。

(2) 函证。

(3) 访谈。

(4) 实地走访。

(5) 交叉验证复核。

(6) 召开协调会讨论。

(7) 网络查询(企业上市常用互联网查询网站见本书附录 3)。

(8) 其他合适的调查方式。

第二节　历史沿革及股东的核查

一、历史沿革的核查

企业上市尽职调查对历史沿革的核查,包括公司设立及历次股权变动情况、历年工商登记等相关资料的核查;对历年业务经营情况记录、年度报告的核查;对股东情况及股东出资情况的核查等。以下从对股东出资的核查及对历次股权变动的核查两个角度简要介绍主要核查内容。

(一) 对股东出资情况的核查

无论是主板、科创板、创业板还是北交所,均要求发行人的注册资本已足额缴纳,发起人或者股东用作出资的资产的财产权转移手续已办理完毕。申报前,发行人的注册资本的缴纳应符合上述要求。关于出资情况的主要核查内容包括出资方式、比例、时间等是否合法合规;出资是否需要履行验资程序,出资是否已经实际缴付;以非货币财产出资的,是否依法履行了出资财产的评估作价程序,是否存在出资不实的情形(如所出资的无形资产与公司实际经营是否具有钩稽关系,所出资无形资产是否给公司带来评估报告所预计的经济收益等),出资财产的权属转移手续是否已经办理完毕,股东是否合法拥有用于出资财产的权利,产权关系是否清晰,出资财产权属不明确或者存在瑕疵的,是否取得相关方的确认或者经有关部门进行了权属界定;以国有资产或者集体财产出资的,是否依法履行国有资产管理或者集体财产管理的相关程序;出资事宜是否存在法律瑕疵,如存在瑕疵,股东是否已经采取补救措施,瑕疵事项的影响以及发行人、发起人、股东是否因该瑕疵受到行政处罚,是否构成重大违法行为,是否存在纠纷或者潜在纠纷。

以较为典型的出资瑕疵虚假出资、抽逃出资为例,公司股东通过制作虚假财务报表虚增利润进行分配或者虚构债权债务关系、利用关联关系等将出资转出或其他未经法定程序将出资抽回的行为均可能构成前述出资瑕疵。如部分公司在创业初期,为达到使注册资本满足特定要求以承揽业务的目的,存在通过中介机构进行代验资的情形;该等情形下,多数案例的常见操作为企业收到股东出资款项后将该等款项转给中介机构提供的关联公司,该等行为即可能构成前述虚假出资或抽逃出资。

拟上市公司之股东如存在出资后短时间内又从公司将相关款项借出的情形,亦可能引起证券监管部门关于该等行为是否构成抽逃出资、虚假出资的关注。市场案例中,较为常见的论证思路为解释该等行为系公司与股东间的借款,股东已清偿完毕相应欠款,相关行为未损害债权人的利益,公司当时之全体股东亦均同意相关借款安排,市场监督管理部门亦出具了关于该等行为不构成抽逃出资的书面确认文件等。

(二) 对历次股权变动的核查

针对拟上市公司的历次股权变动,需要核查的主要内容包括相关股权变动是否按照法律法规及公司章程的规定履行内外部批准、备案、决策程序,股权变动的内容、方式是否符合内外部批准、备案、决策的方案;股权变动是否依法需要取得发行人的其他股东、债权人或者其他利益相关方的同意,以及此类同意是否已经取得;股权变动是否需要履行审计、评估、验资等程序,是否已经办理完毕相关手续;股权变动的原因、背景、定价依据、资金来源、价款支付等,是否存在委托持股、信托持股或者其他利益输送安排等可能造成股权纠纷的情形;股权变动实施过程是否存在法律瑕疵,如存在法律瑕疵,发行人、股权变动当事人是否已经采取补救措施,瑕疵事项的影响以及发行人、股权变动当事人是否因该瑕疵受到行政处罚,是否构成重大违法行为,是否仍然存在纠纷或者潜在纠纷。

在该类事项的核查过程中,较为常见的两类问题为股权变动存在程序方面的合规性瑕疵及股权代持。

针对第一类问题,拟上市公司或相关股东可能需要补充履行相应程序,并可能需要取得有权主管部门关于相关瑕疵不构成重大违法违规行为、不影响股权变动有效性的书面确认意见。以历史沿革中涉及的国资监管问题为例，如发行人股东中存在国有企业，需特别关注涉及相关国有企业的历次股权变动是否依照相关规定履行了国资审批、进场交易、资产评估及核准/备案等程序；如存在未履行相关程序的情形，通常需要取得有权国资监管单位关于相关程序瑕疵未损害国有资产利益、未造成国有资产流失、股权变动行为合法有效的书面确认意见。

针对第二类问题，股权代持需在申报前予以解除，并充分核查及披露相关代持的形成原因、演变情况、解除过程，是否存在纠纷或潜在纠纷，核查内容包括但不限于取得并查阅代持协议、代持产生的银行流水，与相关股东进行访谈，取得相关股东出具的确认函等。

（三）自然人股东人数较多时的核查要求

对于历史上涉及人数较多自然人股东的情况，需重点关注其股权变动是否存在争议或潜在纠纷。对于历史沿革涉及较多自然人股东的发行人，保荐机构、发行人律师应当核查历史上自然人股东入股、退股（含工会、职工持股会清理等事项）是否按照当时有效的法律法规履行了相应程序，入股或股权转让协议、款项收付凭证、工商登记资料等法律文件是否齐备，并抽取一定比例的股东进行访谈，从而就相关自然人股东股权变动的真实性、所履行程序的合法性、是否存在委托持股或信托持股情形、是否存在争议或潜在纠纷发表明确意见。发行人以定向募集方式设立股份公司的，中介机构应以有权部门就发行人历史沿革的合规性、是否存在争议或潜在纠纷等事项的意见作为其发表意见的依据，并获取省级人民政府就前述事项出具的确认意见。

对于自然人股东股权变动存在争议或潜在纠纷的，保荐机构、发行人律师应就相关纠纷对发行人股权清晰稳定的影响发表明确意见；发行人应当提出明确、可行的解决措施，并在招股说明书中进行披露。

二、 股东穿透核查相关要求

2021年2月5日证监会发布的《监管规则适用指引——关于申请首发上市企业股东信息披露》（以下简称《股东信披指引》）堪称重磅，尤其其中关于 IPO 申报前入股(以下简称"突击入股")锁定期的规定,在众多拟 IPO 企业及投资者中一石激起千层浪;2021 年 5 月 28 日,证监会发布《监管规则适用指引——发行类第 2 号》(以下简称《2 号指引》),要求首发企业的中介机构在根据《股东信披指引》对股东信息进行核查时,应核查是否涉及证监系统离职人员入股的情况,并出具专项说明。以下就《股东信披指引》《2 号指引》关于"突击入股"锁定期要求及其他股东核查要求进行简要介绍。

1."突击入股"锁定期

现行"突击入股"与《股东信披指引》规定锁定期主要差别如表 4.1 所示:

表 4.1　现行规定与《股东信披指引》对锁定期的差别

	入股时间	入股方式	锁定期要求
现行规定	IPO 申报前6 个月内	增资扩股	自发行人完成增资扩股工商变更登记之日起锁定 36 个月
		从控股股东、实际控制人或需要锁定 36 个月的股东处受让股份	股票上市之日起锁定 36 个月
		从其他股东处受让股份	无特殊要求,一般为股票上市之日起锁定 12 个月
《股东信披指引》规定	IPO 申报前 12 个月内的新增股东		所持新增股份自取得之日起36 个月内不得转让

由此可见,不仅新增股东入股时间从 IPO 申报前 6 个月内大幅提前到12 个月内,同时,即使从非控股股东、实际控制人处受让的股份也将受限于自股份取得之日起(通常即工商变更之日)36 个月的锁定期。结合 IPO 准备、申报、审核及发行通常需要约 12 个月或更长时间,"突击入股"股份在上市后实际锁定的期间一般在 2 年左右,高于法定的 12 个月锁定期,但低于控股股东、实际控制人上市之日起 36 个月的锁定期。

2.《股东信披指引》对于股东核查的要求

对于申报前一年新增股东,现行的《首发业务若干问题解答》《深圳证券交易所创业板股票首次公开发行上市审核问答》《上海证券交易所科创板股票发行上市审核问答(二)》(这三份文件以下合称《审核问答》)均提出了详细的核查要求,《股东信披指引》延续了该等核查规定,并就部分特定事项的核查及披露提出了更为具体的要求,具体如下:

(1)发行人历史沿革中存在股份代持等情形的,应当在提交申请前依法解除,并在《招股说明书》中披露形成原因、演变情况、解除过程、是否存在纠纷或潜在纠纷等。

(2)发行人申报时需要出具并披露专项承诺,说明发行人直接或间接股东中是否存在禁止持股的主体,是否存在中介机构(或其负责人、高级管理人员、经办人员),以及是否存在以发行人股权进行不当利益输送的情况。

(3)发行人股东的股权架构为两层以上且为无实际经营业务的公司或有限合伙企业的,如该股东入股交易价格明显异常,中介机构应当对该股东层层穿透核查到最终持有人,并说明是否存在代持、禁止持股、不当利益输送或中介机构(或其负责人、高级管理人员、经办人员)直接或间接持有发行人股份的情形。

(4)私募投资基金等金融产品持有发行人股份的,发行人应当披露金融产品纳入监管的情况。

(5)中介机构发表核查意见应当全面深入核查包括但不限于股东入股协议、交易对价、资金来源、支付方式等客观证据。

《股东信披指引》发布后,沪、深交易所陆续出台了《关于科创板落实首发上市企业股东信息披露监管相关事项的通知》《关于创业板落实首发上市企业股东信息披露监管相关事项的通知》《关于进一步规范股东穿透核查的通知》《关于股东信息核查中"最终持有人"的理解与适用》等文件,对《股东信披指引》提出的核查要求作出了细化规定。特别的,就间接股东的穿透核查及披露事宜,相关文件明确了对于持股较少、不涉及违法违规"造富"等情形的,保荐机构会同发行人律师实事求是发表意见后,可不进行穿透核查;持股较少可结合持股数量、比例等因素综合判断,原则上,直接或间接持有发行人股份数量少于10万股或持股比例低于0.01%的,可认定为持股较少。

3. 证监系统离职人员核查

根据《2号指引》的相关规定,中介机构需要对公司直接及间接自然人股东中是否包含证监会系统离职人员("离职人员"指发行人申报时相关股东为离开证监会系统未满 10 年的工作人员,具体包括从证监会机关、派出机构、沪深证券交易所、全国股转公司离职的工作人员,从证监会系统其他会管单位离职的会管干部,在发行部或公众公司部借调累计满 12 个月并在借调结束后 3 年内离职的证监会系统其他会管单位的非会管干部,从会管机关、派出机构、沪深证券交易所、全国股转公司调动到证监会系统其他会管单位并在调动后 3 年内离职的非会管干部)进行核查。如是,还需进一步核查离职人员入股是否属于不当入股情形,存在离职人员不当入股情形的,是否予以清理等。地方证监局为此提供了证监会系统离职人员信息查询比对服务,企业上市的保荐机构可以在提交辅导验收申请前,向企业所在地证监局提交查询申请,并提供需查询的发行人相关股东信息,地方证监局将在接到查询申请后 5 个工作日内向保荐机构反馈结果。

第三节　独立性的核查

一、基本规定

企业上市应当遵循"五独立、五分开"的基本公司治理准则,具体而言如表 4.2 所示:

表 4.2　"五独立、五分开"公司治理准则

人员	独立	发行人的总经理、副总经理、财务负责人和董事会秘书等高级管理人员不在控股股东、实际控制人及其控制的其他企业中担任除董事、监事以外的其他职务,不在控股股东、实际控制人及其控制的其他企业领薪;发行人的财务人员不在控股股东、实际控制人及其控制的其他企业中兼职
	分开	
资产	独立	生产型企业具备与生产经营有关的主要生产系统、辅助生产系统和配套设施,合法拥有与生产经营有关的主要土地、厂房、机器设备以及商标、专利、非专利技术的所有权或者使用权,具有独立的原料采购①和产品销售②系统;非生产型企业具备与经营有关的业务体系及主要相关资产
	分开	

---

① 采购是指购买物资(或接受劳务)及支付款项等相关活动。
② 销售是指企业出售商品(或提供劳务)及收取款项等相关活动。

(续表)

财务	独立	发行人已建立独立的财务核算体系,能够独立作出财务决策,具有规范的财务会计制度和对分公司、子公司的财务管理制度;发行人未与控股股东、实际控制人及其控制的其他企业共用银行账户
	分开	
业务	独立	主板:发行人的业务独立于控股股东、实际控制人及其控制的其他企业,与控股股东、实际控制人及其控制的其他企业间不存在同业竞争①或者显失公平的关联交易。 创业板、科创板:发行人与控股股东、实际控制人及其控制的其他企业间不存在对发行人构成重大不利影响的同业竞争,不存在严重影响独立性或者显失公平的关联交易
	分开	
机构	独立	发行人已建立健全内部经营管理机构,独立行使经营管理职权,与控股股东和实际控制人及其控制的其他企业间不存在机构混同的情形
	分开	

在独立性核查过程中,常见的两个问题为同业竞争及关联交易。就关联交易而言,对于企业合法合理、正常公允且确实有必要的经营行为且涉及关联交易的,在企业就关联交易的合法性、必要性、合理性、公允性予以充分论证且履行必要的关联交易决策程序并进行充分信息披露后,相关事宜通常不会构成 IPO 的障碍;就同业竞争而言,区分上市板块的不同,证券监管部门的审核要求亦存在一定差异。简而言之,目前科创板、创业板、北交所的要求为与控股股东、实际控制人及其控制的其他企业间不存在对发行人构成重大不利影响的同业竞争;而主板则更为严格,要求与控股股东、实际控制人及其控制的企业间不存在同业竞争。就关联交易及同业竞争的具体要求介绍如下。

二、 关于关联交易的核查

关联交易系指企业与关联方间发生的交易,企业上市过程中,对于关联交易的核查主要包括如下几个方面:

(1) 关于关联方的认定,需按照《公司法》《企业会计准则》和中国证监会的相关规定认定关联方。

(2) 关于关联交易的必要性、合理性和公允性,需结合关联交易的交易内容、交易金额、交易背景以及相关交易与发行人主营业务之间的关系、可

---

① 同业竞争的"同业"是指竞争方从事与发行人主营业务相同或相似的业务。

比市场公允价格、第三方市场价格、关联方与其他交易方的价格等,核查关联交易的公允性,是否存在对发行人或关联方的利益输送。

对于控股股东、实际控制人与企业之间关联交易对应的收入、成本费用或利润总额占企业相应指标的比例较高(如达到 30%)的,还需结合相关关联方的财务状况和经营情况、关联交易产生的收入、利润总额的合理性等,核查关联交易是否影响企业的经营独立性,是否构成对控股股东或实际控制人的依赖,是否存在通过关联交易调节企业收入利润或成本费用、对企业进行利益输送的情形。

(3)关于关联交易的决策程序,已发生关联交易的决策过程是否与章程相符,关联股东或董事在审议相关交易时是否回避,以及独立董事和监事会成员是否发表不同意见等。

特别需要注意的是,关联方及关联交易披露的真实性、准确性、完整性亦系企业在上市过程中需要特别关注的问题,遗漏、隐瞒关联方及关联交易可能对企业上市进程造成较大不利影响。在深圳市创鑫激光股份有限公司(以下简称"创鑫激光")案例中,深圳爱可为激光技术有限公司(以下简称"爱可为")系创鑫激光实际控制人通过第三方实际控制的公司,其自设立以来经营规模较小,在报告期内与创鑫激光发生的交易金额亦较低,单一年度交易金额最高仅为约 35 万元;由于蒋峰隐瞒其通过第三方实际控制爱可为的事实,发行人申报时,并未将爱可为作为创鑫激光实际控制人控制的企业进行披露,亦未披露发行人与其发生的交易。在创鑫激光审核过程中,上交所收到了关于创鑫激光涉嫌隐瞒董事长蒋峰通过第三人控制爱可为等事项的举报信,并要求创鑫激光的保荐机构、律师、会计师进行核查;而创鑫激光实际控制人在首次核查过程中并未如实说明其与爱可为之间的实际控制关系,且在赴上交所当面沟通过程中仍否认其实际控制爱可为的事实。在上交所要求进一步核查的情况下,实际控制人最终承认了其报告期内通过第三人实际控制爱可为。受审核过程中该事件的影响,中国证监会对创鑫激光及其控股股东、实际控制人采取了责令公开说明措施,创鑫激光亦在通过上市委审议后于注册环节撤回了注册申请。

三、 关于同业竞争的核查

(一)证券监管部门关于同业竞争的核查要求

同业竞争的"同业"是指竞争方从事与发行人主营业务相同或相似的业

务。核查认定该相同或相似的业务是否与发行人构成"竞争"时,应按照实质重于形式的原则,结合相关企业历史沿革、资产、人员、主营业务(包括但不限于产品服务的具体特点、技术、商标商号、客户、供应商等)等方面与发行人的关系,以及业务是否有替代性、竞争性,是否有利益冲突等,判断是否对发行人构成竞争。对于同业竞争是否构成"重大不利影响",则需要结合以下方面进行核查及论证:竞争方与发行人的经营地域、产品或服务的定位,是否会导致发行人与竞争方之间存在利益输送,是否会导致让渡商业机会情形,对未来发展的潜在影响。对于竞争方的同类收入或毛利占发行人主营业务收入或毛利的比例达30%以上的,如无充分相反证据,原则上应认定为构成重大不利影响。

(二)注册制下企业 IPO 解决同业竞争案例

1. 心脉医疗(688016)

心脉医疗的主营业务是主动脉及外周血管介入医疗器械的研发、生产和销售;心脉医疗的控股股东微创医疗控制的其他主体,主营业务包括骨科医疗器械业务、心律管理医疗器械业务、电生理医疗器械业务、外科医疗器械业务等。

在心脉医疗的案例中,审核部门对同业竞争问题进行了两轮问询。根据心脉医疗的回复,心脉医疗与微创医疗其他业务分部的主营业务及主要产品不存在竞争关系或相互替代关系,主要理由如下:

① 产品的分类界定不同,心脉医疗主要产品为胸主动脉覆膜支架、腹主动脉覆膜支架、术中支架产品,与微创医疗其他业务分部产品分属不同的产品类别;② 产品主要适应证、治疗方法、对应科室存在显著区别;③ 对不同医疗器械的采购需求由不同医院科室独立发起;④ 技术和行业准入壁垒使得心脉医疗与微创医疗其他业务分部均难以进入对方市场;⑤ 心脉医疗的球囊扩张导管产品与微创医疗的球囊扩张导管产品不存在同业竞争,心脉医疗与微创医疗的球囊扩张导管产品均为介入治疗手术中使用的辅助类介入器械,系配合各自治疗类器械使用,心脉医疗与微创医疗的球囊扩张导管产品存在本质区别;⑥ 心脉医疗具有独立完整的业务体系和面向市场的自主经营能力。心脉医疗与直接和间接控股股东其他业务分部在产品和应用领域上存在显著差异,未来发展方向也显著不同,双方不存在能够互相或单

方让渡商业机会的情形。

2. 西部超导(688122)

西部超导主要从事高端钛合金材料和低温超导材料的研发、生产和销售。作为西北有色金属研究院控股的两家公司,西部超导和西部材料实际控制的西部钛业公司的主营业务都是钛制品行业,存在较大的同业竞争风险。西部超导曾计划在上海证券交易所上市,并于 2013 年 8 月正式进入证监会 IPO 初审程序,后于 2014 年 7 月申请终止 IPO 审查。随着科创板政策的落地以及相关配套措施的跟进,西部超导于 2019 年 4 月 25 日正式申请科创板上市并被上海证券交易所受理,并于 79 天后成功注册。

在申请科创板上市的相关文件中,西部超导认为,西部超导与西部钛业虽然都从事钛合金材料业务,但两者在生产工艺和核心设备、产品的形态和用途、下游客户、技术储备和发展方向等方面均存在较大差异,两家公司之间不存在实质性竞争关系,具体而言:① 产品的生产工艺和核心设备不同,双方均不具备生产对方产品的能力;② 产品形态、用途不同,相互间不存在替代关系;③ 主要客户群体存在差异;④ 技术储备不同;⑤ 业务定位和发展方向不同;⑥ 两家公司的毛利率、净利率的差异较大。

3. 威胜信息(688100)

威胜信息与其控股股东威胜集团均属于与电相关的 C 类制造业。威胜信息的主营产品为电监测终端、水气热传感终端、通信网关、通信模块,以及电、水、气、热等智慧能源管理,智慧消防、智慧路灯等应用管理系统;威胜集团的产品为电能表及其配套产品。

上海证券交易所对威胜信息的同业竞争事项进行了多轮问询。威胜信息从下列角度论述其与控股股东及其他关联方之间的相似业务不构成同业竞争:① 发行人与关联方的相关产品在应用领域、产品功能、核心技术特点、行业竞争格局和发展趋势等方面均存在本质区别,不存在可替代性和竞争关系;② 发行人独立拥有生产经营相关的资产;③ 发行人与控股股东及其关联方之间不存在共用渠道和资源的情形;④ 从经营场所、技术工艺、监测安装环节、独立研发能力等方面看,不存在同业竞争;⑤ 控股股东与其关联方、发行人各产品在电网集团的销售模式不同;⑥ 经营地域存在一定重合具有合理商业背景,是由于电力系统的特殊性导致;⑦ 部分客户重叠是由于下游行业高度集中特点所致;⑧ 部分供应商重合是由于可供选择的供应商有限,发行人与关联方基于供应链配套、物流及时性及售后服务有效性之考量所致。

4. 海泰新光(688677)

海泰新光系医用成像器械行业的高新技术企业,主要从事医用内窥镜器械和光学产品的研发、生产和销售。海泰新光的实际控制人及控股股东为郑安民,郑安民通过美国飞锐光谱有限公司(以下简称"美国飞锐")间接控制海泰新光15.34%的股权,且美国飞锐为郑安民的一致行动人。美国飞锐从事光学器件镀膜业务,与发行人部分业务存在相似情形。

上海证券交易所对美国飞锐的同业竞争事项进行了多轮问询。海泰新光从下列角度论述发行人与美国飞锐在IBS镀膜业务存在相同或相似情形,但不存在构成重大不利影响的同业竞争。① 主营业务和发展方向不同:发行人的主营业务为医用内窥镜和光学产品的研发、生产和销售,镀膜技术的应用主要作为发行人主营业务生产的一道工序而存在;美国飞锐设立以来的主营业务均为镀膜业务,未来发展的方向集中于镀膜业务。② 服务定位不同:发行人对外IBS镀膜服务主要服务于历史上保留下来并形成良好关系的客户,美国飞锐专门从事IBS镀膜业务。③ 营业收入占比较低:IBS镀膜业务收入占发行人营业收入比例均在1%以下,交易金额小,对发行人经营成果的影响很小。④ 经营地域不同:发行人IBS镀膜业务客户数量少,客户全部集中在国内;美国飞锐主要为美国客户提供IBS镀膜服务。⑤ 镀膜工艺不同:发行人与美国飞锐形成了各自不同的核心镀膜工艺技术。⑥ 客户及供应商不同:发行人客户全部集中在国内,美国飞锐主要为美国客户提供镀膜服务,报告期内,发行人的供应商分布区域及类型与美国飞锐不同。⑦ 美国飞锐及公司控股股东、实际控制人郑安民均已针对同业竞争事项作出进一步完善的承诺。

5. 哈焊华通(301137)

发行人主要从事各类熔焊材料的研发、生产、销售,报告期内还存在少量闪光焊机产品的生产和销售。发行人实际控制人机械总院集团控制的子公司郑州机械研究所有限公司(以下简称"郑州所")、控股股东哈焊院、哈焊院实际控制的子公司哈尔滨威德焊接自动化系统工程有限公司、哈尔滨现代焊接技术有限公司存在生产、销售焊接设备的业务,发行人的闪光焊机产品与控股股东哈焊院及其下属公司生产、销售的焊接设备同属于焊接设备领域。

发行人在申报文件中披露了上述关联方与发行人在焊接设备领域的同业竞争不构成重大不利影响,具体原因包括以下四点。① 相关产品的应用领域不同:发行人的闪光焊机是铁路领域用于铁路钢轨焊接的专用设备,哈焊院及其控制的其他企业、郑州所的焊接设备主要用于航空航天零部件、汽车零部件、油田地质开采、工程机械领域,无应用于铁路钢轨焊接的产品。② 闪光焊机非发行人的核心产品:发行人以研发、生产、销售各类熔焊材料为主,闪光焊机的收入占比较低,不是发行人的核心产品。③ 未达到《创业板审核问答》中关于“重大不利影响”比例的认定标准:2017—2019 年,哈焊院及其子公司、郑州所焊接设备业务合计的营业收入占发行人主营业务收入的比例分别为 9.34%、8.34% 和 9.87%,营业毛利占发行人主营业务毛利的比例分别为 9.54%、3.09% 和 6.72%,上述指标比例远低于 30%。④ 控股股东、实际控制人已出具关于避免同业竞争的承诺。

第四节　主要资产、重大债权债务的核查要点

一、 主要资产的核查

(一) 公司自有主要资产的核查

主要资产包括土地使用权、房产、在建工程、知识产权(包括专利、商标、著作权等)、机器设备等固定资产、特许经营权等,核查内容主要包括相关资产的取得方式及使用情况,是否实际由发行人使用,是否存在生产经营所必需的主要财产为关联方或其他主体控制、占有、使用的情形,是否存在抵押、质押、查封等权利受到限制的情况,是否存在纠纷或者潜在纠纷等。

(二) 租赁、被许可使用资产的核查

如公司存在租赁房屋、土地使用权、重大机器设备,或者存在被许可使用商标、专利、著作权、特许经营权等情形的,需要核查相关租赁、被许可使用行为是否合法有效。如系从控股股东、实际控制人租赁、被许可使用主要资产的,还需要进一步核查拟上市主体租赁、被许可使用资产的具体用途、对拟上市主体的重要程度、未将该资产投入拟上市主体的原因、租赁或者授权使用费用的公允性、拟上市主体能否长期使用上述资产、后续的处置方案

等,并综合判断上述情况是否对拟上市主体的资产完整和独立性构成重大不利影响。

(三)部分资产来自上市公司时的核查

如拟上市主体的部分资产来自上市公司的,需要核查取得上市公司资产的背景、所履行的决策程序、审批程序与信息披露情况,是否符合法律法规、交易双方公司章程以及中国证监会和证券交易所有关上市公司监管和信息披露要求,资产转让是否存在诉讼、纠纷或者潜在纠纷;拟上市主体及其关联方的董事、监事和高级管理人员在上市公司及其关联方的历史任职情况及合法合规性,是否存在违反竞业禁止义务的情形,与上市公司及其董事、监事和高级管理人员是否存在亲属及其他密切关系,如存在,在相关决策程序履行过程中,相关人员是否回避表决或者采取保护非关联股东利益的有效措施,资产转让过程中是否存在损害上市公司及其中小投资者合法权益的情形;拟上市主体来自上市公司的资产置入发行人的时间,在发行人资产中的占比情况,对发行人生产经营的作用等。

二、 重大债权债务的核查

(一)融资、担保合同的核查

对于公司主要债权债务的核查重点在于核查公司正在履行的借款合同(包括银行融资和其他方式的融资,实际控制人通过其他方式融资后进入上市主体的合同)、公司对外担保情况等。

在该类型合同的核查过程中,可能会发现一些较为典型的内控不规范情形,如为满足贷款银行受托支付的要求,在无真实业务支持的情况下,通过供应商等取得银行贷款或为客户提供银行贷款资金走账通道;又如向关联方或供应商开具无真实交易背景的商业票据,通过票据贴现后获取银行融资。拟上市主体在首次申报审计截止日前报告期内存在前述情形的,需要根据有关情形发生的原因及性质、时间及频率、金额及比例等因素,综合判断是否构成对内控制度有效性的重大不利影响,是否属于主观故意或恶意行为并构成重大违法违规,必要时可能还需取得贷款银行、当地央行分支机构、银监主管部门出具的该等行为不构成重大违法违规行为的确认函;首次申报审计截止日后,拟上市主体原则上不能再出现上述内控不规范情形。

（二）重大业务合同的核查

公司的重大合同包括采购合同、销售合同,尤其是与前十大客户和供应商相关的合同。对公司重大合同的核查主要关注以下几点:

（1）相关重大合同的判断标准和确定依据,是否与公司业务相关。

（2）重大合同的签订形式和内容是否符合法律法规的规定,是否按照法律法规和公司章程的规定履行了内部决策程序。

（3）重大合同是否需要办理批准、登记手续;如需要,公司是否已经办理了相关批准、登记手续。

（4）重大合同的履行情况,是否存在重大法律风险。

（5）核查合同中是否有对客户的重大依赖,以及厘定公司收入确认的相关条款。合同中所描述的业务模式与公司说明的业务模式是否一致,重点确定该合同规定的模式属于经销还是代理,是否存在商业特许等情形。

（6）核查是否存在关键性技术许可合同。

（7）核查是否存在重大战略合作合同。

（三）对大额其他应收、应付款的核查

该部分核查主要关注公司金额较大的其他应收、应付款的合法性和有效性,包括该等大额其他应收、应付款的发生依据,是否因正常的生产经营活动发生;相关合同或者协议的履行情况,是否真实有效履行等。

第五节　生产经营、业务资质合规性核查

对于生产经营、业务资质合规性的核查,核查内容主要包括公司的生产经营是否取得了必要的经营资质、公司业务活动的开展是否符合法律法规的规定。针对不同行业的公司,业务相关事项的核查要求可能千差万别,具体核查事项需根据公司业务开展的实际情况、同行业公司操作惯例等进行差异化安排。以下仅就行业资质及近期受到较多关注的反不正当竞争、网络安全与数据合规等三类较为典型的核查内容进行简要介绍。

一、行业资质

拟上市公司是否已具备开展业务所必需的资质、许可、核准、备案等系业务合规性核查的重点内容之一。核查过程中,通常系结合公司具体的业

务模式及可比公司取得的业务资质情况,综合评估拟上市公司所需取得的业务资质。较为典型的如互联网行业相关企业可能涉及增值电信业务许可证,传媒类企业可能涉及网络出版服务许可证、信息网络传播视听节目许可证、广播电视节目制作经营许可证等,医疗器械相关企业可能涉及医疗器械生产许可证、医疗器械经营许可证/备案凭证、医疗器械注册证/备案凭证等,生物医药相关企业可能涉及药品注册批件、药品生产许可证等,生产型企业可能涉及安全生产许可证、危险化学品安全使用许可证等。

二、 反不正当竞争

拟上市企业在业务开展过程中是否存在商业贿赂等不正当竞争行为亦系常见的证券监管部门关注问题之一,尤其在生物医药、医疗器械等行业,行业内较为常见的相关市场推广、设备投放等行为是否属于商业贿赂、是否违反《反不正当竞争法》等规定常常成为证券监管部门问询的重点问题。

如在微电生理(688351)案例中,证券监管部门问及采取投放设备模式的原因与考虑、设备类产品市场推广是否存在一定障碍,该模式是否为同行业可比公司通用模式,投放或者销售的设备产品种类、主要政策,投放设备的标准和原则;发行人投放设备与其他产品形成联动销售是否构成捆绑销售,发行人是否对投放设备设置导管或其他产品最低购买量或金额,发行人的导管或其他产品是否存在赠送情况,并要求保荐机构及发行人律师就投放设备的合法合规性进行核查并发表明确意见。

以医疗器械行业相关企业为例,对于其是否存在不正当竞争行为的核查内容主要包括公司是否存在设备投放情形,所投放的设备是否在拟上市公司财务报表中体现,是否通过设备投放限制客户购买或使用其他经营者提供的产品,市场推广费等销售费用是否真实合理,是否具有相应活动真实发生的证据材料,相关费用及其占比是否与同行业可比公司存在重大差异,企业内部反商业贿赂等内控制度的制定及执行情况,等等。

三、 网络安全与数据合规

随着我国网络安全及数据安全合规领域的"三驾马车"——《网络安全法》《数据安全法》《个人信息保护法》的陆续出台,越来越多的拟上市企业在上市审核过程中被问及网络安全与数据合规的相关问题。

如在慧辰股份(688500)案例中,证券监管部门在三轮问询中均问及了数据合规性相关问题,包括发行人收集、整合、处理、使用数据是否符合《数据安全管理办法》的规定,是否制定并公开收集使用规则,是否向所在地网信部门备案,是否存在违反收集使用规则使用个人信息的情况,发行人相关内部控制措施是否合法合规并得到有效执行;发行人使用用户数据是否合法合规,请对照《网络安全法》《关于办理侵犯公民个人信息刑事案件适用法律若干问题的解释》《信息安全技术个人信息安全规范》等法规和司法解释,说明报告期发行人是否存在侵犯用户隐私或数据的情况,是否存在法律风险或潜在法律风险等。在熵基科技(301330)案例中,证监会在注册阶段特别问及发行人产品是否需要通过网络安全审查及通过情况。

总体而言,对企业在数据合规方面的核查主要包括核查企业个人信息、重要数据、核心数据的数据存量和数据处理行为,包括其收集、整合、处理、使用、授权等行为是否符合《网络安全法》《数据安全法》《个人信息保护法》等的相关规定;对企业在网络安全合规性方面的核查,重点关注其是否属于需要进行网络安全审查的情形,对于符合《网络安全审查办法》要求的企业,应当主动提起报网络安全审查,未经审查应当暂停相应的网络产品和服务采购、数据处理、境外上市等活动。

第六节　重大诉讼、仲裁及重大违法行为的核查

一、 重大诉讼、仲裁的核查

对于重大诉讼、仲裁的核查,主要系核查公司及其控股股东和实际控制人、持有公司5%以上股份的主要股东、控股子公司、董事、监事、高级管理人员和核心技术人员等在报告期内发生,或者虽然发生在报告期外但仍对公司产生较大影响以及可预见的诉讼或者仲裁案件,具体核查内容包括上述案件的受理情况和基本案情,诉讼或者仲裁请求,判决、裁决结果及执行情况,诉讼和仲裁事项对发行人的影响等。

在公司上市过程中,如有涉及公司主要产品、核心商标、专利、技术等方面的诉讼或仲裁可能对公司生产经营造成重大影响,或者诉讼、仲裁有可能导致公司实际控制人变更,或者其他可能导致公司不符合发行条件的情形,

公司及上市相关的中介机构将需要充分论证该等诉讼、仲裁事项是否构成本次发行的法律障碍。

如在格科微(688728)案例中,格科微在申报过程中曾被起诉其专利侵犯他人专利权,原告请求判令格科微及其经销商停止侵犯发明专利权,要求其支付专利使用费、赔偿金、合理费用等,并赔礼道歉、承担诉讼费用等。证券监管部门在审核过程中亦重点关注了该起诉讼,要求格科微论证其是否构成专利侵权,并提供充分的内外部依据;同时要求合理预计该案件的不利诉讼结果对发行人核心技术、在研技术、产品销售、存货以及财务状况所造成的不利影响;结合上述情形进一步论证上述诉讼事项对发行人持续经营的影响,发行人是否符合《科创板首次公开发行股票注册管理办法(试行)》(以下简称《注册办法》)第十二条第(三)项的规定。

格科微主要从以下方面对证券监管部门的问询进行回复。① 专利代理律师出具相关意见书以对比发行人涉诉专利与可能侵权的专利,说明两项专利的权利要求存在多处不一致之处,由此推断发行人专利侵权的可能性较小。② 结合发行人保留的涉诉专利对应涉诉产品历次更新的研发记录,说明涉诉产品的研发系来自发行人内部而非外部。③ 发行人保持较高的研发投入以确保技术领先和产品迭代,同时建立了比较完善的知识产权保护体系。④ 在分析败诉可能对发行人造成的影响时,发行人主要从三个方面进行论述:首先,发行人已有产品迭代方案,相关方案预计可较快实现量产并完全替代方案;其次,涉诉产品的销售占比在报告期内呈下降趋势,报告期最后一期的收入占比仅为 2.86%,相关产品存货的账面价值亦较低,仅占期末存货账面价值的 1.32%;最后,即使发行人败诉,预计相关诉讼案件产生的赔偿金额合计不超过 1 000 万元,该等金额总体而言不会对发行人财务状况造成重大不利影响。

二、 重大违法行为的核查

该部分核查主要关注最近 3 年内(从刑罚执行完毕或行政处罚执行完毕之日起计算)公司及其控股股东、实际控制人是否存在贪污、贿赂、侵占财产、挪用财产或者破坏社会主义市场经济秩序等刑事犯罪,是否存在欺诈发行、重大信息披露违法或者其他涉及国家安全、公共安全、生态安全、生产安全、公众健康安全等领域的重大违法行为,以及是否存在因涉嫌前述违法犯罪行为被立案调查或者被司法机关侦查、尚未结案的情形。如存在前述情形，可能直接导致拟上市主体不符合首发上市的申报条件。

拟上市主体如最近3年内存在受到行政处罚的情形，如存在以下情形之一且公司上市的中介机构出具明确核查结论的，可以不认定为重大违法：① 违法行为显著轻微、罚款数额较小；② 相关处罚依据未认定该行为属于情节严重；③ 有权机关证明该行为不属于重大违法。但违法行为导致严重环境污染、重大人员伤亡、社会影响恶劣等并被处以罚款以上行政处罚的，不适用上述情形。

就拟上市主体的子公司而言，若相关子公司对拟上市主体主营业务收入或净利润不具有重要影响（占比不超过5％），其违法行为可不视为拟上市主体本身存在相关情形，但其违法行为导致严重环境污染、重大人员伤亡或社会影响恶劣的除外；如相关子公司为拟上市主体收购而来，且相关处罚于拟上市主体收购完成之前执行完毕，原则上不视为拟上市主体存在相关情形，但拟上市主体主营业务收入和净利润主要来源于被处罚主体或违法行为社会影响恶劣的除外。

第七节 企业员工与劳动人事情况核查

一、 劳动合同

核查公司劳动合同签订的情况，是否存在应签订劳动合同而未签订的情形。

二、 用工情况

公司是否存在劳务派遣①的情况。如有劳务派遣，则核查是否符合劳务派遣的三性（临时性、辅助性、替代性），是否超过员工总数的10％，是否存在规避高新技术企业关于员工学历构成条件的情形，劳务派遣单位是否具有经营劳务派遣业务的相关资质。

---

① 劳务派遣是指由劳务派遣机构与派遣劳工订立劳动合同，把劳动者派向其他用工单位，再由用工单位向派遣机构支付一笔服务费用的一种用工形式。用工单位只能在临时性、辅助性或者替代性的工作岗位上使用被派遣劳动者。公司应当严格控制劳务派遣用工数量，使用的被派遣劳动者数量不得超过其用工总量（自主用工＋劳务派遣用工）的10％。

如在清越科技(科创板申报企业,已于 2022 年 9 月提交注册)案例中,发行人在报告期内存在劳务派遣用工人数超过用工总数 10% 的不规范情形,且部分劳务派遣公司存在其《劳务派遣经营许可证》到期后仍向发行人提供劳务派遣服务的情况。基于前述劳务派遣方面的瑕疵,发行人及其控股子公司、分公司所在地社会保险管理部门已分别出具了《证明》,证明发行人及其控股子公司报告期内未因违反相关劳动法律法规而受到其行政处罚,确认发行人劳务派遣用工情形不构成重大违法违规;发行人控股股东、实际控制人对此出具了承诺:其将督促发行人及其控股子公司、分公司规范劳务派遣用工行为,若发行人及其控股子公司、分公司因劳动用工受到相关部门的行政处罚或遭受其他损失的,其将全额补偿;未取得劳务派遣资质的公司承诺:新的劳务派遣许可证目前正在办理中,其并未因该等情形受到劳务行政主管部门的处罚,也不存在任何被派遣至清越科技的员工向其提起的投诉、劳动仲裁或诉讼,若因其未取得劳务派遣经营许可证给清越科技造成损失的,其承诺将无条件向清越科技赔偿前述损失分公司因此遭受的损失。

三、 社会保险、公积金

拟上市公司应当率先履行社会责任,规范办理社会保险和住房公积金的缴存手续,努力提高缴存比例。发行人在申报前应尽可能为符合条件的全体员工按规定办理社会保险和住房公积金缴存手续。

发行人报告期内存在应缴未缴社会保险和住房公积金情形的,应在招股说明书中披露社会保险和公积金应缴未缴的具体情况及形成原因,制定并披露切实可行的整改措施。对前述事项应取得发行人及其子公司所在地相关主管部门出具的无违法违规证明文件。发行人应对存在的补缴风险进行揭示,并披露明确的应对方案,如由控股股东、实际控制人承诺承担因发行人未按规定缴纳社会保险或住房公积金被相关主管部门要求补缴的义务或被处以罚款的相关经济责任等。

此外,还应核查公司是否存在委托第三方机构代缴社保和住房公积金的情形。

四、 员工工资

核查员工工资支付情况,是否为了避税而存在现金发放或者由实际控制人个人通过银行转账部分发放的情形,是否存在关联方代垫员工薪资的情形。如报告期内存在类似情形,需及时予以清理及规范,如涉及其他税务问题(如少缴税款、虚开增值税专用发票等),还需补缴相应税款并可能需取得税务等主管部门出具的专项证明文件。

如在唯特偶(301319)案例中,其报告期内即存在通过员工个人卡代发业务人员工资的情形。唯特偶披露其报告期内代发工资的合计金额为76.18万元,占当期营业成本的比例为0.21%,占比较小;其支付给员工的工资目前已全部入账并缴纳了相应的个人所得税,2020年1月至今,其已不存在通过个人卡代发员工工资的情形。

五、 核心技术人才或管理人员

核查核心技术人才或者管理人才履职情况、诚信记录、犯罪记录等,核查是否存在与原单位存在竞业禁止、保密安排等情形。

六、 劳动纠纷

核查公司是否存在因劳动合同履行及社保、公积金缴纳等情形引致的劳资纠纷。

第八节 对企业财务和税务情况的尽职核查

一、 企业财务情况核查

核查要点:企业财务管理是否规范,是否建立了内控制度,财务部门是否独立于控股股东,财务制度是否健全,企业的资金管理、收入确认、成本费用核算、工资发放及社保缴纳、银行账户开立及使用是否合规等。

1. 收入确认核查

常见问题:收入确认按照收付实现制;收入以开具发票点确认;收入以发货时点确认;收入确认原始凭证不完整,缺少发货单、运输物流单、验收单、合同等资料;与客户和代理商结算不及时,退货处理入账不及时,导致收入提前或滞后;收入入账不完整,存在账外收入;第三方回款;等等。

规范要求:按照企业业务特点,选择恰当的收入确认原则,合理确定收入确认时点;全面梳理销售业务台账与开票台账,以及与销售收入确认有关的出库单、验收单、发票等原始单据,按照已选择的收入确认原则调整原账面确认收入;建立销售业务相关内部控制,按照准则的要求进行账务处理;

申报期内所有营业收入纳入报表,未纳税收入补交税金;第三方回款资金全部汇缴至企业财务,未来业务全部通过企业自有账户结算。

【案例4-1】江苏新瀚新材料股份有限公司:第三方收取销售款被质疑内控不规范

深圳证券交易所审核问询函询问问题:客户所属集团存在通过集团财务公司付款、指定相关公司代客付款情形,分别披露对应金额及占比;各类回款方与签订合同方的关系,各期回款金额及占收入比例;第三方回款的原因、必要性及商业合理性,发行人及关联方与第三方回款的支付方是否存在关联关系或其他利益安排。请保荐人、申报会计师核查并发表明确意见,并对发行人第三方回款的真实性及销售确认相关内部控制有效性发表明确意见。

2. 成本核算核查

常见问题:生产资料没有记录或与实际不符,资产账实不符,价格核算错误;采用收付实现制核算成本,造成已有偿付义务但未开票成本未计入报表;没有开展料工费的归集与分配,或核算较为粗放,没有细化到产品或项目进行归集,分产品、分项目的成本无法合理归集。

规范要求:对存货采用实地盘点核实数量,适时完整记录生产投入产出,结合业务特点采用加权平均法或个别计价法核算金额;按照产品或项目归集实际成本,准确进行料工费的归集与分配;建立健全材料采购、存货与成本内部控制体系以及成本核算体系。

【案例4-2】卓越新能(688196):IPO审核要求对产品成本进行定量分析

请发行人:① 结合自身的生产工艺流程,说明营业成本的核算及结转方法是否符合企业会计准则的相关规定;② 结合各产品的化学反应方程式、固定资产产能和利用率变动情况,逐项分析单位直接材料金额和数量、单位直接人工和单位制造费用的变化情况及原因;③ 说明主要产品的产能及计算方式,粗甘油混合物是生物柴油生产过程中的副产物,结合报告期内两个产品的产量说明副产品与产成品的关联性和副产品的财务核算方法;④ 说明水、电力、煤炭和生物柴油的耗用量与发行人产能和产量之间的匹配关系,各期单位耗用量是否存在显著差异并定量分析差异形成原因;⑤ 说明甲醇、液氯和过氧化氢等危险化学品采购数量、耗用量和发行人产量之间的对应匹配关系;⑥ 说明发行人及其子公司之间的产能及产量情况。

3. 职工薪酬核查

常见问题：通过股东或第三方发放工资，报销费用抵工资，个税计缴不足；通过股东或出纳个人的卡发放工资；社保计缴人员范围不足；社保计缴标准不足；等等。

规范要求：如实反映工资支出情况，足额计缴个税；对符合条件的员工建立社保和住房公积金制度；存在历史上欠缴的，控股股东及其实际控制人承诺承担相关义务。

4. 费用列支核查

常见问题：费用列支不足；费用列支异常偏高；通过由经销商或他方代垫营销费用，将部分费用以其他应收款挂账等形式减少营销费用；为获取高新技术资格将其他费用计入研发支出；开发支出资本化依据不充分；未根据贷款实际使用情况恰当进行利息资本化。

规范要求：按照权责发生制规定，真实、足额列支各项费用；准确归集研发支出；严格遵守会计准则，审慎进行开发支出资本化；准确核算利息支出。

【案例 4-3】柳州欧维姆机械股份有限公司：咨询费过高被质疑不真实

发行人报告期内销售费用率大大高于同行业上市公司，其中，业务费用占销售费用的比例为 27%～38%。请发行人代表说明向相关咨询类公司支付业务费的比例，报告期每年接受业务费的咨询类公司数量；柳州市浩荣劳务服务有限公司作为一家建筑劳务分包企业，柳州微风科技服务有限公司作为一家 2016 年新设的互联网咨询相关企业，发行人向两者采购技术咨询服务的具体内容及合理性。

5. 长期资产核查

常见问题：资产权属不清晰，资产账实不符；购买设备未取得合法票据；未取得土地权属证明；厂房建设手续不全；不动产建设未实施工程造价决算，不办理法定登记手续；投资设立多个公司造成会计主体相互混淆，个人收支与公司收支不分。

规范要求：规范投资业务，确保未来采购的资产权属清晰、入账合规；完善不动产建设审批手续，取得权属证明；及时办理工程造价决算及法定登记手续；定期进行资产盘点，确保账实相符。

6. 融资业务核查

常见问题：出资不实或抽逃出资；非货币性出资未经验资和评估；出资

方式不符合规定,以非货币性出资替代货币出资;无形资产、固定资产等实物出资资产权属不清晰,资产权利存在缺陷,或未办理财产转移手续;股权出资未进行评估,作价依据不充分;利用关联企业开具没有真实交易背景的银行承兑汇票,贴现后套取银行信贷资金;银行贷款供应商或其他第三方转贷①;找非正规机构办理票据贴现。

规范要求:出资不实或抽逃出资的,补足出资;历史上出资不规范的,补办相关手续或者补充出资;停止不规范的开具汇票行为;停止找供应商或其他第三方转贷;到正规机构办理票据贴现;完善内部控制。

7. 关联交易②核查

常见问题:交易依据不充分,缺少相关合同及确认;定价不公允;关联方界定不完整;会计处理不当;交易程序不规范;交易以调节利润为目的;实质关联方非关联化。

规范要求:关联交易定价公允,消除不必要关联交易,减少关联交易比例,杜绝侵占上市主体利益的情形出现。

【案例4-4】蒙泰高新(300876):关联交易被问询

公司自设立以来,一直租赁中海化纤、粤海化纤的房屋作为其经营场地。2016年12月,中海化纤将其租赁给蒙泰股份的厂房增资至其全资子公司海汇投资,粤海化纤将其租赁给蒙泰股份的厂房增资至其全资子公司华海投资。2017年5月,蒙泰股份收购海汇投资和华海投资全部股权,收购完成后,蒙泰股份独立拥有生产经营厂房,不再租赁中海化纤和粤海化纤的厂房。

上市审核部门要求:① 进一步说明关联交易(包括经常性关联交易和偶发性关联交易)的必要性、合理性,并通过综合对比交易条件、第三方价格等因素,进一步论证交易价格是否公允并说明核查过程,提供核查依据;② 说明报告期内是否存在关联方为发行人支付成本、费用或采用不公允的交易价格向发行人提供经济资源的情形;③ 补充披露发行人报告期内资产重组情况,逐项说明被重组企业重组时的主营业务,重组前一年的经营业绩

---

① 为满足贷款银行受托支付要求,在无真实业务支持的情况下,通过供应商等取得银行贷款资金的走账通道。

② 关于关联方认定,公司应当按照《公司法》《企业会计准则》和中国证监会、证券交易所的相关规定认定并披露。

及财务情况,主要资产、负债的内容,重组定价的依据,发行人及被重组企业的会计处理情况,被重组企业重组后的主营业务情况,经营业绩及财务情况,要求保荐机构和会计师核查重组定价的公允性和历次会计处理的合规性。要求保荐机构、申报会计师核查前述事项并发表明确意见。

8. 会计核算基础核查

常见问题:原始凭证保持不完整或者丢失;更改原始或记账凭证无依据,说明随意、更改频繁;会计记录及事项不清,经手会计人员离职后无法了解具体情况;与客户、供应商等往来款项长期不对账,导致时间久、差异大,无法核对清楚;存在大量大额银行存款未达账;投资长期挂账其他应收、在建工程;长期投资核算方法不正确,或不反映收益/损失,股权投资差额及商誉①处理不恰当;投资关系不清晰、无合同、无被投资单位出资证明;费用及款项长期挂账等。

规范要求:加强会计基础建设,配备足额会计人员,规范财务管理,提升企业会计核算水平与财务管理能力;按照准则的要求,基于业务的事实进行正确的会计处理。

【案例 4-5】广东申菱环境系统股份有限公司:因会计处理不合理收到交易所审核函

2020 年 7 月 3 日,深圳证券交易所受理申菱环境的创业板 IPO 申报材料。深圳证券交易所在审核过程中下发〔2020〕010853 号审核函,要求申菱环境及其保荐机构、律师、会计师对申菱环境应收账款等问题进行核查。

申菱环境应收账款周转率低于可比公司,主要由于申菱环境产品包括数据服务类、工业类、特种类、公共建筑及商用类,主要客户分布于信息通信、电力、化工、交通、核电、军工与航天、VOCs 治理、公共建筑、科研院校等行业,相比于数据空调,申菱环境产品中其他类型的空调客户回款相对较慢。深圳证券交易所要求申菱环境补充披露:① 不同类型空调在结算政策、客户类型等方面存在的差异;② 不同类型空调对应客户的应收账款周转率,分析回款速度存在差异的原因。

9. 会计政策及估计核查

常见问题:会计政策不符合会计准则;固定资产、在建工程、无形资产折

---

① 商誉是非同一控制下企业合并过程中形成的,所支付的对价与被并购标的资产公允价值之间的差额。

旧及摊销方法、年限、残值率不当或经常变更;利息资本化不符合准则要求;停工损失资本化;试运行期间会计核算不正确;在建工程转固时点不当,折旧起始时点不合准则要求;固定资产后续支出资本化依据不充分;开发支出资本化依据或条件不充分;非专利技术是否能确定受益年限;摊销/减值测试;资本性支出与收益性支出划分不清等。

规范要求:结合企业业务特点,选择会计政策与会计估计,并由董事会批准,一经选定,不得随意变更。除非法律或会计准则等行政法规、规章有要求,以及这种改变可以提供更可信、更相关的会计信息。

【案例 4‑6】中科星图(688568):收入确认政策不符合会计准则被要求更改招股书

公司 IPO 申报材料中披露的系统设计开发业务和数据分析应用服务收入确认政策:按合同约定提交项目成果并取得客户确认的初验报告时,按照合同金额的 95% 确认项目收入;达到合同约定的最终验收条件并取得客户确认的终验报告时,按照合同金额的 5% 确认项目收入;对于未约定初验阶段或未取得验收报告的项目,在终验时按照合同金额确认 100% 收入。

经交易所问询后,公司收入确认政策修改为:按合同约定提交项目成果并取得客户确认的初验报告时,按照合同金额的 100% 确认项目收入;并按照初验时已发生的全部成本及预提终验阶段的成本金额之和确认项目成本,公司按照初验确认收入的 5% 预提终验阶段的成本并确认预计负债;项目终验阶段发生成本时冲销已计提的预计负债。

10. 关联方资金占用核查

常见问题:资金被控股股东、实际控制人及其控制的企业以借款、代偿债务、代垫款项或者其他方式占用;年度中间占用,年末归还;通过交易事项虚构、交易价格非公允、货款长期拖延结算等方式占用资金;通过中间环节,以委托贷款的形式间接向大股东提供资金;委托实施项目;利用开具无真实交易背景的银行承兑汇票并且贴现等方式取得资金,体外运营,为大股东及其关联方长期占用资金提供便利条件;对股东、实际控制人及其关联方提供担保。

规范要求:关联方归还全部占用资金,并支付资金占用费;撤销所有对关联方担保;杜绝被关联方侵占资金情形。

【案例 4 - 7】浙江日发纺织机械股份有限公司：因资金占用收到交易所审核函

2020 年 6 月 29 日，深圳证券交易所受理日发纺织的创业板 IPO 申报材料。2020 年 12 月 18 日，深圳证券交易所上市审核中心出具〔2020〕010655 号审核函，认为日发纺织向控股股东日发集团提供借款 5 000 万元且未收取费用的情形构成控股股东非经营性资金占用，要求日发纺织、律师、申报会计师对资金占用事项进行逐项落实。

11. 内部控制制度核查

常见问题：缺乏系统规范的管理制度。中小企业普遍缺乏系统规范的业务管理制度和流程。有的企业在改制时，在一些关键控制环节建立了内控制度和业务流程，但运作过程中，还应加强管理制度的系统规范性，并注重完善和提高执行能力；缺乏监督、检查、分析评价机制。如实行预算管理制度的企业，在年度经营过程中未定期进行预算执行分析，致使在预算执行过程中偏差较大，责任划分和量化不明确，控制功能未能有效发挥。企业还应重视事前控制和事中控制；缺乏人力资源管理机制和完善的绩效考核制度；无视与员工的关系。如签订不规范的劳动合同，员工养老统筹费用欠缴，以至于出现员工劳动补偿纠纷等。一旦出现上述情况，将对企业上市产生负面影响。

规范要求：良好的企业内控制度要求目标明确、措施有效、执行顺畅、监督到位、效果明显、效益显著。对自身内控制度的建立和执行情况，企业可以从以下两个维度展开自查：检查现有内控制度的框架、内容、流程设计是否符合企业的实际和经营特点，是否关注到本企业的重点业务单位、重要业务事项、重大风险领域和关键的岗位及环节，是否存在照抄照搬其他公司而与实际经营活动脱节的现象；企业现有内部制度是否已下发执行，员工对制度的了解、掌握程度，制度的执行是否列入绩效考核，企业及其所属各单位、部门及职工对制度的执行是否到位，是否存在"重制度、轻执行，重程序、轻效率"的现象。

【案例 4 - 8】恒安嘉新(北京)科技股份公司：存在内控缺失问题

恒安嘉新分别于 2018 年 12 月 28 日和 29 日签订了 4 个提供解决方案业务的重大合同。上述合同均于当年签署初次验收报告，恒安嘉新于当年确认收入 13 682.84 万元，产生的净利润为 7 827.17 万元。多轮问询之后，恒安嘉新以谨慎性为由调整了收入确认时间，并将调整事项作为特殊会计事项进行披露。

2019 年 8 月 26 日,中国证监会对恒安嘉新首次公开发行股票作出不予注册的决定。中国证监会认为恒安嘉新将该"会计差错更正"认定为"特殊会计处理事项"的理由不充分,不符合企业会计准则的要求。同时,公司还存在另一项会计差错更正没有按照招股说明书更正事项进行披露。恒安嘉新存在会计基础工作薄弱和内控缺失的情形。

二、 企业税务核查

核查要点:公司及其控股子公司执行的税种、税率是否符合现行法律、法规和规范性文件的要求;若公司享受优惠政策、财政补贴等政策,该政策是否合法、合规、真实、有效;公司纳税是否规范,是否存在核定征税的情形;公司及其子公司是否存在税务处罚的情形等。

1. 会计政策、会计估计变更及会计差错影响利润的涉税处理

因合理规划拟上市企业会计政策、会计估计而影响申报期间损益,应按申报报表各期利润总额以适用税率计算所得税。

会计差错导致常见税务问题:收入入账不完整,成本结转不配比,应资本化的支出费用化,虚增费用等情形导致损益不真实,企业所得税计缴不正确;研发费用列支范围不适当,所得税加计扣除不正确;不符合高新技术企业认证条件,适用税率不正确;采用核定征税方式。

规范要求:遵照企业会计准则和税法规定,准确核算各期利润,并按照适用税率计缴企业所得税;准确归集研发支出并确定加计扣除金额;严格遵守高新技术企业认证条件,对不符合条件的不适用所得税优惠税率。

2. 高新技术企业税收优惠

中国在税制改革中支持高新技术企业,高新技术企业的产品(服务)属于《国家重点支持的高新技术领域》,这与创业板市场优先考虑新能源、新材料、生物医药、电子信息、环保节能、现代服务等领域的政策导向相吻合。如果企业符合国家高新技术产业导向并有相应技术的,应争取认定为高新技术企业,可降低 10% 的企业所得税税负。

3. 未分配利润、盈余公积、资本公积转增资本个人股东需要缴纳个人所得税

根据税收法律法规规定,公司用资本公积、未分配利润转增股本的,个

人股东应计缴个人所得税。对于符合缓缴条件的,应及时与税务局沟通办理缓缴个人所得税手续。

《国家税务总局关于印发〈征收个人所得税若干问题的规定〉的通知》(国税发〔1994〕89号)规定:"关于派发红股的征税问题:股份制企业在分配股息、红利时,以股票形式向股东个人支付应得的股息、红利(即派发红股),应以派发红股的股票票面金额为收入额,按利息、股息、红利项目计征个人所得税。"

《财政部、国家税务总局关于将国家自主创新示范区有关税收试点政策推广到全国范围实施的通知》(财税〔2015〕116号)规定:"非上市及未挂牌的中小高新技术企业以未分配利润、盈余公积、资本公积向个人股东转增股本时,可在不超过5个公历年度内(含)分期缴纳。"

4. 个人非货币性资产出资税收优惠政策

(1) 个人所得税。《财政部、国家税务总局关于个人非货币性资产投资有关个人所得税政策的通知》(财税〔2015〕41号)规定:"个人以非货币性资产投资,属于个人转让非货币性资产和投资同时发生。对个人转让非货币性资产的所得,应按照'财产转让所得'项目,依法计算缴纳个人所得税;纳税人一次性缴税有困难的,可合理确定分期缴纳计划并报主管税务机关备案后,自发生上述应税行为之日起不超过5个公历年度内(含)分期缴纳个人所得税。本通知所称非货币性资产,是指现金、银行存款等货币性资产以外的资产,包括股权、不动产、技术发明成果以及其他形式的非货币性资产。"

(2) 土地增值税。《关于继续实施企业改制重组有关土地增值税政策的通知》(财政部 税务总局公告2021年第21号)规定:"单位、个人在改制重组时以房地产作价入股进行投资,对其将房地产转移、变更到被投资的企业,暂不征土地增值税。"

5. 企业合并相关税收优惠政策

部分公司在上市改制前需实施股权架构的调整,会涉及企业合并问题,相关的税收成本系重点考虑事项。国家在企业合并方面有一系列税收优惠政策:

1) 增值税

《国家税务总局关于纳税人资产重组有关增值税问题的公告》(国家税务总局公告2011年第13号)规定:"纳税人在资产重组过程中,通过合并、分立、出售、置换等方式,将全部或者部分实物资产以及与其相关联的债权、负债和劳动力一并转让给其他单位和个人,不属于增值税的征税范围,其中涉及的货物转让,不征收增值税。"

2)城建税及教育费附加

不征或免征增值税的同时,不征或免征城建税及教育费附加。

3)契税

《财政部、税务总局关于继续执行企业事业单位改制重组有关契税政策的通知》(财政部 税务总局公告 2021 年第 17 号)规定:"同一投资主体内部所属企业之间土地、房屋权属的划转,包括母公司与其全资子公司之间、同一公司所属全资子公司之间、同一自然人与其设立的个人独资企业、一人有限公司之间土地、房屋权属的划转,免征契税。"

4)印花税

《财政部、国家税务总局关于企业改制过程中有关印花税政策的通知》(财税〔2003〕183 号)规定:"以合并或分立方式成立的新企业,其新启用的资金账簿记载的资金,凡原已贴花的部分可不再贴花,未贴花的部分和以后新增加的资金按规定贴花。"

5)土地增值税

《财政部、国家税务总局关于继续实施企业改制重组有关土地增值税政策的通知》(财税〔2018〕57 号)规定:"二、按照法律规定或者合同约定,两个或两个以上企业合并为一个企业,且原企业投资主体存续的,对原企业将房地产转移、变更到合并后的企业,暂不征土地增值税。三、按照法律规定或者合同约定,企业分设为两个或两个以上与原企业投资主体相同的企业,对原企业将房地产转移、变更到分立后的企业,暂不征土地增值税。"

6)企业所得税

《财政部、国家税务总局关于企业重组业务企业所得税处理若干问题的通知》(财税〔2009〕59 号)规定:"五、企业重组同时符合下列条件的,适用特殊性税务处理规定:(一)具有合理的商业目的,且不以减少、免除或者推迟缴纳税款为主要目的。(二)被收购、合并或分立部分的资产或股权比例符合本通知规定的比例。(三)企业重组后的连续 12 个月内不改变重组资产原来的实质性经营活动。(四)重组交易对价中涉及股权支付金额符合本通知规定比例。(五)企业重组中取得股权支付的原主要股东,在重组后连续

12 个月内,不得转让所取得的股权。"

"六、企业重组符合本通知第五条规定条件的,交易各方对其交易中的股权支付部分,可以按以下规定进行特殊性税务处理:(一)企业债务重组确认的应纳税所得额占该企业当年应纳税所得额 50％以上,可以在 5 个纳税年度的期间内,均匀计入各年度的应纳税所得额。企业发生债权转股权业务,对债务清偿和股权投资两项业务暂不确认有关债务清偿所得或损失,股权投资的计税基础以原债权的计税基础确定。企业的其他相关所得税事项保持不变。(二)股权收购,收购企业购买的股权不低于被收购企业全部股权的 75％,且收购企业在该股权收购发生时的股权支付金额不低于其交易支付总额的 85％,可以选择按以下规定处理:1. 被收购企业的股东取得收购企业股权的计税基础,以被收购股权的原有计税基础确定。2. 收购企业取得被收购企业股权的计税基础,以被收购股权的原有计税基础确定。3. 收购企业、被收购企业的原有各项资产和负债的计税基础和其他相关所得税事项保持不变。(三)资产收购,受让企业收购的资产不低于转让企业全部资产的 75％,且受让企业在该资产收购发生时的股权支付金额不低于其交易支付总额的 85％,可以选择按以下规定处理:1. 转让企业取得受让企业股权的计税基础,以被转让资产的原有计税基础确定。2. 受让企业取得转让企业资产的计税基础,以被转让资产的原有计税基础确定。(四)企业合并,企业股东在该企业合并发生时取得的股权支付金额不低于其交易支付总额的 85％,以及同一控制下且不需要支付对价的企业合并,可以选择按以下规定处理:1. 合并企业接受被合并企业资产和负债的计税基础,以被合并企业的原有计税基础确定。2. 被合并企业合并前的相关所得税事项由合并企业承继。3. 可由合并企业弥补的被合并企业亏损的限额=被合并企业净资产公允价值×截至合并业务发生当年年末国家发行的最长期限的国债利率。4. 被合并企业股东取得合并企业股权的计税基础,以其原持有的被合并企业股权的计税基础确定。"

"十一、企业发生符合本通知规定的特殊性重组条件并选择特殊性税务处理的,当事各方应在该重组业务完成当年企业所得税年度申报时,向主管税务机关提交书面备案资料,证明其符合各类特殊性重组规定的条件。企业未按规定书面备案的,一律不得按特殊重组业务进行税务处理。"

《财政部、国家税务总局关于促进企业重组有关企业所得税处理问题的通知》(财税〔2014〕109 号)对财税〔2009〕59 号进行了调整:第 6 条第(二)项中有关"股权收购,收购企业购买的股权不低于被收购企业全部股权的 75％"规定调整为"股权收购,收购企业购买的股权不低于被收购企业全部股权的 50％";第 6 条第(三)项中有关"资产收购,受让企业收购的资产不低于转让企业全部资产的 75％"规定调整为"资产收购,受让企业收购的资产不低于转让企业全部资产的 50％"。

7) 个人所得税

国家税务总局在 2011 年 3 月发布的"合并过程中被合并企业存在未分配利润,是否要缴纳个人所得税"的问答中回复:"按照《财政部、国家税务总局关于企业重组业务企业所得税处理若干问题的通知》(财税〔2009〕59 号)规定,符合特殊重组业务的企业合并,根据《国家税务总局关于发布〈企业重组业务企业所得税管理办法〉的公告》(国家税务总局公告 2010 年第 4 号)规定,被合并方不需要进行清算。在会计账务处理中,被合并方资产、负债、所有者权益中有关数据,基本上按原账面数额移植到合并方企业,在此过程中'未分配利润'没有发生分配行为,不需征收个人所得税;如果在免税重组过程中,合并方账务处理时对'未分配利润'做了转增股本处理,需要征收个人所得税。"

6. 非上市公司股权激励优惠政策

《财政部、国家税务总局关于完善股权激励和技术入股有关所得税政策的通知》(财税〔2016〕101 号)规定:"非上市公司授予本公司员工的股票期权、股权期权、限制性股票和股权奖励,符合规定条件的,经向主管税务机关备案,可实行递延纳税政策,即员工在取得股权激励时可暂不纳税,递延至转让该股权时纳税;股权转让时,按照股权转让收入减除股权取得成本以及合理税费后的差额,适用'财产转让所得'项目,按照 20％的税率计算缴纳个人所得税。"

新三板挂牌公司适用上述规定。

7. 技术成果投资入股优惠政策

《财政部、国家税务总局关于完善股权激励和技术入股有关所得税政策的通知》(财税〔2016〕101 号)规定:"选择技术成果投资入股递延纳税政策的,经向主管税务机关备案,投资入股当期可暂不纳税,允许递延至转让股权时,按股权转让收入减去技术成果原值和合理税费后的差额计算缴纳所得税。"

第五章

企业上市之股份公司改制和股权融资

第一节 公司股改时点及股改前的重组

一、 公司启动股改程序的基本前提

根据我国现行《证券法》《公司法》的规定,只有股份有限公司才被允许发行股份并在资本市场上市交易。因此,对于一个谋求进入资本市场的企业来说,将公司的组织形式由有限责任公司整体变更为股份有限公司(简称股改)是必不可少的一个环节。

股改的完成基本标志着企业已经完成了围绕上市相关的法律、财务、行业等各方面实质问题的梳理和整改,后续将以崭新的面貌,比照上市公司的运行和治理规范来经营运作。换言之,只有在公司已完成股改前的规范整改,且经专业中介机构评估不存在重大实质性障碍的基本前提下,企业才可以启动股改工作。

二、 公司基本股权架构的搭建应尽可能在股改前完成

《公司法》第141条规定,发起人持有的本公司股份,自公司成立之日起一年内不得转让。由于在股改过程中,原有限责任公司的全体股东将以股份有限公司发起人的身份签署发起人协议并召开创立大会。这意味着,自股改完成之日(即取得股份有限公司的企业法人营业执照之日)起一年内,企业将无法通过股权转让的方式对自身的股权结构进行调整。

因此,在启动股改工作之前,需要考虑符合企业需要的、稳定的股权架构是否已经搭建完善。具体而言,一方面,企业需要配合中介机构对拟作为发起人的股东的主体资格进行全面深度的调查,对于一些不满足上市公司股东资格要求的人员(如股东为国家公务员、党政机关领导等情况),应当及时进行"清理",避免股改完成后才发现存在瑕疵股东,影响企业的上市申报;另一方面,对于无瑕疵的股东,企业也需要对其未来的稳定性进行一定的评估,比如直接持有公司股权的激励对象的稳定性。

三、 公司股改前的重组事项

企业改制重组的目的是按照《公司法》的要求增强企业的核心竞争力,突出企业的主营业务,提高企业的持续发展能力,保持企业经营独立,运作规范,减少和规范关联交易,有效避免同业竞争。相关内容如表5.1所示。

表 5.1　公司股改前的重组事项

业务改组	规范治理	同业竞争	关联交易
拟发行上市的公司原则上应采取整体改制方式,即剥离非经营性资产后,企业经营性资产整体进入股份有限公司,企业不应将整体业务的一个环节或一个部分组建为拟发行上市公司。改制后的公司主业应突出,具有独立完整的生产经营系统	公司的发起人应符合法律、法规规定的条件,发起人投入拟发行上市公司的业务和资产应独立完整。公司应在改制重组和持续经营过程中,确保公司按照《上市公司治理准则》的要求,做到业务、资产、人员、机构、财务的独立	公司在改组时,应避免其主要业务与实际控制人及其控制的法人从事相同相似业务的情况,避免同业竞争。存在同业竞争的,公司应从业务的性质、业务的客户对象、产品或劳务的可替代性、市场差别等方面判断,并进行合适的处理	存在数量较大的关联交易,应制定有针对性的减少关联交易的实施方案。无法避免的关联交易应遵循市场公开、公正、公平的原则,关联交易的价格或收费,原则上应不偏离市场独立第三方的标准

一般情况下,企业按照以下几个方面展开展公司改制重组。

（一）资产重组

企业理清主营业务,主板上市可以多元化经营,但需要剥离非经营性资产,处置类金融资产以及持有的其他金融企业的股权,如私募基金管理公司、小贷公司、融资租赁、供应链金融等资产,整合同业竞争公司,构建完整产业链,剥离非经营需要的关联方;涉及生产经营必需的土地、厂房需评估作价进入上市主体。

（二）财务重组

企业历史账务不规范的需要合规剥离;根据企业会计准则和审计机构的意见对拟上市企业账务和报表进行调整;梳理拟上市企业及关联方历史财务报告或模拟财务数据,根据企业会计准则及审计机构的建议设立新的账务系统等。

（三）业务重组

根据企业上市规范治理的要求,清晰地梳理公司的产品线和业务线,梳理和调整公司业务体系和业务流程,按照上市公司口径整理业务发展数据;根据业务发展计划、资本市场要求的投资回报率确定投资计划和募投项目。

（四）机构重组

根据业务重组结果,按照上市公司治理准则调整、更新拟上市公司的机构设置。

（五）人员重组

根据拟上市公司治理架构和机构设置，配置合适的董监高及核心技术人员，设置股权激励平台，制定股权激励计划，建立新的激励机制、人力资源体系和新的薪酬制度，规范劳动用工，合法配置聘用制员工、劳务派遣和劳务人员，制定期权计划。

通过上述资产、财务、业务、机构、人员的重组，企业达到上市公司治理准则要求的规范治理标准，整合同业竞争和减少关联交易，最终改制设立为符合公众公司治理水平的拟上市公司。

第二节　有限责任公司股改操作细则及注意要点

一、 有限责任公司股改的操作细则

有限责任公司股改的操作细则如表 5.2 所示。

表 5.2　有限责任公司股改的操作细则

时 间 点	操 作 细 则
___年___月___日	由全体发起人指定的代表或共同委托的代理人向工商信息登记机关申请名称预先核准。 （名字确定后即可申请，有效期为 6 个月）
___年___月___日 （时间可以根据具体情况确定，但是一般会所出具审计报告都要董事会决议，因此有限公司董事会决议一般不晚于审计报告出具日）（可以是审计评估出具日期的当日）	有限公司董事会决议： 1. 同意公司类型由有限公司依法整体变更为股份公司（非上市公司）。 2. 同意公司名称由_____有限公司变更为_____股份有限公司。 3. 审议通过公司审计报告和评估报告。 4. 公司整体变更发起设立股份公司的具体方案。 5. 同意有限责任公司的债权债务及其他权利和义务由依法定程序变更后的股份公司依法承继。 6. 同意公司变更为股份公司后的经营期限变更为长期。 7. 全权委托董事会依法办理公司整体变更发起设立股份公司的相关事宜。

(续表)

时 间 点	操 作 细 则
	8. 同意公司董事会、监事及总经理等高级管理人员应履行职责至股份有限公司创立大会暨第一次临时股东大会召开之日,转由股份有限公司新组成的股东大会、董事会、监事会及总经理、董事会秘书、财务总监等高级管理人员按照《公司法》等法律法规及《公司章程》的规定履行相关职责。 9. 提议召开临时股东会会议。 当日执行董事发出关于召开临时股东会的通知(一般提前 15 天发出临时股东会通知,如果时间来不及,有限公司阶段可由全体股东一致同意随时召开临时股东会)
___年___月___日 (可以是有限公司董事会决议的当日)	签署发起人协议
___年___月___日 (指审计报告日)	会计师出具改制审计报告:会计师出具改制基准日的《审计报告》,确认_____有限公司于基准日(___年___月___日)的账面净资产值
___年___月___日 (指评估报告日)	评估师出具改制评估报告:资产评估公司出具改制基准日的《资产评估报告书》,确认_____有限公司于基准日(___年___月___日)的净资产评估值
___年___月___日	有限公司召开临时股东会: 1. 同意公司类型由有限公司依法整体变更为股份公司(非上市公司)。 2. 同意公司名称由_____有限公司变更为_____股份有限公司。 3. 审议通过公司审计报告和评估报告。 4. 公司整体变更发起设立股份公司的具体方案。 5. 同意有限责任公司的债权债务及其他权利和义务由依法定程序变更后的股份公司依法承继。 6. 同意公司变更为股份公司后的经营期限变更为长期。 7. 全权委托董事会依法办理公司整体变更发起设立股份公司的相关事宜。 8. 同意公司董事会、监事应履行职责至股份有限公司创立大会暨第一次临时股东大会召开之日,转由股份有限公司新组成的股东大会、董事会、监事会按照《公司法》等法律法规及《公司章程》的规定履行相关职责

(续表)

时　间　点	操　作　细　则
___年___月___日 (一般与有限公司临时股东会同一天)	发出召开创立大会的通知(提前 15 天)
___年___月___日	市场监督管理局(工商局)通过股份公司名称预核准: 公司所属市场监督管理局(工商局)颁发《企业名称变更核准通知书》,核准股份公司的名称。
___年___月___日	召开股份公司创立大会暨第一次临时股东大会: 1. 审议关于_____股份有限公司筹办情况的报告。 2. 审议关于_____股份有限公司设立费用的报告。 3. 关于_____股份有限公司章程的议案。 4. 关于组建_____股份有限公司董事会即成立第一届董事会的议案。 5. 关于选举_____为_____股份有限公司第一届董事会董事的议案。 6. 关于选举_____为_____股份有限公司第一届董事会董事的议案。 7. 关于选举_____为_____股份有限公司第一届董事会董事的议案。 8. 关于选举_____为_____股份有限公司第一届董事会董事的议案。 9. 关于选举_____为_____股份有限公司第一届董事会独立董事的议案。 10. 关于选举_____为_____股份有限公司第一届董事会独立董事的议案。 11. 关于选举_____为_____股份有限公司第一届董事会独立董事的议案。 12. 关于组建_____股份有限公司监事会即成立股份公司第一届监事会的议案。 13. 关于选举_____为_____股份有限公司第一届监事会非职工监事的议案。 14. 关于选举_____为_____股份有限公司第一届监事会非职工监事的议案。 15. 关于_____股份有限公司股东大会议事规则的议案。 16. 关于_____股份有限公司董事会议事规则的议案。 17. 关于_____股份有限公司监事会议事规则的议案。 18. 关于_____股份有限公司独立董事制度的议案。 19. 关于_____股份有限公司对外投资管理制度的议案。

时 间 点	操 作 细 则
	20. 关于_____股份有限公司关联交易决策制度的议案。 21. 关于_____股份有限公司对外担保管理制度的议案。 22. 关于发起人用于抵作股款财产作价情况的报告。 23. 关于聘请_____为_____股份有限公司____年度外部审计机构的议案。 24. 关于授权董事会办理_____股份有限公司设立及注册登记等相关事宜的议案。 注:1. 股份公司董事会人数为五至十九人(一般为奇数),其中独立董事人数不低于董事会总人数的三分之一。 2. 股份公司监事会人数不得少于三人(一般为奇数),其中职工代表监事不低于监事会总人数的三分之一,董事和高级管理人员不得兼任监事,董事和高级管理人员的关联方、财务人员不建议兼任监事
___年___月___日	制作_____股份有限公司股东名册
___年___月___日 (一般与股份公司创立大会同一天)	召开股份公司第一届董事会第一次会议: 1. 关于选举_____为公司第一届董事会董事长的议案。 2. 关于选举_____为公司第一届董事会副董事长的议案(如需)。 3. 关于聘任_____为公司总经理的议案。 4. 关于聘任_____为公司副总经理的议案(如需)。 5. 关于聘任_____为公司财务总监的议案。 6. 关于聘任_____为公司董事会秘书的议案。 7. 关于_____股份有限公司总经理工作制度的议案。 8. 关于_____股份有限公司董事会秘书工作规则的议案。 9. 关于_____股份有限公司董事会审计委员会实施细则的议案。 10. 关于_____股份有限公司董事会提名委员会实施细则的议案。 11. 关于_____股份有限公司董事会薪酬与考核委员会实施细则的议案。 12. 关于_____股份有限公司董事会战略委员会实施细则的议案。 13. 关于_____股份有限公司设立董事会审计委员会并选举_____、_____、_____为董事会审计委员会成员的议案。 14. 关于_____股份有限公司设立董事会提名委员会并选举_____、_____、_____为董事会审计委员会成员的议案。

(续表)

时 间 点	操 作 细 则
	15. 关于_____股份有限公司设立董事会薪酬与考核委员会并选举_____、_____、_____为董事会审计委员会成员的议案。 16. 关于_____股份有限公司设立董事会战略委员会并选举_____、_____、_____为董事会审计委员会成员的议案。 17. 关于设立_____股份有限公司内部审计部的议案。 18. 关于_____股份有限公司内部审计制度的议案。 19. 关于_____股份有限公司内部控制制度的议案。 20. 关于_____股份有限公司财务管理制度的议案。 21. 关于_____股份有限公司控股子公司管理办法的议案（如有控股子公司）。 22. 关于《防范控股股东及关联方占用公司资金管理制度》的议案（如涉及控股股东及其关联方占用资金）。 注：1. 股份公司可以依据实际情况增设副董事长或高级管理人员的职位。 2. 董事会专门委员会人数应为三名以上董事，其中独立董事应占半数以上，审计委员会至少有一名独立董事是会计专业人士
___年___月___日 （一般与股份公司创立大会同一天）	召开股份公司第一届监事会第一次会议： 会议选举_____为_____股份有限公司第一届监事会主席
___年___月___日 （一般与股份公司创立大会同一天）	召开股份公司第一次职工代表大会： 会议选举_____为_____股份有限公司职工代表监事
___年___月___日	股份公司为外商投资企业的，取得外经贸委/商委关于变更为股份公司的批复文件，涉及其他前置审批手续的，办理其他前置审批手续
___年___月___日	会计师出具改制验资报告： _____会计师出具改制《验资报告》，确认_____股份有限公司的注册资本已缴足
___年___月___日	申请办理工商档案迁移（迁入市局）
___年___月___日	公司向所属市场监督管理局（工商局）递交申请变更登记资料：申请公司变更为股份有限公司，同时申请变更公司名称、出资方式、经营期限、经营范围等

（续表）

时 间 点	操 作 细 则
＿＿＿年＿＿＿月＿＿＿日	市场监督管理局(工商局)核发《营业执照》： 公司所属市场监督管理局(工商局)核发股份公司的《营业执照》
＿＿＿年＿＿＿月＿＿＿日 ［市场监督管理局 (工商局)核发股份 公司《企业法人营业 执照》后］	权属类资产的更名申请： 1. 股份公司资质、证照主体变更。 2. 股份公司公章、印鉴变更。 3. 股份公司税务、信用信息、基本账户、其他银行账户的变更。 4. 商标、软件著作权及专利等无形资产的主体变更。 5. 其他权属类资产的主体变更。 6. 通知客户、供应商合同主体、发票等变更事项

二、 公司股改过程中的注意要点

(一) 净资产折股应以审计值为基础

根据现行规定,不同交易板块对拟上市企业自股份有限公司成立后的持续经营时间都有 3 年以上的要求。但是,如果有限责任公司按原账面净资产值折股整体变更为股份有限公司的,持续经营时间可以从有限责任公司成立之日起计算。整体变更不应改变历史成本计价原则,不应根据资产评估结果进行账务调整,应以改制基准日经审计的净资产额为依据折合为股份有限公司股本。公司申报财务报表最近一期截止日不得早于股份有限公司成立日。

为了确保公司持续经营时间的可延续性,有限公司的股改必须以经审计而非经评估的账面净资产进行折股。如果有限公司以经评估的净资产折股设立股份公司的,则视同新设股份公司,业绩不可连续计算。

(二) 净资产低于注册资本的处理

根据《公司法》第 95 条规定,有限责任公司变更为股份有限公司时,折合的实收股本总额不得高于公司净资产额。换言之,假设股改后股份公司注册资本为 10 000 万元,但有限公司经审计的账面净资产只有 8 000 万元,则无法进行有限公司的整体变更。对于该种情况,目前实务中主要有以下几种处理思路：

1. 大股东注资提高净资产

根据实务经验,导致公司净资产小于注册资本的一个重要原因在于公司实收资本过低,即公司注册资本未缴纳或未全部缴纳。该情况又分为两种:第一,股东货币出资没有到位,实缴金额低于认缴出资额;第二,股东以非货币财产出资,而该出资的入账价值低于评估值。

严格来说,该种情形实际上是一种股东出资瑕疵,属于前文所说的在启动公司股改工作前就应当处理、规范的法律问题。股东缴纳其认缴的出资是一种法定义务,不缴足或者出资不实,处理方法主要是负有对应出资义务的股东缴足自己入股时认缴的出资,或者以现金或其他非货币资产,将前期未评估或者评估值过高的资产置换出来,从而使公司注册资本充实,净资产提高。

2. 有限公司在股改前先进行减资

在不存在出资不实的情况下,除股东注资以外,公司还可以采取减资后再股改的处理。也就是说,在无法提高企业净资产的情况下,通过减资降低公司的注册资本,使拟用以折股的净资产不再低于股份公司的注册资本。

(三)发行人在股改时存在累计未弥补亏损

发行人在股改时存在累计未弥补亏损的,需在招股说明书中充分披露其由有限责任公司整体变更为股份有限公司的基准日未分配利润为负的形成原因,该情形是否已消除,整体变更后的变化情况和发展趋势,与报告期内盈利水平变动的匹配关系,对未来盈利能力的影响,整体变更的具体方案及相应的会计处理、整改措施(如有),并充分揭示相关风险。

保荐机构、发行人律师应对下述事项进行核查并发表意见:发行人有限责任公司整体变更设立股份有限公司相关事项是否经董事会、股东会表决通过,相关程序是否合法合规,改制中是否存在侵害债权人合法权益的情形,是否与债权人存在纠纷,是否已完成工商登记注册和税务登记相关程序,整体变更设立股份有限公司相关事项是否符合《公司法》等法律法规规定。

(四)股改过程中的个税缴纳问题

1. 法律规定

对于股改过程中,公司以盈余公积、未分配利润、资本公积转增股本涉及个税缴纳问题的主要立法沿革如表 5.3 所示:

表 5.3　相关立法沿革

政 策 名 称	政 策 内 容
《国家税务总局关于股份制企业转增股本和派发红股征免个人所得税的通知》(国税发〔1997〕198 号)	一、股份制企业用资本公积金转增股本不属于股息、红利性质的分配,对个人取得的转增股本数额,不作为个人所得,不征收个人所得税。 二、股份制企业用盈余公积金派发红股属于股息、红利性质的分配,对个人取得的红股数额,应作为个人所得征税
《国家税务总局关于原城市信用社在转制为城市合作银行过程中个人股增值所得应纳个人所得税的批复》(国税函〔1998〕289 号)	二、《国家税务总局关于股份制企业转增股本和派发红股征免个人所得税的通知》(国税发〔1997〕198 号)中所表述的"资本公积金"是指股份制企业股票溢价发行收入所形成的资本公积金。将此转增股本由个人取得的数额,不作为应税所得征收个人所得税。而与此不相符合的其他资本公积金分配个人所得部分,应当依法征收个人所得税
《关于进一步加强高收入者个人所得税征收管理的通知》(国税发〔2010〕54 号)	(二)加强利息、股息、红利所得征收管理 1. 加强股息、红利所得征收管理。重点加强股份有限公司分配股息、红利时的扣缴税款管理,对在境外上市公司分配股息红利,要严格执行现行有关征免个人所得税的规定。加强企业转增注册资本和股本管理,对以未分配利润、盈余公积和除股票溢价发行外的其他资本公积转增注册资本和股本的,要按照"利息、股息、红利所得"项目,依据现行政策规定计征个人所得税
《国家税务总局关于股权奖励和转增股本个人所得税征管问题的公告》(国家税务总局公告2015 年第 80 号)	(一)非上市及未在全国中小企业股份转让系统挂牌的中小高新技术企业以未分配利润、盈余公积、资本公积向个人股东转增股本,并符合财税〔2015〕116 号文件有关规定的,纳税人可分期缴纳个人所得税;非上市及未在全国中小企业股份转让系统挂牌的其他企业转增股本,应及时代扣代缴个人所得税。 (二)上市公司或在全国中小企业股份转让系统挂牌的企业转增股本(不含以股票发行溢价形成的资本公积转增股本),按现行有关股息红利差别化政策执行
《财政部、国家税务总局关于将国家自主创新示范区有关税收试点政策推广到全国范围实施的通知》(财税〔2015〕116 号)	1. 自 2016 年 1 月 1 日起,全国范围内的中小高新技术企业以未分配利润、盈余公积、资本公积向个人股东转增股本时,个人股东一次缴纳个人所得税确有困难的,可根据实际情况自行制定分期缴税计划,在不超过 5 个公历年度内(含)分期缴纳,并将有关资料报主管税务机关备案。

（续表）

政策名称	政策内容
	2. 个人股东获得转增的股本，应按照"利息、股息、红利所得"项目，适用20%税率征收个人所得税。 3. 股东转让股权并取得现金收入的，该现金收入应优先用于缴纳尚未缴清的税款。 4. 在股东转让该部分股权之前，企业依法宣告破产，股东进行相关权益处置后没有取得收益或收益小于初始投资额的，主管税务机关对其尚未缴纳的个人所得税可不予追征。 5. 本通知所称中小高新技术企业，是指注册在中国境内实行查账征收的、经认定取得高新技术企业资格，且年销售额和资产总额均不超过2亿元、从业人数不超过500人的企业。 6. 上市中小高新技术企业或在全国中小企业股份转让系统挂牌的中小高新技术企业向个人股东转增股本，股东应纳的个人所得税，继续按照现行有关股息红利差别化个人所得税政策执行，不适用本通知规定的分期纳税政策

2. 资本公积转增股本涉及个税缴纳的 IPO 案例

【案例 5-1】上海凯鑫（300899）

上海凯鑫分离技术股份有限公司（简称上海凯鑫）于 2015 年 7 月 4 日召开股东会变更为股份有限公司。根据相关法律意见书，公司整体变更后总股本为 20 000 000 元，其中，新增股本 16 454 750 元均由公司增资溢价形成的资本公积转入。

根据《国家税务总局关于进一步加强高收入者个人所得税征收管理的通知》（国税发〔2010〕54 号）的规定："……加强企业转增注册资本和股本管理，对以未分配利润、盈余公积和除股票溢价发行外的其他资本公积转增注册资本和股本的，要按照'利息、股息、红利所得'项目，依照现行政策规定计征个人所得税。"鉴于凯鑫有限整体变更为股份有限公司的新增股本均由增资溢价形成的资本公积转入，因此，发行人自然人股东就本次整体变更为股份有限公司未缴纳个人所得税。

而根据 2016 年 1 月 1 日开始实施的《财政部、国家税务总局关于将国家自主创新示范区有关税收试点政策推广到全国范围实施的通知》（财税〔2015〕116 号）及《国家税务总局关于股权奖励和转增股本个人所得税征管问题的公告》(国家税务总局公告2015年第80号)的规定,"非上市及未在全国中小企业股份转让系统挂牌的中小高新技术企业以未分配利润、盈余公积、资本公积向个人股东转增股本,并符合财税〔2015〕116号文件有关规定的,纳税人可分期缴纳个人所得税;非上市及未在全国中小企业股份转让系统挂牌的其他企业转增股本,应及时代扣代缴个人所得税"。

尽管上海凯鑫已经于上述规定实施前完成了整体变更为股份有限公司,但税务机关仍有可能依据上述规定要求发行人自然人股东补缴整体变更为股份有限公司过程中的个人所得税。

根据发行人自然人股东出具的《关于股改个税缴纳的承诺函》,若届时税务机关要求其缴纳公司本次整体变更为股份有限公司过程中的个人所得税,其将立即足额缴纳,如因其未及时缴纳该等税款而导致滞纳金等任何形式的处罚或损失,其将承担全部的法律和赔偿责任,如公司因自然人股东未及时缴纳上述应缴税款遭受任何形式的处罚和经济损失,其将无条件赔偿公司全部损失。

综上,发行人律师认为,发行人已在财税〔2015〕116号文正式实施之前完成改制,故自然人股东未缴纳公司整体变更为股份有限公司过程中由增资溢价形成的资本公积转增股本可能涉及的个人所得税,但其均已作出愿意承担可能的补缴或追缴责任的承诺,该等承诺真实、有效。发行人自然人股东未缴纳公司整体变更所涉个人所得税的情形,不构成重大违法行为,不会对发行人本次发行上市构成实质性障碍。

【案例5-2】传音控股(688036)

深圳传音控股股份有限公司(简称传音控股)于2017年11月整体变更为股份有限公司。据相关法律意见书,传音控股截至2017年8月31日的净资产值为人民币2 627 763 619.72元,其中实收资本76 737 660元,资本公积2 531 544 882.3元,未分配利润19 481 077.42元。传音控股全体股东以前述净资产折合为公司股本总额72 000万股,各股东按出资比例持有相应的股份。因此,涉及以资本公积、未分配利润转增股本之情形。

根据《国家税务总局关于进一步加强高收入者个人所得税征收管理的通知》《国家税务总局关于股权奖励和转增股本个人所得税征管问题的公告》以及《中华人民共和国合伙企业法》的规定,合伙企业、居民企业不属于纳税主体,自然人股东应就资本公积转增股本缴纳个人所得税。本案中自然人股东已经就未分配利润、资本公积转增股本事宜足额缴纳了其个人应当缴纳的个人所得税,不存在被追缴风险。

三、 股改完成后的公司治理和规范运作要求

(一) 股改后审计调整

股改后审计调整,重点关注审计调整的原因、股改时资产负债入账的准确性、是否存在出资不实、影响发行人股份改制的合法合规性等情形。

发行人在以股改基准日经审计的账面净资产整体折股变更为股份有限公司后,发现会计师以股改基准日出具的审计报告由于种种原因,经审计的账面净资产值存在偏差。股改基准日经审计的账面净资产值发生的调整,既有可能调高,也有可能调低。从已上市案例来看,因审计净资产值偏高需要调低的情况较多,因审计净资产值偏低需要调高的情况相对较少,原因在于净资产值被调高并不影响发行人资本充足性,更不会导致发行人股东出资不实的责任,一般监管机构并不会过分关注,如恒久科技(002808)。

因审计净资产值偏高需要调低的情况,应当做如下调整:

(1) 若股改审计值被调低,但是未低于折股后的注册资本。根据《公司法》第96条的规定,有限责任公司变更为股份有限公司时,折合的实收股本总额不得高于公司净资产额。在该情况下只要调减资本公积并经发行人股东大会确认即可,如宏达电子、科融环境、珈伟股份、通裕重工等。

需要注意的是,股改的净资产是指母公司个别报表层面的净资产,而非合并报表层面的净资产,因子公司亏损导致合并报表层面归属母公司股东的净资产小于母公司个别报表层面净资产的情况,应当关注该子公司的亏损是否为暂时性的,未来能否恢复盈利,考虑有无必要在个别报表层面对该子公司的长期股权投资计提减值准备。

(2) 若股改审计值被调低,且低于折股后的注册资本,这种情况下就造成了出资不实。在这种情况下,实务中一般通过承认股改不合法,重新股改;或降低注册资本,调至经调整后的净资产值(或低于经调整后的净资产值);或通过发起人股东补足出资的方式并履行相关程序,才能较完善地弥补该瑕疵。

【案例 5‑3】宏达电子(300726)调低股改审计值

2016 年,在众华对宏达电子申请上市的财务报表进行审计的过程中,发

现了前期差错事项：发行人前身宏达有限将对湘怡中元的长期股权投资成本确认为收购对价 42 008 010 元，列示有误，应将宏达有限对湘怡中元的长期股权投资修订为 29 907 101.74 元，导致调整后的净资产比股改基准日的净资产减少 12 100 908.26 元。

经审计调整后，宏达有限截至股改基准日净资产 342 102 986.67 元，折合股本总额 320 000 000 股，其余净资产 22 102 986.67 元计入资本公积。本次调整不影响宏达电子注册资本，不影响公司注册资本充实情况。

2017 年 6 月 9 日，宏达电子全体股东出具书面确认：

（1）上述净资产调整减少事项是宏达电子财务状况信息的准确体现和更正，未影响宏达电子股改时股本。

（2）各股东对上述审计调整所导致的折股净资产减少事宜与宏达电子或宏达电子其他股东之间不存在任何争议或纠纷，上述净资产调整事宜也不会产生潜在纠纷和风险。

2017 年 6 月 9 日，株洲市工商局出具书面证明：鉴于上述净资产调整事项并未影响宏达电子股本，宏达电子股改时股本仍为 32 000 万股，根据《公司法》及相关法律法规，该局认为，宏达电子上述事项未违法违规，不影响公司股改变更合法登记，该局不会因此处罚宏达电子。

2017 年 6 月 10 日，宏达电子第一届董事会第十二次会议审议通过《关于追溯调整公司整体变更时净资产情况的议案》；2017 年 6 月 28 日，宏达电子 2017 年第二次临时股东大会审议通过《关于追溯调整公司整体变更时净资产情况的议案》。

（二）重大事项应按照公司制度履行决策程序

正如前文所述，一般认为，完成股改的拟上市企业，在公司治理方面的要求与上市公司将不再有明显差异。由于股份公司创立大会上已经建立了董事会、监事会，选举了总经理、财务负责人、董事会秘书等高级管理人员，形成了三会一层的现代公司治理结构，同时又通过了《三会议事规则》《对外投资决策制度》《关联交易决策制度》等一系列内部控制制度，股改后的企业在日常生产经营中应当严格遵守《公司章程》和内部制度对相关业务的决策程序、权限的要求。对于依照内部规则必须经董事会、股东大会审议的事项，不能再同有限责任公司阶段那样，由某个主体（通常为第一大股东、实际控制人)单独决定,而应当形成书面的会议文件、决议文件并妥善保管,确保内部决策程序的有效性。

(三) 持续规范关联交易,避免同业竞争

由于关联交易对公司经营情况的影响一直是上市过程中监管机构关注的重点。完成股改的拟上市企业必须按照《公司法》《企业会计准则》和证监会的相关规定,结合中介机构的意见,全面识别、确认公司的关联方,对于与关联方之间发生的交易,必须严格依照法律、公司章程的规定履行相应的股东大会审议程序。对于有必要进行的关联交易,确保决策程序的合规性,交易定价的公允性,并尽量减少其发生的频次,对于没有明显合理理由需要进行的关联交易,应当直接避免发生,避免造成存在利益输送的印象。

对于拟上市的企业来说,同业竞争主要关注的是企业与其控股股东、实际控制人及其近亲属所控制的企业之间的业务竞争。对于拟在科创板、创业板上市的企业而言,存在竞争方的同类收入或毛利占企业该类业务收入或毛利的比例达30%以上的情形,如无充分相反证据,原则上应认定为对企业构成重大不利影响的同业竞争。因此,企业在股改完成后,仍应持续注意自身业务与控股股东、实际控制人及其近亲属所控制企业之间的潜在冲突,避免埋下不必要的隐患。

第三节　上市前的股权融资

一、 引入机构投资人

(一) 融资对企业的意义

除了公司自身资本的循环积累,公司往往需要利用外部资源扩充资本以供其经营发展。股权融资和债权融资都是企业可以选择的融资手段。

对于投资人来说,股权投资往往通过两种途径获得收益:一是通过低价获取有潜力的成长性企业,在其发展初期给予资金投入用于经营发展,并在恰当的时候转让股份,通过价差实现收益;二是通过一级市场或二级市场购买公司股份并长期持有,等待公司分红分享企业发展带来的回报。而债权投资则是通过固定的利息率获得一段时间内稳定的利息收益。

对公司而言,股权融资需要出让股权,即公司未来成长的收益,因而具

有较高的成本,如没有回购条款,股权融资一般不用归还本金,因而偿付风险较小;债权融资成本较低,但存在融资数量的不稳定性和到期无法偿还的风险。企业选择融资模式时,以融资风险作为标准,宜"先股后债";以融资成本为标准,宜"先债后股"。

(二) 投资人的分类

投资者分类情况如表 5.4 所示:

表 5.4　投资者的类型及特征

PE 的类型(按投资阶段)	投资特征
天使投资(angel investment)	又称"非正规风险投资",一般由投资者个人出资,投资于种子期(初创期)企业,投资规模小、风险高、回报高
风险投资(venture capital)	由专业人士投资于新兴的、迅速发展的、具有巨大发展潜力的企业的权益性资本
成长资本(growth capital)	投资于中后期发展阶段的企业,主要用于增加产量、销量以及研发新品,提升利润空间
并购资本(leveraged buyouts)	收购控股成熟且稳定增长的企业,实施内部重组、行业整合等来提升企业价值,待增值后出售获利
战略投资者 (strategic investment)	大型企业集团中的直投部门,以投资集团相关行业为主,投资并不以获利为唯一目的
夹层资本(mezzanine capital)	介于股权投资和债权投资之间,一般投资于成长型公司,在两轮融资之间或在上市之前,包括可转债和可转换优先股等

(三) 企业在不同发展阶段可选的融资方式

一家公司从初创到后续发展,每个阶段所需资金的性质和规模都不相同,可以将它们划分为种子期①、发展期②、扩张期③和成熟期④,如图 5.1所示。

---

① 种子期是指企业的酝酿与建立阶段。
② 发展期是指公司技术创新和产品试销阶段,未来前景尚不明朗。
③ 扩张期是指公司技术发展和生产逐步扩大的阶段。
④ 成熟期是指公司技术成熟,产品进入大工业生产阶段。

融资方式

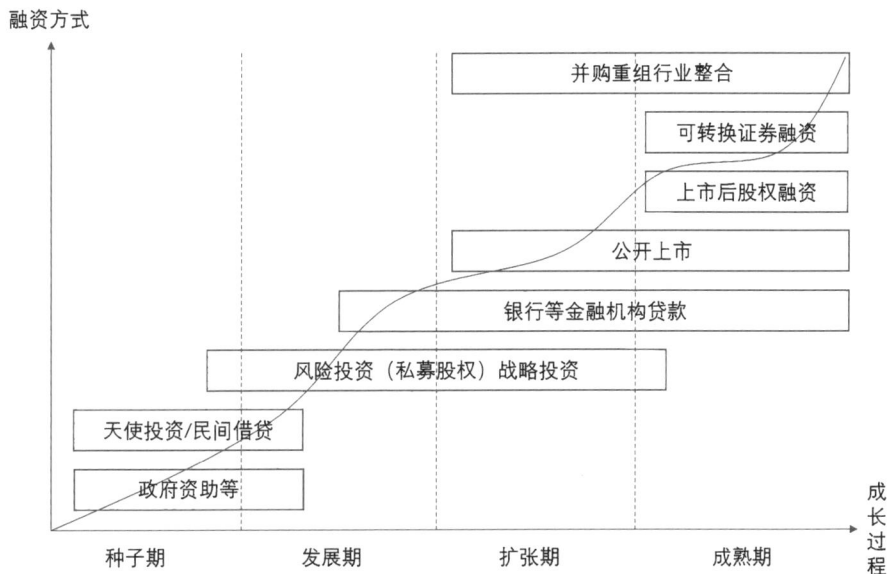

图 5.1　企业在不同发展阶段可选的融资方式

种子期阶段,主要通过企业家自身积累支持企业迅速发展,所需的资金较少。

发展期阶段,需要的资金普遍来自风险投资(VC),一旦投资者发现存在不可克服或超预期的风险,就有可能退出投资。

扩张期阶段,往往会有新的私募股权投资(PE)进入,公司能通过自身产品销售回笼资金,银行等稳健的投资也会择机而入。

成熟期阶段,产品进入大工业生产阶段,公司的规模效应需要大量的资金支持,但此时企业自身的销售能力已能实现相当稳定的资金流入,企业有能力通过自身的资信能力吸引银行借款、发行债券或发行股票。此时是风险投资和私募股权投资的收获季节。

(四) 从 PE/VC 在 IPO 企业中渗透率看上市前引入股权投资的趋势

CVSourse 投中数据显示,2020 年中企 IPO 的总 VC/PE 渗透率为68.32%。其中,A 股渗透率明显高于美股和港股,科创板 VC/PE 机构 IPO渗透率高达 82.76%。

2021 上半年,共 231 家具有 VC/PE 背景的中企实现上市,VC/PE 机构IPO 渗透率为 71.08%,已超越此前统计的 2020 年境内 VC/PE 机构 IPO 渗透率。机构投资账面退出回报总规模为 7 291 亿元,主要集中在 2 月和 6 月,平均账面回报率小幅波动。其中,从细分交易所来看,上海证券交易所主板 VC/PE 机构 IPO 渗透率为 66.67%,科创板 VC/PE 机构 IPO 渗透率为90.70%;深圳证券交易所 VC/PE 机构 IPO 渗透率为 75%;香港证券交易所 VC/PE 机构 IPO 渗透率为 48.84%;纳斯达克 VC/PE 机构 IPO 渗透率为36.36%;纽约证券交易所 VC/PE 机构 IPO 渗透率为 92.31%,如图 5.2所示。

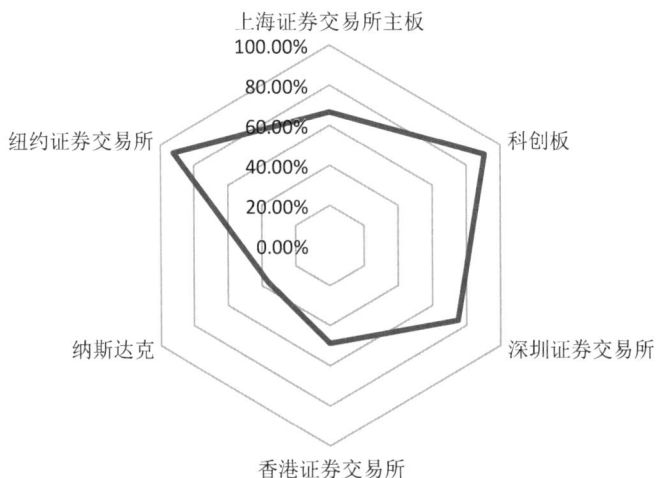

图 5.2 2021 上半年 VC/PE 机构 IPO 渗透率

资料来源:CVSourse 投中数据。

从股权投资市场的各参与方来看,成长基金和创投基金仍是市场的绝对主力,专业化 FOF 机构是二手份额市场的重要参与和推动者,机构 LP 增势明显但民营资本参与度待提高。

(五) 私募股权融资的相关流程及标准

1. 投资机构的基本运作程序

不同类型的投资机构会偏好不同发展阶段的公司,而每家投资公司也有自己擅长和关注的行业和领域,没有一家投资机构会对市场上的企业"遍地撒网"。但归根结底,投资机构遇到的企业都有各自的营运模式、发展路径等,因此,必须有一套一致的筛选流程和决策机制,来为它们统一标准。

投资机构的运营流程大致如下:

（1）投资人根据自己的偏好寻找项目。

（2）投资人获得项目的商业计划书，并选择是否与创业者进行沟通交流。

（3）投资人经过多次交流认可项目后，递交投资机构的项目评估会进行公开推荐。

（4）项目过会后，安排对项目公司进行初步尽职调查。

（5）通过初步尽职调查的验证和核实后，投资机构与项目公司签订投资意向书。

（6）投资公司聘请专业的外部第三方机构对公司的业务、财务、法律等方面进行全方位的尽职调查。

（7）完成前述一系列工作后，投资机构内部的投资决策委员会最终决策是否对项目公司进行投资。

2. 私募股权融资的一般流程

通过前述投资机构内部的决策程序了解到，从对接投资机构到真正获得融资中间需要经历较长的时间，从而融资成功与否具有较大的不确定性。因此，公司对于股权融资需要有详细的规划，同时，创业者需要在融资之前提前留好现金余量，以防在融资到位前出现资金缺口从而陷入被动的境地。当做好充分的思想准备及资金准备后，公司就可以开展融资进程。

（1）确定投资机构。投资机构对于市场上的公司拥有一定的嗅觉，但这与公司主动出击寻找机会并不冲突，且为了节省时间和精力，公司需要避开投资竞争对手以及资金不够充裕的投资机构。

（2）准备商业计划书。商业计划书往往是公司融资过程中吸引投资人最重要的王牌。在交流之初，公司适宜由创始人做口头陈述，配以20页左右的PPT用于展示；在投资人对公司产生浓厚兴趣后，提供专业全面的商业计划书供其参考。

（3）与投资人的联系。建议尽可能多地联系机构进行交流，这样一来公司有机会客观地审视自身在投资人眼中的定位，以及公司更适合的投资机构风格。

（4）融资演示。在与投资人接触的过程中，需要为他们做项目或公司的展示，对于演示时需要准备的内容，至少要包括市场规模及前景、产品技术、商业模式、财务状况及预测、团队阵容等。

(5)甄别投资协议条款。在对投资协议的谈判过程中,公司可以聘请有经验的律师。因为投资机构出具的投资协议模板往往是从保护投资机构的角度出发,公司有必要甄别每一个条款背后的意图,以及对公司的影响。

(6)投资机构进行详细尽职调查并作出决策。如前所述,尽职调查往往从业务、财务、法律三个角度展开,尽职调查的目的主要是验证公司的实际状况与投资机构之前了解的信息是否存在重大差异,在此期间双方相互磨合,有了更多考虑对方是否合适的时间。

一旦完成详细的尽职调查,就需要安排项目的投资决策。市场的变化、公司运营状况的变化和尽职调查的结果都有可能影响最终的决策结果。

(六) 相关注意事项

初创企业的股权融资,是一个谈判、博弈、妥协、一致的过程,但这与平时的买卖交易大不相同,这是因为谈判时看似对立的两方,在达成协议后将并肩作战,即将共同面对市场的风险。融资归根结底是为了公司的成长,创造全体股东的价值,而这也是公司创业者与投资人的共同目标。因此,双方都需要有买定离手的契约精神,彼此坚信双方达成的是在当时最适合的决定。

二、 对赌协议

(一) 对赌的意义

对赌协议即"估值调整机制",如果企业未来获利能力达到某一标准,则融资方享有一定权利,用以补偿企业价值被低估的损失;否则,投资方享有一定权利,用以补偿高估企业价值的损失。对赌协议产生的主要原因是投资方规避因投资企业估值与实际价值出现较大偏差带来的风险。

对赌协议的设置在一定程度上具有积极作用,包括解决公司资金短缺问题,通过投资机构的投资增加企业知名度;激发公司发展潜能,实现快速增长;获得战略规划上的增值服务,提高市场竞争力。但对赌协议的设置也可能对公司产生负面影响,包括对赌标准设定过高,使管理层经营压力较大,引发公司发展危机;导致管理层短期行为,过分开发公司潜力;对赌失利后造成股权流失,公司控制权发生变动。表5.5为主要对赌的简单回顾。

表 5.5　主要对赌的简单回顾

中资 VS 外资	赌　局	结　局
港湾 VS 华平、龙科	预定一旦港湾未能实现 2001—2004 年的持续销售增长,外资将会获得更多的股权。 同时规定,一旦港湾上市不成,港湾管理层将失去对企业的控制权	被华为收购
雨润 VS 高盛、鼎晖和 PVP	在雨润香港上市时,若雨润 2005 年盈利达不到 2.592 亿港元,投资方有权要求大股东以市场溢价 20% 的价格赎回所持有的股份	2006 年 3 月雨润盈利达 3.6 亿元人民币,远超对赌下限
蒙牛 VS 摩根、鼎晖及英联	约定蒙牛在 2004—2006 年盈利复合增长率未达到 50%,管理层将向投资方支付 7 800 万股公司股权;反之,投资方支付相同数量股权给管理层	蒙牛表现优异,对赌以双赢结局提前结束
永乐 VS 摩根及鼎晖	摩根、鼎晖以 5 000 万美元入股永乐,永乐在 2007 年扣除非核心业务利润后盈利如高于 7.5 亿元人民币,投资人向高管层割让 4 697 万股;利润介于 6.75 亿～7.5 亿元人民币不需进行估值调整;利润介于 6 亿～6.75 亿元人民币,管理层向投资人割让 4 697 万股;利润低于 6 亿元人民币,则管理层割让的股份达到 9 395 万股	未能实现约定的业绩增长,被竞争对手国美收购
太子奶 VS 高盛、英联及摩根士丹利	在收到 7 300 万美元注资后的前 3 年,如果太子奶集团业绩增长超过 50%,可调整(降低)对方股权;如完不成 30% 的业绩增长,太子奶集团创始人李途纯将失去控股权	未能实现约定的业绩增长,创始人失去控股权

(二) 关于对赌协议的最新司法审判纪要

根据《全国法院民商事审判工作会议纪要》,人民法院在审理"对赌协议"纠纷案件时,不仅应当适用《合同法》的相关规定,还应当适用《公司法》的相关规定;既要坚持鼓励投资方对实体企业特别是科技创新企业投资原则,从而在一定程度上缓解企业融资难问题,又要贯彻资本维持原则和保护债权人合法权益原则,依法平衡投资方、公司债权人、公司之间的利益。对于投资方与目标公司的股东或者实际控制人订立的"对赌协议",如无其他无效事由,认定有效并支持实际履行,实践中并无争议。对于投资方与目标公司订立的"对

赌协议"是否有效以及能否实际履行,应当把握如下处理规则:

(1)投资方与目标公司订立的"对赌协议"在不存在法定无效事由的情况下,目标公司仅以存在股权回购或者金钱补偿约定为由,主张"对赌协议"无效的,人民法院不予支持,但投资方主张实际履行的,人民法院应当审查是否符合《公司法》关于"股东不得抽逃出资"及股份回购的强制性规定,判决是否支持其诉讼请求。

(2)投资方请求目标公司回购股权的,人民法院应当依据《公司法》第35条关于"股东不得抽逃出资"或者第142条关于股份回购的强制性规定进行审查。经审查,目标公司未完成减资程序的,人民法院应当驳回其诉讼请求。

(3)投资方请求目标公司承担金钱补偿义务的,人民法院应当依据《公司法》第35条关于"股东不得抽逃出资"和第166条关于利润分配的强制性规定进行审查。经审查,目标公司没有利润或者虽有利润但不足以补偿投资方的,人民法院应当驳回或者部分支持其诉讼请求。今后目标公司有利润时,投资方还可以依据该事实另行提起诉讼。

(三)关于对赌协议的最新 IPO 审核政策

关于对赌协议的最新 IPO 审核政策请见本书第二章第一节所述。

【案例 5－4】富仕电子(300852.SZ)创业板上市时的对赌协议问题

富仕电子创业板上市案例中,发行人 VC/PE 股东人才基金及中瑞汇川与公司特定股东存在对赌协议,且发行人与人才基金的对赌协议在发行人进行审核之时并未被中止/终止,但最终仍顺利通过审核。

根据发行人第二次披露的招股说明书,发行人与两家 VC/PE 间存在对赌协议,分别为人才基金及中瑞汇川。

1.与人才基金的对赌协议情况

2017 年 12 月,VC/PE 股东人才基金与发行人及其相关主体签署股权转让补充协议,该补充协议涉及股权回购、公司治理、股权转让限制、优先认购权、反稀释、优先清算、投资人转让便利、平等对待等条款。2019 年 9 月,各方再次签署补充协议二,补充协议二对补充协议进行修改,此次修改仅保留了回购对赌条款。招股说明书原文如下:

1)对赌协议的签署情况

2017 年 12 月,本公司、四会明诚、一鸣投资、天诚同创及实际控制人刘天明、温一峰、黄志成与人才基金签署了《四会富士电子科技有限公司股权转让之补充协议》（以下简称《补充协议》），该补充协议涉及股权回购、公司治理、股权转让限制、优先认购权、反稀释、优先清算、投资人转让便利、平等对待等条款，上述条款均未触发。

2）对赌协议的修订情况

2019年9月，本公司、四会明诚、一鸣投资、天诚同创及实际控制人刘天明、温一峰、黄志成与人才基金签署了《四会富仕电子科技股份有限公司股权转让之补充协议二》（以下简称《补充协议二》），主要内容如下：

（1）各方一致同意：将《补充协议》第1条整体修改为：

如公司未能在2021年12月31日前实现在上海或深圳证券交易所主板、中小板、创业板公开发行股份上市，或以人才基金同意的估值被上市公司收购、被其他公司整体现金收购，则人才基金有权要求四会明诚、一鸣投资、天诚同创和/或刘天明、温一峰、黄志成按照以下约定连带受让人才基金届时持有公司全部或部分股份。

若人才基金行使上述权利，则人才基金有权要求四会明诚、一鸣投资、天诚同创和/或刘天明、温一峰、黄志成按照人才基金届时拟转让股份对应的初始投资额加上按照百分之九年利率计算资金占用成本的总和，并扣除人才基金已收到的拟转让股份对应的现金分红所计算的转让价格（以下称"股份转让价格"或"股份转让价款"）受让人才基金的股份。

如果人才基金发出书面回购要求的，上述受让义务方应当在人才基金书面通知发出之日起一百二十日内将上述股份转让价款支付至人才基金指定账户。

如果受让义务方未能如期支付股份转让价款的，每逾期一日，受让义务方应当向人才基金支付应支付而未支付金额的万分之五作为违约金。

（2）自本《补充协议二》生效之日起，《补充协议》的其他特别权利约定（即公司治理、相关股东权利、效力等条款）即行终止。

各方承诺，除《补充协议》及本《补充协议二》外，不存在其他正有效执行的对股权稳定性有重大影响的相同或类似协议安排或约定。

发行人认为,修订后的对赌协议将四会富仕电子在该次对赌协议中承担的义务悉数解除,仅为股东间的对赌安排,四会富仕电子将不作为对赌协议的当事人。即使履行对赌协议的有关内容,因公司实际控制人3人合计的持股数较大,不会导致公司控股权变化,且对赌协议中的回购价格计价也不与市值关联,不存在影响其持续经营能力或者其他严重影响投资者权益的情形,符合相关监管要求规定,即符合《首发业务若干问题解答(一)》关于对赌协议的规定(证监会2019年3月25日发布《首发业务若干问题解答(一)、(二)》),属于可以不清理的对赌协议。招股说明书中发行人的解释如下:

3) 修订后的对赌协议符合相关监管要求的规定

《补充协议二》符合《首发业务若干问题解答(一)》关于对赌协议的规定,具体分析如下:

(1)《补充协议二》已经解除了公司应该承担的义务,仅为公司股东之间的对赌安排,公司不作为对赌协议当事人,符合发行人不作为对赌协议当事人的规定;

(2) 本次发行前,公司实际控制人刘天明、温一峰和黄志成三人合计能够实际支配公司86.79%的股份表决权,上述股权回购不存在导致公司控制权变化,符合对赌协议不存在可能导致公司控制权变化的规定;

(3) 公司未能在2021年12月31日前实现在上海或深圳证券交易所主板、中小板、创业板公开发行股份上市,或以人才基金同意的估值被上市公司收购、被其他公司整体现金收购,《补充协议二》约定人才基金有权要求四会明诚、一鸣投资、天诚同创和/或刘天明、温一峰、黄志成回购其持有的股权,上述股权回购不与公司市值挂钩,符合对赌协议不与市值挂钩的规定;

(4)《补充协议二》约定股权回购等事宜,不存在严重影响发行人持续经营能力或者其他严重影响投资者权益的情形。

2. 发行人与中瑞汇川的对赌协议情况

2017年12月,中瑞汇川与发行人及相关主体签署股权转让补充协议,但该回购对赌条款在发行人递交申请时已经自动终止。招股说明书原文如下:

3. 中瑞汇川与公司及相关主体之间签订的对赌协议执行情况

2017年12月,公司、四会明诚、一鸣投资、天诚同创及实际控制人刘天明、温一峰、黄志成与中瑞汇川签署了《四会富士电子科技有限公司股权转让之补充协议》,该补充协议涉及股权回购、公司治理、股权转让限制、优先认购权、反稀释、优先清算、投资人转让便利、平等对待等条款,上述条款均未触发。

根据《四会富士电子科技有限公司股权转让之补充协议》约定:"各方同意,目标公司向中国证券监督管理委员会递交首次公开发行股票上市申报材料时,本补充协议自动终止。"

公司已于2019年5月5日递交首次公开发行股票上市申报材料,该补充协议自2019年5月5日起终止,相应的对赌条款亦终止。

(四) 发行人针对对赌要求的应对措施

在面对通过对赌协议获得融资时,公司决不能被投资人提出的"高价"蒙蔽,仅看到高额的融资却忽视背后巨大的风险,最终为了完成对赌目标放弃长期发展战略,或者因无法完成对赌目标,最终导致创业者丧失公司控制权。公司可以采取以下应对措施减少风险:

(1) 聘请第三方咨询机构,结合企业发展现状、市场环境等因素,在充分了解对赌条款背后的潜在风险后,理性分析自身情况。

(2) 引入投资人的过程中,投资人和公司将要经历多次谈判、博弈,公司应与投资人充分沟通,减少信息不对称带来的风险,共同制定相对合理的对赌条款,最终实现合作共赢。

(3) 设置保护条款,当公司无法完成预定目标时,可以通过向投资人支付一定的现金或股权及时终止协议,控制损失,避免因为设置对赌条款使公司陷入严重的发展困境。

三、 私募融资的出让股权比例和价格

(一) 引入私募融资的股权比例

1. 企业自身的资金需求

私募融资涉及的最重要的问题之一便是融资多少,也就是涉及相关的股权比例问题。对此,首先需要考虑企业自身的需求。企业需要多少资金来发展自身,是该问题的核心。通常情况下,可以根据企业的发展规划,确定企业在未来2～3年的主要资金需求额,进而测算私募股权份额;此外,有

些企业有着改善财务结构的需求,此种情况下,可以在对财务报表进行审计的基础上,参照公司业务模式、行业特点等规划公司的合理财务结构,进而确定需要的资金量和私募的股权份额。

2. 上市对公司股权变化的相关要求

一般而言,公司在 IPO 前外部引入的私募基金持股应控制在总股本的30%以内,如果过高,则可能引起审核部门和市场对公司股权稳定性、经营稳定性的担忧。

3. 战略投资者的投资需求

一般而言,为降低管理成本,战略投资者期望的投资量较大。保荐机构直投基金作为战略投资者,一般不超过公司总股本的 7%,否则根据《证券发行上市保荐业务管理办法》,保荐机构在推荐发行人证券发行上市时,应联合一家无关联保荐机构共同履行保荐职责,且该无关联保荐机构为第一保荐机构。

(二)私募的价格

1. 私募价格的一般衡量标准

对于多数行业而言,私募价格一般按照市盈率法定价,即"私募投资价格/每股收益"。

每股收益计算基础一般以前一年实现净利润计算,也可协商按照当年预期利润计算,但是按照预期利润计算,市盈率倍数一般较低。

2. 私募价格的考虑因素

私募价格一般由战略投资者与企业协商确定,主要考虑因素包括:

(1)公司自身各要素情况。

(2)公司的现时盈利水平及未来成长性。

(3)公司所处行业的现状及前景,公司的行业地位、竞争状况及市场容量,公司本身的业务与技术能力。

(4)公司的财务状况。

(5)公司治理的规范性、透明度(这点很重要,治理不规范、透明度不高,投资者则认为风险大,从而会要求降低价格)。

私募市场普遍价格水平多控制在每股收益的5～15倍,即市盈率为5～15倍。

第六章

企业上市之股权激励

第一节　股权激励的发展与意义

一、定义与目的

股权激励是一种以公司股权或股权衍生物作为激励标的物的薪酬支付方式。中国证券监督管理委员会颁布的《上市公司股权激励管理办法》中对其的定义是："股权激励是指上市公司以本公司股票为标的,对其董事、高级管理人员及其他员工进行的长期性激励。"进而言之,就是通过授予公司股权给予激励对象一定的经济权利,使他们能够以股东的身份分享利润、承担风险,从而勤勉尽责地为公司长期发展提供服务。目前实践中,对于所有企业(包括上市以及非上市的企业),很多时候提到的"股权激励"是广义层面的概念,即不仅包括以股权形式进行的激励,也包括以虚拟股票、增值权、利润分享计划、长期福利计划等非股权形式进行的分红激励模式。

股权激励的根本目的是优化公司的资源配置,提升公司的竞争力,实现可持续发展。股权激励实施后,企业所有者与经营者(包括员工)之间由单纯的雇佣关系,变为同为所有者的合作关系;股权激励的有效运用能将公司的短期利益和其长远利益相结合,促使公司核心员工站在所有者立场上思考企业发展,从而达到公司所有者和经营者两者收益共同提升的目的。

二、意义

现代企业通过股权激励对企业所有权及其决策权进行精心安排,预期产生正向反馈,即在内在奖励与外在市场估值两个层面满足激励对象的利益,进而广泛激发公司员工工作主动性,实现雇主和雇员之间的双赢,外部投资者和内部控制运营者的双赢,对激励者和被激励者双方起到积极意义。因此,股权激励在公司战略、治理结构、人才激励、市场竞争等方面的深远影响也是多数企业积极实践的动力。

(一) 与公司发展战略相结合,维持公司可持续发展

企业战略的制定与实施都需要人力资源的参与,企业战略的发展与人力资源息息相关。人才是战略落地和能力构筑的载体,而股权激励是面向未来的激励体系,借助股权激励这套长效、循环的促进机制,客观上可以减少经营者的短期行为,能够对企业的治理、研发、协调、营销、生产带来质的

变化,有助于维持企业的长期战略和稳定发展,保障公司未来的业绩增加和成长能力。

(二)提高治理水平,取得行业及市场竞争优势

公司治理的目标在于实现公司利益相关者之间的权力制衡,并保障公司重大战略决策的科学性,以此实现公司价值即公司利益相关者的利益最大化。作为一种行之有效的管理手段,股权激励可以将与公司治理相关的股东会、董事会、管理层和基层员工等利益主体紧密联结在一起。同时,股权激励还可以对这些利益主体进行必要的激励和约束。建立股权激励制度可以强化董事会的作用,从而加强董事会对企业管理层的约束,让企业治理结构变得更加合理,保障企业运转,使之更为规范。因此,股权激励机制的建立也逐步成为现代企业实践高效公司治理的关键举措,是投资者衡量企业治理完善性的重要指标,也是企业展示其可持续发展潜能的体现,有利于企业提高自身在市场及行业中的地位。

(三)丰富激励措施,构建全面薪酬体系

股权激励是全面薪酬体系中的重要组成部分,属于薪酬结构的长期薪酬。相较于以现金或实物等作为标的的短期薪酬,股权激励收益具有契合公司长期发展水平的收益弹性。股权激励的引入可以将相对静态的现金奖励的薪资包结构转变为兼具短、中、长期相结合的薪酬体系,帮助企业构建多元化的薪酬结构与激励措施,形成合理有效的价值分配系统。

(四)激发团队凝聚力和战斗力,吸引、保留人才

人才是企业持续发展的动力和源泉,企业吸引人才的方式也随着社会发展、政策开放程度而不断演变,从满足基本温饱,到能够有多余资金,再到通过其他物质福利改善生活条件,最终朝着更能激励其发挥主观能动性、积极参与创造更多效益的分配方式发展。股权激励的实施为人才的自我提升和实现长远价值提供了机会,可以将关键人才的利益和企业的利益紧密联系,增强其归属感和认同感,引导其关注公司的长期价值,并从企业的价值成长中获得更多超额收益,最终达到提高核心团队的凝聚力和战斗力的目的。同时,有效的股权激励制度还能促进外部市场的优秀人才向企业流动,使企业在激烈的人才竞争中获得优势。因此,股权激励也成为很多企业在招聘重要岗位人员时的重要砝码之一。

三、变迁与发展

股权激励的发展历程与公司制度的发展相伴相生，在这期间，股权激励肯定人力资本价值、给予人力资本平等分配利益的权利的核心思想贯穿了千余年的人类历史。狭义而规范的股权激励是现代社会生产力进步、经济高速增长的环境下，为解决现代社会贫富两极分化等社会问题应运而生的产物，而广义的股权激励早在农业社会时代就已经为人类文明的进步和发展发光发热。

现代股权激励的形态初现于 19 世纪末 20 世纪初的美国。第二次工业革命使得美国经济高速发展，手握资产和股份的雇主凭借资本投入获得了高额的回报，但作为出售人力资本的雇员却并未享受到经济增长红利。长此以往，美国贫富两极分化严重，社会阶级矛盾逐渐显露。为调和社会矛盾，让公司雇员共享经济增长成果，部分公司雇主开始给予雇员股份，允许雇员一同分享公司利润。但这仅具有现代股权激励的初步形态，并不具有现代股权激励的完整结构体系，约束力与激励作用相对有限。

1952 年，美国辉瑞公司为了合理避税设立了股票期权方案，以股票期权代替部分现金薪酬，自此股票期权激励计划正式在历史长河中亮相。而后，由于获得期权的员工开始关注公司业绩以提高自身收益，股票期权计划的激励属性得以发现和应用。

20 世纪 90 年代以来，几乎所有大公司都设立了股票期权激励计划。无论一般职员还是经营者，其获授的股票期权数量均呈现了快速增长的趋势。到 21 世纪初，股票期权依然呈现出高歌猛进的状态，越来越多的公司加入股票期权阵营，同时相关法规也趋于完善。

（一）中国上市公司股权激励制度与法规的变迁

中国上市公司股权激励制度与法规的变迁如图 6.1 所示。

2005 年 12 月 31 日，中国证监会颁布《上市公司股权激励管理办法（试行）》（以下简称《管理办法》），2006 年 1 月 1 日起正式施行，对上市公司实施股权激励的条件、方式、程序、信息披露等方面作出了明确规定。同年，针对国有控股上市公司，财政部、国务院国资委联合发布了《国有控股上市公司境内外实施股权激励的试行办法》。由此，直接推动了上市公司全面实施股权激励的浪潮。

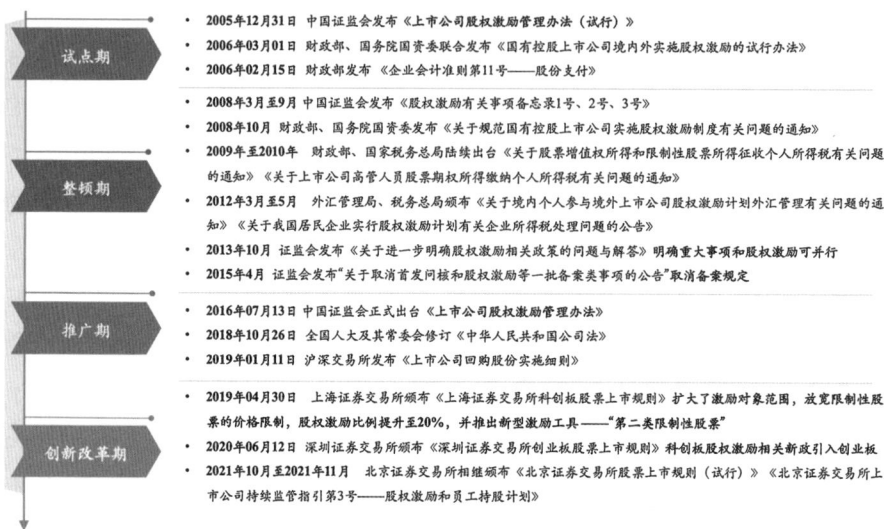

- 2005年12月31日 中国证监会发布《上市公司股权激励管理办法（试行）》
- 2006年03月01日 财政部、国务院国资委联合发布《国有控股上市公司境内外实施股权激励的试行办法》
- 2006年02月15日 财政部发布《企业会计准则第11号——股份支付》

试点期

- 2008年3月至9月 中国证监会发布《股权激励有关事项备忘录1号、2号、3号》
- 2008年10月 财政部、国务院国资委发布《关于规范国有控股上市公司实施股权激励制度有关问题的通知》
- 2009年至2010年 财政部、国家税务总局陆续出台《关于股票增值权所得和限制性股票所得征收个人所得税有关问题的通知》《关于上市公司高管人员股票期权所得缴纳个人所得税有关问题的通知》
- 2012年3月至5月 外汇管理局、税务总局颁布《关于境内个人参与境外上市公司股权激励计划外汇管理有关问题的通知》《关于我国居民企业实行股权激励计划有关企业所得税处理问题的公告》
- 2013年10月 证监会发布《关于进一步明确股权激励相关政策的问题与解答》明确重大事项和股权激励可并行
- 2015年4月 证监会发布"关于取消首发内核和股权激励等一批备案类事项的公告"取消备案规定

整顿期

- 2016年07月13日 中国证监会正式出台《上市公司股权激励管理办法》
- 2018年10月26日 全国人大及其常委会修订《中华人民共和国公司法》
- 2019年01月11日 沪深交易所新发布《上市公司回购股份实施细则》

推广期

- 2019年04月30日 上海证券交易所颁布《上海证券交易所科创板股票上市规则》扩大了激励对象范围，放宽限制性股票的价格限制，股权激励比例提升至20%，并推出新型激励工具——"第二类限制性股票"
- 2020年06月12日 深圳证券交易所颁布《深圳证券交易所创业板股票上市规则》科创板股权激励相关新政引入创业板
- 2021年10月至2021年11月 北京证券交易所相继颁布《北京证券交易所股票上市规则（试行）》《北京证券交易所上市公司持续监管指引第3号——股权激励和员工持股计划》

创新改革期

图 6.1 中国股权激励制度变迁的重要阶段

2006 年 02 月 15 日,财政部公布了企业会计准则,其中,《企业会计准则第11号——股份支付》对股权激励规定了具体的会计处理方法,首次确立了我国企业会计股份支付业务的会计处理应当遵循费用化和公允价值计量的思想。

2008 年 3 月至 9 月,中国证监会陆续发布《股权激励有关事项备忘录 1号》《股权激励有关事项备忘录 2 号》《股权激励有关事项备忘录 3 号》;同年 10 月,财政部、国务院国资委发布《关于规范国有控股上市公司实施股权激励制度有关问题的通知》,对《管理办法》中的部分规定进行细化,从严规范股权激励的实务操作。

2009 年至 2010 年,股权激励相关配套政策不断完善和细化,财政部、国家税务总局陆续发布出台《关于股票增值权所得和限制性股票所得征收个人所得税有关问题的通知》《关于上市公司高管人员股票期权所得缴纳个人所得税有关问题的通知》,中国资本市场上的制度建设更加纵深化和规范化,股权激励在我国的发展趋于完善。

2012 年,外汇管理局、税务总局颁布的《关于境内个人参与境外上市公司股权激励计划外汇管理有关问题的通知》《关于我国居民企业实行股权激励计划有关企业所得税处理问题的公告》,对外籍员工股权激励及激励对象纳税问题进行了规范。

为了进一步增强上市公司实施股权激励的自主灵活性,2013年10月,证监会在《关于进一步明确股权激励相关政策的问题与解答》中表示,为了支持上市公司利用资本市场做优做强,服务实体经济,上市公司启动及实施增发新股、资产注入、发行可转债与股权激励计划不相互排斥。即取消了此前在《股权激励有关事项备忘录2号》中的限制,明确重大事项和股权激励可以并行。

2014年1月,证监会进一步表示,上市公司可以公司历史业绩或同行业可比公司相关指标为对照依据,设计股权激励方案。上市公司对照同行业可比公司的相关指标设计行权或解锁条件的,可比对象应具体明确,且不少于3家;对照指标应客观公开;行权或解锁业绩条件应清晰透明,有利于体现上市公司竞争力的提升,且扣除非经常性损益前后归属上市公司股东的净利润不得为负。

在此期间,十八届三中全会明确提出推进员工持股计划,为落实《国务院关于进一步促进资本市场健康发展的若干意见》中关于"允许上市公司按规定通过多种形式开展员工持股计划"的要求,经国务院同意,中国证监会制定并发布了《关于上市公司实施员工持股计划试点的指导意见》,首次从法律法规层面对上市公司员工持股计划的基本原则、主要内容、实施程序、信息披露以及监管要求等方面进行了明确规定。随后,上海证券交易所与深圳证券交易所分别出台了相关信息披露业务备忘录,进一步引导和规范上市公司实施员工持股计划。

为进一步简政放权,2015年4月,证监会发布"关于取消首发问核和股权激励等一批备案类事项的公告",取消《管理办法》第33条、第34条规定的备案,上市公司免去了备案材料的准备,省去了与证监会就股权激励计划内容的沟通与修订环节。

2016年07月13日,中国证监会正式出台了《上市公司股权激励管理办法》,对原管理办法作出完善,确立了以信息披露为中心,根据宽进严管的监管理念,放松管制、加强监管,逐步形成公司自主决定的、市场约束有效的上市公司股权激励制度。

2018年08月15日,为落实党中央、国务院关于加快建设人才强国的战略要求和深入推进资本市场对外开放的部署安排,证监会颁布对《上市公司股权激励管理办法》的修改决定,本次修订的重点在于扩大股权激励对象,其中外籍员工的范围由原限定在境内工作的外籍员工扩大至在境外工作的外籍员工,同时进一步放开了外国人 A 股证券账户开立政策。这一举措对进一步丰富资本市场投资主体、提高资本市场对外开放程度和国际化水平具有重要意义。

2018 年 10 月 26 日《中华人民共和国公司法》修订,适当简化了回购决策程序,将上市公司持有本公司股份数额的上限从 5% 提高至 10%,延长持有回购股份期限至 3 年,并且规定股份回购用于股权激励的收购资金不必是上市公司的税后利润。次年 1 月,沪深交易所《上市公司回购股份实施细则》正式发布,明确了回购用于股权激励的股份处理办法和信息披露规则。鼓励回购的同时,间接促进了股权激励的发展。

2019 年 04 月 30 日,上海证券交易所颁布《上海证券交易所科创板股票上市规则(2019 年 4 月修订)》,扩大了可以成为激励对象的人员范围,允许单独或合计持有科创公司 5% 以上股份的股东或实际控制人及其配偶、父母、子女,成为股权激励对象;放宽了限制性股票的价格限制;扩大了股权激励的比例由不得超过公司股本总额的 10% 提升至 20%;并创新性地推出了新型激励工具——"第二类限制性股票"。

2020 年 06 月 12 日,深圳证券交易所颁布《深圳证券交易所创业板股票上市规则(2020 年修订)》,科创板股权激励相关新政引入创业板。

2021 年 9 月 3 日,北京证券交易所成立。2021 年 10 月 30 日与 2021 年 11 月 2 日,北京证券交易所相继颁布《北京证券交易所股票上市规则(试行)》《北京证券交易所上市公司持续监管指引第 3 号——股权激励和员工持股计划》,规范北交所上市公司股权激励相关政策。

2022 年 1 月 7 日,上海证券交易所与深圳证券交易所所有板块颁布自律监管新规,更新了股权激励相关政策。

我国上市公司股权激励制度出台 10 余年间,完成了由试行探索向规范与创新的转变,为我国上市公司实施良性股权激励提供了有力的保障,为我国经济发展提供了有效的助力。

(二)A 股上市公司股权激励市场的发展趋势

结合图 6.2 可见,在 2006 年 1 月 1 日《管理办法》正式生效后,当年即有

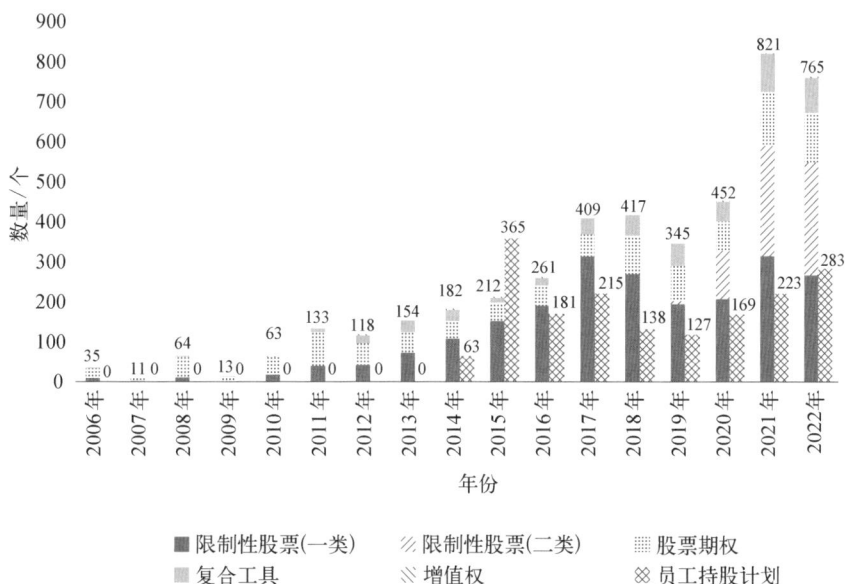

图 6.2　A 股股权激励权益工具使用统计①(2006—2022 年)

数据来源：WIND。

近 50 家上市公司推出了股权激励计划；2007 年年初，证监会开展"加强上市公司治理专项活动"，将公司治理水平作为审批股权激励的前提条件，治理结构存在严重缺陷以及对问题拒不整改的上市公司，证监会不受理其股权激励申报材料，使得 2007 年实施股权激励的公司数量有所下降；2008 年，上市公司治理专项活动基本结束，股权激励计划实施数量较上年显著提升。2008 年 3—10 月，监管层连续发布相关备忘录及通知，从严规范股权激励的实施条件，受金融危机及股权激励政策趋紧的影响，2009 年股权激励计划的实施热潮有所降温。自 2010 年起，我国经济环境逐渐好转，股权激励制度经历了一定的实践和发展时期，市场接受度逐步提升，在上市公司中亦得到越来越多的应用，股权激励计划的实施数量整体呈现逐年上升的态势。直至2016 年 8 月 13 日，《管理办法》正式施行，对于此前过于刚性的激励条件进行了调整及完善，进一步适应了市场发展需求；与此同时，国企改革提速，

①　A 股市场狭义的股权激励包括股权激励计划和员工持股计划，此处将其分为两列进行统计。其中，股权激励计划数列包含了多种实施工具。

IPO加速等因素影响叠加,促使2017年A股上市公司推出的股权激励计划数相对于2016年出现井喷式的增长。实施热潮延续至2018年,2018年全年已达到416个实施案例,是2006年案例数的10倍。

上市公司实施股权激励,所采用的权益工具主要为股票期权、限制性股票、股票增值权或者前述权益工具的混合方案。2006—2011年,大部分股权激励案例采用股票期权,而从2012年开始,限制性股票由于其高折扣高收益、先登记强约束等特点,运用越来越广泛,成为A股上市公司股权激励的主流。2019下半年,第二类限制性股票率先在上海证券交易所科创板推出,2020年下半年,随着创业板注册制的实施,第二类限制性股票推广至创业板。在这之后,第二类限制性股票成为注册制下上市公司股权激励的"新宠",自2020年开始市场占比越来越大,在创业板与科创板中逐渐替代了股票期权的地位,甚至在整个A股市场的总体占比也与原先的第一类限制性股票"平分江山"。

员工持股计划方面,自2014年6月《指导意见》出台以来,仅2014年下半年就有57家上市公司公告员工持股计划。员工持股计划的实施热潮延续至2015年,当年员工持股计划的公告数量已超过股权激励计划,股权激励计划实施数量占两者实施总数的比例为36.81%。但自2015年后,受市场行情波动、资管新规冲击等影响,员工持股计划实施数量骤减,2016年员工持股计划的公告数量不及2015年公告数量的一半,员工持股计划的实施速度放缓并趋于平稳。但自2018年回购新政以来,我们也发现,随着股份来源、资金来源的多元化,创新型员工持股计划的数量亦在逐年增加。

从板块来看(见图6.3),沪深主板自2006年来实施了股权激励计划的公司数量占据了所有板块的60%,创业板自2009年开板以来后来者居上,近13年时间共有834家公司实施了股权激励计划,与沪主板齐头并进,共同成为全A股市场第二大踊跃实施股权激励计划的板块。作为国家建立多层次资本市场体系的重要试验田、注册制改革的先行者——科创板,自2019年开板来亦有接近300家公司实施了股权激励计划,改革成效显而易见。北交所自2021年成立后,截至目前也有19家公司实施了股权激励计划。

从行业来看,制造业实施股权激励计划数量排名位居首位,实施数量排名第二的是信息传输、软件和信息技术服务业,而金融业、住宿和餐饮业、教育业等行业股权激励案例数明显小于其他行业(见图6.4)。

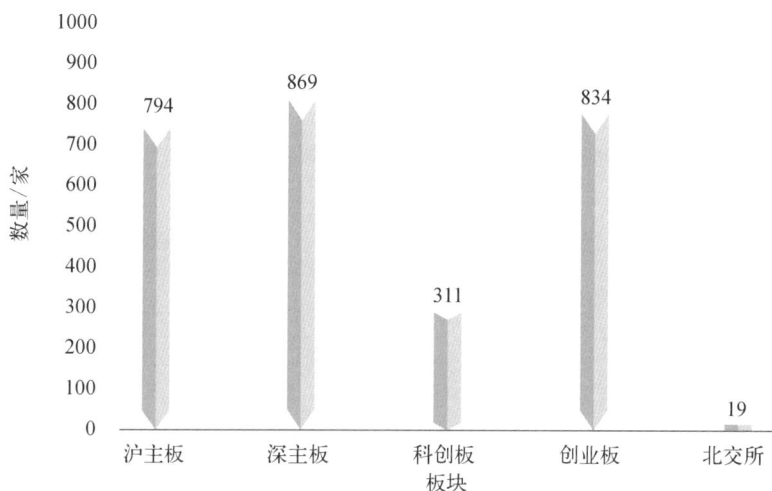

图 6.3　A 股各板块实施股权激励计划公司数量统计（2006—2022 年）

数据来源：WIND 咨询。

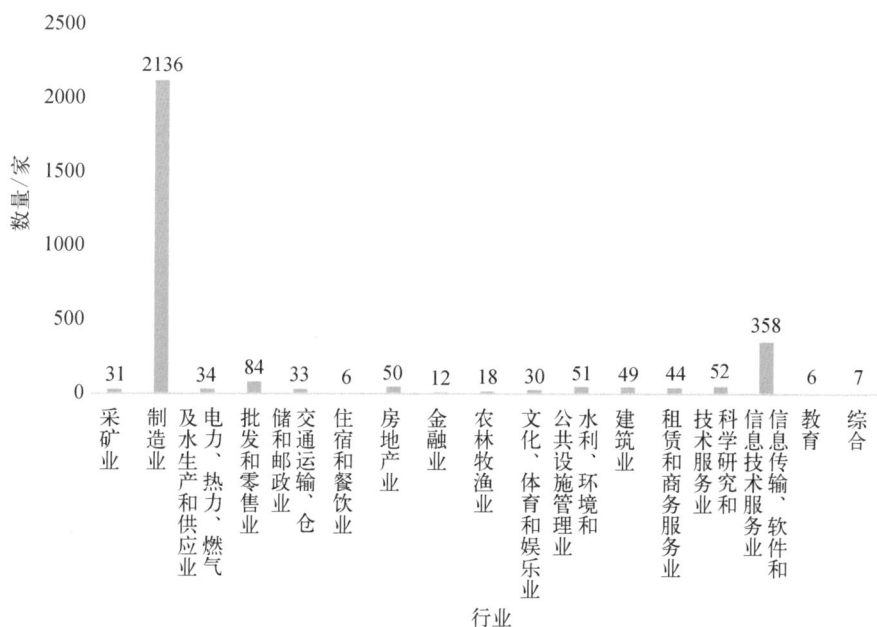

图 6.4　证监会行业上市公司实施股权激励统计（2006—2022 年）

数据来源：WIND。

　　制造业高比例的实施数量与该行业在我国上市公司中所占比重最大有较密切的关联,为进一步探析行业特征,我们针对制造业中细分行业大类的股权激励计划的实施情况进行了统计(见表6.1):

表 6.1　2006—2022 年各制造业大类实施股权激励计划总数情况

制 造 业 大 类	实施股权激励的公司数量
计算机、通信和其他电子设备制造业	352
专用设备制造业	201
电气机械和器材制造业	203
医药制造业	179
化学原料和化学制品制造业	171
汽车制造业	84
通用设备制造业	83
橡胶和塑料制品业	63
非金属矿物制品业	52
仪器仪表制造业	49
金属制品业	54
食品制造业	42
有色金属冶炼和压延加工业	39
铁路、船舶、航空航天和其他运输设备制造业	38
农副食品加工业	33
纺织服装、服饰业	25
纺织业	19
家具制造业	20

（续表）

制 造 业 大 类	实施股权激励的公司数量
造纸和纸制品业	16
黑色金属冶炼和压延加工业	14
酒、饮料和精制茶制造业	12
文教、工美、体育和娱乐用品制造业	12
化学纤维制造业	10
印刷和记录媒介复制业	9
其他制造业	8
木材加工和木、竹、藤、棕、草制品业	6
皮革、毛皮、羽毛及其制品和制鞋业	6
石油加工、炼焦和核燃料加工业	5
废弃资源综合利用业	4

数据来源：WIND。

从各行业实施股权激励计划的公司数量占各行业公司总数的比例来看，信息传输、软件和信息技术服务业以及住宿和餐饮业占比均超过了85%（见表6.2）：

表6.2　2006—2022年实施股权激励计划的公司数量
占各自行业公司总数比例情况

行 业	占 比
采矿业	39.24%
制造业	65.76%
电力、热力、燃气及水生产和供应业	25.95%

(续表)

行　　　　业	占　　比
批发和零售业	44.44%
交通运输、仓储和邮政业	30.28%
住宿和餐饮业	25.00%
房地产业	45.05%
金融业	9.45%
农林牧渔业	38.30%
文化、体育和娱乐业	34.92%
水利、环境和公共设施管理业	53.13%
建筑业	45.79%
租赁和商务服务业	66.67%
科学研究和技术服务业	49.52%
信息传输、软件和信息技术服务业	86.27%
教育	50.00%
综合	42.86%

数据来源：WIND。

　　根据数据统计，制造业细分大类中，计算机、通信的实施数量位居首位，实施数量占比远高于其他制造行业。专用设备制造业、电气机械和器材制造业、化学原料和化学制品制造业、医药制造业的实施数量分别排在第二、第三、第四、第五位。

　　基于上述情形，不难看出第三产业实施股权激励的动力更强。结合行业特征分析，行业对于核心技术与核心技术人才的依赖程度与股权激励热度呈正相关，高人才依赖型的行业通过股权激励提升其行业竞争力。

四、 小结

在中国资本市场基础制度不断完善的背景下,建立长效的激励机制,引入股权激励手段已成为市场的普遍共识,股权激励已经进入了"常态化"的时代,这也进一步牵引、推动着拟登陆资本市场的未上市企业更早地布局股权方案,以顺应现阶段人才市场的竞争需求。

第二节　拟上市公司股权激励

近年来,上市公司股权激励的发展趋势如火如荼,不少公司通过实施股权激励真正实现了自身的高质量发展。而在拟上市公司层面,随着《上海证券交易所科创板股票发行上市审核问答》《首发业务若干问题解答》《深圳证券交易所创业板股票首次公开发行上市审核问答》等规则的更新与出台,科创板与创业板上市公司可在首发申报前设计期权激励计划,在上市后实施(带期权上市)。关于拟上市公司适用规则的改动也让资本市场的股权激励在不同层面、不同行业呈现出百花齐放的壮丽景观。

一、 股权布局规划与价值实现

优秀的股权激励可以长期伴随公司发展,于公司成长的自然阶段,可以适配公司的各阶段性目标与意义。在公司发展初期,实施股权激励能够作为稳定团队、达成心理契约的利器,帮助公司渡过初创期的难关;在公司快速发展阶段,实施股权激励能够推动管理团队的新老更替,明确业务边界,为公司的管理升级与人才纳入起到清晰的界限划分,同时推动公司继续发展;当公司迈入成熟稳定阶段,实施股权激励能够推动公司的治理升级,并进一步优化公司的内部管理架构,增强对外交流,稳定投资者信心,将其稳步推向管理流程化、规范化,进而实现资产证券化;在公司二次创业时期,股权激励能够帮助核心团队激发活力,寻找市场新兴增长点,在公司产业转型升级中起到中枢作用,夯实管理、重塑价值。

二、 拟上市公司股权激励设计

(一) 激励工具与设计思路

激励工具如表 6.3 所示。

表 6.3 激励工具

	限制性实股	期权	分红权(虚拟股)	增值权(虚拟股)
特点	具有强激励性,使激励对象拥有真正股权,成为公司的正式股东,身份上获得认可	注重未来长远收益,当股权增值时可获得更高行权价值和收益。在对激励的过程中进行分类授予期权,确定符合公司长远预期的对象	以奖金分红等中短期的激励为基础,可以调动中层员工的积极性,激励中层员工的成本意识	通过股权等中长期的增值类激励为基础,绑定公司中高层员工,使其个人价值与公司价值成为整体
限制条件	(1) 股权流动性受限;(2) 操作流程复杂;(3) 购股时激励对象存在较大资金沉淀	(1) 前期无资金压力,待到购股时出资压力大;(2) 行权等待期时无激励作用;(3) 关注未来收益且在行权时,再考虑是否出资,约束性不大	(1) 约束性小,与实股相比身份认可度低;(2) 需公司具有良好的组织结构基础支撑	(1) 关注未来增值收益,短期内无明显受益,约束性小;(2) 注重部门或公司整体而非个人,收益不直观
激励对象	一般为资深、核心骨干,数量较少	可面向范围较大的中高层管理人员,使其保持相对的确定性;同时,还能起到甄选人才的效果、数量稍大	可以面向更多分管不同业务的中层管理人员,有利于打造覆盖全员的激励体系	一般为公司中高层员工,数量相对集中
激励形式	(1) 设立员工持股平台;(2) 激励对象实缴或认缴	待期权行权后激励对象成为持股平台平台的实名股东	以协议形式明确的分红权	以协议形式明确的增值权

1. 限制性实股

在利用限制性实股进行激励时,应注意基于公司当前的股权布局与潜在激励对象的数量进行预规划。如根据公司目前内部的岗位设计,或未来公司需要的核心人员数量,同时考虑到足够数量的股权预留,设计出基于岗位匹配度、岗位贡献度、所负责业务量进行排名与系数设计,基于公平性与合理性进行核算的每位激励对象的总股数配置方案。

限制性实股需以公司真实股权为标的进行核算,若公司注册资本或公允价值较高,则激励对象在认购股权时出资压力大。公司可基于激励对象司龄与公司自身业务周期等特性,在周期内设计分批分次授予,最终满足对于所在岗位的激励对象的激励作用。

2. 期权

期权关注于未来收益,同时可以充分解决激励对象当下的出资问题。它将有效化解当下激励对象的出资压力,激发其对于工作的热情与归属感。在公司制订未来重大战略及业务发展的过程中,股价与收益将同时伴随公司发展带来股价提升的积极作用,以当前激励时的股权价值锁定激励对象在满足行权条件后可购买公司股权所对应的出资价格,同时在基于激励对象的业绩要求与市场指标的基础上,设计满足各方面条件后可兑现的比例与增值收益兑换比例,同时在激励对象满足条件的基本前提下,享受对应期权所带来的增值收益与未来股东的身份价值。

3. 分红权

分红权适用于现金流丰富或中短期薪酬没有达到市场同等水平的公司。它以现金形式激励可以有效弥补原有中短期奖励性的不足,有效弥补员工基于行业平均水平在原岗位的激励性,以期达到"同岗不同酬"的差异化激励。此外,相比其他工具所需出资压力较低。

分红权的激励模式能提升员工对于所在单元的关注度。基于利润的分配可以提高员工对于所在单元利润情况的关注度,或者对于成本部门成本核算的理解能力,有效促进公司的利润部门多点开花或成本部门的降本增效,降低不必要的额外开支。同时,在该模式下,员工的分红意愿过于强烈,易存在助长激励对象短期行为风险,不利于企业稳扎稳打的格局,对现金兑付能力存在一定压力。

4. 增值权

增值权侧重于塑造公司股份的价值感,让员工能够更关注于公司在非上市阶段的价值增长,并且保证在公司价值增长的基础上,员工能够与股东共享"股价"增长带来的收益。在该激励模式下,员工一般不需要出资,压力较小;同时,由于该激励模式不涉及公司股份变动,行权后并不影响公司股本的数量和结构,因此在操作上也更为简便。

(二) 设计要点

拟上市公司目前在设计股权激励方案要素时暂无明确规则要求,通常情况下,部分公司会参考上市公司股权激励方案要素,并结合自身公司的发展需要和现实情况来定制设计。若计划带期权上市或在有效期内申报上市的股权激励计划,公司应参照《首发业务若干问题解答》《管理办法》等上市公司规则要求进行设计或修订。拟上市公司设计股权激励计划应至少包括以下核心要素(见表 6.4):

表 6.4 案例:某科创板、港股公司上市前股权激励方案

期权激励计划	
实施程序	(1) 2018 年,公司召开董事会、监事会及股东大会,审议通过了《关于实施股权激励的议案》,批准了《公司 2018 年股权激励方案》(以下简称《激励计划》)。 (2) 2019 年,公司召开董事会、监事会与股东大会,审议通过了《关于调整〈公司 2018 年股权激励方案〉的议案》,对《激励计划》进行了修订和调整,并制定了《公司 2018 年股权激励方案(修订稿)》,自公司首次公开发行人民币普通股(A 股)股票并在科创板上市(以下简称"A 股发行上市")之日起生效。 (3) 2020 年,公司召开董事会、监事会及股东大会,审议通过了《关于调整〈2018 年股权激励方案(修订稿)〉的议案》,对《激励方案(修订稿)》中涉及激励方案的有效期、行权安排的有关内容进行了调整,并相应制定了《公司 2018 年股权激励方案(第二次修订稿)》,本激励计划自公司 A 股发行上市之日起生效
激励对象	公司实施期权激励计划当年员工总数为 600 名,期权激励计划激励人数共 268 名,为公司高级管理人员以及公司认为应当激励的其他员工,占全部员工的 44.67% 具体情况如下:

(续表)

期权激励计划				
	职　务	获授的股票期权数量（份）	占授予股票期权总数的比例（%）	占本激励计划公告时公司股本总额的比例（%）
激励对象	董事会秘书	10 000	0.166	0.001
	其他激励对象（267 人）	6 013 000	99.834	0.767
	合计	6 023 000	100.000	0.768
股权来源	定向发行的普通股股票			
激励份额	授予 6 023 000 份股票期权，约占激励计划期权授予时公司股本总额的0.768%			
期权行权价格	股票期权的行权价格为**每股 9.20 元**，满足行权条件的前提下，激励对象获授的每一份股票期权拥有在有效期内以行权价格购买 1 股公司股票的权利。<u>行权价格高于公司经审计的最近一年度每股净资产值(4.36 元/股)</u>			
等待期	等待期为 3 年			
行权期（修订前）	自授权日起 12 个自然月后的第一个交易日		25%	
	自授权日起 24 个自然月后的第一个交易日		35%	
	自授权日起 36 个自然月后的第一个交易日		40%	
行权期（修订后）	自授权日起 12 个月后的首个交易日起至科创板上市之日起 5 个月内的最后一个交易日当日止		25%	
	自科创板上市之日起 5 个月后的首个交易日起至科创板上市之日起 17 个月内的最后一个交易日当日止		35%	
	自科创板上市之日起 17 个月后的首个交易日起至科创板上市之日起 29 个月内的最后一个交易日当日止		40%	

1. 激励来源

非上市公司进行股权激励的股票来源主要包括股份转让与定向增资。

股份转让：公司可收回原股东的退出股份，重新授予激励对象或作为预留股份留存公司。

定向增资：公司可根据激励规模及范围由激励对象增资一定数量的份额作为激励股份来源。

2. 激励结构及规模

一般来说，非上市公司在规则体系下并没有针对员工持股情形的法律规则，但考虑到对于公司控股权的稀释程度及激励对象的承受能力，可以考虑将公司的有效股权比例及结构进行设计，进行多轮次、多周期的合伙人机制。在设计每期的激励规模时，应控制总量，保证激励留有余地，并锁定平台，保证不同激励对象在不同平台上享受对应激励。

3. 激励范围

非上市公司的激励对象一般不包括创始股东，主要面对公司内部的董事、高级管理人员、核心技术(业务)人员及公司认为应该激励的其他员工。除此之外，外部合作方(非重要关联方)也可以纳入激励范围中。

4. 考察期/解锁期

股权激励计划依据行业发展情况及公司发展阶段，一般设置为3～5年的周期，分红权周期相对较短，限制性实股的周期相对较长。除此之外，限制性实股与期权还需设置考察期，考察期结束后，在解锁、行权期按照考核结果对应份额享受增值收益或进行股份的登记。

5. 定价

股权的价值应等于股份的公允价值，按照公司公允价值出资，可使员工承担公司可能产生的亏损风险；或按一定程度进行折扣给予员工，但该笔折价需作为股份支付费用，冲减税后净利润。

6. 业绩考核

在实施股权激励计划时，非上市公司可根据公司的未来发展目标与公司所处行业内的发展情况，依据实际情况制定公司层面的考核目标与个人层面的考核目标。在设置公司层面的考核目标时，可根据公司历史业绩或行业内发展情况作为业绩指标的对照依据，选取的业绩指标可以包括营业收入、净利润、净利润增长率、营业收入增长率、回款率、市场占有率等。在设置个人层面的考核目标时，应按照激励对象所在岗位的要求，提取日常绩效考核指标中的关键项，可以是2～3项作为针对岗位的个人考核要求，需完成对应考核得分或达到对应指标后享受激励,指定指标时应充分考核"对岗不对人"的中心思想,与岗位所负责范围切实相关。

三、 拟 IPO 上市关注要点与解析

对于拟上市公司,在设置股权激励方案时还需考虑其方案对于上市前后的需求和影响,处理好前后衔接。若申报前公司已实施完毕股权激励计划,则需注意上市审核时对于方案合理性与合规性的解释,若申报前股权激励正在实施,则需同时考虑上市规则和上市后的股权激励规则进行综合设计,否则会在一定程度上不符合要求,导致方案终止,并影响 IPO 上市进程。

《首发业务若干问题解答》(2020 年 6 月修订)中对于发行人在申报前实施员工持股或期权激励计划的要求和解答主要有以下几点:

(一) 员工持股计划

1. 首发申报前实施员工持股计划应当符合的要求

发行人首发申报前实施员工持股计划的,原则上应当全部由公司员工构成,体现增强公司凝聚力、维护公司长期稳定发展的导向,建立健全激励约束长效机制,有利于兼顾员工与公司的长远利益,为公司持续发展夯实基础。

员工持股计划应当符合下列要求:

(1) 发行人实施员工持股计划,应当严格按照法律、法规、规章及规范性文件的要求履行决策程序,并遵循公司自主决定、员工自愿参加的原则,不得以摊派、强行分配等方式强制实施员工持股计划。

(2) 参与持股计划的员工,与其他投资者权益平等,盈亏自负,风险自担,不得利用知悉公司相关信息的优势,侵害其他投资者的合法权益。员工入股应主要以货币出资,并按约定及时足额缴纳。按照国家有关法律法规,员工以科技成果出资入股的,应提供所有权属证明并依法评估作价,及时办理财产权转移手续。

(3) 发行人实施员工持股计划,可以通过公司制企业、合伙制企业、资产管理计划等持股平台间接持股,并建立健全持股在平台内部的流转、退出机制,以及所持发行人股权的管理机制。参与持股计划的员工因离职、退休、死亡等原因离开公司的,其间接所持股份权益应当按照员工持股计划章程或协议约定的方式处置。

2. 员工持股计划计算股东人数的原则

(1) 依法以公司制企业、合伙制企业、资产管理计划等持股平台实施的员工持股计划,在计算公司股东人数时,按 1 名股东计算。

(2) 参与员工持股计划时为公司员工,离职后按照员工持股计划章程或协议约定等仍持有员工持股计划权益的人员,可不视为外部人员。

(3) 新《证券法》施行之前(即 2020 年 3 月 1 日之前)设立的员工持股计划,参与人包括少量外部人员的,可不做清理,在计算公司股东人数时,公司员工部分按照 1 名股东计算,外部人员按实际人数穿透计算。

3. 发行人信息披露要求

发行人应在招股说明书中充分披露员工持股计划的人员构成、人员离职后的股份处理、股份锁定期等内容。

4. 中介机构核查要求

保荐机构及发行人律师应当对员工持股计划的设立背景、具体人员构成、价格公允性、员工持股计划章程或协议约定情况、员工减持承诺情况、规范运行情况及备案情况进行充分核查,并就员工持股计划实施是否合法合规、是否存在损害发行人利益的情形发表明确意见。

目前市场对于上市前实施员工持股的公司关注点主要集中于:判断是否为员工持股计划,是否变相公开发行;股份锁定和减持承诺、规范运作或备案手续等,以及充分披露员工持股计划的人员构成、人员离职后的股份处理、股份锁定期等内容。

(二) 期权激励计划

1. 发行人首发申报前制定、上市后实施的期权激励计划应当符合的要求

发行人存在首发申报前制定、上市后实施的期权激励计划的,应体现增强公司凝聚力、维护公司长期稳定发展的导向。原则上应符合下列要求:

(1) 激励对象应当符合相关上市板块的规定。

(2) 激励计划的必备内容与基本要求、激励工具的定义与权利限制、行权安排、回购或终止行权、实施程序等内容,应参考《上市公司股权激励管理办法》的相关规定予以执行。

(3) 期权的行权价格由股东自行商议确定,但原则上不应低于最近 1 年经审计的净资产或评估值。

（4）发行人全部在有效期内的期权激励计划所对应股票数量占上市前总股本的比例原则上不得超过15％，且不得设置预留权益。

（5）在审期间，发行人不应新增期权激励计划，相关激励对象不得行权；最近一期期末资产负债表日后行权的，申报前须增加一期审计。

（6）在制定期权激励计划时应充分考虑实际控制人的稳定性，避免上市后期权行权导致实际控制人发生变化。

（7）激励对象在发行人上市后行权认购的股票，应承诺自行权日起3年内不减持，同时承诺上述期限届满后比照董事、监事及高级管理人员的相关减持规定执行。

2. 发行人应在招股说明书中充分披露期权激励计划的有关信息

（1）期权激励计划的基本内容、制定计划履行的决策程序、目前的执行情况。

（2）期权行权价格的确定原则，以及和最近一年经审计的净资产或评估值的差异与原因。

（3）期权激励计划对公司经营状况、财务状况、控制权变化等方面的影响。

（4）涉及股份支付费用的会计处理等。

3. 中介机构核查要求

保荐机构及申报会计师应对下述事项进行核查并发表核查意见：

（1）期权激励计划的制定和执行情况是否符合以上要求。

（2）发行人是否在招股说明书中充分披露期权激励计划的有关信息。

（3）股份支付相关权益工具公允价值的计量方法及结果是否合理。

（4）发行人报告期内股份支付相关会计处理是否符合《企业会计准则》相关规定。

对于期权激励计划，上市审核中监管主要集中关注于是否依据《首发问答》《科创板审核问答》《创业板审核问答》的相关要求进行信息披露，主要涉及期权激励计划具体内容、期权公允价值的依据、股份支付会计处理的准确性、股权激励协议的重要约定等。

目前市场带期权上市公司数量偏少，2020年至2022年9月共20家公司。根据板块划分，仅有中国移动1家为沪市主板，其余19家均属于科创板公司。从行业分布看，医药制造业与计算机、通信和其他电子设备制造业及软件和信息技术服务业占据了市场 65% 的比例,且均属于高新技术、智力密集型产业,对尖端人才稳定性具有很强的需求,这也契合了带期权上市的实践最早出现在科创板的现实情况(见图 6.5)。

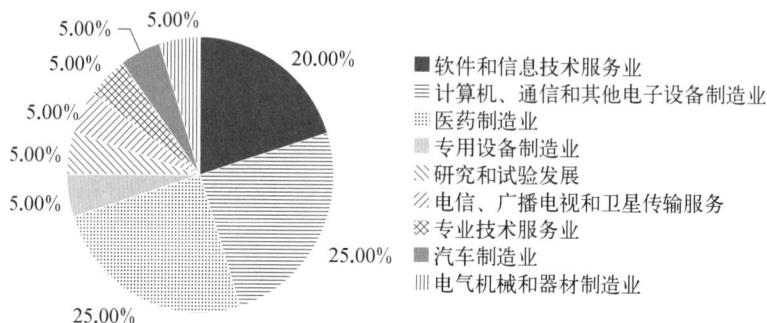

图 6.5　A 股带期权上市公司行业分布(2020—2022 年 9 月)

数据来源:WIND。

对于带期权上市的关注点,主要集中于是否符合《科创板审核问答》之十二的规定与激励计划对公司经营状况的影响。

4.《科创板审核问答》规定

《科创板审核问答》规定如表 6.5 所示。

表 6.5　《科创板审核问答》规定

问询内容	问询关注点	《科创板审核问答》对应条件
激励对象	区分董事、监事、高级管理人员、核心技术人员和其他员工等;披露人员名单、期权数量及占比	12.1　激励对象应当符合《上海证券交易科创板股票上市规则》第 10.4 条相关规定
	激励对象包含外部员工的披露合理性	
行权价格	行权价格的确定原则,和最近一年经审计的净资产或评估值的差异与原因	12.3　期权的行权价格原则上不应低于最近一年经审计的净资产或评估值
	行权价格的合理性,对应的动态/静态 PE	
控制权影响	是否有预留权益,拟授予与实际授予之间的未授予部分是否属于预留权益	12.4　不得设置预留权益

（续表）

问询内容	问询关注点	《科创板审核问答》对应条件
控制权影响	结合期权的激励对象、行权条件、行权时间以及行权完成后的股权分布情况等，论证行权后是否影响实际控制权的稳定	12.6　在制定期权激励计划时应充分考虑实际控制人的稳定性，避免上市后期权行权导致实际控制人发生变化
行权安排决策程序	披露公司履行的决策程序	12.2　激励计划的必备内容与基本要求，激励工具的定义与权利限制、行权安排、回购或终止行权、实施程序等内容，应参考《上市公司股权激励管理办法》的相关规定予以执行
	披露授予安排及行权安排	

5. 对公司经营状况的影响

激励计划对公司经营状况的影响也是监管问询的重点关注内容之一，主要包括以下3个层面：

（1）公司经营状况层面：① 对公司财务指标（如基本每股收益、稀释每股收益、净资产收益率）的影响；② 对损益表、资产负债表及现金流量表的影响。

（2）股份支付会计处理层面：① 各期摊销的金额、计算过程及依据；② 对应期间费用科目的准确性；③ 计入经常性损益或非经常性损益的合理性；④ 业绩条件的实现情况及相应会计处理；⑤ 修改激励计划对应的会计处理。

（3）期权定价模型层面：① 期权公允价值的确定依据及合理性，如公允价值与行业可比估值的差异及原因；② 波动率的确定依据及合理性，如波动率所参考的可比公司的合理性；③ 定价模型计算过程等。

综合来看，拟上市公司所在阶段纷繁复杂，对应不同工具的特异性也较强，但更多的还是针对不同历史时期所特有的关键性工具，不可过于复杂地试图像手术刀般精准解决较为日常的问题；也不可能"手中有把锤子，看什么都像钉子"，使用单一工具解决所有问题。从工具与适用场景本身跳脱出来，从监管的角度，关注的核心论点仍聚焦于"人""财""时"：所谓"人"，即在意员工是否在本单位任职；所谓"财"，聚焦于"给了多少""花了多少钱"；而

"时",面向的是未来工具何时能解锁,或何时能行权。周期长度对公司发展也是至关重要的,切莫出现急功近利的短视行为影响公司长期的稳定发展,也不要用基业长青的想法强加于逐利而行的专业化团队,做好平衡方能彰显公司激励的初衷与最大的作用;同时,关于"考核条件"及"退出机制",也是众多企业需要仔细设计、监管亦会着重问询的重难点,也希望引起设计方案者的关注。另外,对公司的财务影响,也是较多案例中拟上市阶段公司的关注重点,但相比于激励计划本身而言,员工与企业的相向而行才是最重要的,也就需要在设计方案的过程中,不断反问发起人,到底什么是最重要的,什么才是企业进行激励计划的顶层设计、逻辑论证的关键。

第三节　A股上市公司股权激励

不同于非上市企业,上市企业实施股权激励有着明确的法律规范,目前对于A股上市公司而言,通过授予员工股权进行激励的方式主要包括股权激励计划及员工持股计划,分别对应的最新法律规范是2018年证监会发布的《上市公司股权激励管理办法》(以下简称《管理办法》),以及2014年中国证监会发布的《关于上市公司实施员工持股计划试点的指导意见》(以下简称《指导意见》)。

股权激励的常用工具包括股票期权、第一类限制性股票、第二类限制性股票等。员工持股计划是指上市公司根据员工意愿,通过合法方式使员工获得本公司股票并长期持有,股份权益按约定分配给员工的制度安排。员工持股计划的参加对象为公司员工,包括管理层人员。表6.6介绍了不同上市板块的适用性政策。

一、上市公司股权激励的模式

(一)第一类限制性股票

第一类限制性股票是指激励对象按照股权激励计划规定的条件,获得的转让等部分权利受到限制的本公司股票(见图6.6)。

限制性股票属于实股范畴,是由激励对象出资购买的,拥有所有权、分红权、增值权等一系列《中华人民共和国公司法》规定的股东权利。激励对象获授的上市公司股票由中国证券登记结算有限公司(以下简称"中登")进

表 6.6 不同上市板块政策比较

激励方式 \ 板块	沪主板	深主板	科创板	创业板	北交所
股权激励	《上市公司信息披露业务手册——第十六章 股权激励》	《深圳证券交易所上市公司自律监管指南第1号——业务办理》	《上市公司股权激励管理办法》《2018年修订》		
			《科创板上市公司自律监管指南第4号——股权激励信息披露》	《深圳证券交易所创业板上市公司自律监管指南第1号——业务办理》	《北京证券交易所上市公司持续监管指引第3号——股权激励和员工持股计划》
员工持股	《上海证券交易所上市公司自律监管指引第1号——规范运作》	《深圳证券交易所上市公司自律监管指引第1号——主板上市公司规范运作》	《关于上市公司实施员工持股计划试点的指导意见》		
			无	《深圳证券交易所上市公司自律监管指引第2号——创业板上市公司规范运作》	《北京证券交易所上市公司持续监管指引第3号——股权激励和员工持股计划》

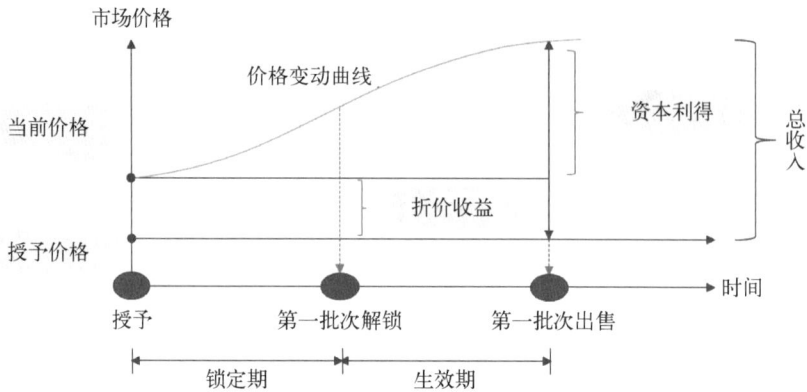

图 6.6　第一类限制性股票的作用机理

行登记，且登记后即由中登进行限售锁定。在解除限售前，激励对象不能完整地行使股东权利。未来解除限售后，激励对象才可以完整地行使包括交易在内的股东权利。

收益模式方面，第一类限制性股票主要体现在授予、解除限售（解锁）与出售 3 个阶段。授予时，用授予价格授予激励对象股票（授予价格对比市场价格有一定折扣，通常为市场价格的 50%），激励对象出资购买获授股票并登记到个人名下。经过一段时间（锁定/限售期满）后，判断激励对象获授股票是否满足解锁条件，确定实际上获得的股票数量。授予时的市价与授予价格的差价即为激励对象所获股票的折价收益。解锁后，一般激励对象可随时出售所获股票（当激励对象为董事、高级管理人员时，其需遵守其他法律法规的要求），当激励对象选择出售所获股票时，卖出价格与授予时市价所获差价即为资本利得。折价收益与资本利得的总和即为激励对象获授股票取得的总收入。

假设 1：A 公司目前市场价格为 10 元/股，在授予激励对象限制性股票时，按照市场价格的 50% 即 5 元/股作为授予价格，未来在股票解锁售出时，市场价格为 12 元/股，则卖出时与授予时市价的资本利得为 2 元/股，加上授予时的折价收益，则每股总收益为 7 元。

假设 2：A 公司目前市场价格为 10 元/股，在授予激励对象限制性股票时，按照市场价格的 50% 即 5 元/股作为授予价格，未来在股票解锁售出时，市场价格为 4 元/股，则此时市场价格低于授予时市场价格，公司在此时不能获得收益，可选择终止激励计划。

(二) 第二类限制性股票(目前仅适用于创业板与科创板)

第二类限制性股票指符合股权激励计划授予条件的激励对象,在满足相应获益条件后分次获得并登记的本公司股票(见图6.7)。

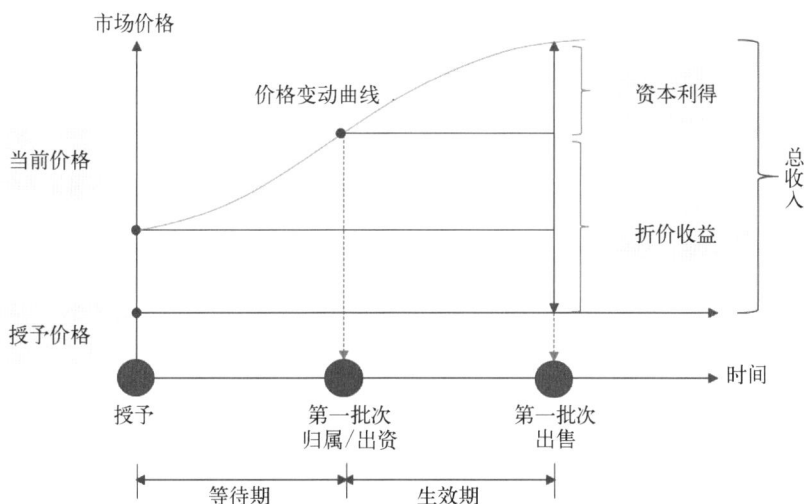

图 6.7　第二类限制性股票的作用机理

2019年7月12日,上海证券交易所对外发布《科创板上市公司信息披露工作备忘录第4号——股权激励信息披露指引》,第一次提出了第二类限制性股票的概念,即"符合股权激励计划授予条件的激励对象,在满足相应获益条件后分次获得并登记的本公司股票"。

收益模式方面,第二类限制性股票主要体现在授予、归属与出售3个阶段。授予时,用授予价格授予激励对象股票(授予价格对比市场价格有一定折扣,通常为市场价格的50%),激励对象出资购买获授股票并登记到个人名下。经过一段时间(即归属期满)后满足归属条件,股票进行归属,明确了登记到激励对象名下的股票数量。不满足归属条件则不归属,激励对象无需出资。归属时的价格较授予时的市价的差价即为激励对象获得的归属收入。归属后,若公司未设置限售期,则激励对象可随时出售股票;若有限售期,则限售期满后可出售股票。当激励对象选择出售所获股票时的价格较归属时持续上涨,这时候所获差价即为资本利得。折价收益、归属收入与资本利得的总和即为激励对象获授股票取得的总收入(见图6.7)。

假设1：A公司目前股票的市场价格为10元/股,在授予激励对象限制性股票时,按照市场价格的50%即5元/股作为授予价格,未来在股票归属时,市场价格为12元/股,归属后卖出时市场价格为15元/股,则卖出时与归属时市价的资本利得为3元/股,加上归属收入与折价收益,则每股总收入为10元/股。

假设2：A公司目前股票的市场价格为10元/股,在授予激励对象限制性股票时,按照市场价格的50%即5元/股作为授予价格,未来在股票归属时,市场价格为4元/股,则此时市场价格低于授予时市场价格,公司在此时可以选择不立即归属,在未来归属期内择期进行归属,或等归属期满后激励对象放弃归属。

（三）股票期权

股票期权是指公司授予激励对象在达到约定条件后,可以事先约定的价格向公司购买约定数量的股票。激励对象可在规定时间内以事先约定的价格购买约定数量的股票,亦可放弃购买(见图6.8)。

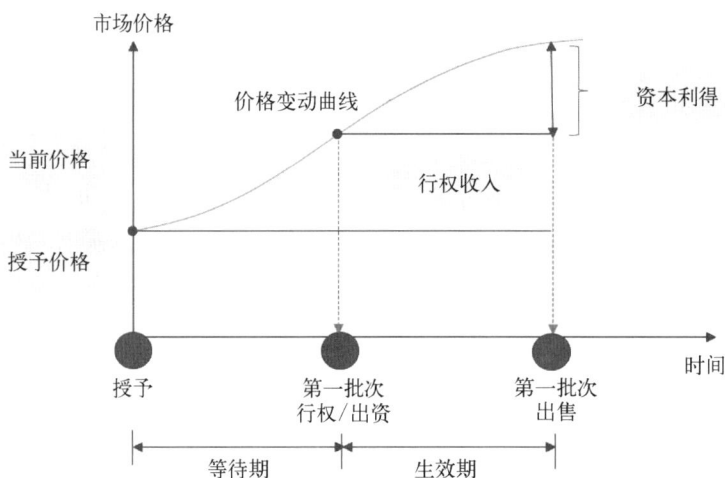

图6.8　股票期权的作用机理

在收益模式方面,股票期权较限制性股票更为灵活。在激励对象行权时,若公司股价高于行权价格,则可获得市价与行权价格的差价收益;若公司股价低于行权价格,则形成股价倒挂,造成亏损,但激励对象可选择放弃行权。

假设1：A公司目前股票的市场价格为10元/股,在授予激励对象股票期权时,按照市场价格即10元/股作为授予价格,未来在股票行权时,市场价格为 12 元/股,归属后卖出时市场价格为 15 元/股,则卖出时与归属时市价的资本利得为 3 元/股,加上行权收入,则每股总收入为 5 元/股。

假设 2:A 公司目前股票的市场价格为 10 元/股,在授予激励对象限制性股票时,按照市场价格的 50% 即 5 元/股作为授予价格,未来在股票行权时,市场价格为 4 元/股,则此时市场价格低于授予时市场价格,公司在此时可以选择不立即行权,在未来行权期内择期进行行权,或等行权期满后激励对象放弃行权。

(四)员工持股

《指导意见》对于员工持股计划的解释是上市公司根据员工意愿,通过合法方式,使员工获得本公司股票并长期持有,股份权益按约定分配给员工的制度安排。

与股权激励计划不同的是,股权激励的激励对象持股方式为直接持股,即获授权益直接划分在激励对象个人名下;员工持股计划持有人的持股方式为间接持股,即将持有人的股份统一放置在公司持股平台或机构托管进行统一管理。

(五)小结

股权激励计划的三种激励工具与员工持股计划具有一些特点与异同,具体如表 6.7 所示:

表 6.7　激励工具和员工持股计划比较

	第一类限制性股票	第二类限制性股票	股票期权	员工持股
特点总结	(1) 可长期绑定激励对象,且激励对象能够承担出资压力。 (2) 公司能够承受较大的股份支付费用压力。 (3) 有折价需求。 (4) 激励对象可直接持股,更有归属感。 (5) 可保障激励对象的本金	(1) 激励对象出资压力较小。 (2) 公司能够承受较大的股份支付费用压力。 (3) 有折价需求。 (4) 与期权相比,归属后可以灵活设置锁定期	(1) 激励对象出资压力较小。 (2) 原则上不能折价,但授予成本较低。 (3) 公司未来具有更多成长性	(1) 可纳入监事。 (2) 董监高人员通过间接持股,受减持限制较小。 (3) 能够灵活管理

二、 上市公司股权激励方案设计

(一) 股权激励

下面根据《上市公司股权激励管理办法》(以下简称《管理办法》)及各上市板块关于股权激励的相关指引,介绍方案设计时的思路与重点关注的核心要素情况。

2018 年 9 月 15 日,证监会发布了修订版《管理办法》,目前 A 股上市公司实施股权激励方案均依照此办法规定来进行设计和实施。

1. 激励工具

沪主板、深主板与北交所主要运用第一类限制性股票与股票期权作为股权激励设计的主要工具,科创板与创业板目前除上述两种工具外,亦可以使用第二类限制性股票作为激励工具。

根据近两年的数据统计(2020—2022 年 6 月),沪主板实施股权激励计划的公司中,66.45%的公司选择第一类限制性股票;深主板实施股权激励计划的公司中,54.32%的公司选择第一类限制性股票;科创板实施股权激励计划的公司中,92.11%的公司选择第二类限制性股票;创业板实施股权激励计划的公司中,53.22%的公司选择第二类限制性股票;北交所实施股权激励计划的公司中,66.67%的公司选择第一类限制性股票。

2. 激励规模上限

根据《管理办法》第十四条规定,上市公司全部在有效期内的股权激励计划所涉及的标的股票总数累计不得超过公司股本总额的 10%。非经股东大会特别决议批准,任何一名激励对象通过全部在有效期内的股权激励计划获授的本公司股票,累计不得超过公司股本总额的 1%。

科创板与创业板公司,有效期内股权激励计划所涉及的标的股票总数累计不得超过公司股本总额的 20%。

北交所公司,有效期内股权激励计划所涉及的标的股票总数累计不得超过公司股本总额的 30%。

根据近 3 年市场案例统计,超过一半的公司用总股本 1%～3%的股份作为单次股权激励计划的规模,接近 1/3 的公司股权激励规模占比在 1%以内,公司股权激励规模占比在 3%～5%以及 5%以上的较少(见图 6.9)。

3. 激励范围

根据《管理办法》第八条规定:"激励对象可以包括上市公司的董事、高

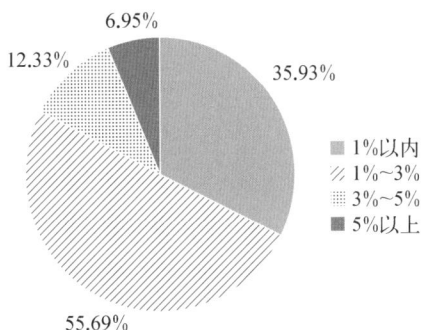

图 6.9 公司激励规模占比统计(2020—2022 年)

数据来源：WIND。

级管理人员、核心技术人员或者核心业务人员,以及公司认为应当激励的对公司经营业绩和未来发展有直接影响的其他员工,但不应当包括独立董事和监事。外籍员工任职上市公司董事、高级管理人员、核心技术人员或者核心业务人员的,可以成为激励对象。

单独或合计持有上市公司 5％以上股份的股东或实际控制人及其配偶、父母、子女,不得成为激励对象。下列人员也不得成为激励对象：

(1) 最近 12 个月内被证券交易所认定为不适当人选；

(2) 最近 12 个月内被中国证监会及其派出机构认定为不适当人选；

(3) 最近 12 个月内因重大违法违规行为被中国证监会及其派出机构行政处罚或者采取市场禁入措施；

(4) 具有《公司法》规定的不得担任公司董事、高级管理人员情形的；

(5) 法律法规规定不得参与上市公司股权激励的；

(6) 中国证监会认定的其他情形。"

科创板、创业板和北交所中,激励对象可以包括单独或合计持有上市公司 5％以上股份的股东或实际控制人及其配偶、父母、子女。

在人数占比方面,市场上 80％的公司会将不超过公司员工数量 20％的员工纳入激励对象范围内,其中大多数为公司的董事、高级管理人员以及核心技术/业务人员等公司的核心管理人员与技术人员。

4. 股份来源

股权激励计划的股份来源一般包括：① 向激励对象发行股份；② 回购

本公司股份;③ 股东自愿赠予(适用于北交所)。

5. 首次与预留情况

上市公司在推出新一期股权激励方案时可分首次与预留授予,分批授予激励对象,其中,预留授予的权益不得超过本次股权激励计划拟授予权益数量的 20%,且预留权益需在股权激励计划经股东大会审议通过后 12 个月内授出,否则预留权益失效。预留授予可与首次授予的设置要素保持一致,即可在定价、等待/锁定期、每期行权/解锁/归属安排、业绩考核情况等方面与首次设置相同。

6. 等待/锁定期与行权/解锁/归属期安排

等待/锁定期时限最少不得少于 12 个月,每期行权/解锁/归属安排比例不得超过激励对象获授总额的 50%。

一般而言,市场上大多数公司会采取等待/锁定 12 个月后,分 3 期行权/解锁/归属,每期比例分别为 30%、30%、40% 或 40%、30%、30%,以此突出激励性与约束性相对等的情况,有些公司为配合其整体战略规划或未来计划进行多轮滚动型股权激励,会选择等待/锁定 12 个月后,分 2 期行权/解锁/归属,每期比例分别为 50%、50%。除此之外,少数公司亦会选择 4 期行权/解锁/归属或 3 期行权/解锁/归属,每期 20%、30%、50% 等递增激励效应的做法(见图 6.10)。

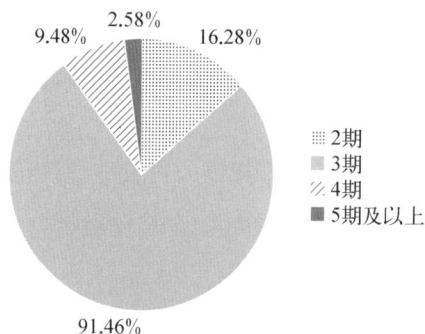

图 6.10 行权/解锁/归属安排设置(2020—2022 年)

数据来源:WIND。

公司在考虑实施股权激励计划时通常会关注股份支付费用的摊销情况,在进行股份支付费用预测算时,若显示承担费用较高时,会考虑延长等待/锁定期,使承担费用降低。

7. 考核情况

《管理办法》规定，上市公司在设计股权激励方案时应考虑设置绩效考核指标，包括公司层面绩效考核和个人层面绩效考核。

公司层面绩效考核，上市公司可以根据公司历史业绩或同行业可比公司相关指标作为公司业绩指标的对照依据，选取的对照公司不少于 3 家，业绩指标可以包括净资产收益率、每股收益、每股分红、净利润增长率、主营业务收入等。

近两年市场在设定考核指标时，大多数公司根据自身发展与战略规划，选择营业收入或净利润的增长率或达成值来作为公司层面的考核指标，另外也有出现同时设置上述两种指标或两种指标达成任一即可的设定方法。

若公司计划在推出激励计划方案时考虑考核当年业绩，即需要在当年第三季度报告披露前推出，否则首个考核目标需设置为下一年度。预留部分同理，若预留部分计划在当年第三季度报告披露前进行，则可与首次授予部分保持一致，否则预留授予部分的首个考核目标需设置为下一年度。

目前市场大多以"营业收入"和"净利润"两大项相关数据作为公司层面的考核指标，有助于公司根据当前经营状况、未来战略发展规划及对公司员工的激励效果等综合因素，提升自身竞争能力以及调动员工的积极性，确保公司未来发展战略和经营目标的实现（如图 6.11 所示）。

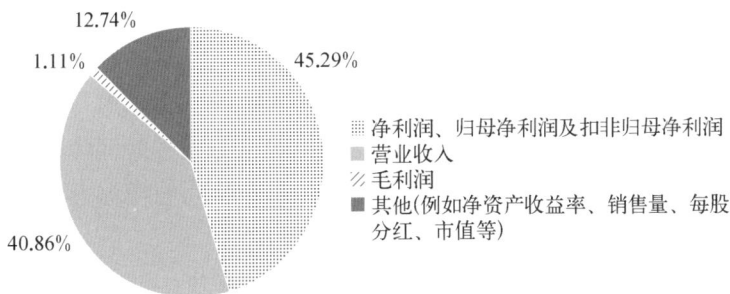

图 6.11　股权激励计划考核指标设置（2020—2022 年）

数据来源：WIND。

个人层面绩效考核，上市公司可与公司内部既有个人绩效考核相挂钩。

8. 定价情况

《管理办法》规定，股票期权的行权价格不得低于股票票面金额，且原则

上不得低于下列价格较高者:

(1) 股权激励计划草案公布前 1 个交易日的公司股票交易均价。

(2) 股权激励计划草案公布前 20 个交易日、60 个交易日或者 120 个交易日的公司股票交易均价之一。

限制性股票(第一类和第二类)的授予价格不得低于股票票面金额,且原则上不得低于下列价格较高者:

(1) 股权激励计划草案公布前 1 个交易日的公司股票交易均价的 50%。

(2) 股权激励计划草案公布前 20 个交易日、60 个交易日或者 120 个交易日的公司股票交易均价之一的 50%。

除上述定价方法(规则定价)外,采用其他方法确定限制性股票授予价格或股票期权行权价格的(自主定价),应当聘请独立财务顾问,对股权激励计划的可行性、是否有利于上市公司的持续发展、相关定价依据和定价方法的合理性、是否损害上市公司利益以及对股东利益的影响发表专业意见。

在以回购为股份来源的股权激励计划中,公司还可以回购均价或回购均价折价来自主确定授予价格。

9. 会计处理

在计算公允价值时,第一类限制性股票主要运用差额法,即授予日价格-授予价格的差值,第二类限制性股票与股票期权主要运用 Black-Scholes 模型,估计其在期限内可能实现收益的概率加权平均值的现值。

10. 税务处理

(1) 第一类限制性股票。根据《关于股权激励有关个人所得税问题的通知》规定,第一类限制性股票的个人所得税纳税义务发生时间为每一批次限制性股票解禁的日期,经向主管税务机关备案,个人可自限制性股票解禁之日起,在不超过 12 个月的期限内缴纳个人所得税。

激励对象第一类限制性股票应纳税所得额的计算公式为:

应纳税所得额=(股票登记日股票市价+本批次解禁股票当日市价)/2
　　　　　　　×本批次解禁股票份数-被激励对象实际支付的资金
　　　　　　　总额×(本批次解禁股票份数/被激励对象获取的限制
　　　　　　　性股票总份数)

激励对象第一类限制性股票应纳税额的计算公式为:

应纳税额＝（限制性股票形式的工资薪金应纳税所得额/规定月份数
　　　　×适用税率－速算扣除数）×规定月份数

（2）股票期权、第二类限制性股票。第二类限制性股票目前缺乏明确的纳税规则，多数地方税务局会参照股票期权的个人所得税要求执行。

股票期权的纳税规则适用于《关于个人股票期权所得征收个人所得税问题的通知》："员工行权时，其从企业取得股票的实际购买价（施权价）低于购买日公平市场价（指该股票当日的收盘价，下同）的差额，是因员工在企业的表现和业绩情况而取得的与任职、受雇有关的所得，应按'工资、薪金所得'适用的规定计算缴纳个人所得税。"

激励对象股票期权应纳税所得额的计算公式为：

应纳税所得额＝（行权日当日的市场价格－每股购买价）×股票数量

激励对象股票期权应纳税额的计算公式为：

应纳税额＝（股票期权形式的工资薪金应纳税所得额/规定月份数
　　　　×适用税率－速算扣除数）×规定月份数

（二）员工持股

根据《指导意见》及各上市板块关于员工持股的相关指引介绍方案设计时的思路与重点关注的核心要素情况如下。

1. 激励/资金规模上限

根据《指导意见》，上市公司全部有效的员工持股计划所持有的股票总数累计不得超过公司股本总额的 10％，单个员工所获股份权益对应的股票总数累计不得超过公司股本总额的 1％。

2. 激励范围

《指导意见》中仅明确员工持股计划的参加对象为公司员工，包括管理层员工（不包括外部人员），而对于具体参与对象的门槛条件则由各上市公司自行决定。

在人数占比方面，市场上 1/3 左右的公司会将公司 1％～5％的员工纳入员工持股计划的激励对象范围中，1/5 左右的公司会将其 0％～1％的员工与 5％～10％的员工纳入员工持股计划（见图 6.12）。

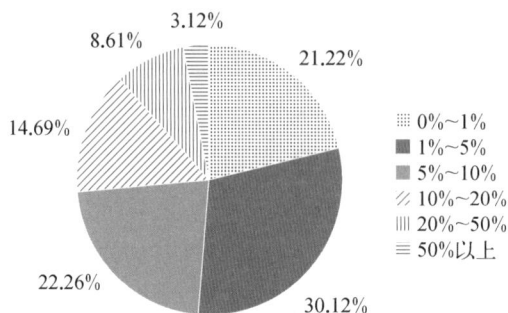

图 6.12　员工持股计划激励对象人数占比统计(2020—2022 年)

数据来源：WIND。

3. 股份来源

《指导意见》中规定员工持股计划的股票有 5 种来源：① 回购；② 二级市场购买；③ 非公开发行；④ 股东自愿赠予；⑤ 法律、行政法规允许的其他方式。

目前实施的员工持股计划股份来源主要为回购与二级市场购买。

非公开发行、二级市场购买与回购的对比情况如表 6.8 所示：

表 6.8　非公开发行、二级市场购买与回购的对比情况

	非公开发行	二级市场购买	回　　购
杠杆融资	不可以	可以	目前操作层面尚不支持回购的股份非交易过户至资管账户
收益与风险特征	完全取决于限售期届满后公司股票在二级市场的表现	由于存在杠杆融资,放大了未来的收益与投资损失风险	(1) 公司事先回购已锁定了持股成本,并可在回购均价上给予一定折扣。(2) 但若使用杠杆融资,则相应放大了未来的收益与投资损失风险
行政许可	非公开发行需要证监会的审核,审核期较长	无需证监会的审核	
锁定期	不低于 36 个月	不低于 12 个月	

(续表)

	非公开发行	二级市场购买	回　购
存续期间	最低期限一般为 36 个月加上 6 个月左右的减持期	最低期限一般为 12 个月加上 6 个月左右的减持期	
持股成本	按照非公开的发行价确定	择机从二级市场购买	从公司回购专户过户,转让价格未有规定,市场实践中通常依据回购均价或在回购均价基础上折价转让

4. 定价情况

《指导意见》未对员工持股计划的定价作出相关限制,股份受让价格主要依据股份来源情况决定。二级市场购买为股份来源的员工持股计划需根据市价情况来确定。回购为股份来源的员工持股计划通常参考股权激励中限制性股票的规则定价或回购均价来确定转让价格。此外,亦可设置较低折价甚至 0 元/股赠予持有人,但目前市场以低折价定价或 0 元对价的员工持股计划问询风险较高,易受到监管关注。

5. 考核情况

《指导意见》中未强制要求员工持股计划设定考核条件。

若公司在设置其他要素时,出现定价折扣较低或解锁期太短等其他特殊情况时,易受到监管的关注与问询。目前当出现特殊设计的要素时,公司会参考股权激励设置考核指标的标准来设置员工持股计划的考核,通常选择营业收入或净利润的增长率或达成值作为公司层面的考核指标,另外也有出现同时设置上述两种指标或两种指标达成任一即可的设置方法。

在设置考核目标的公司中,大多数公司结合自身发展情况与未来战略规划,选择“净利润”作为公司层面的考核(见图 6.13 所示)。

6. 会计处理

员工持股的会计处理参考股权激励中第一类限制性股票计算公允值,即运用差价法计算。

7. 税务处理

员工持股的税务处理参考股权激励中第一类限制性股票税收政策。

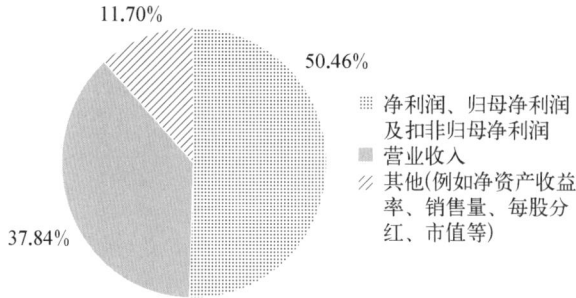

图 6.13　员工持股计划考核指标设置(2020—2022 年)

数据来源：WIND。

　　股权激励与员工持股在设计方案时需考虑的核心要素区别如表 6.9 所示：

表 6.9　股权激励和员工持股设计方案核心要素

	第一类限制性股票	第二类限制性股票(科创板、创业板)	股票期权	员工持股
持股方式	直接持股			间接持股
适用对象	(1) 上市公司的董事、高级管理人员、核心技术人员或者核心业务人员,以及公司认为应当激励的对公司经营业绩和未来发展有直接影响的其他员工,但不应当包括独立董事和监事。外籍员工任职上市公司董事、高级管理人员、核心技术人员或者核心业务人员的,可以成为激励对象。 (2) 单独或合计持有上市公司 5%以上股份的股东或实际控制人及其配偶、父母、子女(仅限科创板、创业板)			面向公司全体员工,(可以包括监事、持股 5%以上的股东或实际控制人)
主体资格	《管理办法》中规定的不得实施股权激励计划的情形及不能成为激励对象的情形除外			上市公司与激励对象没有具体限制
股票来源	(1) 向激励对象发行股份。 (2) 回购本公司股份。 (3) 法律、行政法规允许的其他方式			(1) 上市公司回购本公司股票。 (2) 二级市场购买。 (3) 认购非公开发行股票。 (4) 股东自愿赠予。 (5) 法律、行政法规允许的其他方式

（续表）

	第一类限制性股票	第二类限制性股票（科创板、创业板）	股票期权	员工持股
资金来源	员工自有或自筹资金，上市公司不得为激励对象提供财务资助			（1）股东资助。 （2）公司提取奖励金。 （3）社会融资（可以设置结构化分级产品）。 （4）员工自筹
考核设置	股权激励应当设置公司层面和激励对象个人层面的绩效考核指标，指标可根据自身情况灵活设置，但需说明科学性和合理性			没有强制要求设置考核条件
定价方式	授予价格不得低于股票票面金额，原则上不得低于下列价格较高者： （1）股权激励计划草案公布前1个交易日的公司股票交易均价的50%。 （2）股权激励计划草案公布前20个交易日、60个交易日或者120个交易日的公司股票交易均价之一的50% （注：其他定价方式需聘请财务顾问发表意见）		行权价格不得低于股票票面金额，原则上不得低于下列价格较高者： （1）股权激励计划草案公布前1个交易日的公司股票交易均价。 （2）股权激励计划草案公布前20个交易日、60个交易日或者120个交易日的公司股票交易均价之一 （注：其他定价方式需聘请财务顾问发表意见）	一般参照股权激励的定价方式，但也可以自主定价，最低可实现0元兑换
持续时间	锁定/等待12个月后，至少分2期解锁/行权/归属，每期间隔12个月，有效期自首次授予权益日起不得超过10年			除认购非公开发行股份来源外，锁定期为12个月，锁定期满即可一次性清算。时间亦可以更长，由公司灵活设置

293

(续表)

	第一类限制性股票	第二类限制性股票（科创板、创业板）	股票期权	员工持股
会计处理	通常适用股份支付会计准则,公司支付的对价将直接增加公司当期或以后期间的管理费用,减少公司利润			一般不涉及上市公司的会计处理的选择和改变,对公司财务状况和经营业绩无影响。若回购股份折价授予员工,则需参照股权激励,差额部分计提股份支付费用
税收政策	获益部分,需按照"工资、薪金所得"项目,征收个人所得税			(1) 在股票来源为二级市场购入或定向增发方式下,可以暂免征收个人所得税。 (2) 对于股票来源为上市公司回购、股东赠予等方式,尚有待相关税收政策细则的出台予以明确,对于回购股份折价授予员工的情形,从严将参照限制性股票征收个人所得税
现金流	(1) 激励对象需要在授予时出资,有一定出资压力。 (2) 公司可以在此期间立即获得资金补充现金流	(1) 激励对象不需要在授予时立即出资。 (2) 公司在行权/归属时会获得资金补充现金流		(1) 股票来源为二级市场购买的,对公司现金流无影响。 (2) 股票来源为非公开发行、回购的,公司可以立即获得资金补充现金流,其中回购股份折价授予员工,则对于公司现金流有一定损失。如以 0 元作为转让价格,则无法通过员工的出资补充公司现金流

（续表）

	第一类限制性股票	第二类限制性股票（科创板、创业板）	股票期权	员工持股
减持限制		董事、高级管理人员如需通过集中竞价方式减持,需根据减持细则的要求进行预披露,且需要比照董监高的减持限制执行		员工持股为间接持股模式,任何一位董监高不构成控制的前提下,员工持股计划的减持无需进行减持预披露,且无需比照董监高的减持限制执行减持

三、 上市公司股权激励实施流程

（一）股权激励

1. 股权激励计划生效程序

股权激励计划生效程序如下（见图 6.14）：

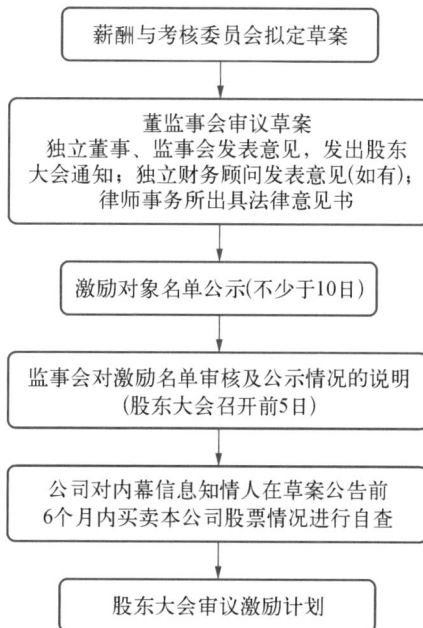

图 6.14 股权激励计划生效程序

（1）公司薪酬与考核委员会负责拟定激励计划草案及《公司考核管理办法》。

（2）董事会审议薪酬委员会拟定的激励计划草案和《公司考核管理办法》。

（3）公司在召开股东大会前，通过公司网站或者其他途径，在公司内部公示激励对象姓名及职务，公示期为 10 天。监事会将对激励对象名单进行审核，充分听取公示意见。公司在股东大会审议激励计划前 5 日披露监事会对激励对象名单审核及公示情况的说明。

（4）公司对内幕信息知情人在本激励计划公告前 6 个月内买卖本公司股票的情况进行自查。

（5）公司召开股东大会审议股权激励计划。

2. 股权激励计划授予程序

股权激励计划授予程序（见图 6.15）如下：

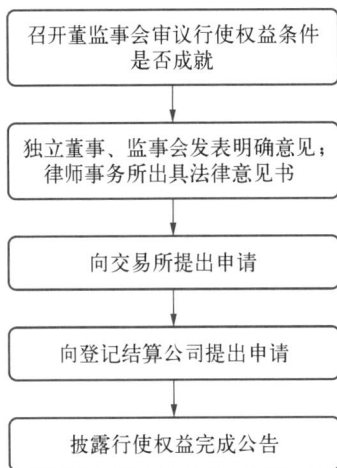

召开董监事会审议行使权益条件是否成就

↓

独立董事、监事会发表明确意见；律师事务所出具法律意见书

↓

向交易所提出申请

↓

向登记结算公司提出申请

↓

披露行使权益完成公告

图 6.15　股权激励计划授予程序

（1）自公司股东大会审议通过本激励计划之日起 60 日内，公司召开董事会对激励对象进行授予。

（2）公司在向激励对象授出权益前，董事会应当就激励计划设定的激励对象获授权益的条件是否成就进行审议，独立董事及监事会应当同时发表明确意见。律师事务所应当对激励对象获授权益的条件是否成就出具法律意见。

（3）公司应当向证券交易所提出向激励对象授予股票期权、限制性股票的申请，经证券交易所确认后，公司向登记结算公司申请办理登记结算事宜。公司董事会应当在授予的股票期权/限制性股票登记完成后，及时披露相关实施情况的公告。

除上述授予流程外，若公司授予激励对象限制性股票，在公司规定期限内，激励对象将认购限制性股票的资金按照公司要求缴付于公司指定账户，并经注册会计师验资确认。

目前，对于科创板与创业板新纳入的第二类限制性股票，无需在股东大会审议后 60 日内进行出资登记，而是激励对象在满足获益条件后方能归属，直接免去了传统第一类限制性股票进行股份登记,大大增加了公司实务操作上的便利性。

3. 股权激励解除限售/行权程序

(1)限制性股票解除限售程序。在解除限售日前,公司应确认激励对象是否满足解除限售条件。董事会应当就本激励计划设定的解除限售条件是否成就进行审议。对于满足解除限售条件的激励对象,由公司统一向证券交易所、登记结算公司办理相关解除限售事宜。对于未满足条件的激励对象,由公司回购并注销其持有的该次解除限售对应的限制性股票。对于科创板与创业板可采用新的激励工具第二类限制性股票而言,激励对象在满足获益条件后权益方能归属,避免了传统第一类限制性股票在无法解锁时需回购注销这一流程。

(2)股票期权行权程序。激励对象在行使权益前,董事会对申请人的行权资格与行权数额审查确认,并就股权激励计划设定的激励对象行使权益的条件是否成就进行审议。董事会审议通过后,激励对象的行权申请经董事会确认并交付相应的行权(购股)款项后,公司向证券交易所、登记结算公司提出行权申请,并按申请行权数量向激励对象定向发行股票,并办理相关结算手续。

(二)员工持股(以回购来源为例)

1. 员工持股计划生效程序

员工持股计划生效程序(见图6.16)如下:

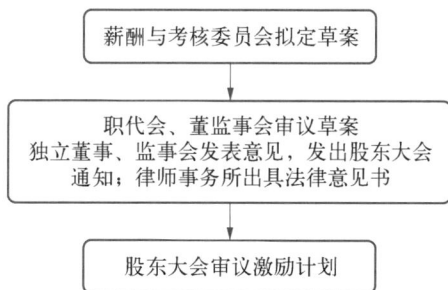

图6.16　员工持股计划生效程序

(1)公司薪酬与考核委员会负责拟定激励计划草案及《员工持股管理办法》。

(2) 召开职工代表大会与董事会/监事会审议薪酬委员会拟定的激励计划草案和《员工持股管理办法》。

(3) 公司召开股东大会审议股权激励计划。

2. 员工持股计划非交易过户程序

员工持股计划非交易过户程序(见图 6.17)如下：

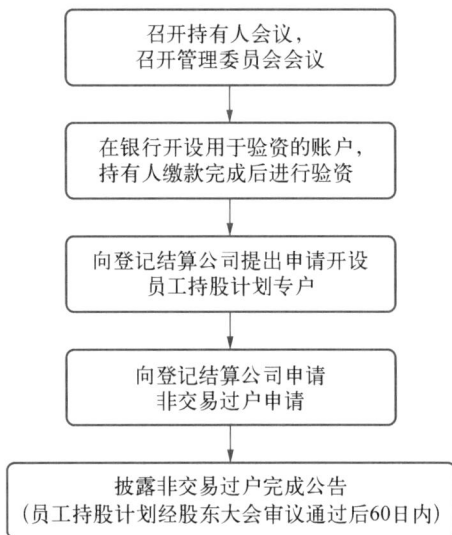

```
┌─────────────────────────┐
│      召开持有人会议，        │
│     召开管理委员会会议        │
└─────────────────────────┘
              │
┌─────────────────────────┐
│   在银行开设用于验资的账户，    │
│   持有人缴款完成后进行验资     │
└─────────────────────────┘
              │
┌─────────────────────────┐
│   向登记结算公司提出申请开设    │
│      员工持股计划专户        │
└─────────────────────────┘
              │
┌─────────────────────────┐
│     向登记结算公司申请       │
│       非交易过户申请        │
└─────────────────────────┘
              │
┌──────────────────────────────────┐
│       披露非交易过户完成公告          │
│ (员工持股计划经股东大会审议通过后60日内) │
└──────────────────────────────────┘
```

图 6.17　员工持股计划非交易过户程序

(1) 公司可在股东大会召开当天召开持有人会议,设立员工持股计划管理委员会,选举管理委员会成员,并召开管理委员会会议。

(2) 在银行开设用于员工持股计划验资的银行账户,待持有人缴款完成后进行验资。

(3) 公司向中登公司申请开设员工持股计划专户。

(4) 公司向中登公司申请非交易过户,完成后披露过户完成公告。

3. 员工持股计划解锁程序

员工持股计划解锁程序(见图 6.18)如下：

(1) 公司确定业绩考核指标达成情况(如有)。

(2) 召开持有人会议审议当期解锁事项。

(3) 召开董监事会审议当期解锁事项,并披露当期锁定期届满的提示性公告。

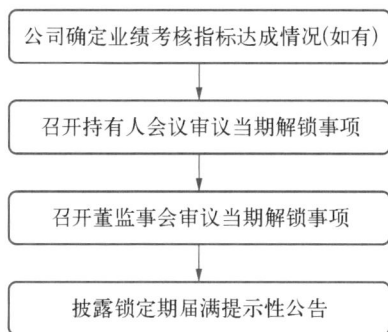

图 6.18　员工持股计划解锁程序

第四节　A 股国有上市公司股权激励

国有控股上市公司由于其特殊的公司属性,在实施股权激励计划时除了要符合证监会的相关要求外,还需符合国资委提出的相关要求。随着国企改革进程的加快,国有控股上市公司实施股权激励计划的相关要求也在逐渐放宽,鼓励国有控股上市公司通过实施员工激励计划建立起长效的、兼具激励与约束的激励机制。本节将从政策变化、市场实践、实施要点及实施流程 4 个方面对国有控股上市公司实施股权激励计划进行进一步解析。

一、 国有控股上市公司股权激励相关政策解析

2006 年,国务院国有资产监督管理委员会(以下简称"国务院国资委")在证监会颁布《管理办法》之后,陆续发布了《国有控股上市公司(境外)实施股权激励试行办法》和《国有控股上市公司(境内)实施股权激励试行办法》(以下简称《试行办法》)对境内境外的国有控股上市公司实施股权激励进行了规范。相较《管理办法》,《试行办法》中明确了国有控股上市公司实施股权激励计划还需上报国资主管机构审核的程序性要求,并谨慎针对实施前提、实施要素进行了更为细致、严格的规定。

2008 年 10 月,国务院国资委发布了《关于规范国有控股上市公司实施股权激励制度有关问题的通知》,进一步明确了国有控股上市公司实施股权激励计划的制定及操作细节,如业绩考核指标的设置、激励对象范围的选

择、个人获授权益上限等。

2015 年 8 月,国务院发布了《中共中央、国务院关于深化国有企业改革的指导意见》,并在文中明确提出探索试行混合所有制企业员工持股计划,通过实行员工持股建立激励约束长效机制。

2016 年 8 月,《关于国有控股混合所有制企业开展员工持股试点的意见》发布,对混合所有制企业开展员工持股计划程序、实施细节等进行了明确。

2019 年 10 月,国务院国资委发布了《关于进一步做好中央企业控股上市公司股权激励工作有关事项的通知》(以下简称《通知》),鼓励中央国有上市公司积极实施股权激励计划,同时在部分要素设置上进行了放宽。如中小市值上市公司及科技创新型上市公司,首次实施股权激励计划授予的权益数量占公司股本总额的比重,最高可以由 1% 上浮至 3%。董事、高级管理人员获授权益价值由薪酬总水平的 30% 上升至 40%,且明确了科创板央企实施股权激励计划的要求。

2020 年 4 月,国务院国资委发布了《中央企业控股上市公司实施股权激励工作指引》(以下简称《工作指引》),对《通知》中提到的相关要素进行了更为细致的规定。

随着国企改革的深入推进,国务院鼓励国有企业通过实施股权激励计划来进一步完善薪酬体系,建立激励与约束相结合的激励机制。在此背景下,国企股权激励方案的设置逐渐趋于市场化,准入条件逐渐放宽。

二、 国有控股上市公司近年实施情况

由于国有控股上市公司实施股权激励计划的限制较多,大部分国有上市公司在推出股权激励计划时较为谨慎。2014 年,员工持股计划相关规则的推出给员工激励注入了新鲜血液,也使得更多的上市公司包括国企考虑起实施员工激励的必要性(见图 6.19)。

从趋势上来看,2016 年前国有控股上市公司更偏向于使用股票期权作为激励工具,推出股权激励计划的数量未有明显的增长趋势,这与当时国有上市公司实施股权激励计划尚需经过国资主管部门及证监会的审批有一定关联。由于国有上市公司实施股权激励计划前期审批时间较久,正式实施时企业的经营状况及资本市场的股价表现或与设计方案时有所不同从而影

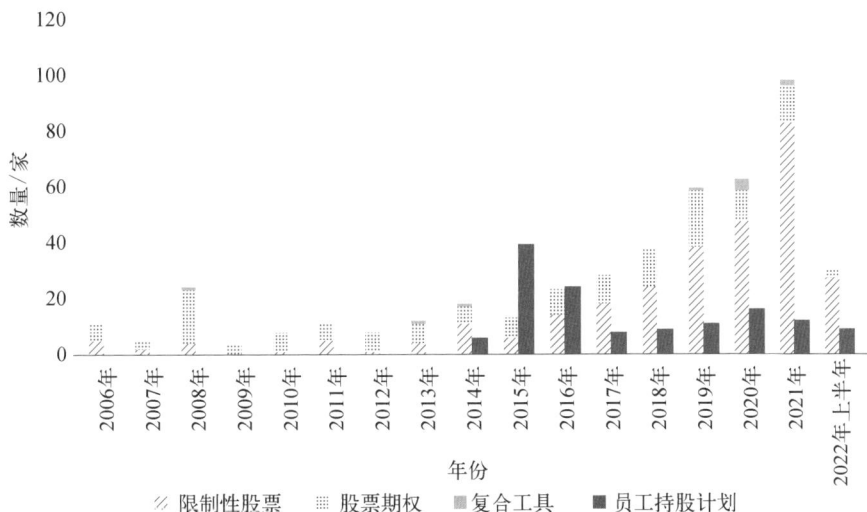

图 6.19　国有控股上市公司近年股权激励计划实施情况

响激励效果,使得国有上市公司实施股权激励计划的积极性不高。

2016—2018 年,随着国企改革的推进,国有控股上市公司实施股权激励计划的相关政策优化,国有控股上市公司推出股权激励的数量呈现出较为平稳的增长状态。大部分国企偏向于使用可折价且绑定效果更好的限制性股票。

2019 年起,国有控股上市公司推出的股权激励计划数量有明显的上涨。这主要是因为中央鼓励国有上市公司实施股权激励计划,且由于政策的放宽,更多国企符合实施股权激励计划的条件。同年,市场上也出现了推出复合工具(即股票期权+限制性股票)激励计划的国企案例。可以看出,更多的国有上市公司开始思考如何运用股权激励工具绑定公司员工,助力公司未来发展,而不是仅仅随大流推出一个股权激励计划。另外,2019 年股票期权激励计划的推出数量也有一个明显的提升,这主要是因为前两年二级市场表现不好,因此,在 2019 年部分公司倾向于选择前期无需出资的股票期权激励计划。

2021 年,无论是民营企业还是国有企业在推出股权激励计划的数量上都有一个明显的增长,这主要是受到市场大环境的影响,上市公司更为积极地推出股权激励计划。而 2022 年,受到疫情影响,上市公司实施股权激励计划的积极性降低,且在国有上市公司中尤为明显。

除了股权激励计划外,员工持股计划也是上市公司常用的激励员工的手段。员工持股计划对于上市公司的要求较低,未设置准入条件。对于国有上市公司来说,员工持股计划在实施流程上较股权激励计划更为简单,因此,员工持股计划刚推出时,较多国企考虑实施员工持股计划。由于员工持股计划实则是一个利益共享机制,受二级市场波动影响较大,因此,2017 年起员工持股计划的推出数量有明显的下降。随着近年来创新型员工持股计划的推出,持股计划的实施数量也有所上升。

三、 国有控股上市公司股权激励方案设计

(一) 股权激励计划

国有控股上市公司在实施股权激励计划时,除了需要结合公司未来的发展规划、激励目的等,还需要科学合理地设置以下要素:

1. 实施前提

《试行办法》规定:

"实施股权激励的上市公司应具备以下条件:

(一)公司治理结构规范,股东会、董事会、经理层组织健全,职责明确。外部董事(含独立董事,下同)占董事会成员半数以上;

(二)薪酬委员会由外部董事构成,且薪酬委员会制度健全,议事规则完善,运行规范;

(三)内部控制制度和绩效考核体系健全,基础管理制度规范,建立了符合市场经济和现代企业制度要求的劳动用工、薪酬福利制度及绩效考核体系;

(四)发展战略明确,资产质量和财务状况良好,经营业绩稳健;近三年无财务违法违规行为和不良记录;

(五)证券监管部门规定的其他条件。"

国企实施股权激励除了需满足证监会的要求外,还需满足国务院国资委对公司治理结构的要求。

2. 激励规模上限

根据相关规定,国有控股上市公司首次实施股权激励计划授予的股权数量原则上应控制在上市公司股本总额的 1% 以内;国有控股上市公司中小

市值上市公司及科技创新型上市公司,首次实施股权激励计划授予的权益数量占公司股本总额的比重,最高不超过公司股本总额的3%。

与民营企业不一样,国有企业对于首次实施股权激励计划的规模有明确的要求。民营企业实施股权激励的规模一般在3%左右,而国有上市公司实施股权激励计划的规模大多维持在1%以内。在《工作指引》发布后,部分国有上市公司首次实施股权激励计划的规模扩大至3%。国有企业实施股权激励计划时,除了需注意个人获授的权益分配,也需注意整体授出额度是否存在超过规则上限的情况。

3. 激励范围

根据《管理办法》规定,激励对象可以包括上市公司的董事、高级管理人员、核心技术人员或者核心业务人员,以及公司认为应当激励的对公司经营业绩和未来发展有直接影响的其他员工,但不应当包括独立董事和监事。但在国企相关规则中,对"董事"进行了区分和明确。外部董事,是指由非上市公司员工等外部人员担任的董事。根据《工作指引》的要求,外部董事参与公司股权激励计划的,则在判断公司的治理结构是否符合国企实施股权激励的要求时,该名激励对象将不被视为外部董事。因此,相较于民企,国有控股企业对于董事参与股权激励计划有更为明确的要求及限制,国企在设计股权激励计划方案时需注意治理结构是否符合实施条件及外部董事的认定。

4. 等待/锁定期与行权/解锁/归属期安排

根据《试行办法》的相关规定:

"第二十一条　在股权激励计划有效期内,每期授予的股票期权,均应设置行权限制期和行权有效期,并按设定的时间表分批行权:

(一)行权限制期为股权自授予日(授权日)至股权生效日(可行权日)止的期限。行权限制期原则上不得少于2年,在限制期内不可以行权。

(二)行权有效期为股权生效日至股权失效日止的期限,由上市公司根据实际确定,但不得低于3年。在行权有效期内原则上采取匀速分批行权办法。超过行权有效期的,其权利自动失效,并不可追溯行使。

第二十二条　在股权激励计划有效期内,每期授予的限制性股票,其禁售期不得低于2年。禁售期满,根据股权激励计划和业绩目标完成情况确定激励对象可解锁(转让、出售)的股票数量。解锁期不得低于3年,在解锁期内原则上采取匀速解锁办法。"

因此,国有上市公司实施股权激励计划最少为 5 年,包括 2 年的等待/锁定期及 3 年的行权/解锁/归属期,整体时间安排较民营企业来说更长,这也在一定程度上加大了业绩考核设置的难度。

5. 考核情况

业绩考核指标的设置是国有控股上市公司设计股权激励方案时需要特别重视的一个要素。《试行办法》及《工作指引》中均明确了国有控股上市公司实施股权激励计划需设置 3 类考核指标,包括反映股东回报和公司价值创造等综合性指标、反映企业持续成长能力的指标和反映企业运营质量的指标,并且业绩考核结果不低于对标企业的 75 分位或同行业的平均值。

6. 定价情况

根据《工作指引》的相关规定:"股票期权、股票增值权的行权价格不低于按上条所列方法确定的公平市场价格,以及公司标的股票的单位面值。限制性股票的授予价格不得低于公平市场价格的 50%,以及公司标的股票的单位面值。"

根据《试行办法》的相关规定:"上市公司股权的授予价格应不低于下列价格较高者:

1. 股权激励计划草案摘要公布前一个交易日的公司标的股票收盘价;

2. 股权激励计划草案摘要公布前 30 个交易日内的公司标的股票平均收盘价。"

现阶段,央企实施股权激励计划的定价与《管理办法》的要求一致,以前 1 日、前 20 日、前 60 日、前 120 日交易均价的孰高值确定行权价格下限;以前 1 日、前 20 日、前 60 日、前 120 日交易均价的 50% 的孰高值确定授予价格下限。地方国有企业还需将收盘价纳入对比。市场实践中,部分地方国有企业参照央企规定执行。

同时还需注意,股票公平市场价格低于每股净资产的,限制性股票授予价格不应低于公平市场价格的 60%。

7. 退出机制

上市公司实施股权激励计划需在方案中明确设置退出机制。在《工作指引》中,对央企实施股权激励计划的退出机制设置有更细致的要求:

"股权激励对象因调动、免职、退休、死亡、丧失民事行为能力等客观原因与企业解除或者终止劳动关系时,授予的权益当年达到可行使时间限制和业绩考核条件的,可行使部分可以在离职(或可行使)之日起半年内行使,半年后权益失效;当年未达到可行使时间限制和业绩考核条件的,原则上不再行使。尚未解锁的限制性股票,可以按授予价格由上市公司进行回购(可以按照约定考虑银行同期存款利息)。"

除上述情形外,股权激励方案中还需明确公司控制权变更、合并、分立,以及激励对象辞职等事项发生时的已授出权益的处置方式。

以海康威视为例,截至目前,海康威视已推出 5 期股权激励计划。从要素上来看,5 期股权激励计划不论在激励工具的选择上、定价及解除限售安排上,还是业绩考核的设置上都具有一致性,且激励对象范围逐渐扩大。从推出频率上来看,海康威视基本保持着每 2 年推出 1 期股权激励计划的频率,使得股权激励计划成为公司常态化、长效性的激励机制(见表6.10)。

(二) 员工持股计划

现阶段暂未有针对国有控股上市公司实施员工持股计划的规则。在市场实践中,部分国有上市公司会参照《关于国有控股混合所有制企业开展员工持股试点的意见》的相关条款设计员工持股计划的要素。

由于员工持股计划相关规则较股权激励计划而言更为宽泛,因此在方案设计上更为灵活。现阶段,上市公司多推出具有激励效果的创新型员工持股计划。由于国企多会关注国有资产流失的问题,在员工持股计划要素的设置上会更为关注激励与约束是否对等、是否有利益倾斜等问题,因此,业绩考核指标的设置、权益归属安排及激励对象份额分配往往是国企上市公司实施员工持股计划较为容易被关注的要素。

重庆钢铁于 2017 年完成了重整,引入民营资本,由国有控股上市公司转变为现阶段的民营上市公司。在经历完重整—扭亏—摘帽"三部曲"后,重庆钢铁把眼光瞄向了中长期发展激励。截至目前,重庆钢铁 2018—2020 年员工持股计划已全部实施完毕,并于 2020 年推出 2021—2023 年员工持股计划,建立起了常态化激励机制(见表 6.11)。

表6.10 案例分享

关键要素	内容				
公司名称	杭州海康威视数字技术股份有限公司				
期数	第一期	第二期	第三期	第四期	第五期
推出时间	2012-04-24	2014-04-22	2016-10-21	2018-08-16	2021-10-08
激励工具	第一类限制性股票				
股票来源	定向发行	定向发行	定向发行	定向发行	定向发行
授予规模	总股本的0.47%	总股本的1.44%	总股本的0.88%	总股本的1.43%	总股本的1.07%
激励对象	中层管理人员、核心技术和骨干员工,共633人	中层管理人员、基层管理人员、核心技术和骨干员工,共1181人	中层管理人员、基层管理人员、核心技术和骨干员工,共2990人	高级管理人员、中层管理人员、基层管理人员、核心技术和骨干员工,共6514人	高级管理人员、中层管理人员、基层管理人员、核心技术和骨干员工,共9973人
定价方式	前1个交易日收盘价的50%	前30个交易日平均收盘价的50%	前1个交易日均价的50%	前30个交易日平均收盘价的50%	前120个交易日均价的50%
解除限售安排	锁定24个月后按1/3、1/3、1/3的比例分三期解除限售	锁定24个月后按40%、30%、30%的比例分三期解除限售	锁定24个月后按40%、30%、30%的比例分三期解除限售	锁定24个月后按40%、30%、30%的比例分三期解除限售	锁定24个月后按40%、30%、30%的比例分三期解除限售
业绩考核指标	考核净资产收益率及营业收入复合增长率	考核净资产收益率及营业收入复合增长率	考核净资产收益率、营业收入复合增长值及经济增加值	考核净资产收益率、营业收入复合增长率及经济增加值	考核净资产收益率、营业收入复合增长率及经济增加值

表 6.11　案 例 分 享

关键要素	内　　　　容
方案名称	重庆钢铁股份有限公司 2018—2020 年员工持股计划(草案)
推出时间	2018‑03‑22
激励方式	员工持股计划
股票来源	通过二级市场购买或法律法规允许的其他方式获得重庆钢铁 A 股普通股股票
资金来源	公司提取的激励基金,依据各期员工持股计划考核年度经审计合并报表利润总额的一定比例计提
激励对象	公司执行董事、高级管理人员、核心管理、业务、技术骨干。公司董事会可根据员工变动情况、考核情况,对参与后续各期持股计划的员工名单和分配比例进行调整
行权价格及确定方法	鉴于公司重整计划中债转股的转股价格为 3.68 元/股,为充分体现管理层和股东利益的一致化,持有人奖励基金额度的 50% 部分将以 3.68 元/股折算其获授的权益份额数量,其余部分依据届时公司股票二级市场价格折算,通过折算的合计份额最终决定公司所提取的奖励基金总额
存续期	本员工持股计划是中长期的激励政策,计划连续推出 3 年,即在 2018—2020 年每个会计年度结束,公司滚动设立 3 期各自独立存续的员工持股计划。每期员工持股计划存续期不超过 24 个月,自公司公告标的股票登记至当期员工持股计划时起计算。每期员工持股计划的存续期届满后自行终止。每期员工持股计划锁定期结束后,当所持有的资产均为货币资金时,每期员工持股计划可提前终止。每期员工持股计划的存续期可以提前终止或延长,但单次延长期限不超过 6 个月,延长次数最多不超过 3 次
绩效考核	个人:在公司任职且绩效考核及格
禁售期	每期员工持股计划所获标的股票的锁定期为 12 个月,自公司公告最后一笔购买的标的股票过户至本期员工持股计划名下之日起计算(敏感期也不得买卖)

四、 国有控股上市公司股权激励实施流程

(一)审议草案阶段

审议草案阶段流程如图 6.20 所示。

```
┌─────────────────────────────────┐
│        薪酬与考核委员会拟定草案          │
└─────────────────────────────────┘
                 │
                 ▼
┌─────────────────────────────────┐
│           董监事会审议草案             │
│  独立董事、监事会发表意见；独立财务顾问发    │
│  表意见(如有)；律师事务所出具法律意见      │
│  书                             │
└─────────────────────────────────┘
                 │
                 ▼
┌─────────────────────────────────┐
│  将上市公司拟实施的股权激励计划报履行国有   │
│  资产出资人职责的机构或部门审核(控股股东为  │
│      集团公司的由集团公司申报)          │
└─────────────────────────────────┘
                 │
                 ▼
┌─────────────────────────────────┐
│  收到批复后，召开董监事会修订股权激励计划   │
│     (如需)，发出股东大会通知           │
└─────────────────────────────────┘
                 │
                 ▼
┌─────────────────────────────────┐
│    激励对象名单公示(不少于10日)         │
└─────────────────────────────────┘
                 │
                 ▼
┌─────────────────────────────────┐
│  监事会对激励名单审核及公示情况的说明      │
│      (股东大会召开前5日)            │
└─────────────────────────────────┘
                 │
                 ▼
┌─────────────────────────────────┐
│        股东大会审议激励计划            │
└─────────────────────────────────┘
```

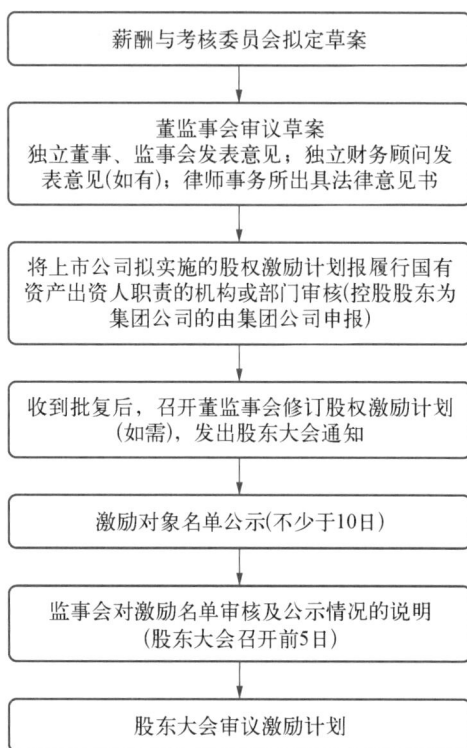

图 6.20　审议草案阶段流程

　　上市公司董事会下设的薪酬与考核委员会负责拟订股权激励计划草案并提交董事会审议。独立董事及监事会应当就股权激励计划草案是否有利于上市公司的持续发展,是否存在明显损害上市公司及全体股东利益的情形发表意见。独立董事或监事会认为有必要的,可以建议上市公司聘请独立财务顾问,对股权激励计划的可行性、是否有利于上市公司的持续发展、是否损害上市公司利益以及对股东利益的影响发表专业意见。上市公司未按照建议聘请独立财务顾问的,应当就此事项作特别说明。

　　上市公司国有控股股东在股东大会审议批准股权激励计划之前,应将上市公司拟实施的股权激励计划报履行国有资产出资人职责的机构或部门审核(控股股东为集团公司的由集团公司申报),经审核同意后提请股东大会审议。

　　待收到批复后,根据批复内容召开董事会修订股权激励计划方案并发出股东大会通知,独立董事应当就股权激励计划向所有的股东征集委托投票权。上市公司应当在召开股东大会前,通过公司网站或者其他途径,在公司内部公示激励对象的姓名和职务,公示期不少于10天。监事会应当对股权激励名单进行审核,充分听取公示意见。上市公司应当在股东大会审议股权激励计划前5日披露监事会对激励名单审核及公示情况的说明。

待股东大会审议通过股权激励计划后,激励计划正式进入实施阶段。

(二)授予/登记阶段

授予/登记阶段如图6.21所示。

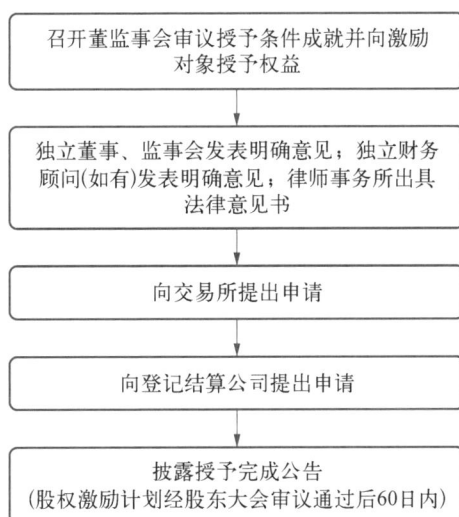

图6.21 授予/登记阶段流程

上市公司在向激励对象授出权益前,董事会应当就股权激励计划设定的激励对象获授权益的条件是否成就进行审议,独立董事及监事会应当同时发表明确意见。律师事务所应当对激励对象获授权益的条件是否成就出具法律意见。上市公司向激励对象授出权益与股权激励计划的安排存在差异时,独立董事、监事会(当激励对象发生变化时)、律师事务所、独立财务顾问(如有)应当同时发表明确意见。

上市公司董事会应当根据股东大会决议,负责实施限制性股票的授予以及股票期权的授权。上市公司监事会应当对限制性股票授予日及期权授予日激励对象的名单进行核实并发表意见。

上市公司应当向证券交易所提出申请,经证券交易所确认后,由证券登记结算机构办理登记结算事宜,并披露相关公告。

股权激励计划经股东大会审议通过后,上市公司应当在 60 日内授予权益并完成公告、登记;有获授权益条件的,应当在条件成就后 60 日内授出权益并完成公告、登记。上市公司未能在 60 日内完成上述工作的,应当及时披露未完成的原因,并宣告终止实施股权激励,自公告之日起 3 个月内不得再次审议股权激励计划。根据本办法规定,上市公司不得授出权益的期间不计算在 60 日内。

(三) 行使权益阶段

行使权益阶段流程如图 6.22 所示。

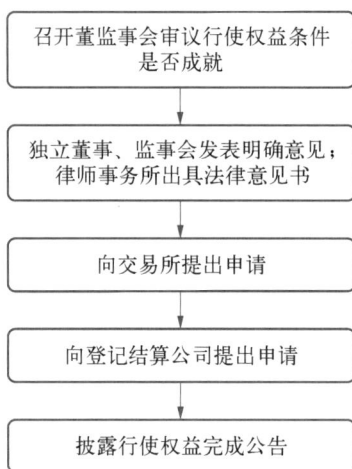

图 6.22　行使权益阶段流程

上市公司董事会应当根据股东大会决议,负责实施限制性股票的解除限售以及股票期权的行权。激励对象在行使权益前,董事会应当就股权激励计划设定的激励对象行使权益的条件是否成就进行审议,独立董事及监事会应当同时发表明确意见。律师事务所应当对激励对象行使权益的条件是否成就出具法律意见。条件成就后,上市公司可向交易所、登记结算公司申请办理解除限售、行权等业务,并在标的股票流通上市后披露上市流通公告。

第七章

企业上市申报前的其他重点关注事项

第一节　上　市　辅　导

一、 上市辅导简介

上市辅导是指保荐机构、律师事务所、会计师事务所对拟发行股票并上市的股份有限公司进行的规范化培训、辅导与监督。发行与上市的辅导机构由符合条件的证券经营机构担任，原则上应当与代理该公司发行股票的主承销商为同一证券经营机构。上市辅导的意义在于使公司建立比较完善的法人治理结构，使公司董事、监事、高级管理人员以及其他相关人员等全面系统地理解和掌握与发行上市有关的法律法规、证券市场规范运作和信息披露要求，使其树立进入证券市场的诚信意识、自律意识和法治意识，进而使公司基本具备进入证券市场的条件。

企业上市辅导形式多样，可以是现场查看、与高管谈话、集中授课培训等多种形式。目前 IPO 的辅导时间原则上不能少于 3 个月。保荐机构辅导工作完成后，应当由发行人所在地的中国证监会派出机构进行辅导验收。发行人所在地在境外的，应当由发行人境内主营业地或境内证券事务机构所在地的中国证监会派出机构进行辅导验收。验收方式主要有现场走访、约谈、组织证券市场知识抽测等。

二、 上市辅导主要流程

（一）聘请辅导机构

企业选择辅导机构要综合考察其独立性、资信状况、专业资格、研发力量、市场推广能力、具体承办人员的业务水平等因素。应当指定经中国证监会批准、品行良好、具备组织实施保荐项目专业能力的保荐代表人具体负责该工作，且辅导机构应当熟练掌握相关的法律、会计、财务管理、税务、审计等专业知识。根据《证券发行上市保荐业务管理办法（2020）》（中国证券监督管理委员会令第 170 号）的规定，保荐机构及其控股股东、实际控制人、重要关联方持有发行人股份的，或者发行人持有、控制保荐机构股份的，保荐机构在推荐发行人证券发行上市时，应当进行利益冲突审查，出具合规审核意见，并按规定充分披露。通过披露仍不能消除影响的，保荐机构应联合 1 家无关联保荐机构共同履行保荐职责，且该无关联保荐机构为第一保荐机构。鉴于辅导机构与保荐机构同一性的考虑,公司也不宜选择上述与公司存在关联关系的证券经营机构担任辅导机构。

(二)辅导机构前期尽调,帮助企业完成股改

按规定,上市辅导应在企业改制为股份有限公司后正式开始。但是,股份改制方案是企业发行上市准备的核心内容,也是上市辅导工作的重点。因此,多数情况下,除部分因在新三板等场外市场挂牌或其他原因已完成股份改制的企业外,辅导机构在与企业达成辅导意向后,会先进行一轮前期尽调,介入企业发行上市方案的总体设计和改制重组的具体操作,协助企业完成股份改制。

(三)与辅导机构签署辅导协议,并登记备案

待改制重组完成、股份公司设立后,企业和辅导机构签订正式的辅导协议,并在辅导协议签署后5个工作日内到企业所在地的证监会派出机构办理辅导备案登记手续。辅导协议应明确双方的责任和义务,并列明辅导费用。辅导费用由辅导双方本着公开、合理的原则协商确定,辅导双方均不得以保证公司股票发行上市为条件。证监局接收辅导备案后,一般召开首次见面会,辅导小组组长及项目负责人、发行人董事长、财务负责人、董事会秘书应当参加。同时,需要公开发布《接受上市辅导公告》。

(四)正式开始辅导,定期报送辅导工作备案报告

辅导机构对发行人进行辅导,参与辅导的对象包括:发行人董事、监事和高级管理人员、持有5%以上股份的股东和实际控制人(或者其法定代表人)。辅导方式主要有组织自学、集中授课与考试、问题诊断与专业咨询、中介机构协调会、经验交流会、案例分析会等。建议辅导前期重点在于摸底调查,全面形成并实施具体的辅导方案;辅导中期重点在于集中学习和培训,诊断问题并加以解决;辅导后期重点在于完成辅导计划,进行考核评估,做好IPO申请文件的准备工作。

从辅导开始之日起,辅导机构每3个月向当地证监会派出机构报送1次"辅导工作备案报告"(逾期可能导致终止辅导程序)。"辅导工作备案报告"一般包括辅导企业基本情况、辅导工作计划执行情况、辅导工作存在问题及下一步工作计划等,同时报送辅导机构对辅导工作的意见。

(五)辅导机构针对企业问题提出整改建议,督促完成整改

在辅导进程中,辅导机构应当及时发现问题,并提出整改方案及整改建议,督促企业尽快完成整改。针对部分较难解决的问题,企业与辅导机构可以尝试与当地政府部门积极沟通协商,共同解决。

(六)辅导书面考试

辅导机构将在辅导期内对接受辅导的人员进行至少 1 次书面考试,全体应试人员最终考试成绩应合格。

证监局会组织现场的辅导验收考试,一般每月都有安排,但亦需要提前预约考试时间,其中考试不合格者一般一个月之后才安排补考。各证监局组织的辅导考试形式各有不同,具体需要参考辖区辅导验收考试须知。

(七)向当地证监局提交辅导评估申请

辅导协议期满,辅导机构如果认为辅导达到了计划目标,可向证监会派出机构报送"辅导工作总结报告",并提交辅导评估申请;辅导机构和企业如果认为辅导没有达到计划目标,可向证监会派出机构申请适当延长辅导时间。

(八)证监局验收,出具辅导监管报告

证监会派出机构接到辅导评估申请后,将在 20 个工作日内完成对辅导工作的评估。辅导验收包括现场检查和非现场检查。如验收结果合格,派出机构将向证监会出具"辅导监管报告",发表对辅导效果的评估意见,辅导结束;假如证监会派出机构认为辅导评估申请不合格,会依据实际情况要求延长辅导时间。

三、 上市辅导核心内容

辅导期间,辅导机构需按照辅导计划对公司进行辅导,采取的辅导措施有集中学习及自学、问题诊断、专业咨询、中介机构协调会、考试巩固等。内容一般包括以下 8 个方面:

(一)对发行人董事、监事和高级管理人员、持有 5% 以上股份的股东和实际控制人(或者其法定代表人)等进行有关法律法规的培训

该方面培训的主要内容有《公司法》《证券法》《证券发行上市保荐业务管理办法》《上海证券交易所科创板股票上市规则(2020 年 12 月修订)》《深圳证券交易所创业板股票上市规则(2020 年 12 月修订)》《上市公司治理准则》《证券发行与承销管理办法》《上市公司章程指引》等与股票发行上市和规范运作有关的法律、法规、规章、政策等。

通过培训公司核心人员及主要股东,对其进行系统的法规知识、证券市场知识培训,使其全面掌握发行上市、规范运作等方面的有关法律法规和规则,知悉信息披露和履行承诺等方面的责任和义务,树立进入证券市场的诚信意识、自律意识和法治意识,以及中国证监会规定的其他事项。

（二）协助公司按照《公司法》的规定建立起符合上市公司要求的法人治理结构并使其规范运行

为了帮助公司按照上市公司的要求规范运作,辅导机构需要协助公司建立符合上市公司要求的法人治理结构,包括制定符合上市公司要求的公司章程,规范公司的组织结构,完善内部决策和控制制度以及激励约束机制,健全公司财务会计制度等,确保公司经营管理合理、规范、有效和在可控的情况下运行。

（三）对公司在设立、改制重组、股权设置、资产评估、资本验证等方面进行核查

辅导机构需要全方位核查企业在股份公司设立、改制重组、股权设置和转让、增资扩股、资产评估、资本验证等方面是否合法,产权关系是否明晰,是否妥善处置了商标、专利、土地、房屋等资产的法律权属问题。

（四）督促公司实现独立运营,做到业务、资产、人员、财务、机构独立完整,主营业务突出

辅导机构及会计师、律师等中介机构通过集中授课、专题讨论等方式使公司董事、监事、高级管理人员和部分财务管理人员、主要股东等进一步了解公司各方面独立完整的概念和要求,并确保最终辅导验收时,公司能完全满足独立运行、主营业务突出、核心竞争力显著的要求。

（五）规范公司关联方、关联关系及关联交易

辅导机构明确关联概念和界定标准、关联交易的会计处理规定和方法、关联交易的信息披露标准等问题,督促公司明确与主要股东及其他关联方的关联关系。

（六）协助公司建立健全财务管理体系,增强有关人员诚信意识和责任意识,杜绝财务虚假情形

辅导机构将同会计师事务所对企业会计准则进行辅导,使公司财务会计人员对公司财务会计理论、制度与实务有更深刻的了解。协助公司按照

公司会计制度和上市公司的要求建立科学的财务核算体系,建立符合上市公司要求的财务信息披露框架,制订完善的公司财务制度及系列配套制度。

（七）协助公司建立健全符合上市公司要求的信息披露制度

辅导机构需对公司相关人员进行上市公司信息披露专题培训,包括上市公司信息披露制度、信息披露的内容和格式、信息披露的相关责任等,协助公司建立健全符合《公司法》《证券法》《上海证券交易所科创板股票上市规则》《深圳证券交易所创业板股票上市规则》等有关法律法规的规定和上市公司要求的信息披露制度。

（八）协助公司形成明确的业务发展目标和未来发展计划

辅导机构将与公司董事、监事、高级管理人员进行充分讨论,确定公司近期发展目标和实施计划,结合行业发展趋势,确定公司首次公开发行股票募集资金投资项目和使用计划,制定可行的募股资金投向及其他投资项目的规划。

第二节　募集资金与投资项目

一、募投项目的规划设计

募集资金投资项目的好坏,决定着企业未来的盈利预期和股票的投资价值,不仅直接影响到企业发行上市计划的实现,而且影响到企业上市后的再融资。按照有关要求,企业上市后募集资金投向频繁变更,资金使用效益较差,将构成企业上市后申请再融资的重要障碍。一般来说,募集资金应当有明确的用途,企业在设计投资项目时应注意以下 4 个方面。

（一）募集资金投向符合国家基本政策

公司募集资金投资项目应当符合国家产业政策、固定资产投资、环境保护、土地管理以及其他法律、法规和规章的规定。企业应了解当前国家重点鼓励发展的产业、所在行业的发展导向以及国家明确限制或禁止的领域。

（二）募集资金投向符合公司发展战略、专业化的主营方向

公司的募投项目应与企业长远发展目标一致,能切实有助于企业实现自身制定的发展战略,并充分考虑宏观经济、产业周期变化的规律,以及跨行业投资有无重大风险。

(三) 募投项目具备必要性

募投项目的必要性表达了企业的需求,因此,对于必要性的阐述应该符合企业的实际发展情况和战略目标,给予市场充分的理由证明自己的融资目的。可从行业前景、公司实力、补充流动资金、业务拓展、研发投入等方面进行论述。

【案例 7-1】秦川物联(688528):科创板募投项目问询

成都秦川物联网科技股份有限公司(简称秦川物联)成立于 2001 年,是从事智能燃气表及综合管理软件的研发、制造、销售和服务的高新技术企业。公司的主要产品为 IC 卡智能燃气表、物联网智能燃气表及综合管理软件,技术水平在行业中处于领先地位。

针对智能燃气表研发生产基地改扩建项目,上海证券交易所提问:"请发行人进一步说明公司募投项目资金使用的合理性和必要性;募投项目各项资金的具体测算过程和依据。"

公司回复要点如下:

(1) 智能燃气表行业市场空间广阔,面临良好的发展机遇。① 智能燃气表属于国家战略新兴产业中的重点产品,市场空间广阔;② 公司 NB-IoT 物联网智能燃气表在行业内具有先发优势,有望实现销售收入的快速增长;③ 生产制造能力不能满足业务发展的需求。

(2) 研发中心的建设有利于进一步提升技术开发能力,满足发行人未来发展需求。智能燃气表行业作为高端装备制造行业的细分行业,技术研发优势是公司打造核心竞争力的关键因素。公司通过持续的研发投入,成功研发多项与智能燃气表相关的核心技术及生产工艺,在保证智能燃气表产品具有较高品质的同时,生产成本相对较低。公司将持续保持较高水平的研发投入,以保证技术水平及技术储备的前瞻性和领先性,不断提升市场竞争能力。公司拟以本次募集资金扩充研发设备数量,提升研发装备先进水平,建设高水平的研发平台,并以此引进优秀研发人才,进一步提升技术研发水平和市场竞争力。

(3) 完善的销售网络是公司进一步成长和发展的必备条件。公司已经建立起覆盖全国、较为完善的营销网络,但在部分省区的省会级中心城市、地市级城市的营销网点有所缺失。燃气表市场传统产品需求预期将进一步下滑,智能燃气表的市场渗透率将持续提升,燃气表智能化程度和智慧化服务水平将进一步提高,燃气运营商需要智能燃气表生产企业对燃气运营商从售前、售中到售后提供更多的产品培训和售后服务,促使智能燃气表企业通过加强营销网络建设,满足市场需求的变化。因此,智能燃气表企业需要投入较多的人力进行销售服务,对原有的营销网络及时做出优化。

(4)信息化系统升级支撑公司运营,提升管理效率。近年来公司业务迅速发展,销售规模不断扩大,公司通过信息化系统升级进一步提高业务的管理水平。新增产品生命链周期管理系统、客户关系管理系统、数据采集与监视控制系统等功能模块及支撑服务器,将企业技术研发、生产制造、销售管理、日常运营、客户服务等环节和流程数字化,使管理更加科学化,支撑公司生产运营,有效提升管理效益和效率。

(5)补充流动资金项目符合公司财务需求。随着公司生产规模的不断扩大以及应收账款回款周期的影响,发行人对营运资金的需求也逐渐增加。

(四)募投项目具备可行性

募投项目可行与否,一般首先考虑与公司自身相关的可行性因素。例如,公司已掌握募投项目产业化技术;管理人员、专业技术人员储备;过往在相关产品方面的经验积累;企业的发展战略、管理能力和执行力等。

【案例7-2】华熙生物(688363):科创板募投项目问询

华熙生物科技股份有限公司(简称华熙生物)成立于2000年,是国内较为知名的透明质酸(俗称"玻尿酸")原料生产商,旗下的"故宫口红"更是成为公众熟知的产品。

华熙生物拟募资30亿元,主要投向3个领域:华熙生物研发中心、华熙天津透明质酸钠生产基地和华熙生物生命健康产业园项目。细分来看,资金主要投向化妆品市场和医美市场。

对于华熙生物的募投项目,上海证券交易所提问包括:"请说明发行人已有的核心技术是否足够支持募投项目的建设,分析募投项目建设完成后对发行人主营业务的影响,是否能够提升发行人的技术实力及核心竞争力。"

公司回复要点如下:

(1)发行人核心技术足够支持募投项目的建设和生产。本次募集资金投资项目围绕公司主营业务开展，主要包括研发体系的升级改造，以及透明质酸原料及衍生物、医疗终端产品及功能性护肤品的生产线建设。本次募投项目规划产品主要为公司现有产品的扩产，公司现有技术及管理能力能够支持募投项目的建设和生产。公司主要技术包括：国际领先的微生物发酵法生产透明质酸技术；国际上首次使用微生物酶切法大规模生产低分子量透明质酸及寡聚透明质酸；透明质酸高效交联技术突破；玻璃酸钠注射液国内率先采用终端灭菌技术；基于自产生物活性物质的功能性护肤品研发能力；次抛产品无菌 BFS 技术；等等。

（2）募投项目有利于提升发行人的技术实力及核心竞争力。本次募集资金投资项目围绕公司主营业务开展，包括对于现有研发体系的升级改造，以及主营业务产品的产能扩张，透明质酸原料及终端新品生产线建设。本次募集资金投资项目建设有助于公司扩大主营业务规模，增强核心竞争力，提升市场地位。

公司核心技术是否足够支持募投项目的建设是证监会及上海证券交易所相当常见的问询之一。通常认为，公司自身素质的积累对募投项目最终的成功与否至关重要。公司在回复时应注意全面、客观、专业地分析自身技术储备情况。

此外，应考虑募投项目的市场可行性，即目标市场未来容量及发展动态；市场需求的具体产品类型；目标市场产品、技术的可替代性；募投产品的比较优势或某种适销性等。对市场可行性的分析，主要目的在于论证募投项目产能消化的合理性以及企业赖以长期发展的外部环境不会出现重大不利变化。

（五）募投项目具备合理性

公司募投项目一般可有以下几个方向：主营业务技改与扩展、新兴业务产业化、营销网络与电子商务、物流与信息化、研发中心、补流①与还贷。具体募投项目编排设计时要考虑企业与行业的具体情况，审核部门既要求项目具有较高的成熟度，又要求项目具有良好的前景，因此，具体设计时应紧扣"实施风险"与"未来前景"两个核心要素，保证项目的技术、市场前景、运营模式、比例构成均较为合理。

---

① 补流指补充流动资金。

【案例 7 - 3】君实生物—U(688180)：科创板募投项目问询

上海君实生物医药科技股份公司(以下简称君实生物)成立于 2012 年，是一家以开发治疗性抗体为主的研发型高科技公司。公司于 2018 年在联交所上市，2020 年回归 A 股科创板。公司自成立以来瞄准国际抗体技术研发的前沿进展，通过广泛的国内外技术合作，着力研发条件、研发团队和技术平台的建设，已搭建国内一流创新人源化抗体药物产品研究开发技术平台。目前在研产品十余种，主要覆盖肿瘤、心血管疾病和骨质疏松等领域。

针对创新药研发项目、科技产业化临港项目，上海证券交易所提问："请发行人：① 补充披露 H 股募集资金的实际使用情况，此次募投项目安排的合理性及是否与 H 股募投项目重合；② 进一步分析并披露核心产品特瑞普利的市场竞争格局、与同类产品优劣势比较、产品面临降价压力、已有同类产品进入医保目录等情况。"

公司回复要点如下：

(1) 本次发行募投项目与发行人现有生产经营规模相适应。本次募投项目通过发挥技术优势，提升公司盈利能力，降低公司经营风险，为公司未来的持续发展提供保障。报告期内，公司资产规模持续扩大，截至 2019 年 9 月 30 日，公司总资产 448 395.36 万元，净资产 327 681.95 万元。

(2) 本次发行募投项目与发行人现有财务状况相适应。公司自主研发、具有全球知识产权的"拓益"——特瑞普利单抗注射液于 2019 年 2 月正式进入商业应用，填补了国产药物在 PD - 1 抑制剂领域的空白。公司总体资产质量较高，总体负债率水平较低，财务状况良好。随着公司在研管线的研发进度及商业化进程的加快，公司对于研发、生产基地建设及营运周转的资金需求将不断加大，现有的融资渠道获得的资金将无法满足公司未来快速发展的需求。本次募集资金有助于优化公司的财务结构，满足公司产品研发和运营的资金需求，为公司的可持续发展提供资金保障，与公司现有的财务状况相适应。

(3) 本次发行募投项目与发行人现有技术水平相适应。公司建立了涵盖蛋白药物从早期研发阶段到产业化阶段的整个过程的完整技术体系，包括抗体筛选及功能测定的自动化高效筛选平台、人体膜受体蛋白组库和高通量筛选平台、抗体人源化及构建平台等七个主要技术平台，各个技术平台分工明确，相互配合协作，共同提高药物研发效率。通过持续的自主创新，公司形成了丰富的技术储备。

整体来看,公司已拥有自主研发的技术创新平台,形成了丰富的技术储备,具备创新生物药全过程研发能力和经验,能够将科技成果转化为商业化产品,为本次募投项目的实施提供了技术支持。因此,本次募集资金数额和投资项目与公司现有技术水平相适应。

(4) 本次发行募投项目与发行人现有管理能力相适应。公司的高级管理团队成员都具有生物科技研究领域丰富的工作经验,包括全球知名研究机构、领先的国际制药公司以及 FDA 等监管机构。管理团队拥有涵盖整个药品开发生命周期不同阶段的专业知识,包括创新药物发现、临床前研究、临床试验、监管审批、药物警戒、生产等环节。具有深厚行业知识的高级管理团队能够为募集资金投资项目的顺利实施提供有效支持。此外,为保证公司日常经营的持续高效运转和长远发展,公司已制订了相关管理制度,建立了健全的公司治理结构,形成了规范有效的内部控制体系。因此,本次募集资金数额和投资项目与公司现有管理能力相适应。

二、 募投项目的关注要点及风险规避

以科创板为例,对已过会公司收到的有关募投项目反馈信息进行梳理,据此总结出审核部门对 IPO 公司募投项目主要关注以下几点:

(一) 扩大产能方面

(1) 扩大产能的必要性、合理性及可行性。

(2) 募投项目产能的测算依据。

(3) 对产业市场进行预测,分析所扩产能能否被有效地消化吸收。

(4) 综合考虑产品现销及未来销售状况,阐述扩能产品年均收入计算过程。

(5) 租赁厂房并对其进行装修改造用以扩大生产,需确定租赁面积、租期及租金,签订租赁合同,明确房产所有人是否同意对厂房进行装修改造,以及投入大额资金进行装修改造的合理性。

(6) 所选扩能产品是否具有良好的发展前景,有无技术迭代等风险。

(7) 若所选扩能产品或服务并非公司主营产品或服务,需说明其与公司主营产品之间的关联性。

(8) 若对新产品进行扩大生产,需说明是否有技术储备和产品认证证书,产品投产后产生效益的时间等。

【案例 7 - 4】心脉医疗(688016)：科创板募投项目问询

上海微创心脉医疗科技股份有限公司(以下简称心脉医疗)是港股上市公司微创医疗的控股子公司,公司成立于 2012 年,致力于主动脉及外周血管介入医疗器械的研发、制造、销售,主营产品为主动脉覆膜支架系统、术中支架系统、外周血管支架系统、外周血管球囊扩张导管等。

针对心脉医疗的募投项目——生产销售主动脉支架,上海证券交易所提问:"中国主动脉介入医疗器械市场规模总体较小,发行人目前产能利用率较低,结合现有产能利用率、产销率及市场容量情况,分析本次扩张主动脉介入医疗器械产能的必要性,是否会造成产能过剩,募投项目达产后新增产能消化的具体措施。"

公司回复要点如下:

(1) 主动脉介入医疗器械市场需求持续扩大。随着中国主动脉疾病筛查技术的不断发展,临床经验的不断提升,人民健康意识的不断提高,未来中国主动脉介入医疗器械市场规模将持续提升。考虑到创新型产品的陆续上市将拓展微创伤介入治疗的适应证,并且国产产品的价格优势将加速医疗器械的国产化进程,预计中国主动脉介入市场规模增速会进一步提高;同时,公司也在积极开拓海外市场,将市场范围不断扩大,公司继续扩张相关产品产能以持续满足不断增长的国内外市场需求。

(2) 公司产品产销率快速增长,产能利用率不断提高。报告期内,公司主动脉支架类产品及术中支架类产品的合计销量从 2016 年的 10 353 个增加至 2018 年的 17 773 个,年均复合增长率为 31.02%。公司产品产量快速增加,综合产能利用率已从 39.59% 增加至 73.86%,预计产能利用率很快将达到 90% 以上。考虑到公司生产线的建设存在一定建设周期,需要在相关产品正式获证上市之前提前进行生产线的布局。

(3) 新产品的推出需要新建产线予以保证。本次拟实施的"主动脉及外周血管介入医疗器械产业化项目"涉及公司多项核心产品的产业化,不断推出升级换代的改进产品或创新产品是公司核心竞争力的重要保证。

(4) 新增产能消化的具体措施包括:提升公司竞争力,扩大市场份额;深化营销渠道布局,开发市场增量;完善营销网络建设,提高客户服务能力;等等。

根据心脉医疗披露的信息,2016—2018 年其产能利用率分别为 39.59%、54.07% 和 73.86%。产能利用率虽然逐年上升,但总体并不算高。因此,在市场整体规模较小的情况下,募资扩产后,是否会造成产能过剩成为上海证券交易所关注的问题。公司回复时应注意对整体市场及对自身做出合理有据的预期。

(二) 研发投入方面

(1) 研发资金是否重点投向科技创新领域。

(2) 研发过程中技术的难易程度。

(3) 研发的基础能力,包括技术、人才积累等。

(4) 技术层面专有名词的解释说明。

(5) 研发投入的主要用途及测算依据。

(6) 研发中心建设的项目资金投入比例是否与公司未来发展战略相契合。

【案例 7 - 5】安博通(688168):科创板募投项目问询

北京安博通科技股份有限公司(以下简称安博通)成立于 2007 年,是国内领先的可视化网络安全专用核心系统产品与安全服务提供商。安博通依托于自主开发的应用层可视化网络安全原创技术,围绕核心 ABTSPOS 网络安全系统平台,为业界众多网络安全产品提供操作系统、业务组件、分析引擎、关键算法、特征库升级等软件支撑及相关的技术服务。

安博通本次科创板发行拟募集资金 29 774 万元,用于"深度网络安全嵌入系统升级与其虚拟资源池化项目""安全可视化与态势感知平台研发及产业化项目""安全应用研发中心与攻防实验室建设项目"。上海证券交易所就此发问:"募投项目的技术、人力资源储备、募投项目具体的应用领域等,并分析募集资金是否重点投向科技创新领域。"

公司回复要点如下:

(1) 公司的募投项目的技术及人力资源储备情况。为顺应网络安全行业的发展趋势,公司自主研发的网络安全系统平台 ABTSPOS 在传统数据通信网络、下一代信息网络、云安全、安全可视化、智能安全等方向进行研发投入与产业化;为了保障研发创新和产品创新落在实处,对市场需求(如行业客户业务安全需求、新产品需求等)、竞争需求、安全本源技术(如漏洞、攻防技术等)进行研究,公司成立了北京和武汉研发中心,并新设天津网络攻防实验室,研发中心及实验室负责公司安全网关和安全管理产品及安全特征库的专项研究与开发,同时积极跟踪国内外最新网络安全技术与发展趋势。公司核心技术人员,均在网络安全行业从业多年,具有丰富的技术研发经验或产品开发经验。

(2)公司募集资金投向科技创新领域的具体安排。公司依靠自主研发的核心技术开展生产经营,相关核心技术均达到国内先进水平。本次募集资金用于深度网络安全嵌入系统升级与其虚拟资源池化项目、安全可视化与态势感知平台研发及产业化项目、安全应用研发中心与攻防实验室建设项目,上述三个项目全部属于科技创新领域。募投项目实施后将进一步提高公司的科技创新能力,提升核心技术水平及竞争力。对于超募的部分,公司将用于主营业务,重点投向科技创新领域,不直接或间接投资于与主营业务无关的公司。

企业是否具备科创属性一直是科创板审核的核心之一,因此,募投项目是否属于科创领域也几乎成为所有科创板相关问询中无法回避的一环。公司回复时应注意全面细致地分析募集资金投向科技创新领域的情形。

(三)固定资产投资方面

(1)披露募投项目建设中新增设备明细,包括设备名称、规格型号、单价、数量等,用以说明项目投资构成的合理性和谨慎性。

(2)固定资产投资的具体内容及用途。

(3)根据公司现有固定资产规模与生产能力的配比情况,对比新增固定资产与生产能力配比的合理性。

(4)固定资产投资对未来业绩的影响。

【案例7-6】三旺通信(688618):科创板募投项目问询

深圳市三旺通信股份有限公司(以下简称三旺通信)成立于2001年,是国内较早从事工业互联网通信产品的公司之一,拥有较为齐全的产品体系,主要产品为工业以太网交换机、嵌入式工业以太网模块、设备联网产品、工业无线产品等。

针对"工业互联网设备扩产项目"和"工业互联网设备研发中心建设项目",上海证券交易所提问:"请发行人披露测算各类固定资产投资对发行人未来经营业绩的影响。"

公司回复要点如下:

发行人本次募投项目中,"工业互联网设备扩产项目"和"工业互联网设备研发中心建设项目"涉及新增固定资产情况,涉及新增的固定资产投资主要包括房屋建筑物、机器设备等,募投项目建设完成后,预计每年新增固定资产折旧金额合计约 1 253.42 万元,具体情况如表中列示(此处忽略不予展示)。

发行人本次募投项目中,"工业互联网设备扩产项目"的建设实施将为公司提供技术量产化基地,有利于提高公司的整体竞争力和盈利水平。考虑该项目的收益和上述两个项目的新增成本费用,上述项目综合内部收益率为19.33%,即募投项目投产带来的收益可完全覆盖新增固定资产导致的折旧费用增加,募投项目各类固定资产投资对发行人未来经营业绩不会产生重大不利影响。

(四)募投项目的收益测算

(1)募投项目收益分析的具体计算过程。

(2)结合公司市场份额、销售收入和销量等,说明项目投资回报率和投资回收期。

(五)其他受到重点关注的问题

补充流动资金的必要性及运营管理相关安排的合理性;公司主营业务是否发生变更;项目环保是否符合相关标准或规定,污染处理措施是否有效,有无发生环保事故;等等。

总体而言,公司在设计募投项目时应当注意的问题主要有以下几个方面:

(1)募集资金投资项目是否存在技术、市场、资源约束、环保、效益等方面的重大风险。对污染比较严重的项目,应就募集资金投资项目是否符合环境保护要求取得省级(或以上)环保部门的意见。

(2)募集资金投资项目的实施是否会产生同业竞争、关联交易等问题,是否存在损害企业和中小股东利益的情况。需要特别关注募集资金投向与关联方合资的项目或募集资金投入使用后与关联方发生的交易。

(3)募集资金不宜投资于全新产品。新产品在技术、生产、销售等方面存在诸多不确定因素,一般情况下不应赞成公司将募集资金全部投资于全新产品,应注意将投资风险控制在一定范围内。

(4)募集资金投资于研发项目或营销网络要格外慎重,注意循序渐进。由于研发项目的投资收益很难衡量,营销网络的大额投资可能改变企业的销售模式。因此,如果要将募集资金投资于营销网络,企业一定要避免与强势企业形成激烈竞争。

(5)募集资金不宜大量补充流动资金,募集资金若用来补充流动资金,一般不宜超过募集资金的 10％,如果将超过 30％ 的募集资金用于补充流动资金,很难获得公众投资者认可,会导致其对企业的实际经营情况、发展前景产生怀疑。但在实际过程中,募集资金用于补充流动资金,且其比例不以 30％ 为界限的,有利于使企业不盲目扩大产能,合理进行资本性投入,符合科技型企业尤其是医药企业的实际资金需求;同时需要注意研发投入的业绩释放周期和投入节奏对于业绩的影响(见表 7.1)。

表 7.1　募集资金用于补充流动资金比例

公司名称	股票代码	所属行业	上市时间	募集资金(万元)	补充流动资金占比(％)
睿昂基因	688217.SH	医疗器械制造业	2021 - 05 - 17	25 603.80	77
科兴制药	688136.SH	医药制造业	2020 - 12 - 14	181 972.23	46.92
凯因科技	688687.SH	医药制造业	2021 - 02 - 08	80 589.08	41.33
亚辉龙	688575.SH	医疗器械制造业	2021 - 05 - 17	60 680.00	36.95
前沿生物	688221.SH	医药制造业	2020 - 10 - 28	184 418.00	34.94
之江生物	688317.SH	医疗器械制造业	2021 - 01 - 18	210 378.05	12.87

(6)募集资金投资项目导致企业生产模式发生重大转变时,要做出具体财务测算,应比较两种不同盈利模式对企业盈利能力、发展前景的不同影响。例如,许多轻资产运营的企业上市后都进行了大量固定资产投资,扩建厂房、生产线,上市后总资产收益率、净资产收益率大幅下降,这类企业能否顺利渡过转型期将成为一大考验。

(7)募集资金投资规模不宜过大,募集资金投资规模应与企业目前的生产经营、财务状况、管理水平相适应,以不超过企业申报前一年净资产的两倍为宜。

三、 募投项目备案

(一) 项目备案主体

公司投资项目获取政府行政许可主要有三种形式:审批、核准或备案。

审批制只适用于政府投资项目和使用政府性资金的企业投资项目,此种类型的项目在 IPO 和再融资中基本不会出现。

核准制适用于企业不使用政府性资金投资建设的重大项目、针对少数重大项目和限制类项目,以及具有外资背景的企业投资项目。对关系国家安全、涉及全国重大生产力布局、战略性资源开发和重大公共利益等项目,实行核准管理。具体项目范围以及核准机关、核准权限依照政府核准的投资项目目录执行。政府核准的投资项目目录由国务院投资主管部门会同国务院有关部门提出,报国务院批准后实施,并适时调整。国务院另有规定的,依照其规定。

备案制是指企业不使用政府性资金投资《政府核准的投资目录》以外的项目,除国家法律法规和国务院专门规定禁止投资的项目以外,实行备案管理的程序。因此,备案制是目前最多见的形式。实行备案管理的项目按照属地原则备案,备案机关及其权限由省、自治区、直辖市和计划单列市人民政府规定。

中国各地募投项目是否需要备案及备案主体各不相同。公司可先查询地方性的投资项目备案法规或与当地相关部门沟通,确定项目是否需要备案立项及向哪个政府部门备案。

以上海市为例,2018 年发布的《上海市政府核准的投资项目目录细则(2017 年本)》《上海市政府备案的投资项目目录(2017 年本)》对需要核准、备案的项目,以及核准、备案的主管机关均进行了较为详尽的列举,企业在确定募投项目后可参考上述文件指引进行备案。

同时,《企业投资项目核准和备案管理办法》和《企业投资项目核准和备案管理条例》强调了对于项目的事中事后监管和法律责任。项目事中事后监管,是指各级发展改革部门对项目开工前是否依法取得核准批复文件或者办理备案手续,并在开工后是否按照核准批复文件或者备案内容进行建设的监督管理。

募投项目备案时还需注意以下几点:

(1)募投项目备案时需确定单一实施主体,若项目母公司、子公司都有参与,则实施主体不能是双方,只能为母公司或子公司一方。

(2)若项目涉及租赁场地情况,备案前需取得场地租赁合同。

(3)募投项目备案名称需遵循当地有关规定,部分地区要求项目名称必须体现产品与产能,体现新建、改建和扩建等信息,具体可咨询当地备案机关。

(4)募投项目需符合法律法规、产业政策、行业准入等要求,由于各地对部分项目存在特殊要求,会影响备案通过,需具体咨询当地备案机关。

(二)备案流程及时间

"募集资金投资项目的审批、核准或备案文件"是监管部门明文规定的上市企业申请材料之一,因此,拟上市企业应根据自己的上市节奏,预留充足的项目备案时间,特别是涉及环评、能评的项目,避免因备案问题导致上市拖沓。

根据《企业投资项目核准和备案管理条例》的规定,自 2017 年 3 月 17 日起,国家及各地发改委在统一的企业投资项目备案平台(http://www.tzxm.gov.cn/bsdt/index.html)上办理投资项目备案与核准业务,目前除了北京、天津等个别省市外,基本全国备案项目均可在该网站申请办理。

大致流程为网上注册/登录→填写备案信息→提交材料→备案通过→自行打印备案文件。若存在提交材料不全的情况,多数在 5 个工作日内即可得到反馈信息,审核部门将通过电话等途径与企业联系并一次性告知所缺资料。公司可登录备案网站实时查看办理流程状态。目前项目备案的办理周期已明显缩短,以上海市为例,若上传的资料完整齐备,从项目提交到备案完成一般仅需 2~5 个工作日。

备案文件有效期一般为 2 年,自签发之日起计算。若企业需要延期,需向备案机关提出申请,若备案文件失效但项目仍需进行建设,需重新备案。项目备案后,若项目实施主体、建设地点、规模、内容发生变化或者放弃项目建设,企业应当及时告知备案机关,并修改相关信息,进行项目变更。

第三节　企业合规之环境影响评价

一、企业环评的意义

环评是环境影响评价的简称,主要是对规划和建设项目实施可能造成的环境影响进行分析、预测和评估,提出预防或者减轻不良环境影响的对策和措施,进行跟踪监测的方法与制度。公司环评的合规问题一直是 IPO 中的重点核查事项。

企业应当注重建设项目的环评以及加强日常的环保监管,便于中介机构依靠公开信息对公司环保状况进行正向的判断评估,并明确得出公司不存在"重大环保合规问题"的结论,避免环评问题成为企业成功上市的绊脚石。

二、 环保问题审查要点

企业在 IPO 过程中,关于环保问题的主要审核要点如下:

(1) 公司日常生产经营活动是否符合环保要求,是否受到过处罚。根据审核实践,如果受到过罚款以上的行政处罚就可能会被界定为重大违法行为,从而导致公司 3 年内不能申报发行上市,除非有相反证据(中介机构的相关说明及作出处罚的行政机关的证明等)认定该等行政处罚不构成"重大"违法。

(2) 公司相关信息披露是否充分,特别是高危险、重污染行业发行人的信息披露情况,最近 3 年的环保投资和相关费用成本支出情况,环保设施实际运行情况以及未来的环保支出情况。

(3) 公司本次发行上市的募集资金投资项目是否符合相关环保政策法规的规定,是否已通过环境影响评价。

(4) 公司是否发生过环保事故,公司有关污染处理设施的运转是否正常有效,有关环保投入、环保设施及日常治污费用是否与处理公司生产经营所产生的污染相匹配等。

(5) 针对重污染企业,将重点核查以下几个方面:

① 报告期内建设项目和本次募集资金投资项目的环保合规性,环评与"三同时"要求;② 排污申报登记和排污许可;③ 主要污染物总量控制;④ 污染物排放;⑤ 工业固体废物处置和危险废物;⑥ 环保设施运维情况;⑦ 生产环节中的禁止性或重点防控物质情况;⑧ 报告期内环保投入情况;⑨ 企业环境保护的内控机制及对新环保法、新颁布的环保标准要求的落实情况。

例如,上海证券交易所在对深圳光峰科技(688007)的问询中表示:"请发行人补充披露生产经营和募投项目是否符合国家和地方环保要求,是否取得排污许可证等,近三年环保投资和相关费用成本支出情况。"在对中国通号(688009)的问询中,上海证券交易所提及:"公司生产经营与募集资金投资项目是否符合国家和地方环保要求,是否发生环保事故,是否构成重大违法行为,整改措施及整改后是否符合环保法律法规的有关规定。"

第四节　合规性证明文件办理

一、合规证明的意义

《科创板首次公开发行股票注册管理办法(试行)》和《创业板首次公开发行股票注册管理办法(试行)》均明确规定,发行人生产经营符合法律、行政法规的规定,符合国家产业政策;最近 3 年内,发行人及其控股股东、实际控制人不存在贪污、贿赂、侵占财产、挪用财产或者破坏社会主义市场经济秩序的刑事犯罪,不存在欺诈发行、重大信息披露违法或者其他涉及国家安全、公共安全、生态安全、生产安全、公众健康安全等领域的重大违法行为;董事、监事和高级管理人员不存在最近三年内受到中国证监会行政处罚,或者因涉嫌犯罪正在被司法机关立案侦查或者涉嫌违法违规正在被中国证监会立案调查且尚未有明确结论意见等情形。

此外,《上海证券交易所科创板股票发行上市审核问答》和《深圳证券交易所创业板股票首次公开发行上市审核问答》对于上市"重大违法行为"的界定,均明确"有以下情形之一且中介机构出具明确核查结论的,可以不认定为重大违法:违法行为显著轻微、罚款数额较小;相关规定或处罚决定未认定该行为属于情节严重;有权机关证明该行为不属于重大违法"。

因此,对于企业及其控股股东、董事、监事、高管等主体在报告期内的合法合规性,除了上市中介机构核查外,在相关主管部门配合的情况下,可以通过主管部门出具的无违法违规证明予以确认;若该等主体在报告期内涉及行政处罚情形,则可以通过主管部门出具的非重大处罚证明确认相关处罚不构成发行人发行上市的法律障碍。如根据上海市政府办公厅印发的《关于推行市场主体以专用信用报告替代有无违法记录证明的实施方案》(沪府办规〔2023〕6 号)的相关要求,企业可通过网上或者线下开具专用信用报告来查询自身违法记录。

二、合规证明的种类

企业需要根据自身行业及历史沿革情况,结合中介机构的尽调结果来判断具体需要与主管部门沟通取得何种合规证明。具体合规证明的种类可参见本书附录2的梳理。

三、 合规证明的办理流程

（1）登录需开具合规证明的相关政府部门网站、公共信用信息服务平台等官方网站，查询是否有网上申请办理通道，并根据办理指南等文件进行网上申请。

（2）对于无法网上申请办理的合规证明，一般由律师事务所根据企业自身需求，先行拟定相关合规证明文件的文本模板。

（3）企业与当地政府部门办事窗口沟通，先行咨询办理合规证明所需材料及文件、是否需要自行携带模板等事项后，携带相关资料至各区县各部门办事窗口，申请确认盖章。

（4）及时沟通进度，个别合规证明（如海关、外汇）审核及耗时时间较长，因此，企业确定报告期后可尽早准备。企业也可与推进企业改制上市的牵头部门，如各区县金融办协调证明的开具及进度。

第五节　企业上市申请文件披露要求

科创板、创业板和北交所目前已全部采用电子申报的模式。高质量的IPO申报文件是企业成功上市过程中相当重要的一环，依照信息披露的要求，必须准确、严谨、表述清晰。各个文件之间记载的信息不能存在任何自相矛盾或就同一事实前后存在不同表述且有实质性差异的情况。

根据现有监管政策和监管力度，审核部门对数据错误、内容表述不一致几乎是零容忍。《关于进一步推进新股发行体制改革的意见》第1条第（二）项规定："招股说明书预先披露后，发行人相关信息及财务数据不得随意更改。审核过程中，发现发行人申请材料中记载的信息自相矛盾或就同一事实前后存在不同表述且有实质性差异的，中国证监会将中止审核，并在12个月内不再受理相关保荐代表人推荐的发行申请。发行人、中介机构报送的发行申请文件及相关法律文书涉嫌虚假记载、误导性陈述或重大遗漏的，移交稽查部门查处，被稽查立案的，暂停受理相关中介机构推荐的发行申请；查证属实的，自确认之日起36个月内不再受理该发行人的股票发行申请，并依法追究中介机构及相关当事人责任。"

目前监管部门已经分别发布了多个文件规范科创板、创业板和北交所企业申报文件的内容和格式,对申报这两个上市板块的公司提出了更为细致的信息披露要求,主要包括以下几个方面:

(1) 科创板招股说明书在整体结构上进行了部分整合,并新增了关于科创板属性的分析及制度创新突破点(如特别表决权、协议控制等)的相关披露要求。而科创板属性定位不仅仅是发行人自我评估,还应该结合自身的业务和技术,在业务和技术章节中做出针对性的披露,再在发行人的专项说明和专项意见中做出充分的论证。

对于创业板招股说明书,深圳证券交易所要求申请上市公司结合创业板定位,就是否符合相关行业范围,依靠创新、创造、创意开展生产经营,具有成长性等事项,进行审慎评估;要求保荐人就发行人是否符合创业板定位进行专业判断,并出具专项说明。

对于北交所招股说明书,北京证券交易所要求申请上市公司申请文件及信息披露内容:① 真实、准确、完整,符合中国证监会和北交所有关要求;② 披露程度达到投资者作出投资决策所必需的水平,包括但不限于可能对发行人经营状况、财务状况产生重大不利影响的所有因素;③ 发行上市申请文件及信息披露内容一致、合理和具有内在逻辑性;④ 发行上市申请文件披露的内容简明易懂,便于投资者阅读和理解等。

(2) 发行人需要结合公司实际情况作风险提示,提高风险因素披露的针对性和相关性,尽量对风险因素做定量分析,对导致风险的变动性因素做敏感性分析。无法进行定量分析的,应有针对性地做出定性描述。

(3) 发行人披露业务与技术时,需要结合公司收入构成、客户及供应商、市场地位等,使用通俗易懂的语言,客观准确、实事求是地描述发行人的经营模式及盈利模式,不得使用市场推广的宣传语或夸大其词的描述,避免使用艰深晦涩、生僻难懂的专业术语。发行人在披露财务会计信息与管理层分析时,应采用定量与定性相结合的方法分析重要或者同比发生重大变动的报表科目、财务指标。

(4) 发行人披露行业地位时,需要全面、客观地披露发行人的竞争优势和竞争劣势,而非只专注于描述公司优势,却回避对劣势部分的披露。在行业部分尽量减少披露过多与发行人并无太多相关性的行业信息,避免信息冗余。

（5）发行人重要子公司的披露应当参照招股书的准则规定来单独披露相关的业务及行业信息，但目前很多申报文件都直接略过了。

（6）发行人披露下一报告期业绩预告信息的，若主要会计报表项目与财务报告审计截止日或上年同期相比发生较大变化的，应详细披露变化情况、变化原因以及由此可能产生的影响。

（7）保荐机构在关于发行人符合科创板/创业板定位的专项意见中，说明对于发行人核心技术的尽调过程、核查方法和取得的证据，不得简单重复发行人关于符合科创板/创业板定位要求的说明中的内容，不得使用市场推广的宣传用语和夸大其词的表述。

（8）申请科创板、创业板和北交所上市的发行人、保荐机构、证券服务机构在审核问询函的范围之外对申请文件进行修改的，应分别按照《上海证券交易所科创板股票发行上市审核规则》《北京证券交易所上市公司证券发行上市审核规则（试行）》等，提交专项报告说明修改情况及原因，并对修改内容予以楷体加粗标示。

附 录

附录 1　中国多层次资本市场定位及发行条件

附表 1.1　中国多层次资本市场定位及发行条件

	主板（上海证券交易所、深圳证券交易所）	创 业 板	科 创 板	北 交 所
功能定位	面向经营相对稳定、盈利能力较强的大型成熟企业	创业板深入贯彻创新驱动发展战略，适应发展更多依靠创新、创造、创意的大趋势，主要服务成长型创新创业企业，支持传统产业与新技术、新产业、新业态、新模式深度融合	面向世界科技前沿、面向经济主战场、面向国家重大需求，符合国家战略、拥有关键核心技术、科技创新能力突出、主要依靠核心技术开展生产经营，具有稳定的商业模式，市场认可度高、社会形象良好、具有较强成长性	主要服务创新型中小企业、重点支持先进制造业和现代服务业等领域的企业，推动传统产业转型升级，培育经济发展新动能，促进经济高质量发展
主体资格	依法设立且合法存续的股份有限公司。经国务院批准，有限责任公司在依法变更为股份有限公司时，可以采取募集设立方式公开发行股票。发行人自股份有限公司成立后，持续经营时间应当在 3 年以上，但经国务院批准的除外。有限责任公司按原账面净资产	经营 3 年以上的股份有限公司有限责任公司按原账面净资产值折股整体变更为股份有限公司的，持续经营时间可以从有限责任公司成立之日起计算。属于中国证监会公布的《上市公司行业分类指引》(2012 年修订)中下列行业的企业，原则上不支持其申报在创业板发行上市，但与互联网、大数据、云	依法设立且持续经营 3 年以上的股份有限公司，具备健全且运行良好的组织机构、相关机构和人员能够依法履行职责。有限责任公司按原账面净资产值折股整体变更为股份有限公司的，持续经营时间可以从有限责任公司成立之日起计算。申报科创板上市的发行人，应当属于下列行业领域的	发行人为在全国股转系统连续挂牌满 12 个月的创新层挂牌公司。上市公司向特定对象发行股票，应当符合下列规定：具备健全且运行良好的组织机构；具有独立、稳定经营能力，不存在对持续经营有重大不利影响的情形。

337

（续表）

	主板（上海证券交易所、深圳证券交易所）	创业板	科创板	北交所
主体资格	值折股整体变更为股份有限公司的，持续经营时间可以从有限责任公司成立之日起计算	计算、自动化、人工智能、新能源等新技术、新产业、新业态、新模式式深度融合的创新创业企业除外： （一）农林牧渔业；（二）采矿业；（三）酒、饮料和精制茶制造业；（四）纺织业；（五）黑色金属冶炼和压延加工业；（六）电力、热力、燃气及水生产和供应业；（七）建筑业；（八）交通运输、仓储和邮政业；（九）住宿和餐饮业；（十）金融业；（十一）房地产业；（十二）居民服务、修理和其他服务业。 上述行业中与互联网、大数据、云计算、自动化、人工智能、新能源等新技术、新产业、新业态、新模式深度融合的创新创业企业，支持其申报在创业板发行上市	高新技术产业和战略性新兴产业： （一）新一代信息技术领域，主要包括半导体和集成电路、电子信息、下一代信息网络、人工智能、大数据、云计算、软件、互联网、物联网和智能硬件等。 （二）高端装备领域，主要包括智能制造、航空航天、先进轨道交通、海洋工程装备及相关服务等。 （三）新材料领域，主要包括先进钢铁材料、先进有色金属材料、先进石化化工新材料、高性能复合材料、前沿新材料及相关服务等。 （四）新能源领域，主要包括先进核电、大型风电、高效光电、热、高效储能及相关服务等。 （五）节能环保领域，主要包括高效节能产品及设备、先进环保技术装备、先进环保产品、资	最近一年财务会计报告无虚假记载，未被出具否定意见或无法表示意见的审计报告；最近一年财务会计报告被出具保留意见的，保留意见所涉及事项对上市公司的重大不利影响已经消除。本次发行涉及重大资产重组的除外。 发行人属于金融业、房地产业合法规范经营，依法履行信息披露义务。 发行人生产经营应当符合国家产业政策。发行人不得属于产能过剩行业（产能过剩行业的认定以国务院主管部门的规定为准）《产业结构调整指导目录》中规定的淘汰类行业，以及从事学前教育、学科类培训等业务的企业

（续表）

	主板（上海证券交易所、深圳证券交易所）	创业板	科创板	北交所
主体资格			源循环利用、新能源汽车整车、新能源汽车关键零部件、动力电池及相关服务等。 （六）生物医药领域，主要包括生物制品、高端化学药、高端医疗设备与器械及相关服务等。 （七）符合科创板定位的其他领域	
财务	同时满足以下条件： （一）最近 3 个会计年度净利润均为正，最近 3 年净利润累计超过人民币 3 000 万元；净利润以扣除非经常性损益前后较低者为计算依据。 （二）最近 3 个会计年度经营活动产生的现金流量净额累计超过人民币 5 000 万元；或者最近 3 个会计年度营业收入累计超过人民币 3 亿元。 （三）发行前股本总额不少于人民币 3 000 万元。 （四）最近一期末无形资产（扣	符合一条即可： （一）最近 2 年净利润均为正，且累计净利润不低于 5 000 万元。 （二）预计市值不低于 10 亿元，最近一年净利润为正且营业收入不低于 1 亿元。 （三）预计市值不低于 50 亿元，且最近一年营业收入不低于 3 亿元	符合一条即可： （一）预计市值不低于人民币 10 亿元，最近 2 年净利润均为正且累计净利润不低于人民币 5 000 万元或预计市值不低于人民币 10 亿元，最近一年净利润为正且营业收入不低于人民币 1 亿元。 （二）预计市值不低于人民币 15 亿元，最近 1 年营业收入不低于人民币 2 亿元，且最近 3 年研发投入合计占最近 3 年营业收入的比例不低于 15%。 （三）预计市值不低于人民币	符合一条即可： （一）预计市值不低于 2 亿元、最近 2 年净利润均不低于 1 500 万元且加权平均净资产收益率平均不低于 8%，或者最近 1 年净利润不低于 2 500 万元且加权平均净资产收益率不低于 8%。 （二）预计市值不低于 4 亿元，最近 2 年营业收入平均不低于 1 亿元，且最近 1 年营业收入增长率不低于 30%，最近 1 年经营活动产生的现金流量净额为正。

(续表)

	主板(上海证券交易所、深圳证券交易所)	创 业 板	科 创 板	北 交 所
财务	除土地使用权、水面养殖权和采矿权等以公允价值计量的比例不高于20%。 (五)最近一期末不存在未弥补亏损。 中国证监会根据《关于开展创新企业境内发行股票或存托凭证试点的若干意见》等规定认定的试点企业(以下简称试点企业),可适用前款第(一)项、第(五)项规定		20亿元,最近1年营业收入不低于人民币3亿元,且最近3年经营活动产生的现金流量净额累计不低于人民币1亿元。 (四)预计市值不低于人民币30亿元,且最近一年营业收入不低于人民币3亿元。 (五)预计市值不低于人民币40亿元,主要业务或产品需经国家有关部门批准,市场空间大,目前已取得阶段性成果。医药行业企业需取得至少一项核心产品获准开展二期临床试验,其他符合科创板定位的企业需具备明显的技术优势并满足相应条件	(三)预计市值不低于8亿元,最近1年营业收入不低于2亿元,最近2年研发投入合计占营业收入比例不低于8%。 (四)预计市值不低于15亿元,最近2年研发投入合计不低于5000万元。 前款所称预计市值是指以发行人公开发行价格计算的股票市值
股本	(一)发行后的股本总额不低于5000万元。 (二)公开发行的股份达到公司股份总数的25%以上;公司股本总额超过4亿元的,公开发行股份的比例为10%以上	同时满足以下条件: (一)发行后股本总额不低于3000万元。 (二)公开发行的股份达到公司股份总数的25%以上;公司股本总额超过4亿元的,公开发行股份的比例为10%以上	同时满足以下条件: (一)公开发行的股份达到公司股份总数的25%以上;公司股本总额超过人民币4亿元的,公开发行股份的比例为10%以上	同时满足以下条件: (一)向不特定合格投资者公开发行(以下简称公开发行)的股份不少于100万股,发行对象不少于100人。 (二)公开发行后,公司股本总额不少于3000万元。

（续表）

	主板（上海证券交易所、深圳证券交易所）	创 业 板	科 创 板	北 交 所
股本				（三）公平发行后，公司股东人数不少于200人，公众股东持股比例不低于公司股本总额的25%；公司股本总额超过4亿元的，公众股东持股比例不低于公司股本总额的10%
业务完整	（一）资产完整，业务及人员、财务、机构独立，与控股股东、实际控制人及其控制的其他企业间不存在同业竞争或者显失公平的关联交易。 （二）发行人的股权清晰，控股股东和受控股股东、实际控制人支配的股东持有的发行人股份不存在重大权属纠纷。 （三）发行人最近3年内主营业务和董事、高级管理人员没有发生重大变化，实际控制人没有发生变更。 （四）发行人不存在重大偿债风险，不存在影响持续经营的担保、诉讼以及仲裁等重大或有事项。	业务完整，具有直接面向市场独立持续经营的能力： （一）资产完整，机构独立，财务、机构独立，与控股股东、实际控制人及其控制的其他企业间不存在对发行人构成重大不利影响的同业竞争，不存在严重影响独立性或者显失公平的关联交易。 （二）发行人主营业务、控制权和管理团队稳定，最近2年内主营业务和高级管理人员、主营业务均没有发生重大不利变化，实际控制人没有发生变更，控股股东和受控股股东所持的股份权属清晰，最近2年实际控制人没有发生变更，不存在发行人没有发生变更。	业务完整，具有直接面向市场独立持续经营的能力： （一）资产完整，机构独立，财务、机构独立，与控股股东、实际控制人及其控制的其他企业间不存在对发行人构成重大不利影响的同业竞争，以及严重影响独立性或者显失公平的关联交易。 （二）发行人主营业务、控制权、管理团队和核心技术人员稳定，最近2年内主营业务和核心技术人员及核心技术人员及核心技术人员没有发生重大不利变化，控股股东和受控股股东和受控股股东、实际控制人支配的股份所持的股份权属清晰，最近2年实际控制人支配的股份权属清晰	发行人不得存在对经营稳定性具有重大不利影响的情形：发行人应当保持主营业务、控制权、管理团队的稳定。最近24个月主营业务未发生重大变化；最近12个月内曾实施重大资产重组的，在重组实施前发行人应当符合财务要求四套标准之一（市值除外）；最近24个月内实际控制人未发生变更；最近24个月内董事、高级管理人员未发生重大变化。关于"直接面向市场独立持续经营的能力"，发行人应当满足下列要求： （一）发行人业务、资产、人员、财务、机构独立，与控股股东、

（续表）

	主板（上海证券交易所、深圳证券交易所）	创业板	科创板	北交所
业务完整	（五）发行人不得有下列影响持续盈利能力的情形： （1）发行人的经营模式、产品或服务的品种结构已经或者将发生重大变化，并对发行人的持续盈利能力构成重大不利影响。 （2）发行人的行业地位或发行人所处行业的经营环境已经或者将发生重大变化，并对发行人的持续盈利能力构成重大不利影响。 （3）发行人最近1个会计年度的营业收入或者净利润对关联方或者存在重大不确定性的客户存在重大依赖。 （4）发行人最近1个会计年度的净利润主要来自合并财务报表范围以外的投资收益。 （5）发行人在用的商标、专利、专有技术以及特许经营权等重要资产或技术的取得或者使用存在重大不利变化的风险。	在导致控制权可能变更的重大权属纠纷。 （三）发行人不存在主要资产、核心技术、商标等的重大权属纠纷，重大偿债风险，重大担保、诉讼、仲裁等或有事项，经营环境已经或者将要发生重大变化等对持续经营有重大影响的事项。 （四）发行人生产经营符合法律、行政法规的规定，符合国家产业政策	实际控制人没有发生变更，不存在导致控制权可能变更的重大权属纠纷。 （三）发行人不存在主要资产、核心技术、商标等的重大权属纠纷，重大偿债风险，重大担保、诉讼、仲裁等或有事项，经营环境已经或者将要发生重大变化等对持续经营有重大影响的事项。 （四）发行人生产经营符合法律、行政法规的规定，符合国家产业政策	实际控制人及其控制的其他企业间不存在对发行人构成重大不利影响的同业竞争，不存在严重影响发行人独立性或者显失公平的关联交易。 （二）发行人或其控股股东、实际控制人，对发行人主营业务收入或净利润占比超过10%的重要子公司在申报受理前至上市前不存在被列入失信被执行人名单且尚未消除的情形，不存在其他对发行人持续经营能力构成重大不利影响的情形

(续表)

	主板（上海证券交易所、深圳证券交易所）	创业板	科创板	北交所
业务完整	(6) 其他可能对发行人持续盈利能力构成重大不利影响的情形。 (六) 发行人生产经营符合法律、行政法规的规定，符合国家产业政策			
募集资金项目	/	(一) 符合国家产业政策和有关环境保护、土地管理等法律、行政法规规定。 (二) 除金融类企业外，本次募集资金使用不得为持有财务性投资，不得直接或者间接投资于买卖有价证券为主要业务的公司。 (三) 募集资金项目实施后，不会与控股股东、实际控制人及其控制的其他企业新增构成重大不利影响的同业竞争，显失公平的关联交易，或者严重影响公司生产经营的独立性	(一) 科创公司募集资金应当用于主营业务、重点投向科技创新领域。 (二) 科创公司应当建立完善募集资金使用管理制度，按照交易所规定持续披露募集资金使用情况。 (三) 应结合公司现有主营业务、生产经营规模、财务状况、技术条件、管理能力、发展目标合理确定募集资金投资项目，相关项目实施后不新增同业竞争、对发行人的独立性不产生不利影响	(一) 发行人募集资金应当用于主营业务及相关业务领域。暂时闲置的募集资金可以进行现金管理，投资于安全性高、流动性好、可以保障资金本金安全的理财产品。 (二) 除金融类企业外，募集资金不得用于持有交易性金融资产、其他权益投资或其他金融资产等财务性投资，不得直接或间接投资于以买卖有价证券为主营业务的公司，不得用于股票及其衍生品种、可转换公司债券等高风险投资，不得通过质押、委托贷款或其他方式变相改变募集资金用途

(续表)

	主板(上海证券交易所、深圳证券交易所)	创 业 板	科 创 板	北 交 所
公司治理	发行人已经依法建立健全股东大会、董事会、监事会、独立董事、董事会秘书制度,相关机构和人员能够依法履行职责。 发行人的董事、监事和高级管理人员已经了解与股票发行上市有关的法律法规,知悉上市公司及其董事、监事和高级管理人员的法定义务和责任。 发行人的内部控制制度健全且被有效执行,能够合理保证财务报告的可靠性、生产经营的合法性、营运的效率与效果。 发行人的公司章程中已明确对外担保的审批权限和审议程序,不存在为控股股东、实际控制人及其控制的其他企业进行违规担保的情形。 发行人有严格的资金管理制度,不得有资金被控股股东、实际控制人及其控制的其他企业以借款、代偿债务、代垫款项或者其他方式占用的情形	上市公司应当建立健全并实施有效的内部控制制度,形成科学有效的职责分工和制衡机制,确保股东大会、董事会、监事会等机构合法运作和科学决策,保证公司经营管理合法合规,资金资产安全、信息披露真实、准确、完整	上市公司应当建立健全股东大会、董事会、监事会和经理层制度,形成权责分明、有效制衡的决策机制	上市公司应当建立健全内部控制制度,公司董事会负责内部控制制度的有效实施。 上市公司应当建立健全内部控制制度,公司董事会负责内部控制制度的有效实施。上市公司应当加强对控股股东、控股子公司的管理控制,制定对控股子公司的控制政策及程序,并督促其充分结合自身业务特征等因素建立内部控制制度

（续表）

	主板（上海证券交易所、深圳证券交易所）	创 业 板	科 创 板	北 交 所
持续盈利能力	发行人不得有下列影响持续盈利能力的情形： （一）发行人的经营模式、产品或服务的品种结构已经或者将发生重大变化，并对发行人的持续盈利能力构成重大不利影响。 （二）发行人的行业地位或者所处行业的经营环境已经或者将发生重大变化，并对发行人的持续盈利能力构成重大不利影响。 （三）发行人最近1个会计年度的营业收入或净利润对关联方或者存在重大不确定性的客户存在重大依赖。 （四）发行人最近1个会计年度的净利润主要来自合并财务报表范围以外的投资收益。 （五）发行人在用的商标、专利、专有技术以及特许经营权等重要资产或技术的取得或者使用存在重大不利变化的风险。	发行人尚未盈利的，应当充分披露尚未盈利的成因，以及对公司现金流、业务拓展、人才吸引、团队稳定性、研发投入、战略性投入、生产经营可持续性等方面的影响	更加注重企业科技创新能力，允许符合科创板定位、尚未盈利或者存在累计未弥补亏损的企业在科创板上市。 发行人尚未盈利的，应当充分披露尚未盈利的成因，以及对公司现金流、业务拓展、人才吸引、团队稳定性、研发投入、战略性投入、生产经营可持续性等方面的影响	公司尚未盈利的，应当充分披露尚未盈利的成因，以及对公司现金流、业务拓展、人才吸引、团队稳定性、研发投入、战略性投入、生产经营可持续性等方面的影响

（续表）

	主板（上海证券交易所、深圳证券交易所）	创业板	科创板	北交所
持续盈利能力	（六）其他可能对发行人持续盈利能力构成重大不利影响的情形。			
其他要求	发行人不得有下列情形： （一）最近36个月内未经依法核准，擅自公开或者变相公开发行过证券；或者有关违法行为虽然发生在36个月前，但目前仍处于持续状态。 （二）最近36个月内违反工商、税收、土地、环保、海关以及其他法律、行政法规，受到行政处罚，且情节严重。 （三）最近36个月内曾向中国证监会提出发行申请，但报送的发行申请文件有虚假记载、误导性陈述或者重大遗漏；或者不符合发行条件以欺骗手段骗取发行核准；或者以不正当手段干扰中国证监会及其发行审	（一）最近3年内，发行人及其控股股东、实际控制人不存在贪污、贿赂、侵占财产、挪用财产或者破坏社会主义市场经济秩序的刑事犯罪，不存在欺诈发行、重大信息披露违法或者其他涉及国家安全、公共安全、生态安全、生产安全、公众健康安全等领域的重大违法行为。 （二）董事、监事和高级管理人员不存在最近3年内受到中国证监会行政处罚，或者因涉嫌犯罪被司法机关立案侦查或者涉嫌违法违规被中国证监会立案调查、尚未有明确结论意见等情形	（一）最近3年内，发行人及其控股股东、实际控制人不存在贪污、贿赂、侵占财产、挪用财产或者破坏社会主义市场经济秩序的刑事犯罪，不存在欺诈发行、重大信息披露违法或者其他涉及国家安全、公共安全、生态安全、生产安全、公众健康安全等领域的重大违法行为。 （二）董事、监事和高级管理人员不存在最近3年内受到中国证监会行政处罚，或者因涉嫌犯罪被司法机关立案侦查或者涉嫌违法违规被中国证监会立案调查、尚未有明确结论意见等情形	发行人不得存在下列情形： （一）最近36个月内，发行人及其控股股东、实际控制人存在贪污、贿赂、侵占财产、挪用财产或者破坏社会主义市场经济秩序的刑事犯罪，发行人重大信息披露违法或者其他涉及国家安全、公共安全、生态安全、生产安全、公众健康安全等领域的重大违法行为。 （二）最近12个月内，发行人及其控股股东、实际控制人、董事、监事、高级管理人员受到中国证监会及其派出机构行政处罚，或因涉券市场违法违规行为受到全国中小企业股份转让系统有限责任公司（以下简称

（续表）

主板（上海证券交易所、深圳证券交易所）	创 业 板	科 创 板	北 交 所
核委员会审核工作；或者伪造、变造其董事、监事、高级管理人员的签字、盖章。 （四）本次报送的发行申请文件有虚假记载、误导性陈述或者重大遗漏。 （五）涉嫌犯罪被司法机关立案侦查，尚未有明确结论意见。 （六）严重损害投资者合法权益和社会公共利益的其他情形			全国股转公司、证券交易所等自律监管机构公开谴责。 （三）发行人及其控股股东、实际控制人、董事、监事、高级管理人员因涉嫌犯罪正被司法机关立案调查或涉嫌违法违规正被中国证监会及其派出机构立案调查，尚未有明确结论意见。 （四）发行人及其控股股东、实际控制人被列入失信被执行人名单且情形尚未消除。 （五）最近36个月内，未按照《证券法》和中国证监会的相关规定在每个会计年度结束之日起4个月内编制并披露年度报告，或者未在每个会计年度的上半年结束之日起2个月内编制并披露中期报告。 （六）中国证监会和本所规定的，对发行人经营稳定性、直接面向市场独立持续经营的能力具有重大不利影响，或者存在发行人利益受到损害等其他情形

其他要求

附录2　企业上市过程中的政府沟通协调事项

附表 2.1　企业上市过程中的政府沟通协调事项

企业上市正式启动阶段/整改(部分以上海市为例)			
(一) 改制、设立存在的常见问题			
企业存在的情况/问题	沟通事项	主管部门	政策法规
企业是国有企业,若改制过程中法律依据不明确、相关程序存在瑕疵或与有关法律法规存在明显冲突	有权部门出具的关于改制程序的合法性、未造成国有或集体资产流失的意见	相应职级的国资管理部门或人民政府	《首发业务若干问题解答》
企业是集体企业改制而来的或历史上存在挂靠集体组织经营的企业,若改制过程中法律依据不明确、相关程序存在瑕疵或与有关法律法规存在明显冲突	有权部门出具的关于改制程序的合法性、未造成国有或集体资产流失的意见	相应职级的国资管理部门或人民政府	
企业是定向募集方式设立的股份公司	由省级人民政府就发行人历史沿革的合规、不存在争议或潜在纠纷等事项出具确认意见	省级人民政府	
公司存在出资瑕疵	相关部门出具不予追究,不构成重大违法违规的证明文件	所属市场监督管理局	《中华人民共和国公司法》
(二) 常见行政处罚情形			
超出经营范围经营,未取得经营资质即从事相关业务,其他违规经营情形	若已被处罚,可由相关部门出具不构成重大违法行为的证明文件	所属市场监督管理局	《中华人民共和国公司登记管理条例》

（续表）

（二）常见行政处罚情形			
生产经营产品不符合质量规定	若已被处罚,可由相关部门出具不构成重大违法行为的证明文件	所属市场监督管理局	《中华人民共和国产品质量法》
企业特种设备违法	若已被处罚,可由相关部门出具不构成重大违法行为的说明	所属市场监督管理局	《中华人民共和国特种设备安全法》
广告违法	若已被处罚,可由相关部门出具不构成重大违法行为的证明文件	所属市场监督管理局	《中华人民共和国广告法》
企业资产重组中涉及特殊性税务处理	向税务局办理特殊税务重组备案	所属税务局	《国家税务总局关于企业重组业务企业所得税征收管理若干问题的公告》
未及时纳税、纳税违规	若已被处罚,可由相关部门出具不构成重大违法行为的证明文件	所属税务局	《中华人民共和国税收征收管理法》
企业使用劳务派遣人数超出其用工总量的10%	将调整用工方案报主管部门备案,出具无违法违规证明	所属人力资源和社会保障局	《劳务派遣暂行规定》
违反劳动法规定	若已被处罚,可由相关部门出具不构成重大违法行为的证明文件	所属人力资源和社会保障局	《中华人民共和国劳动法》
企业拥有集体建设用地使用权及其地上房产或企业租赁集体建设用地时	土地管理部门的确认性文件	所属省级自然资源与规划厅	《首发业务若干问题解答》

(二)常见行政处罚情形			
企业发生安全生产问题	若已被处罚,可由相关部门出具不构成重大违法行为的证明文件	所属应急管理局	《中华人民共和国安全生产法》
未按规定备案易制爆危险化学品的购买情况或违反危化品管理的其他规定	若已被处罚,可由相关部门出具不构成重大违法行为的证明文件	所属公安局/应急管理部门	《危险化学品安全管理条例》
企业租赁违章建筑	由相关部门出具未列入拆迁范围的证明文件	街道办/其他有权部门	《首发业务若干问题解答》
企业非法占用林地、农地等集体土地等土地违法	若已被处罚,可由相关部门出具不构成重大违法行为的证明文件	所属国土资源局	《中华人民共和国土地管理法》
进出口货物存在违法	若已被处罚,可由相关部门出具不构成重大违法行为的证明文件	所属海关	《中华人民共和国海关法》《中华人民共和国海关行政处罚实施条例》
违反外汇登记管理规定	若已被处罚,可由相关部门出具不构成重大违法行为的证明文件	所属外汇管理局	《中华人民共和国外汇管理条例》
企业为施工企业,未办理工程施工许可或违规办理	若已被处罚,可由相关部门出具不构成重大违法行为的证明文件	市、区住房和城乡建设管理委员会或实行委托管理的特定区域管委会	《建设工程施工许可管理办法》
企业新建建筑违反工程质量相关规定	若已被处罚,可由相关部门出具不构成重大违法行为的证明文件	市、区住房和城乡建设管理委员会	《建设工程质量管理条例》

（续表）

（二）常见行政处罚情形			
企业新建工程违反招投标规定	若已被处罚，可由相关部门出具不构成重大违法行为的证明文件	市、区住房和城乡建设管理委员会	《中华人民共和国招标投标法》
企业环境保护违法	若已被处罚，可由相关部门出具不构成重大违法行为的证明文件	所属生态环境局	《中华人民共和国环境保护法》
消防违法	若已被处罚，可由相关部门出具不构成重大违法行为的证明文件	所属应急管理局/公安机关消防部门	《上海市消防条例》
违反治安管理	若已被处罚，可由相关部门出具不构成重大违法行为的证明文件	所属公安局	《中华人民共和国治安管理处罚法》
排水或污水处理违法	若已被处罚，可由相关部门出具不构成重大违法行为的证明文件	市水务部分/所属区水务局	《上海市排水与污水处理条例》
企业销售货物时价格违法	若已被处罚，可由相关部门出具不构成重大违法行为的证明文件	所属区物价局	《中华人民共和国价格法》《上海市关于商品和服务实行明码标价的实施办法》
违反卫生管理规定	若已被处罚，可由相关部门出具不构成重大违法行为的证明文件	所属区卫健委	《公共场所卫生管理条例实施细则》

(续表)

上市文件制作、申报阶段			
(一) 常见政府合规证明开具及政府部门访谈			
市监(工商、质量)合规	企业报告期内,未受到行政处罚	所属市场监督管理局	
社保合规	企业依法缴纳社保,不存在因违反劳动保障而受到处罚的情形	所属人力资源和社会保障局	
公积金合规	企业报告期内,无违反住房公积金法律法规受到该部门处罚的情形	所属住房公积金管理中心	
税务合规	企业报告期内,按时申报纳税,无违反税收法律、法规受到行政处罚的情形	所属税务局	《首次公开发行股票并上市管理办法》《中华人民共和国证券法》
安全生产合规	企业报告期内,无违反安全生产方面法律法规受到行政处罚的情形	所属应急管理局	
房屋建设合规	企业报告期内,无房屋管理方面违规行为而受到行政处罚的情形	所属住房和城乡建设局	
土地合规	企业报告期内,无土地违法受到该部门处罚的情形	所属自然资源与规划局	
环保合规	企业报告期内,未受到环保部门行政处罚,未被列入重点排污单位	所属生态环境局	

（续表）

（一）常见政府合规证明开具及政府部门访谈			
海关合规	企业报告期内，未发现该企业有走私行为、违反海关监管规定的行为，未因进出口侵犯知识产权货物而被海关行政处罚	所属海关	
外汇合规	企业报告期内，无逃汇、非法套汇等外汇违规行为	所属国家外汇管理局	
无犯罪记录（公安）	企业及其子公司、企业股东、企业董监高无犯罪记录	所属派出所	
涉案情况查询（法院）	企业及其子公司、企业股东、企业董监高、核心技术人员涉案情况查询	所属人民法院	
涉案情况查询（仲裁委）	企业及其子公司、企业股东、企业董监高、核心技术人员涉案情况查询	所属仲裁委员会	
涉案情况查询（检察院）	企业及其子公司、企业股东、企业董监高、核心技术人员涉案情况查询	所属人民检察院	
企业除需在所属监管部门开具无违法违规证明，上市中介机构还需前往该监管部门进行关于企业合法合规的访谈			《保荐人尽职调查工作准则》
（二）投资项目立项①、环评、验收备案（部分以上海市为例）			
通过招拍挂取得土地	签订土地出让合同、投资协议	所属国土资源部门、管委会	《中华人民共和国土地管理法实施条例》

---

　　①　项目立项是指投资建设项目通过项目实施组织决策者申请，得到政府发改委／经信局／经信委等投资管理部门的审议批准，并列入项目实施组织或者政府计划的过程。

(续表)

(二) 投资项目立项、环评、验收备案(部分以上海市为例)			
企业投资项目核准、备案	办理投资项目核准、备案	市发展改革委、市经济信息化委、区投资主管部门以及市政府确定的机构	《上海市企业投资项目核准管理办法》《上海市企业投资项目备案管理办法》《上海市政府核准的投资项目目录细则》《上海市政府备案的投资项目目录》
环境评价审批	办理建设项目环境影响评价文件审批	区/市生态环境局	《中华人民共和国环境影响评价法》
竣工验收备案	对建设工程竣工验收备案	区建设管理(建设交通)委、委托管理机构	《上海市建设工程竣工备案实施细则》
(三) 上市辅导、验收			
保荐机构辅导、验收	办理辅导备案登记、辅导报告报送、辅导验收	所属证监局	《证券发行上市保荐业务管理办法》

附录3　企业上市互联网自查方法

附表3.1　企业上市互联网自查方法

类别	序号	网站名称	网　　址	查询事项
主体信息查询	1	国家企业信用信息公示系统及App	http://www.gsxt.gov.cn/及App	可查询全国及各省企业的工商登记信息,具体包括企业基本信息(营业执照上的全部内容)、股东及其出资、董监高成员、分支机构、动产抵押登记信息、股权出质登记信息、行政处罚信息、经营异常信息、严重违法信息等
	2	巨潮资讯网	http://www.cninfo.com.cn	中国证监会指定的信息披露网站,可查询上海证券交易所、深圳证券交易所上市的公司基本情况,包括股本及董监高、十大股东基本情况、公司披露的公告等
	3	上海证券交易所	http://www.sse.com.cn	可查询上海证券交易所上市公司披露的信息,包括但不限于招股说明书、法律意见、年度报告、董事会、股东大会决议等信息
	4	深圳证券交易所	http://www.szse.cn	可查询深圳证券交易所上市公司披露的信息,包括但不限于招股说明书、法律意见、年度报告、董事会、股东大会决议等信息

355

类别	序号	网站名称	网　址	查询事项
主体信息查询	5	中国证监会	http://www.csrc.gov.cn	可查询证监会最新发布的法规、政策及其解读、IPO 及并购重组预先披露信息、核准信息
	6	全国中小企业股份转让系统	http://www.neeq.com.cn	可查询新三板挂牌企业的公告以及预披露待审核公司的信息,新三板企业的重大事项公告、转让信息、财务信息以及新三板相关法律法规、政策资讯等
	7	香港联交所(HKEX news 披露易)	http://www.hkexnews.hk	可查询香港上市公司披露的信息,包括但不限于招股说明书、法律意见、年度报告、董事会、股东大会决议等信息
	8	纳斯达克	http://www.nasdaq.com	可以查询纳斯达克上市公司信息,包括招股书、法律意见、重大合同等披露的信息
	9	美国证监会	http://www.sec.gov	可查询美国上市公司公告信息,包括招股书、法律意见书等公开资料
	10	香港公司网上查册中心	http://www.icris.cr.gov.hk	可查询在香港注册公司的基本登记信息,可以通过网上付费电子版查询
	11	全国建筑市场监督公共服务平台	http://jzsc.mohurd.gov.cn/home	可查询建筑相关企业信息、注册人员信息及工程项目信息等

（续表）

类别	序号	网站名称	网　　址	查　询　事　项
主体信息查询	12	住房和城乡建设部建筑业单位资质查询	http://www.mohurd.gov.cn	建筑业资质查询,包括设计、勘察、造价、监理、建筑、房产开发等资质信息的查询
	13	中国证券投资基金业协会	http://www.amac.org.cn	可查询股权投资基金等证券投资基金的基金管理人及基金的备案信息
	14	私募基金管理人公示平台及私募汇App	http://gs.amac.org.cn 及 App	可查询私募基金管理人登记的实时基本情况以及违规公示情况
涉诉信息查询	1	中国裁判文书网	https://wenshu.court.gov.cn/	可查询 2014 年 1 月 1 日起除涉及国家秘密、个人隐私、未成年人犯罪、调解结案以外案件的判决文书
	2	全国法院被执行人信息查询系统	http://zxgk.court.gov.cn/	可查询 2007 年 1 月 1 日以后新收及此前未结的执行实施案件的被执行人信息
	3	全国法院失信被执行人名单信息查询系统	http://zxgk.court.gov.cn/shixin/	可查询 2013 年 10 月 24 日起不履行或未全部履行被执行义务的被执行人的履行情况、执行法院、执行依据文书及失信被执行人行为的具体情形等内容
	4	中国法院网"公告查询"	http://www.chinacourt.org	可查询全国范围内法院案件审理公告信息

（续表）

类别	序号	网站名称	网　址	查询事项
涉诉信息查询	5	人民法院诉讼资产网	http://www.rmfysszc.gov.cn	可查询全国范围内法院正在执行拍卖的资产情况
	6	阿里拍卖司法	http://sf.taobao.com	可以检索全国法院通过淘宝司法拍卖方式进行财产拍卖的信息
财产信息查询	1	自然资源部"中国土地市场网"	http://www.landchina.com	可查询全国范围内的供地计划、出让公告、企业购地情况等信息
	2	自然资源部"土地市场查询"	http://landchina.mnr.gov.cn/	可查询土地招标、拍卖、挂牌信息以及全国范围内土地抵押、转让、出租等信息，此外还可查询全国范围内的供地计划等
	3	中国知识产权网	http://www.cnipr.com	可查询公司专利申请情况及专利法律状态
	4	国家知识产权局专利检索及分析网	http://pss—system.cnipa.gov.cn/	可查询公司专利申请情况及专利法律状态
	5	国家知识产权局商标局"中国商标网"	https://sbj.cnipa.gov.cn/	可查询商标注册信息。包括注册商标信息及申请商标信息。同时可以进行商标相同或近似信息查询、商标综合信息查询和商标审查状态信息查询
	6	中国版权保护中心"计算机软件著作权登记公告"	http://www.ccopyright.com.cn	可查询计算机软件著作权的登记情况、著作权人、撤销情况、质押情况等信息

（续表）

类别	序号	网站名称	网　　址	查　询　事　项
财产信息查询	7	工业和信息化部ICP/IP地址/域名信息备案管理系统	http://www.hn-kfl.com/beian.html	可以通过网站名称、域名、网站首页网址、许可号、网站IP地址、主办单位等查询已经备案的网站或域名的所有人信息等情况
	8	世界知识产权组织	http://www.wipo.int	可查询加入WTO的所有国家专利、商标注册法律状态
	9	国家林业和草原局植物新品种保护办公室	http://cnpvp.net/	可查询植物新品种权
	10	工业和信息化部官方网站	https://www.miit.gov.cn/	可查询企业网站备案以及电信增值业务许可
	11	人民法院诉讼资产网	http://www.rmfysszc.gov.cn	可查询涉诉财产情况
投融资信息查询	1	中国人民银行征信中心	http://www.pbccrc.org.cn	可查询企业应收账款质押和转让登记信息,具体包括质权人名称、登记到期日、担保金额及期限等
	2	中国银行间市场交易商协会	http://www.nafmii.org.cn	可查询DCM注册相关信息,包括超短期融资券(SCP)、中小企业集合票据(SMECN)、短期融资券(CP)、中期票据(MTN)、定向工具(PPN)企业的融资情况

(续表)

类别	序号	网站名称	网　　址	查 询 事 项
投融资信息查询	3	动产融资统一登记公示系统	https://www.zhongdengwang.org.cn	提供应收账款质押、融资租赁、所有权保留、留置权、租购、其他动产融资、保证金质押、存货/仓单质押、动产信托等登记业务,并提供以上动产物权的统一公示与查询
信用查询	1	信用中国	https://www.creditchina.gov.cn/	企业不良信用记录查询
	2	中国证券监督管理委员会·证券期货市场失信记录查询平台	http://neris.csrc.gov.cn/shixinchaxun/	证券期货市场失信记录查询

附录4　中国香港资本市场介绍

香港交易所①旗下成员包括：香港联合交易所有限公司、香港期货交易所有限公司、香港中央结算有限公司、香港联合交易所期权结算有限公司、香港期货结算有限公司及伦敦金属交易所。香港交易所同时还通过沪港通及深港通建立香港和上海、深圳证券交易所之间的独特合作，直接连接了国际和中国内地的投资者。

香港资本市场主要包括股票市场、衍生工具市场、基金市场和债券市场，其股票市场为香港证券市场的主要组成部分。香港股票市场为有意上市的公司提供两个板块，分别是主板和创业板。其主板主要为较大型、基础较佳以及具有盈利记录的公司筹集资金，创业板(GEM)相对于主板来说，对上市公司没有行业类别以及公司规模的限制并不设盈利要求。

香港的上市制度为注册制，公司需满足上市条件并同时符合证券监管机构规定的其他必备条件。

一、香港主板上市条件

香港主板上市条件如附表4.1所示。

附表4.1　香港主板上市条件

公众持股数	(1) 最低公众持股数量为25％，如发行人预期市值超过100亿港元，可酌情降至15％～25％（对于那些拥有一类或以上证券的发行人，其正申请上市的证券类别不得少于发行人已发行股份数目总额的15％，且其上市时预期市值不得少于1.25亿港元）。 (2) 上市时由公众人士持有的证券中，由持股量最高的3名公众股东实益拥有的百分比，不得超过50％
财务要求	符合以下3个测试之一： (1) 盈利测试：最近一年的股东应占盈利不得低于3 500万港元，及其前两年累计的股东应占盈利亦不得低于4 500万港元。 (2) 市值/收益/现金流量测试：上市时市值至少为20亿港元，经审计的最近一个会计年度的收益至少为5亿港元，且新申请人或其集团的拟上市的业务于前3个会计年度的现金流入合计至少为1亿港元。 (3) 市值/收益测试：上市时市值至少为40亿港元，且经审计的最近一个会计年度的收益至少为5亿港元

---

① 香港交易所，全称为香港交易及结算所有限公司(HKEX)，是全球主要交易所成员之一。

（续表）

其他要求	(1) 具备不少于 3 个会计年度的营业记录(特殊情况下可考虑较短的营业记录)。 (2) 上市时至少须有 300 名股东。 (3) 至少前 3 个会计年度的管理层维持不变。 (4) 至少经审计的最近一个会计年度拥有权和控制权维持不变

二、 香港创业板上市条件

香港创业板上市条件如附表 4.2 所示。

附表 4.2　香港创业板上市条件

公众持股数	(1) 就寻求上市的所有股本证券而言,由公众人士持有的股本证券的市值(于上市时厘定)必须最少为 4 500 万港元;且于上市时,该等证券必须由不同方面的人士持有。 (2) 最低公众持股数量为 25％,如发行人预期市值超过 100 亿港元,可酌情降至 15％～25％(对于那些拥有一类或以上证券的发行人,其正申请上市的证券类别不得少于发行人已发行股份数目总额的 15％,且其上市时预期市值不得少于 4 500 万港元)。 (3) 上市时由公众人士持有的证券中,由持股量最高的 3 名公众股东实益拥有的百分比,不得超过 50％
财务要求	在提交申请上市文件前的 2 个财政年度,公司从经营业务所得的净现金流入总额必须最少达到 3 000 万港元
其他条件	(1) 上市申请前具有 2 个财政年度的营业记录。 (2) 上市时至少须有 100 名股东。 (3) 新申请人预期在上市时的市值不得低于 1.5 亿港元。 (4) 至少前 2 个财政年度的管理层大致维持不变。 (5) 至少经审计的最近 1 个财政年度拥有权和控制权维持不变

香港联合交易所于 2018 年 4 月 30 日引入《主板上市规则》第 18A 章的上市制度,允许双重股权结构公司赴港上市,并允许没有收入的生物科技公司在联交所主板上市:

(1) 对于生物科技公司的上市,2020 年 4 月联交所更新了 2 份指引信(HKEX - GL92 - 18 和 HKEX - GL85 - 16),并发布了新的指引信(HKEX - GL107 - 20),阐明联交所在生物医药公司上市合适性和现有股东在 IPO 中能否认购股份的立场,细化了生物医药公司在招股书中的披露事宜。联交所上市科的 IPO 审核组有 2 个专门的小组来审阅生物科技公司,这 2 个小组的工作人员都具有生物、医学、化学等专业背景。总体来说,联交所的指引信要求公司应当在保证科学准确度的前提下,在招股书的概要章节使用浅显的语言对科学数据予以披露,使其更具可读性并易于理解。

（2）对于特殊股权结构企业申请在香港上市,仅限创新产业公司实施。在2018年新规出台后,随即有小米、美团等内地公司设立该制度并在香港上市。另外,根据联交所上市规则的规定,如果上市公司采取特殊表决权制度,那么公司董事会、监事会成员和高管都必须参加联交所指定的培训。联交所还将特殊表决权股份的比例限制在10%以上,这一限制要求后续在上海证券交易所科创板和深圳证券交易所创业板设置表决权差异安排制度时被吸收。

附录 5　美国资本市场介绍

美国资本市场主要由债券市场、股票市场、银行贷款市场和抵押市场构成。其中,股票市场层次丰富鲜明,主板市场为大型企业提供服务,次板市场则为规模较小的新兴企业提供融资及作为进军主板市场的跳板。因次板市场要求相对较低,中国民营企业一般选择先在美国次板市场上市。

一、 美国证券市场分为四级

美国证券市场分级如附表 5.1 所示。

附表 5.1　美国证券市场分级

一级市场	发行市场或初级市场,一级市场的发行主要有初次售股(即公司首次发行股票)和二次售股(即已发行股票的公司增发股票)
二级市场	又称次级市场,为股票流通市场,主要由纽约证券交易所(NYSE)和美国证券交易所(AMEX)两大全国性证券交易所以及地方性的太平洋证券交易所(PASE)、费城证券交易所(PHLX)等交易所及场外二级市场纳斯达克组成
第三市场	在交易所挂牌上市但在场外市场进行交易的股票市场
第四市场	即机构交易网,是一个私营的计算机网交易体系,一般用于大宗证券交易活动

注:场外交易市场(Over-The-Counter)为没有达到股票交易所上市的中小型企业的股票、债券等提供交易场所。该市场没有固定场所,通过大量分散的证券柜台和电信设施买卖证券。OTC 主要由柜台交易市场、第三市场和第四市场组成。

美国最主要的证券交易市场有纳斯达克(NASDAQ)、纽约证券交易所(NYSE)及美国证券交易所(AMEX)。美国股票市场上市制度为注册制,即公司满足上市条件即可在美国股市挂牌。

二、 纽约证券交易所上市条件(主板和创业板)

纽约证券交易所因为历史较为悠久,因此市场较成熟,上市条件也较为严格,历史悠久的大企业大多在纽约证券交易所挂牌。上市条件如附表 5.2 所示。

附表 5.2　纽约证券交易所上市条件

主板(一)对美国国内公司上市的要求	
财务要求 (任一标准)	标准 1：盈利 税前收入：最近 3 个财务年度总收入大于 1 000 万美元；最近 2 个财务年度中，每年收入大于 200 万美元；最近 3 个财务年度中，每年均未亏损
	标准 2：全球市值(不低于 2 亿美元)
其他要求	(1) 股东总人数：400。 (2) 公众股份数量：100 万。 (3) 公众股份市值：4 000 万美元。 (4) 最低股价：4 美元
主板(二) 对非美国公司上市的要求	
财务要求 (任一标准)	标准 1：盈利要求 税前盈利：最近 3 个财务年度总盈利大于 1 亿美元；最近 2 个财务年度中，每年盈利大于 2 500 万美元
	标准 2：市值及现金流要求 • 现金流：最近 3 个财务年度现金流总数大于 1 亿美元；最近 2 个财务年度中，每年现金流大于 2 500 万美元 • 全球总市值：5 亿美元 • 最近 12 个月总收入：1 亿美元
	标准 3：市值及收入要求 • 全球总市值：7.5 亿美元 • 最近 1 个财务年度总收入：7 500 万美元
	标准 4：关联公司要求 • 全球总市值：5 亿美元 • 运营年限：12 个月 • 该公司的关联公司或母公司为良好存续的上市公司
其他要求	(1) 股东总人数：5 000。 (2) 公众股份数：250 万。 (3) 公众股市值：1 亿美元(如该公司的关联公司或母公司为良好存续的上市公司，则公众股市值要求为 6 000 万美元)。 (4) 最低股价：4 美元

创业板(NYSE America)对上市公司的要求	
财务要求 (任一标准)	标准1 • 税前盈利:最近1个财务年度总盈利达到75万美元;最近3个财务年度中的2个财年,每年盈利达到75万美元 • 公众股市值:300万美元 • 公众股份数:400万 • 最低股价:3美元
	标准2 • 公众股市值:1 500万美元 • 公众股份数:400万 • 最低股价:3美元
	标准3 • 市值:5 000万美元 • 公众股市值:1 500万美元 • 公众股份数:400万 • 最低股价:2美元
	标准4a • 市值7 500万美元 • 公众股市值:2 000万美元 • 最低股价:3美元
	标准4b • 总资产和总营收:7 500万美元 • 公众股市值:2 000万美元 • 最低股价:3美元
其他要求 (任一选择)	选择1:公众股东人数800+公众股份数50万
	选择2:公众股东人数400+公众股份数100万
	选择3:公众股东人数400+公众股份数50万+前6个月的日交易量2 000股

三、纳斯达克股票市场上市条件

纳斯达克股票市场[①]上市条件如附表 5.3 所示。

附表 5.3　纳斯达克股票市场上市条件

纳斯达克全球精选市场(NGSM)		
财务要求 (任一标准)	标准 1：收入标准 • 税前收入：前 3 个会计年度累计≥1 100 万美元,且每年税前收入为正;且最近 2 个会计年度每年≥220 万美元	
	标准 2：市值+现金流标准 • 前 3 个会计年度现金流累计≥2 750 万美元且每年现金流为正 • 公司前 12 个月平均市值≥5.5 亿美元 • 前一个会计年度收益≥1.1 亿美元	
	标准 3：市值+收益标准 • 公司前 12 个月平均市值≥8.5 亿美元 • 前一个会计年度收益≥9 000 万美元	
	标准 4：资产和股权标准 • 公司市值≥1.6 亿美元 • 总资产≥8 000 万美元 • 股东权益≥5 500 万美元	
其他要求	(1) 股东人数：持有 100 股以上股份的股东数量为 450 以上或股东总数在 2 200 以上。 (2) 公众股份数量：125 万。 (3) 公众股份市值：450 万美元。对于成熟公司(目前存在普通股或类似交易的)：① 1.1 亿美元,或者② 非限售公众持股市值 1 亿美元以上,同时股东权益 1.1 亿美元以上。 (4) 最低股价：4 美元	
纳斯达克全球市场(NGM)		
财务要求 (任一标准)	标准 1：收入标准 • 缴纳所得税前基于持续经营而产生的收入(最近 1 个会计年度或最近 3 个会计年度中的 2 年)：100 万美元 • 股东权益：1.5 亿美元 • 公众持股股票市值：800 万美元	

----

① 纳斯达克资本市场包括 3 个板块：纳斯达克全球精选市场(The Nasdaq Global Select Market)、纳斯达克全球市场(The Nasdaq Global Market)、纳斯达克资本市场(The Nasdaq Capital Market)。

(续表)

纳斯达克全球市场(NGM)	
财务要求 (任一标准)	标准2：权益标准 • 股东权益：3亿美元 • 公众持股股票市值：1 800万美元
	标准3：市值标准 • 上市后证券市值：7 500万美元 • 公众持股股票市值：2 000万美元
	标准4：总资产/总收益标准 • 最近1个会计年度或最近3个会计年度中的2年,总资产不低于7 500万美元,总收益不低于7 500万美元 • 公众持股股票市值：2 000万美元
其他要求	(1) 持有100股以上股份的股东：不低于400。 (2) 公众持股数：1 100万。 (3) 最低股价：4美元
纳斯达克资本市场(NCM)	
财务要求 (任一标准)	标准1：权益标准 • 股东权益：500万美元 • 公众股市值：1 500万美元 • 经营历史：2年 • 股票发行价不低于4美元或收盘价不低于3美元
	标准2：已发行证券市值标准 • 股东权益：400万美元 • 公众股市值：1 500万美元 • 上市后证券市值：5 000万美元 • 股票发行价不低于4美元或收盘价不低于2美元
	标准3：净收入标准 • 股东权益：400万美元 • 公众股市值：500万美元 • 基于持续经营而产生的净收入(最近1个会计年度或最近3个会计年度中的2年)：75万美元 • 股票发行价不低于4美元或收盘价不低于3美元
其他要求	(1) 持有100股以上股份的股东：不低于300。 (2) 公众持股数：100万

在纳斯达克各板块上市的中概股企业(包括已退市企业)的简称如附表 5.4 所示。

附表 5.4　在纳斯达克各板块上市的中概股企业(部分)

纳斯达克全球精选市场	银科控股、爱奇艺、UT 斯达康、新浪、网易、搜狐、凹凸科技、携程网、万达体育、前程无忧、金融界、迅雷、宝尊电商、优信、拼多多、百度、中指控股、阿特斯太阳能、瑞幸咖啡、和黄中国医药科技、斗鱼、世纪互联、老虎证券、泛华金控、康迪车业、和利时自动化、欢聚时代、畅游、新濠博亚娱乐、绿能宝、哔哩哔哩、微博、如涵、海湾资源、科兴生物、泰邦生物、趣头条、京东、华住、云米科技、达内科技、百济神州、陌陌、国双
纳斯达克全球市场	德斯维尔工业、1 药网、普益财富、天境生物、36 氪、万国数据、医美国际、瑞立集团、多尼斯、知临集团、极光、小牛电动、上海华钦信息科技、亿航智能、品钛、富途控股、易恒健康、中国互联网金融服务、途牛、乐信、ATA CREATIVITY GLOBAL、爱点击、嘉银金科、寺库、华瑞服装、和信贷、房多多、嘉楠科技、再鼎医药、新氧、瑞思学科英语、鑫达集团、青客、360 金融、云集、海亮教育、安派科、玖富、荔枝
纳斯达克资本市场	碳博士控股、龙运国际、众美联、骇维金属加工、欧陆科仪、农米良品、诺华家具、正康国际、WEALTHBRIDGE ACQUISITION、蓝帽子、中汽系统、中国天然资源、第九城市、幸福来、CBAK 能源科技有限公司、奥瑞金种业、TMSR、希伯伦科技、亚洲时代、富维薄膜、WEALTHBRIDGE ACQUISITION、摩贝、FELLAZO、魔线、稳盛金融、REMARK、综合能源系统、悦航阳光网络科技、茗韵堂、中国陶瓷、点牛金融、明大嘉和、AGBA ACQUISITION、中环球船务、淘屏、华富教育、平潭海洋实业、中国苏轩堂药业、数海信息、AGBA ACQUISITION、GREENLAND TECHNOLOGIES、瑞图生态、KBS FASHION、研控科技、优点互动、富岭环球、万春药业、爱鸿森、新奥混凝土、泰盈科技、天地荟、尚高、金正环保、中国循环能源、团车、天华阳光、未来金融科技集团、九洲大药房、联络智能、LONGEVITY ACQUISITION、普惠财富、FELLAZO、BAT、美美证券、BORQS TECHNOLOGIES、祥泰食品、金凰珠宝、汉广厦房地产、中网在线、能发伟业、笋筐技术、开心汽车、上为集团、奥盛创新、宏桥高科、LONGEVITY ACQUISITION、安高盟

附录6 新三板挂牌条件和流程介绍

全国中小企业股份转让系统是经国务院批准,依据《证券法》设立的全国性证券交易场所,主要为创新型、创业型、成长型中小微企业发展服务。境内符合条件的股份公司均可通过主办券商申请在全国中小企业股份转让系统挂牌,公开转让股份,进行股权融资、债权融资、资产重组等。申请挂牌的公司应当业务明确,产权清晰,依法规范经营,公司治理健全;可以尚未盈利,但须履行信息披露义务,所披露的信息应当真实、准确、完整。

在新三板的发展方向上,一是坚持把支持科技创新作为主责主业,深入发掘中小企业创新要素,全力构建支持中小企业创新发展的市场环境,发挥好新三板服务创新型、创业型、成长型中小企业的功能作用;二是持续推进新三板市场改革,深入了解企业、投资人和市场中介的核心关切,把握好中小企业的发展规律,加速推进契合中小企业特点和投融资需求的政策体系、制度体系、服务体系建设,提升市场功能,服务实体经济高质量发展;三是进一步夯实市场发展基础,积极做好在新三板实施注册制准备,研究完善发行承销、信息披露、持续监管等市场基础制度,持续推进智慧监管体系建设、数据治理等基础工作,全面提升市场综合服务能力。

(一) 新三板市场的功能定位

(1) 完善多层次的资本市场,专注于中小微企业的融资平台。新三板市场主要为创新型、创业型、成长型中小微企业发展服务。新三板可起到助力与催化的作用,是主板市场的重要补充,帮助中小微企业对接资本市场。

(2) 拓宽企业融资渠道,提升公司估值。实现股权与债权融资。公司挂牌后可根据业务需要,向特定对象进行直接融资;挂牌后公司股权估值显著提升,银行对公司的认可度和重视度也会明显提高,企业能以更低的利率获取银行贷款;金融机构也会更加认可股权的市场价值,企业进而获得股份抵押贷款等融资便利。

(3) 提供规范化的股份转让全国性市场。新三板作为全国性统一场外交易市场,通过股价反映公司的价值,一方面使得股东持有股份的价值得到充分反映,另一方面解决了投资者的退出渠道问题。

(4) 规范公司治理,为后续资本运作提供基础。企业挂牌过程中,在券商、律师事务所、会计师事务所等专业中介机构的介入下,企业可以初步建立起现代企业治理与管理机制;挂牌后,在主办券商的持续督导和证监会及全国中小企业股份转让系统的监管下规范运营。这样可以有效提升规范度,促进企业持续健康发展。

(5) 增强公司宣传效应,提升企业品牌形象。企业在全国性市场新三板挂牌,拥有独立的股票代码,信息在交易所行情系统中显示,势必引起投资者的关注,可以起到宣传企业、提高公司知名度的作用,既有利于业务拓展、公司发展,也有利于增强员工凝聚力。

（二）新三板对挂牌企业的基本要求

全国股转系统设置创新层和基础层,全国中小企业股份转让系统有限责任公司对挂牌公司实行分层管理。挂牌公司的分层管理包括公司申请挂牌同时进入创新层,基础层挂牌公司进入创新层,以及创新层挂牌公司调整至基础层。申请挂牌公司符合挂牌条件,但未进入创新层的,应当自挂牌之日起进入基础层。

股份有限公司申请在新三板挂牌,不受股东所有制性质的限制,不限于高新技术企业,应当符合下列条件:

（1）依法设立且存续满2年。有限责任公司按原账面净资产值折股整体变更为股份有限公司的,存续时间可以从有限责任公司成立之日起计算。

（2）业务明确,具有持续经营能力。

（3）公司治理机制健全,合法规范经营。

（4）股权明晰,股票发行和转让行为合法合规。

（5）主办券商推荐并持续督导。

（6）全国中小企业股份转让系统公司要求的其他条件。

申请挂牌同时进入创新层的公司,应当符合下列条件之一:

（1）最近2年净利润均不低于1 000万元,最近两年加权平均净资产收益率平均不低于6%,股本总额不少于2 000万元。

（2）最近2年营业收入平均不低于8 000万元,且持续增长,年均复合增长率不低于30%,股本总额不少于2 000万元。

（3）最近2年研发投入不低于2 500万元,完成挂牌同时定向发行普通股后,融资金额不低于4 000万元(不含以非现金资产认购的部分),且公司股票市值不低于3亿元。

（4）在挂牌时即采取做市交易方式,完成挂牌同时定向发行普通股后,公司股票市值不低于3亿元,股本总额不少于5 000万元,做市商家数不少于4家,且做市商做市库存股均通过本次定向发行取得。

申请挂牌同时进入创新层的公司,同时还应当符合下列条件:

（1）完成挂牌同时定向发行普通股、优先股或可转债,且融资金额不低于1 000万元(不含以非现金资产认购的部分)。

（2）最近1年期末净资产不为负值。

（3）公司治理健全,截至进层启动日,已制定并披露经董事会审议通过的股东大会、董事会和监事会制度、对外投资管理制度、对外担保管理制度、关联交易管理制度、投资者关系管理制度、利润分配管理制度和承诺管理制度,已设董事会秘书作为信息披露事务负责人并公开披露。

(4) 中国证监会和全国股转公司规定的其他条件。

附录 7　中介机构信息（排名不分先后）

一、证券公司

1. 海通证券股份有限公司

海通证券股份有限公司成立于 1988 年，是国内最早成立的证券公司中唯一未被更名、注资，且是国内少数实现"A＋H"股上市的大型证券公司。截至 2022 年 6 月末，公司总资产达 7 495.66 亿元，归属母公司净资产达 1 630.81 亿元，实现营业收入 121.04 亿元，归属母公司净利润 47.58 亿元，主要财务指标保持行业前列。基本建成涵盖证券期货经纪、投行、自营、资产管理、私募股权投资、另类投资、融资租赁、境外投行等多个业务领域的金融服务集团，营业网点覆盖"纽、伦、港、新、沪、东"六大国际金融中心；在全球 5 个洲 15 个国家和地区设有分行、代表处或子公司；在中国境内拥有 338 家证券及期货营业部，境内外拥有超过 2 000 万名客户。

海通投资银行业务创下了诸多国内"最早"和业内"第一"，打造出具有海通特色的知名行业品牌。科创板设立以来，海通证券紧抓"硬科技"的市场定位，完成了多个具有较大市场影响力的项目，在集成电路及生物医药领域成功打造了"海通品牌"。截至目前，海通证券已为超过 30 家科创板企业的发行上市提供保荐承销服务，在全市场处于领先地位。在高科技领域，用友软件、上海贝岭、中国海诚、新天科技、开尔新材等项目的成功发行也为海通的承销业绩写下了浓重的一笔；金风科技首次公开发行并上市是清洁新能源领域的里程碑事件。2019 年第一批科创板注册的企业中，多家由海通证券保荐，其中，中微半导体以 179.75 倍的市盈率居 25 家首批科创板上市企业之首。

联系人：李经理

联系方式：021 - 23219826

公司地址：上海市黄浦区中山南路 888 号

公司官网：https://www.htsec.com

2. 中信证券股份有限公司

中信证券成立于1995年,经过20多年的发展,已由一家中小券商发展成为A+H综合经营的国际化投资银行。中信证券是中国第一家通过公开发行上市的证券公司,同时也是中国第一家A+H同时上市的证券公司。2021年年末,中信证券总资产12 787亿元,归属母公司净资产2 092亿元。2021年营业收入765亿元,归属于母公司净利润231亿元。均排名市场第一。截至2021年年末,中信证券拥有31个部门及业务线,主要一级子公司7家,员工总数2.37万人。分支机构遍布全球13个国家,中国境内分支机构400余家,业务范围覆盖证券、基金、期货、直投等领域,各项业务均排名行业前列,2021年股权融资、债券融资、经纪业务、融资融券、资管规模均排名市场第一。2010年以来累计为超过4 000家客户提供股权、债券及并购等各类投资银行服务,涵盖大型国有企业、世界500强、上市公司及细分领域龙头客户。

2021年,境内股权融资方面,中信证券完成A股主承销项目194单,主承销金额人民币3 319.17亿元(现金类及资产类),同比增长5.84%,市场份额18.26%,排名市场第一。随着注册制改革推进,中信证券继续加大科创板、创业板等IPO客户覆盖力度,完成IPO项目68单,合计发行人民币859.22亿元,市场份额15.83%,排名市场第一。未来,中信证券将进一步扩大境内外客户覆盖,增加项目储备;加强新兴行业、重要客户及创新产品研究,根据市场发展与客户需求主动优化业务结构,获取重要客户关键交易,进一步提升全球市场影响力;紧密跟进政策变化,就注册制全面稳步推进、沪/深伦通、A、H股两地上市及境外公司回归A股上市、北交所IPO及再融资等业务持续进行布局;加强股权承销业务能力,严格项目质量管理,发挥公司平台优势,为客户提供综合投行服务。

联系人：张经理

联系方式：021 - 20332810

公司地址：上海市浦东新区世纪大道1568号中建大厦22层

公司官网：http://www.citics.com.cn/newsite/

3. 中国国际金融股份有限公司

中国国际金融股份有限公司(以下简称"中金公司")是中国首家中外合资投资银行。凭借率先采纳国际最佳实践以及深厚的专业知识,我们完成了众多开创先河的交易,并深度参与中国的经济改革和发展,与客户共同成长。我们的目标是打造中国的国际一流投行,成为未来金融体系的核心参与者。

自 1995 年成立以来,我们一直致力于为多元化的客户群体提供高质量金融增值服务,建立了以研究和信息技术为基础,投资银行、股票业务、固定收益、资产管理、私募股权和财富管理全方位发展的业务结构。凭借深厚的经济、行业、法律、法规等领域的专业知识,我们优质的服务获得了广泛认可。与此同时,可持续发展始终是公司的核心理念之一,期望为社会创造长期价值,以行业高标准积极践行企业社会责任。

2015 年,中金公司在香港联交所主板成功挂牌上市。2017 年,中金公司与原中国中投证券的战略重组完成,本次交易使中金公司规模显著扩大,实现了对大、中小企业及机构、个人客户更为深度的覆盖,构建更为均衡的一二级市场业务结构。2020 年,中金公司在上海证券交易所主板成功挂牌上市。中金公司在境内拥有 200 多个营业网点。公司亦积极开拓境外市场,在中国香港、纽约、伦敦、新加坡、旧金山、法兰克福、东京等国际金融中心设有分支机构。秉承"植根中国,融通世界"的理念,通过广泛的业务网络及杰出的跨境能力,中金公司将持续为客户提供一流的金融服务,协助客户实现其战略发展目标。

联系人:于经理

联系方式:010 - 65051166

公司地址:上海市浦东新区东方路 18 号保利广场 E 栋

公司官网:www.cicc.com

4. 华泰联合证券

华泰联合证券
HUATAI UNITED SECURITIES

华泰联合证券是华泰证券在业内率先打造的以市场化创新能力领先行业的专业投资银行子公司,致力于为企业、机构投资者和政府提供全面综合的金融服务。

依托集团公司华泰证券的强劲实力,华泰联合证券建立了"专业化分工＋体系化协同"的大投行业务模式,以"客户经理＋产品专家＋行业专家"的人力资源目标为导向,通过全业务链服务体系,为客户提供高效且有针对性的投资银行专业服务。华泰联合证券在承销保荐、并购重组、债券等业务领域始终位于行业前列。华泰联合证券注册地位于深圳,在北京、上海、南京、杭州、苏州及香港设有办公室或联络机构。公司始终致力于吸引、发展和激励高素质的人才,为员工提供一流的培训和发展机会、具有竞争力的薪酬福利,营造积极开放、追求卓越的企业文化。

华泰联合证券获得了众多领先行业机构和权威媒体颁发的奖项和荣誉。2021年,公司所获荣誉包括:上海证券交易所颁发的"保荐承销服务奖""公司债券优秀承销商""优秀受托管理人"称号,深圳证券交易所颁发的"优秀债券存续期管理机构",Mergermarket颁发的"最佳科技、媒体和电信业并购财务顾问",《证券时报》颁发的"最受上市公司尊敬的十佳投行""中国证券业全能投行君鼎奖"等共计96项殊荣。

联系人:李经理

联系方式:021－38966927

公司地址:上海市浦东新区东方路18号保利广场E栋

公司官网:https://lhzq.com

5. 国泰君安证券股份有限公司

国泰君安证券是中国证券行业长期、持续、全面领先的综合金融服务商。国泰君安跨越了中国资本市场发展的全部历程和多个周期，始终以客户为中心，深耕中国市场，为广大企业、机构和个人客户提供各类金融服务，确立了全方位的行业领先地位。2011—2021 年，国泰君安的营业收入连续 11 年名列行业前三，在致力于实现高质量增长、规模领先的同时，注重盈利能力和风险管理。

投资银行业务为企业和政府客户提供上市保荐、股票承销、债券承销、结构性债务融资、并购财务顾问、企业多样化解决方案等服务；机构投资者服务业务为机构投资者提供主经纪商、销售及交易、股票质押及约定购回、研究等服务，同时还包括股票、衍生金融工具及 FICC 的投资交易。

在 30 年创新发展的过程中，国泰君安逐渐形成了风控为本、追求卓越的企业文化，成为中国资本市场全方位的领导者以及中国证券行业科技和创新的引领者。这样的成绩源自全体国泰君安人的共识：客户至上、统筹兼顾的利益观，风控为本、追求卓越的业务观，以人为本、协同协作的人才观，创新超越、珍惜声誉的处世观；源自对共识的高度认同和持续实践。

基于在中国本土强大的竞争优势，未来，国泰君安将主动满足客户跨境需求，务实推进国际化，建立覆盖全球的业务网络和执行能力，为客户提供综合金融服务，成为受人尊敬、全面领先、具有国际竞争力的现代投资银行。

公司地址：上海市静安区南京西路 768 号国泰君安大厦

公司官网：https://www.gtja.com/

6. 东方证券股份有限公司

东方证券股份有限公司是一家经中国证券监督管理委员会批准设立的综合类证券公司,其前身是于 1998 年 3 月 9 日开业的东方证券有限责任公司,总部设在上海,现有注册资本人民币 84.97 亿元。公司于 2015 年 3 月 23 日成功登陆上交所(证券代码:600958),2016 年 7 月 8 日 H 股成功发行并上市(股份代号:03958),成为行业内第五家 A＋H 股上市券商。

经过 20 余年的发展,公司从一家仅有 586 名员工、36 家营业网点的证券公司,逐渐壮大为一家总资产达 3 266 亿元,员工 7 000 余人,在全国 87 个城市设有 177 家分支机构,提供证券、期货、资产管理、理财、投行、投资咨询及证券研究等全方位、一站式专业综合金融服务的上市证券金融控股集团。

公司全资持有上海东证期货有限公司、上海东方证券资产管理有限公司、上海东方证券资本投资有限公司、东方金融控股(香港)有限公司、上海东方证券创新投资有限公司、东方证券承销保荐有限公司,同时作为第一大股东参股汇添富基金管理股份有限公司。

20 余年来,公司秉承"团结、进取、务实、高效"的企业精神,"客户至上、以人为本、专业服务、开拓创新"的核心价值观,致力于成为"具有行业一流核心竞争力、为客户提供综合金融服务的现代投资银行"。公司将回报社会的责任理念融入公司企业文化、战略方针与日常运营中。公司着力在服务实体经济、创造财富的过程中为员工创造美好生活,与股东、社会分享成功,给予各方物质与精神的双重回报,成为员工自豪、股东满意、社会尊重的优秀企业。

联系方式:021-63325888

公司地址:上海市黄浦区中山南路 119 号东方证券大厦

公司官网:https://www.dfzq.com.cn/osoa/views/main/home/index.shtml

7. 民生证券股份有限公司

民生证券成立于 1986 年,是中国最早的券商之一,注册资本 114.56 亿元,拥有证券全牌照业务资格。2020 年 8 月,在上海市政府的大力支持和高效协调下,公司引入久事集团、张江集团等 10 家左右上海市、区两级国企战略入股,同时将注册地和管理总部从北京搬迁至上海陆家嘴,成为目前浦东唯一真正自己的券商。

公司在全国重点城市和几乎所有省份共设有 80 多个分支机构,控股管理 4 家子公司。目前,公司已形成国有股东＋民营资本＋员工持股的混合所有制股权架构,既有国有资本站台,又有市场化运行机制,这在前十名投行里几乎是独一无二的,保证了公司正确的发展方向和快速的发展态势。

公司一直将 IPO 投行业务作为核心发展方向,并由此带动其他业务协同发展。近几年来,公司 IPO 投行业务发展迅速。近 4 年来,公司 IPO 成功项目家数更是稳居行业前五名。公司高层领导高度重视投行业务和投行客户,以投研＋投资＋投行高效协同为抓手,亲自协调参与解决客户资本运作过程中的问题和潜在障碍,在业界树立了良好的口碑和品牌形象。

联系人：黄经理

官方邮箱：huangxunyun@mszq.com

公司地址：中国(上海)自由贸易试验区浦明路 8 号

公司官网：www.mszq.com

8. 上海证券有限责任公司

上海证券有限责任公司成立于 2001 年 5 月，由原上海财政证券和上海国信托投资公司证券部以新设合并方式组建成立。2020 年 12 月 12 日，经中国证监会核准，百联集团成为公司主要股东、目前公司股东包括：百联集团有限公司、国泰君安证券股份有限公司、上海国际集团有限公司、上海上国投资产管理有限公司、上海城投集团有限公司。公司注册资本 53 亿元。

公司拥有期货子公司 1 家、分公司 6 家以及营业部 75 家，形成了以上海为中心，长三角、珠三角、京津冀、长江中游、成渝经济圈为主体的经营网络，公司业务范围涵盖场内、场外市场，能为广大客户提供证券经纪、财富管理、投资银行、机构服务、证券研究、资产管理等全方位、系统性、多层次、专业化的综合金融服务。

公司秉持"开发、包容、规范、协同"的核心理念，致力于成为"特色羡慕、区域领先、品牌知名"具有专业特色的财富管理型券商，以成就客户为己任，以数字化引领未来，积极探索金融创新，努力打造"上海证券"金字招牌。近年来，公司资产规模持续扩大，经营实力不断增强，取得了显著的社会效益和经济效益。

联系人：李经理

联系方式：16621112299

官方邮箱：lili03362@shzq.com

公司官网：www.shzq.com

9. 兴业证券股份有限公司

兴业证券
INDUSTRIAL SECURITIES

兴业证券股份有限公司是中国证监会核准的全国性、综合类、创新型、集团化、国际化证券公司,成立于 1991 年 10 月 29 日。2010 年 10 月,在上海证券交易所首次公开发行股票并上市(601377.SH)。公司注册地为福建省福州市,主要股东有福建省财政厅、福建省投资开发集团有限责任公司、上海申新(集团)有限公司、中国证券金融股份有限公司等。

截至 2021 年末,集团总资产 2 175 亿元,净资产 454 亿元,境内外员工超过 1 万人,公司综合实力和核心业务位居行业前列,已发展成为涵盖证券、基金、期货、资产管理、股权投资、另类投资、产业金融、境外业务、区域股权市场等专业领域的证券金融控股集团。

兴业证券自成立以来,始终坚持依法经营、稳健经营、文明经营。在中国特色社会主义进入新时代的新形势下,兴业证券提出了“建设一流证券金融集团”的战略目标,正朝着专业化、集团化、国际化的方向奋力迈进。明确提出要把公司建设成为具有一流的资本实力、一流的风险管理能力、一流的竞争能力和盈利能力、一流的人才、优秀的企业文化、科学的机制体制以及较强国际竞争力的一流证券金融集团。

联系人:唐经理

联系方式:15221778631

公司官网:www.xyzq.com.cn

二、商业银行

1. 中国建设银行

中国建设银行上海市分行成立于 1954 年 10 月,目前全行拥有 360 家营业网点、1 万余名员工,是服务各类政府机构、企事业单位和个人客户超过 1 800 万户的国有商业银行一级分行。

目前建设银行在上海已形成覆盖银行、保险、期货、租赁、基金、信托、投行的全牌照金融体系战略布局,通过在沪的 26 家一级部门、分支机构和子公司,统筹全行金融市场交易、信用卡、金融科技、国际单证处理等业务发展,为上海地区客户提供全方位金融服务。为更好地契合上海的发展需求,建设银行在沪成立了国有大行首家金融科技公司,在临港新片区成立了国际金融创新上海中心和上海建银长三角战略新兴科创基金,以创新科技和综合服务支持上海国际金融中心建设。

建设银行上海市分行始终秉持金融服务实体经济的初心和使命,围绕上海"三大任务、一大平台"和"五个中心"建设,支持长三角区域建设授信近千亿元,全面对接本市科创承载区及重大科创项目和企业,同时积极结合传统和新兴优势。截至 2020 年上半年,支持上海基础设施贷款余额 1 600 亿元,制造业贷款余额 556 亿元,为上海 27 块租赁用地项目提供 150 亿元融资,全辖网点引入 40 项"一网通办"政务服务,并在上海所有建制村布设"裕农通"金融服务点。

公司地址:上海市陆家嘴环路 900 号 9 楼 K 座

公司官网:http://www.ccb.com/cn/home/indexv3.html

2. 招商银行上海分行

招商银行上海分行成立于1991年,是招商银行第一家异地分行,也是第一家进驻浦东的异地股份制商业银行。成立以来,分行踏着浦东开发开放的脚步,沐浴着上海"五个中心"建设的春风,在市场经济的大潮中乘风破浪,勇往直前,实现了持续稳健发展。截至2022年10月末,分行自营存款余额达到8 674亿元,自营贷款余额4 319亿元。员工总数超过5 800人,拥有103家持牌机构、6家私银中心、3家个贷直营中心,在上海全部16个区均设有营业网点,形成了覆盖全市的服务网络。

招商银行上海分行始终坚持"因您而变"的服务理念,努力为社会公众提供方便、快捷、专业的金融服务。目前分行服务对公客户超过25万个,服务个人客户超过1 000万人,为近5万家小微企业提供了普惠贷款,为近5万户家庭提供了安居资金支持,为企业组织和提供的各类融资余额接近6 000亿元,帮助个人管理的资产规模超过1.2万亿元,树立了百姓喜爱、企业肯定、监管合规、社会认可的良好品牌形象。分行连续多年被金融管理部门评为金融机构综合评估A类机构、信贷政策导向效果A类机构、外汇管理A类银行、征信合规和信息安全A级机构,多次被评为普惠金融、金融科技、反假货币、支付清算、治安保卫、金融统计等工作的先进单位,多个网点和部门被授予"中国银行业文明规范服务示范单位""上海市文明单位""全国工人先锋号""全国金融先锋号""上海金融先锋号""上海金融五一劳动奖状""上海市青年文明号示范集体""上海市巾帼标兵岗"等称号,赢得了社会的广泛赞誉。

联系人:杨经理

联系方式:021 - 20777931

公司官网:http://www.cmbchina.com/CmbInfo/crp/

3. 上海农商银行

上海农商银行 SHRCB

上海农村商业银行股份有限公司(以下简称"上海农商银行")成立于 2005 年 8 月 25 日,是由国资控股、总部设在上海的法人银行,是全国首家在农信基础上改制成立的省级股份制商业银行。目前注册资本为 96.44 亿元人民币(待核准),营业网点近 370 家,员工总数超过 8 000 人。

围绕上海新三大任务、"五个中心"以及"四大品牌"建设,上海农商银行以"普惠金融助力百姓美好生活"为使命,践行"诚信、责任、创新、共赢"的核心价值观,推进"坚持客户中心、坚守普惠金融、坚定数字转型"的核心战略,努力打造为客户创造价值的服务型银行,建设具有最佳体验和卓越品牌的区域综合金融服务集团。

在英国《银行家》公布的"2021 年全球银行 1 000 强"榜单中,上海农商银行位居全球银行业第 149 位,比 2020 年上升 4 位;位列 2020 年中国银行业 100 强榜单第 24 位,在全国农商银行中排名第二;在英国品牌评估机构 Brand Finance 发布的 2021 年度"全球银行品牌价值 500 强排行榜"中位列第 187 位,比 2020 年上升 6 位;标普信用评级(中国)主体信用等级"AAspc-",展望稳定。

诞生于 1949 年的上海农信事业,亲历了共和国旗帜下城市发展的宏伟诗篇,上海农商银行传承上海农信 70 余载历史,扎根大都会,携手千百业,贴近老百姓,坚持金融向善、金融向实、金融向阳,以金融诚善守护生活本真,以专业进取回应市场期待,实现银行商业价值和社会功能的有机统一。

联系方式:021 - 60116275

公司地址:上海市黄浦区中山东二路 70 号

公司官网:http://www.shrcb.com/

4. 中信银行上海分行

中信银行成立于 1987 年,是中国改革开放后最早由国有企业创办的商业银行之一。中信银行由中信集团控股,中信集团现已发展成为一家国有大型综合性跨国企业集团,业务涉及金融、资源能源、制造、工程承包、房地产和其他领域。2021 年,中信集团连续13 年上榜美国《财富》杂志世界 500 强,位居第 115 位。践行国家战略、服务社会民生是包括中信银行在内的中信集团的职责和使命。

中信银行是中国最早参与国内外金融市场融资的商业银行,并以屡创中国现代金融史上多个第一而蜚声海内外,为中国经济建设做出了积极贡献。2007 年 4 月,本行实现在上海证券交易所和香港联合交易所 A+H 股同步上市。本行坚持服务实体经济,稳健经营,与时俱进。经过 30 余年的发展,本行已成为一家总资产规模超 8 万亿元、员工人数近 6 万名,具有强大综合实力和品牌竞争力的金融集团。2022 年,本行在英国《银行家》杂志"全球银行品牌 500 强排行榜"中排名第 21 位;本行一级资本在英国《银行家》杂志"世界 1 000 家银行排名"中排名第 19 位。

中信银行上海分行成立于 1988 年,是中信银行系统内首家异地分行,也是上海地区最早进驻的股份制商业银行之一。历经 30 余年的转型发展,中信银行上海分行已实现年营业收入超过 80 亿元、资产规模超过 5 600 亿元。30 多年来,中信银行上海分行立足银行本源,服务实体经济,参与了地铁 2 号线、杨浦大桥、东方明珠等重大工程的项目融资,积极支持上海的城市建设、企业发展和民生保障。中信银行上海分行始终坚持发挥中信集团金融与实业并举的独特竞争优势,在传统银行业务的基础上,为客户提供综合化、一站式、一揽子金融服务,探索出一条与上海经济新常态和金融市场化改革相适应的新兴股份制银行发展之路。

联系人:沈经理　徐经理

联系方式:18501641433　18616321320

公司官网:www.citicbank.com

5. 上海银行

上海银行股份有限公司(以下简称"上海银行")成立于 1995 年 12 月 29 日,总部位于上海,是上海证券交易所主板上市公司,股票代码 601229。

上海银行以"精品银行"为战略愿景,以"精诚至上,信义立行"为核心价值观。近年来,上海银行把握金融科技趋势,以更智慧、更专业的服务,不断满足企业和个人客户日趋多样化的金融服务需求。

上海银行主动对接国家战略和上海"三大任务、一大平台",发挥协同作用,提升区域服务能级;深化服务实体经济,加大小微信贷投放力度,搭建普惠金融线上模式,形成了以"上行 e 链"为核心的供应链金融体系;开展数字化转型,以端到端的思维、全旅程的理念、颠覆式创新思维,推进科技与业务深度融合;稳健经营,规范管理,着力提升风险经营管理能力。

上海银行自成立以来市场影响力不断提升,截至 2022 年 9 月末,上海银行总资产 28 821.83 亿元,较上年末增长 8.63%;2022 年 1—9 月实现营业收入 416.73 亿元,实现归属于母公司股东的净利润 171.67 亿元。在英国《银行家》杂志 2022 年公布的全球银行 1 000 强榜单中,按一级资本位列第 68 位。

联系人:孙经理

联系方式:021 - 64274348

公司地址:上海市漕溪北路 18 号上实大厦二楼

公司官网:https://www.bosc.cn/zh/

6. 广发银行

广发银行于 1988 年在改革开放前沿阵地——广东省广州市成立,2016 年起成为中国人寿集团成员单位,是一家国有控股的全国性股份制商业银行。以新一届党委班子成立为契机,广发银行全面强化党的领导,持续向发展大局聚焦,向主流市场聚力,坚持规模与效益稳步提升,质量与结构同步优化,向上向好发展态势强劲。2020 年总资产突破3 万亿元,总资产、营业收入、净利润近 4 年平均复合增长率居股份制同业前列。目前,广发银行在全国 26 个省(直辖市、自治区)和香港、澳门特别行政区设立 48 家直属分行、936 家营业机构。

广发银行上海分行于 1997 年成立,经过 25 年的发展,目前下辖 34 家网点,基本覆盖上海全市,其中,自贸试验区分行(二级分行)1 家,一级支行 32 家,社区支行 1 家。新一届党委班子成立以来,上海分行以"新使命、新征程、新作为"为愿景,在"专业、担当、创新、融合"核心精神的引领下,团队士气日趋高涨,存贷规模不断突破,资产质量不断夯实,发展势头向上向好。上海分行将始终通过自身产品与服务创新,为上海区域客户提供优质服务,为上海实体经济注入发展动能。

联系人:王经理

联系方式:021 - 33868305　021 - 33868312

公司官网:www.cgbchina.com.cn

7. 浦东发展银行

浦发银行
SPD BANK

上海浦东发展银行股份有限公司(以下简称浦发银行)成立于1993年1月9日,1999年在上海证券交易所挂牌上市(股票交易代码600000),总行设在上海,注册资本金293.52亿元。目前,浦发银行已在境内外设立了42家一级分行、近1 700家营业机构。2022年9月末,公司总资产规模达8.43万亿元。2022年2月,英国《银行家》杂志发布"全球银行品牌500强"排名,浦发银行位列第19位,居上榜中资银行第8位,品牌价值143.13亿美元。良好的业绩、诚信的声誉,使浦发银行成为中国证券市场备受关注和尊敬的上市公司。

浦发银行历来重视科技金融发展,重点扶持科创企业上市。根据科创企业轻资产的特点,我行首创了多个信用贷款产品,包括小巨人信用贷、上市贷、创客贷等,目前已经形成了覆盖科创企业全生命周期的信用贷款服务体系,并且一直秉持全程服务、综合服务的理念,陪伴和扶持科创企业从小到大、一路成长。2022年8月末,浦发银行上海分行推出"科创重振贷",进一步助力科技普惠客户快速成长,擦亮"科技金融找浦发"的金字招牌。

截至2022年10月末,上海已上市的民营中小企业和科创板上市企业中,浦发银行上海分行合作占比均超过80%,普惠监管口径贷款合计余额503.13亿,较年初增量118.25亿,增幅30%。科技企业贷款余额超过600亿元,当年增量超过150亿元。科技型企业客户超过9 000户,较年初增长超过1 400户。我行始终把服务科创企业作为科技金融重中之重,积极践行社会责任,已连续多年全程参与、服务上海市"创新创业大赛",已累计为2 000余户初创期的科技小微企业及创业者个人提供综合金融服务。

联系人:诸经理

联系方式:021 - 65541017

公司地址:上海市虹口区曲阳路731号(浦发银行虹口支行)

公司官网:www.spdb.com.cn

8. 中国工商银行上海分行

中国工商银行成立于 1984 年 1 月 1 日。2005 年 10 月 28 日,整体改制为股份有限公司。2006 年 10 月 27 日,成功在上交所和香港联交所同日挂牌上市。经过持续努力和稳健发展,中国工商银行已经迈入世界领先银行行列,拥有优质的客户基础、多元的业务结构、强劲的创新能力和市场竞争力,向全球超过 578.4 万公司客户和 5.3 亿个人客户提供广泛的金融产品和服务。中国工商银行将服务实体经济作为经营管理的出发点和落脚点,坚持以新理念、新金融、新服务,支持供给侧结构性改革和经济转型升级,实现自身的健康可持续发展。深入推动改革创新和经营转型,零售金融、资产管理和金融市场等业务快速发展。国际化、综合化经营格局不断完善,境外网络扩展至 45 个国家和地区,其中在"一带一路"沿线国家和地区拥有 129 家分支机构。

中国工商银行上海市分行是中国工商银行总行在上海的分支机构,近年来,中国工商银行上海市分行以服务实体经济为导向,主动融入和服务于上海乃至全国经济社会转型,在创新服务模式、优化信用投向等方面积极作为,致力为客户提供卓越的金融服务。

中国工商银行上海市分行聚焦长三角一体化,服务上海进口博览会,全面深化以自由贸易试验区建设为重点的改革开放,立足上海、放眼全球,通过投行、资管、跨境等综合化国际化手段,服务于国资国企改革、民营经济发展和开放型经济发展;聚焦深入推进科技创新中心和新型智慧城市建设,探索适应于新业态、新需求的服务模式,加快科创金融突破;聚焦深化供给侧结构性改革和产业转型提级,积极支持重大工程、重点区域建设,做实做活普惠金融,有效支持小微企业发展;聚焦着力保障和改善民生,积极参与住房租赁市场,持续创新和优化社保、养老、教育、卫生、文化和体育板块的金融服务。

作为沪上最大的商业银行,中国工商银行上海市分行将继续担纲行业领头羊的重任,为建设最盈利、最优秀、最受尊重的国际一流现代金融企业而努力。

公司地址:上海市浦东新区银城路 8 号

公司官网:http://www.icbc.com.cn/icbc/

9. 浙商银行上海分行

CZBANK 浙商银行
上海分行

浙商银行是 12 家全国性股份制商业银行之一,于 2004 年 8 月 18 日正式开业,总部设在浙江杭州,系全国第 13 家"A+H"上市银行。开业以来,浙商银行立足浙江,面向全国,稳健发展,已成为一家基础扎实、效益优良、风控完善的优质商业银行。在英国《银行家》(*The Banker*)杂志"2022 年全球银行 1 000 强"榜单中,浙商银行按一级资本计位列 79 位,较上年跃升 20 位。中诚信国际给予浙商银行金融机构评级中最高等级 AAA 主体信用评级。

另外,浙商银行已正式推出"星火计划"科创金融专项行动,持续完善服务体制机制,创新金融产品服务,构筑服务生态圈,整合多方优质资源,为科创企业提供"专业化、全周期、全方位"的综合金融服务方案,聚焦上市/拟上市、独角兽、专精特新等目标客群,出台专项支持政策,为国家创新驱动发展注入金融动能。

浙商银行上海分行于 2007 年 12 月 18 日正式开业,目前辖内网点共 12 家,分别为:分行营业部、自贸试验区分行、陆家嘴支行、徐汇支行、长宁支行、普陀支行、闸北支行、杨浦支行、闵行支行、嘉定支行、松江支行、奉贤支行。截至 2022 年 6 月末,浙商银行上海分行资产总额 1 639.27 亿元。

近年来,浙商银行上海分行围绕总行"两最"总目标,积极融入上海经济,支持实体企业发展,服务和保障民生,取得规模、质量、特色、效益的协调较快发展,为银行在新常态下新发展作出有益探索。

联系人:陈经理

联系方式:021 - 61333256

公司地址:上海市威海路 567 号晶采世纪大厦 25 楼

公司官网:http://www.czbank.com/

10. 厦门国际银行

厦門國際銀行 上海分行
XIAMEN INTERNATIONAL BANK　Shanghai Branch
XIB GROUP

厦门国际银行成立于 1985 年 8 月,曾是中国第一家中外合资银行,于 2013 年从有限责任公司整体变更为股份有限公司,从中外合资银行改制为中资商业银行。作为中国第一家中外合资银行,以及内地第一家引进国际金融组织(亚洲开发银行)和美国、日本等发达国家和地区战略投资者的法人银行,厦门国际银行有着国际化的股权结构,全球范围内金融专家组成的董事会,长期与国际接轨的管理理念和经营模式,横跨内地、香港、澳门三地的机构网点,较高比例的境外员工和境外及跨境业务,使其成为内地最具国际化特色的银行之一。在英国《银行家》杂志公布的"2022 全球银行 1 000 强"榜单中,厦门国际银行按总资产排名第 154 位,按一级资本排名第 160 位。

厦门国际银行上海分行成立于 2005 年 6 月,按照立足上海、辐射长三角的区域市场定位,为长三角地区经济的发展做进一步贡献。上海分行成立 17 年来,锐意进取、改革创新,以为客户提供优质服务为己任,致力于创造卓越价值,逐步成长为一家效益较好、发展较快、资产质量优良、在长三角地区有良好声誉的商业银行。2008 年,上海分行首家同城支行上海徐汇支行正式开业,从此拉开在沪版图布局的征程。截至目前,上海分行已在上海地区拥有 22 家营业机构,为长三角地区的经济发展和企业及居民的金融服务贡献积极力量,可向各类企事业单位及个人,特别是科创企业、中小微企业提供科创贷、普惠金融、投贷联动、并购贷款、财富管理等综合金融服务。2022 年,上海分行扎根申城 17 年,星耀国行,上海分行将站在新的起点,朝着荣光的未来进发!

联系人:张经理

官方邮箱:zhangc@xib.com.cn

公司地址:上海市虹口区杨树浦路 88 号

公司官网:www.xib.com.cn

11. 浦发硅谷银行

浦发硅谷银行成立于 2012 年，是美国硅谷银行和上海浦发银行合资成立的独立法人银行，也是中国首家专注于技术/商业创新领域的科技银行，致力于在中国打造"科技创新生态系统"。

其业务主要覆盖北京、长三角及粤港澳大湾区，沿袭硅谷银行独有的业务模式，为不同阶段的科技/商业创新企业和投资机构提供灵活、客制化的金融解决方案。其风险贷款解决方案帮助科创企业提高成功概率。此外，浦发硅谷银行还通过联动硅谷银行金融集团的全球科创生态圈服务平台，向科创企业及投资机构提供行业洞察报告、资源对接、专属活动等多元化增值服务。

公司官网：www.spd-svbank.com/cn/index.html

三、投资机构

1. 上海国盛资本管理有限公司

　　上海国盛资本管理有限公司成立于 2018 年 4 月,系上海市政府批准设立的上海国企改革发展股权投资基金管理机构。4 年来,国盛资本深入践行国企资本化改革和国有资本基金化运作,坚持创新发展,已经初步形成拥有一个合作管理公司、16 支大型主题/策略基金、26 支项目基金的集群发展架构,基金目标管理规模达 1 300 亿元,签约管理规模达 640 亿元,到位管理规模超过 330 亿元,成为我国股权投资市场一支活跃的资本力量,市场地位及品牌形象不断提升。国盛资本已跻身国内头部基金管理机构行列,先后在清科、投中、第一财经及最佳国资基金管理人等股权榜单中,名列前茅。

　　联系方式：021 - 60325808

　　公司地址：上海市长宁区愚园路 1352 弄 11 号 1 幢 201 室

2. 德同资本

德同资本是一家国内领先的专业私募股权基金管理公司,2006年成立以来,长期扎根于国内重点高成长产业,积累了丰富的经验及深厚的根基,长期聚焦消费和TMT、医疗健康、高端制造领域进行投资,着重搜寻具有巨大市场机遇、优秀管理团队和清晰运营模式的高成长公司。

德同资本目前管理等值人民币近200亿元的多只基金,主要投资人包括主要经济区域内多个省市政府引导基金、专业机构投资者,并和多家行业龙头上市公司或其母公司如上海城投/威孚高科、益民集团、粤传媒、中文在线、博腾医药、爱司凯等相继成立了产业基金。

德同资本团队具有丰富的本土与跨境投资及并购经验,主要合伙人邵俊、田立新共同工作近20年,50余位专业投资团队成员分布于全国10个分支机构,覆盖了长三角、珠三角、西三角及环渤海等中国经济最发达活跃的主要地区。目前,德同资本累计投资了数百家企业,成功助推20余家行业龙头企业全球上市。作为国内领先的、长期持续回报优异的本土专业投资机构,德同资本近年来屡获"中国十大投资机构"称号,主要合伙人亦多次获选为"中国最佳投资人"。

德同资本通过与企业家之间的长期信任和合作,在投资界建立了良好的声誉。被投资公司除了资金外,还受益于德同资本丰富的境内外多个资本市场的运作经验以及与当地政府和产业龙头的密切关系。德同资本的全球化视野能为每一个被投公司提供全方位、多层次的帮助和扶持,使它们最终发展成为世界级公司。

联系方式:021-53835999

公司地址:上海市闵行区虹梅路3081号虹桥基金小镇39号

公司官网:http://www.dtcap.com/

3. 领中资本

LANTERN CAPITAL

领 中 资 本

领中资本(中国证券投资基金业协会登记编号：P1061055)是一家专注于投资中国创新型高成长企业的私募股权投资机构,旗下管理多支人民币基金,在管及退出总规模近50亿元人民币。投资阶段覆盖初创期、成长期,主要关注高端装备、医疗健康、人工智能、航空航天、新材料行业和领域。

领中资本的管理团队基于对中国资本市场长期深入的理解与研究,建立了"以专业化管理为基础,投后增值服务为核心"的投资理念,致力于打造一家值得投资人和企业家信赖的投资机构。

领中资本主导及参与发起了上海国创科技产业创新发展中心、中国人工智能学会人机融合专业委员会、上海流程智造科技创新研究院,并与复旦大学工研院、上海交通大学、上海理工大学、上海科技大学、中科院上海硅酸盐所等高校及研究机构开展密切合作,积极参与科技创新成果转化及产业孵化。

领中资本荣获2019年度中国最佳创业投资机构Top100(投中榜)、2019年度中国金V奖行业最佳投资机构等多个奖项。领中资本与中国人工智能学会及投中研究院联合发布了《2020年中国先进制造产业发展与投融资报告》。

联系人：刘经理

联系方式：021－62251688

公司官网：www.lanternventure.com

4. 上海道禾科创企业服务有限公司

上海道禾长期投资管理有限公司于 2020 年 4 月在上海自贸区临港新片区注册设立,是上海首家取得"私募资产配置类管理人"资格的资产管理机构。道禾长期投资于2021 年引入临港集团、苏州国资、杭州国资等战略股东,公司注册资本 1 亿元,形成了团队和长三角国资混合所有制结构,并完成了完整的高质量专业团队体系建设。在资产管理领域,通过提供多样化的资产配置基金产品与股权投资基金产品,聚焦于集成电路、人工智能、先进制造、医疗健康、城市更新等领域的投资布局,助力临港新片区产业发展和长三角区域一体化进程中的产业协同、产业升级和产城融合。

上海道禾科创企业服务有限公司是上海道禾长期投资管理有限公司的全资子公司,作为上海"浦江之光"行动实施过程中的重要成员,致力于构建以科创板为核心的多层次服务资本市场生态体系,依托政府职能部门、上交所以及市场专业机构,充分发挥道禾生态体系优势,通过搭建科创企业数字化服务平台,形成最宽基的有效客户,为处在不同发展阶段的科创企业,提供覆盖培训服务、上市诊断与辅导、投融资与并购等多维度、高品质、全生命周期的资本运作和运营赋能服务,为上海国际金融中心建设和科创中心建设作出贡献。

联系人:刘经理

联系方式:15221795303

公司地址:上海市浦东新区盛夏路 565 弄集贤中心 A 座 2 层

公司官网:http://dhstar.net/index

5. 上海新丝路财富投资管理有限公司

上海新丝路财富投资管理有限公司（简称"新丝路资本"），于 2015 年年初成立于中国上海，是一家经中国证券投资基金业协会登记备案的私募基金管理机构。

新丝路资本以打造"具有国际影响力的、行业尊敬的专业投资机构"为愿景，希望通过资本和管理的早期介入，促进企业快速健康成长，在推动医疗产业进步和行业发展中发挥积极作用。

新丝路资本秉承"精品基金，精选标的，精准投资"的理念，以生命科学领域投资为核心，聚焦生物医药、医疗器械和医疗服务等多个细分行业，旨在通过在医疗健康等领域的投资，助力中国医疗产业发展，满足病患的未竟需求。

公司核心团队由具备多年资本市场从业经历的医学及医药背景资深专业人士组成，长期深耕医疗医药产业，积累了丰富的投资运营经验，取得了非凡的投资业绩。

自成立以来，新丝路资本在医疗健康领域先后投资了如术创手术机器人、贝康医学、睿触科技、恒润达生、维立志博、艾美斐、爱萨尔及深至科技等众多成功投资案例。经过多年的耕耘，所投项目中每年均有多家公司在 A 股和 H 股上市，为投资人获取十分丰厚的回报。

联系人：李经理

联系方式：021 - 68829888

公司地址：上海市浦东新区银城路 88 号中国人寿金融中心 42 楼

公司官网：www.nsrcn.com

6. 上海科技创业股份有限公司

上海科技创业投资股份有限公司成立于 1993 年,是由 4 家国有大型企业和 6 家金融机构共同发起设立的股份制创业投资企业。公司成立以来,在市委、市政府的大力支持下,始终以推动科技成果产业化为使命,围绕上海经济和科技的发展,努力探索科技创业投资的新路径,在信息技术、生物医药、智能制造、新材料、高技术服务业等领域取得了一系列成果。公司与中国联通、常茂生化、康达新材、杉德金卡、杉德银卡通等一批被投企业均"相识于微时",在多年的合作中,携手共进,共同成长,一起经历了由小到大、由弱变强的过程,一同分享了成功的喜悦。

联系人:林经理

联系方式:13585717857

7. 中同投资

中同投资是专注为科技创新企业提供股权融资、并购、上市陪跑及股权直投的创新型投资银行。

成立至今，已成功服务超过 80 家创新企业成功对接资本市场，参与管理上海国资委下属上市公司产业基金 30 亿元规模，已投资参股 32 家企业。

担任正和岛独角兽部落执行秘书长，现全面负责"潜在独角兽企业"投融资与企业上市陪跑辅导业务。

重点关注：新一代信息技术、装备制造、新材料、新能源、节能环保、医疗、大消费

服务轮次：A 轮 - PreIPO 阶段企业

融资金额：￥5 000 万元及以上

官方邮箱：4008200811/yuanxy@zt-capital.cn

公司官网：www.zt-capital.cn

8. 上海自贸区股权投资基金有限公司

　　上海自贸区基金是在国家关于建设自贸试验区、全面深化改革和扩大开放的新形势下,由中国(上海)自由贸易试验区管理委员会批复设立的全国首支自贸区主题投资基金,于2014年发起设立。基金"央地合作、产融结合",是自贸试验区产融资源高效集聚的特色投资平台。

　　公司由来自产业和金融投资等领域的资深专业人士组成,充分体现了产融结合的综合优势。团队持续强化系统性投研能力与体系建设,具有高度敏锐和专业的项目投资、风险控制和投后管理能力,深度的产业链上下游资源优化整合能力,以及丰富的跨境双向投融资经验。

　　公司官网:https://www.ftzfund.com.cn/index.php/

9. 上海海通开元投资有限公司

上海海通开元投资有限公司(简称"海通开元")成立于 2008 年,是海通证券全资设立的私募投资基金子公司,注册资本为 75 亿元,管理资金规模约 450 亿元。海通开元的业务模式分为两类。一是海通开元以母基金形式发起设立私募股权投资基金,并控股相应的基金管理人。目前,海通开元旗下设有 6 家基金管理子公司,共管理逾 50 只基金的投资运作。二是海通开元作为海通证券的私募投资基金子公司,直接从事一级市场私募股权投资基金管理业务。目前,海通开元投资团队直接管理的私募股权投资基金为 9 只。

截至 2021 年 12 月 31 日,海通开元及旗下基金的被投资企业中,累计上市项目(含借壳、并购)逾 120 个。海通开元及旗下基金通过高质量项目选择、高附加值跟踪管理、多渠道退出机制实现投资收益最大化。

联系人:田经理

联系方式:021 - 63410311

公司地址:上海市黄浦区广东路 689 号海通证券大厦 26 楼 07 - 12 室

公司官网:http://www.htcc.fund/index.shtml

10. 上海景恬集团

上海景恬集团成立于 2013 年，是一家专注于实业投资与股权投资的综合性投资公司。景恬集团目前拥有子公司 5 家，并在上海、合肥、杭州、重庆、成都等地设立有多家分公司。近年来，集团与江苏、云南、河南、安徽、山东、内蒙古等多地展开了深入的产业与金融合作，产业基金规模近 10 亿元，帮助政府落地优质企业 10 余家，为企业提供优质服务，协助企业募集项目资金 30 亿元。

集团在新能源汽车和医疗器械领域深耕多年。2022 年年初，景恬集团和一汽集团旗智汽车产业创新中心在海南成立了投资公司，持续在新能源汽车领域深耕。投资已经 IPO 的企业包括：君实生物、北摩高科、金现代、莱特光电等优质企业。已经投资即将陆续 IPO 的企业有：海克医疗、普瑞特、新法奥医疗、恩力动力、杜甫酒业等知名企业。

联系方式：400 - 8208529

公司地址：浦东环科路 515 号绿地智创商务中心 1 号楼 706

公司官网：http://www.shjtcapital.com/index.html

11. 秉越资本

秉越资本成立于 2015 年，是一家专注于企业境内外上市的投行机构，定位于"企业身边的财法税和资本管家"，为企业提供全方位的咨询和落地服务。公司吸引了国内外投行精英、会计师、律师和学者加盟，专业能力过硬，实战经验丰富，服务内容涵盖财法税合规、上市、收购并购、投融资等。

公司秉承"专业、诚信、认真、负责"的服务理念，实现不断的自我超越。成立至今，秉越资本服务的客户包括 A 股上市公司、新三板挂牌公司、境外上市公司以及非上市民营企业等，赢得了客户的广泛好评。除券商、会所、律所、投资机构外，秉越资本还整合了包括央企、大型国企、民营明星企业、科研院校等资源，在为企业提供资本市场服务的同时，也为企业的业务发展积极赋能，实现企业的快速扩张与价值成长。

联系人：赵经理

联系方式：18121079919

官方邮箱：shby@shbycapital.com

公司官网：www.shbycapital.com

12. 达晨财智

达晨成立于 2000 年 4 月 19 日,总部位于深圳,是我国第一批按市场化运作设立的本土创投机构。自成立以来,达晨伴随着中国经济的快速增长和多层次资本市场的不断完善,在社会各界的关心和支持下,聚焦于信息技术、智能制造和节能环保、医疗健康、大消费和企业服务、文化传媒、军工等领域,发展成为目前国内规模最大、投资能力最强、最具影响力的创投机构之一,并被推选为中国投资协会股权与创业投资专业委员会、中国股权投资基金协会、深圳私募基金业协会、深圳市创业投资同业公会、深圳市企业家联合会等专业协会副会长单位。

凭借严谨的投资态度、专业的投资理念、持续的创新精神和优良的投资业绩,达晨现已发展成为中国本土最具品牌影响力的创投机构之一。在行业权威评比机构和权威媒体的各项综合评比中,达晨多年来一直名列前茅。2001—2021 年,公司连续 21 年被行业权威评比机构清科集团评为"中国最佳创业投资机构 50 强",2012 年度、2015 年度全国排名第一,近 10 年稳居本土创投前三,并荣获"2012 年中国最佳创业投资机构""2015 年中国最佳创业投资机构""2009 年中国最佳退出创业投资机构""2012 年中国最佳退出创业投资机构""2015 年中国最佳退出创业投资机构",在中国保险资产管理业协会 2020 年、2021 年保险资金投资的私募股权投资基金管理人评价中,达晨财智连续 2 年以高分获评最优异(A 类)机构。截至目前,达晨财智管理基金总规模 360 亿元;投资企业超过 680 家,成功退出 257 家,其中,132 家企业上市,累计 96 家企业在新三板挂牌。

联系人:汪经理

联系方式:021 - 68886698

公司地址:上海市浦东新区浦东南路 1088 号中融国际商城 1301 室

公司官网:https://www.fortunevc.com/

13. 深圳市创新投资集团有限公司

SCGC 深创投

深圳市创新投资集团有限公司(简称"深创投")1999年由深圳市政府出资并引导社会资本出资设立,公司以发现并成就伟大企业为使命,致力于做创新价值的发掘者和培育者,已发展成为以创业投资为核心的综合性投资集团,现注册资本100亿元,管理各类资金总规模约4 258亿元。

深创投目前管理基金包括:173只私募股权基金,13只股权投资母基金,12只不动产基金,同时,集团下设国内首家创投系公募基金管理公司——红土创新基金管理有限公司。围绕创投主业,深创投不断拓展创投产业链,专业化、多元化、国际化业务迅猛推进。

在创投业务板块,深创投主要投资中小企业、自主创新高新技术企业和新兴产业企业,涵盖信息科技、智能制造、互联网、消费品/现代服务、生物技术/健康、新材料、新能源/节能环保等行业领域,覆盖企业全生命周期。公司坚持"三分投资、七分服务"的理念,通过资源整合、资本运作、监督规范、培训辅导等多种方式助推投资企业快速健康发展。

截至2022年10月31日,深创投投资企业数量、投资企业上市数量行业领先:已投资项目1 496个,累计投资金额约900亿元,其中,233家投资企业分别在全球17个资本市场上市,453个项目已退出(含IPO)。专业的投资和深度的服务,助推了康方生物、怡合达、腾讯音乐、西部超导、宁德时代、迈瑞医疗、瑞芯微、奇安信、恒玄科技、中芯国际、信维通信、睿创微纳、潍柴动力、复旦微电、华大基因、荣昌生物、澜起科技、稳健医疗等众多明星企业成长,也成就了深创投优异的业绩。

凭借在创投领域的杰出表现,深创投在中国创投委、清科集团、投中集团等权威机构举办的创投机构综合排名中连续多年名列前茅。2016—2021年,在清科中国创业投资机构年度评选中,深创投均为本土创投机构第一名。

联系人:丁经理

联系方式:021 - 61001308

公司官网:http://www.szvc.com.cn/main/index/index.shtml

14. 国科嘉和(北京)投资管理有限公司

国科嘉和(北京)投资管理有限公司成立于 2011 年,是由中国科学院控股有限公司(简称国科控股)作为基石投资人发起、联合国内多家大型企业集团共同成立的股权投资基金管理人,是国科控股直接管理的一级企业,也是国科控股直属的专业私募股权直投基金。

国科嘉和基金目前共管理 10 只基金,包括 1 只人民币天使基金、3 只人民币成长基金、2 只人民币 PE 基金、1 只美元创投基金、1 只国家网络安全专项基金以及 2 只政府专项基金,管理总金额达数百亿人民币。

成立 1 年来,国科嘉和始终发挥"技术资本"在硬科技领域投资的引领作用,依托中科院体系一流的技术能力、大量的高科技转化成果以及政府与行业资源,积累了对于硬科技深入的行业理解能力和丰富的投资实践经验,并在大数据、云计算、智能制造与高端装备、网络安全和企业服务、半导体、人工智能、医疗服务、创新药和医疗器械等领域累计投资百余家具有技术壁垒的高科技创新项目。

联系方式:010 - 59786889

官方邮箱:chw@cashcapital.cn

公司地址:北京市东城区东直门南大街 11 号中汇广场 B 座 1803(总部)

公司官网:www.cashcapital.cn

15. 苏州元禾控股股份有限公司

苏州元禾控股股份有限公司是苏州工业园区管委会控股、江苏国信集团参股的国有投资企业,成立于 2001 年年底,现注册资本 34.63 亿元,总资产近 300 亿元。在近 20 年的成长历程中,元禾控股搭建了股权投资和债权融资相结合的一体化投融资业务体系,辅以专业的投融资服务支撑体系,通过三大业务板块在资本运作、风险控制、营运配置等方面的协同运作,在探索金融创新、促进科技创新、引导基金集聚、助推产业升级等方面都取得了不俗的成绩。

元禾控股自 2001 年成立起就专注于股权投资领域,围绕产业链进行价值投资,针对企业全生命周期的资本需求,打造了完整的投融资服务生态圈。截至 2021 年 8 月底,直投平台及管理的基金投资项目超过 1 046 个;通过主导管理的 VC 母基金投资子基金超过 129 只,子基金总规模超过 1 470 亿元,投资企业超过 2 600 个。

公司官网:http://www.oriza.com.cn/index.aspx

四、会计师事务所

1. 致同会计师事务所

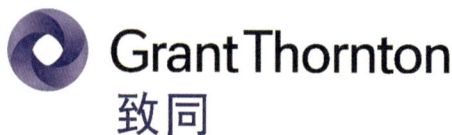

致同成立于 1981 年,是中国最早且最具影响力的会计师事务所之一。依托深厚的专业知识、多年的经验积累以及丰富的国内外资源,致同能够为客户提供审计、税务、咨询、评估与估值、工程管理等全方位高质量服务,致力于提升品牌价值,成为值得客户信赖的提供综合解决方案的最佳商业顾问。

致同采用"全国一所"的集团化管理模式,目前拥有 28 个分支机构,300 余位合伙人,6 000 多名员工,其中,注册会计师逾 1 200 人,注册税务师 200 余人,全国会计领军人才 50 人,以及军工涉密执业人员 120 人。致同坚持质量至上,恪守独立性原则,是首批获得从事证券期货相关业务资格、首批获准从事特大型国有企业审计业务资格及首批取得金融审计资格的会计师事务所之一;同时也是首批获得香港 H 股企业审计业务资格的内地事务所之一,并在美国 PCAOB 注册。优质的执业质量和专业服务能力令致同赢得了广泛客户群体的信赖,目前服务近 300 家上市公司,上万家大型国有、外资及民营企业。

致同亦是国际专业服务网络 Grant Thornton International Ltd(简称"GTIL",中文名称"致同国际")的全球第三大成员所。借助致同国际遍及全球 130 多个国家/地区的强大国际网络,致同能够为有跨境需求的客户提供其所需的本地化专业支持。同时,致同还可依托致同国际在全球各主要经济区设置的国际商业中心,以及在 20 多个国家设立的全球中国事业部,进一步整合全球优质资源,为中国企业的国际市场发展保驾护航。

联系人:杨经理

联系方式:021 - 23220353

官方邮箱:kaikai.yang@cn.gt.com

公司官网:www.grantthornton.cn

2. 天健会计师事务所

天健会计师事务所成立于 1983 年,是由一批资深注册会计师创办的首批具有 A＋H 股企业审计资格的全国性大型专业会计审计中介服务机构,综合实力位列内资所第一,全球排名前 20 位。

天健拥有近 40 年的丰富执业经验和雄厚的专业服务能力,拥有包括 A 股、B 股、H 股上市公司、大型央企、省属大型国企、外商投资企业等在内的固定客户 5 000 余家,其中,上市公司客户 600 余家,新三板挂牌客户 300 余家。按承办上市公司数量排名,在具有证券期货相关执业资格的会计师事务所中位居全国第 2 位。近 3 年通过审核的 IPO 企业在所有中介机构中名列前茅。

事务所曾经主持或者参与多家国有企业、民营企业的股份制改造和重组上市方案设计与审计工作,服务的主要客户包括泛微网络(主板)、复洁环保(科创板)、捷安高科(创业板)、凌云光(科创板)、伟测科技(科创板)等。

联系人:周经理

联系方式:021 - 31197988

公司官网:http://www.pccpa.cn/

3. 立信会计师事务所

BDO 立信

立信会计师事务所(特殊普通合伙)
BDO CHINA SHU LUN PAN CERTIFIED PUBLIC ACCOUNTANTS LLP

立信会计师事务所(以下简称"立信")由中国会计泰斗潘序伦先生于1927年在上海创建,是中国最早建立和最有影响力的会计师事务所之一。1986年复办,2000年成立上海立信长江会计师事务所有限公司,2007年更名为立信会计师事务所有限公司。立信依法独立承办注册会计师业务,具有证券期货相关业务从业资格。2010年,立信获得首批H股审计执业资格。2010年12月改制成为国内第一家特殊普通合伙会计师事务所。经过95年的长足发展,立信在业务规模、执业质量和社会形象方面都取得了国内领先的地位。2001年起,立信在全国会计师事务所签发国内上市公司审计报告数量排行榜上一直保持第一。

立信现有从业人员10 000余名,其中,执业注册会计师2 000余名。总部设在上海,有8个专业委员会,以及审计业务部、国际业务部、银行业务部及审计风险管理部、信息技术部、教育培训部、信息鉴证部、公司清算部、市场与品牌推广部、会计政策研究中心、产学研基地等与业务相关的部门。现有客户遍布全国各地,其中,上市公司600余家,外商投资企业2 000余家,并为大型央企、国有集团、银行、证券公司、期货经纪公司、保险公司、信托公司、基金公司等提供审计及相关业务。

联系人:林经理

联系方式:021-23282121

公司官网:www.bdo.com.cn

4. 中汇会计师事务所

中汇是一家大型综合性专业服务机构，包括：中汇会计师事务所（特殊普通合伙）、中汇税务师事务所、中汇工程咨询公司、中汇管理咨询公司。中汇总部设在杭州，在北京、上海、深圳、成都、南京、苏州、无锡、宁波、济南、广州、长春、海口等地设立境内分支机构，在香港与洛杉矶设立境外分支机构。主要为国内外各行业客户提供资本市场、年报审计、税务咨询、工程咨询、评估咨询以及管理咨询等全方位的专业服务。于 2003 年加入全球国际会计组织 Kreston，2015 年加入国际税务专家联盟（ITSG）。

中汇客户覆盖了金融、房地产、电子信息、能源、软件、高端制造等多个行业。资本市场客户上市公司 140 余家，新三板挂牌近 200 家，另香港办公室承接近百家港股上市公司客户年报审计业务，洛杉矶办公室拥有近 20 家纳斯达克上市公司客户。截至 2022 年年底，中汇已助力过百家客户 IPO 上市成功。

市场运营部：0571 - 88879065

官方邮箱：marketing@zhcpa.cn

公司地址：上海市浦东新区银城中路 68 号时代金融中心 22 层

公司官网：www.zhcpa.cn

5. 普华永道会计师事务所

普华永道中天会计师事务所有限公司(以下简称普华永道)是世界顶级的会计师事务所之一。普华永道秉承"解决重要问题,营造社会诚信"的企业使命。普华永道各成员机构组成的网络遍及 152 个国家和地区,有将近 32.8 万名员工,致力于在审计、咨询及税务领域提供高质量的服务。尤其在审计、首次公开募集资本、内部控制、企业重组以及合并与收购等业务中拥有丰富的经验。

普华永道中国内地、香港地区及澳门地区成员机构根据各地适用的法律协作运营。整体而言,员工总数超过 20 000 人,其中,包括超过 800 名合伙人。目前,普华永道在北京、上海、香港、沈阳、天津、大连、济南、青岛、郑州、西安、南京、合肥、苏州、无锡、武汉、成都、杭州、宁波、重庆、长沙、昆明、厦门、广州、深圳、澳门、海口、珠海、贵阳等城市设有分支机构。无论客户身在何处,普华永道均能提供客户所需的专业意见。普华永道实务经验丰富、高素质的专业团队能聆听各种意见,帮助客户解决业务问题,发掘并把握机遇。行业专业化有助于就客户关注的领域共创解决方案。

联系方式:021 - 23238888

公司地址:中国上海市浦东新区东育路 588 号前滩中心 42 楼

公司官网:https://www.pwccn.com/

6. 安永会计师事务所

安永是全球领先的审计、咨询、税务、战略与交易的专业服务机构之一，在 150 多个国家及地区聘用逾 365 000 名人员，帮助社会和客户解决复杂紧迫的挑战和问题。

安永在大中华区的成员机构由本土合伙人拥有及管理，已在大中华区提供专业服务55 年。我们的使命是"以一流人才、创新精神，坚守社会责任，创造长期价值，引领高质量可持续发展，建设最受信赖的专业服务机构"。

安永大中华区的员工总数超过 23 000 人，其中包括逾 950 名合伙人。我们在以下34 个办事处地点为客户提供服务：北京、上海、香港、深圳、广州、澳门、长沙、成都、重庆、大连、海口、杭州、合肥、济南、昆明、南京、宁波、前海、青岛、沈阳、苏州、太原、天津、武汉、厦门、西安、郑州、新竹、高雄、台中、台南、台北、桃园和乌兰巴托。

在需要的时间和地点，迅速调配人员，无缝衔接提供优质服务，是安永对客户的郑重承诺。通过我们的服务和行动，安永致力与各界共同建设更美好的商业世界。

我们认为，在更美好的商业世界中，经济增长更具可持续性和包容性。我们持续致力于提升我们所有服务的质量，对我们的员工和创新进行投资。我们与他人——从客户到更广泛的利益相关者——协作，利用我们的知识、技能和经验，帮助践行我们的宗旨，并创造积极的变化，我们为此感到骄傲。

公司官网：https://www.ey.com/zh_cn

7. 德勤会计师事务所

Deloitte.

作为专业服务领域的先驱者,德勤的创始人早在 170 多年前便开始了从业实践。时至今日,德勤成员所网络已遍及全球,为客户提供包括审计及鉴证、管理咨询、风险咨询、财务咨询、税务以及法律咨询等在内的全方位的专业服务。目前,德勤拥有约 415 000 名专业人士,遍及全球 160 个国家和地区,继续在"四大"国际专业服务网络中保持领先地位。2022 财年,德勤成员所全球总收入达到 593 亿美元,在"四大"中连续多年位居全球第一。德勤早在 1917 年便在中国上海设立办事处,至今已开启在华发展的百年新篇章。德勤中国网络目前已在北京、上海、深圳、成都、香港、澳门等 25 个主要城市设有办公室,有近 22 000 名专业人士,为各行业的客户提供高质量的专业服务。

联系人:赵经理

联系方式:021 - 61412075

公司官网:https://www2.deloitte.com/cn/zh.html

8. 毕马威会计师事务所

KPMG

毕马威是一个由独立的专业成员所组成的全球性组织。成员所遍布全球 147 个国家及地区,拥有专业人员超过 219 000 名,提供审计、税务和咨询等专业服务。毕马威独立成员所全球性组织中的成员与英国私营担保有限公司——毕马威国际有限公司("毕马威国际")相关联。毕马威国际及其关联实体不提供任何客户服务。各成员所均为各自独立的法律主体,其对自身描述亦是如此。

1992 年,毕马威在中国内地成为首家获准中外合作开业的国际会计师事务所。2012 年 8 月 1 日,毕马威成为四大会计师事务所之中首家从中外合作制转为特殊普通合伙的事务所。毕马威香港更是早在 1945 年就已成立。率先打入市场的先机以及对质量的不懈追求,使我们积累了丰富的行业经验,中国多家知名企业长期聘请毕马威提供广泛领域的专业服务(包括审计、税务和咨询),也反映了毕马威的领导地位。

毕马威中国在 25 个城市设有 28 家办事机构,合伙人及员工约 12 000 名,分布在北京、上海、广州、深圳、杭州、合肥、南京、宁波、苏州、武汉、香港特别行政区和澳门特别行政区等地。在这些办事机构的紧密合作下,毕马威中国能够高效和迅速地调动各方面的资源,为客户提供高质量的服务。

公司的经营范围包括:审查企业会计报表,出具审计报告;验证企业资本,出具验资报告;办理企业合并、分立、清算事宜中的审计业务,出具有关报告;基本建设年度财务决算审计;代理记账;会计咨询、税务咨询、管理咨询、会计培训;法律、法规规定的其他业务。

联系方式:021 - 53594666

公司地址:上海市南京西路 1266 号恒隆广场 50 楼

公司官网:https://home.kpmg/cn/zh/home.html

五、律师事务所

1. 通力律师事务所

通力律师事务所（简称"通力"）成立于 1998 年，秉承"通力合作、共同发展"的理念，始终坚持"专业化分工、一体化运营"的发展模式，是专注于商事领域法律服务的中国领先律师事务所，蝉联最新三届"全国优秀律师事务所"称号，曾多次获评"上海市优秀律师事务所""上海市十佳律师事务所"，常年被知名法律评级机构钱伯斯、ALB、IFLR1000、LEGAL 500 等列为中国领先律师事务所。

资本市场的法律服务业务是通力的核心业务领域之一，作为通力的服务特色，我们立足于陪伴合作伙伴共同成长，致力于同合作伙伴共愿共行。得益于中国资本市场的改革和发展、众多合作伙伴的信任与支持、通力的一体化平台优势和全体通力人的团结合作，通力在资本市场法律服务领域已取得诸多市场瞩目的成绩，承办了多项重要的创新性项目和开创性项目。近年来部分代表项目包括：科创板上市第一股——华兴源创（发行人律师）、科创板过会第一股、新药企业上市第一股——微芯生物（发行人律师）、科创板第一个重大资产重组项目——华兴源创重大资产重组（发行人律师）、全球动力电池领军企业——宁德时代上市项目（发行人律师）、开创医疗器械领域 A 股上市最高融资额项目——联影医疗（发行人律师）、新规下新能源领域 A 股分拆上市第一股——电气风电（发行人律师）、A 股特殊表决权架构企业上市第一股——优刻得（承销商律师）、A 股上市公司首批成功发行 GDR 并于瑞士证券交易所上市项目之一——国轩高科 2022 年发行 GDR（发行人律师）、开创创业板最高融资额项目——宁德时代 2022 年再融资（发行人律师）。

联系人：陈律师

联系方式：021 - 31358666

官方邮箱：Way.chen@llinkslaw.com

公司官网：https://www.llinkslaw.com/

2. 国浩律师事务所

國浩律師(上海)事務所
GRANDALL LAW FIRM (SHANGHAI)

国浩律师集团事务所是中华人民共和国司法部批准组建的中国第一家集团性律师事务所,由北京市张涌涛律师事务所、上海市万国律师事务所、深圳市唐人律师事务所在1998年发起设立,2011年3月更名为国浩律师事务所。

国浩是中国最大的法律服务机构之一,目前拥有执业律师及各类支持保障人员逾4 500人,其中,有600余名权益合伙人,超过3 000名执业律师,在全球设有36个执业机构。国浩开创了中国律师业规模化、专业化、规范化、国际化、品牌化之先河。目前创设资本市场、争议解决、知识产权、建工地产、刑事法律、跨境投资、环境资源等20余个研究中心暨业务委员会,专业覆盖市场主体全生命周期及政府机构、社会组织等各类主体全方位法律服务需求。国浩致力于成为投融资领域尤其是资本市场最为专业的法律服务提供者,不仅在企业首发上市、上市公司并购重组及非公开发行股票等方面始终保持着领先地位,还在众人瞩目的北交所、创业板注册制、科创板、新三板精选层等方面大放异彩。

20多年来,国浩先后累计为近千家公司提供了中国境内外股票发行上市和其他证券业务的法律服务,包括A股、B股、H股、红筹股等,市场占有率及相关综合指标连续多年位居行业榜首,并创造了多项行业之最。由国浩担任发行人法律顾问完成的上市公司并购重组项目、公开与非公开发行股份项目,以及公司债、可转债、可分离债等项目数量稳居各法律服务机构前列。由国浩担任发行人法律顾问和承销商法律顾问的项目遍及世界各大证券交易市场,海外上市及再融资项目数量亦位居行业前茅。

联系人:吴律师

联系方式:13564671451

官方邮箱:wuleyi@grandall.com.cn

公司地址:上海市北京西路968号嘉地中心27楼接待中心

公司官网:www.grandall.com.cn

3. 锦天城律师事务所

上海市锦天城律师事务所成立于 1999 年,是一家提供一站式法律服务的综合性律师事务所,在核心业务领域具备行业领先优势。

发轫于中国上海的锦天城,目前在北京、杭州、深圳、苏州、南京、成都、重庆、太原、青岛、厦门、天津、济南、合肥、郑州、福州、南昌、西安、广州、长春、武汉、乌鲁木齐、海口、长沙、香港、伦敦、西雅图、新加坡和东京等城市开设了办公室,并与香港史蒂文生黄律师事务所联营,与国际律师事务所鸿鹄(Bird & Bird LLP)建立了战略合作关系。锦天城设有包括证券与资本市场专业委员会、银行与金融专业委员会、公司与并购专业委员会等在内的 19 个专业委员会。

锦天城多次被中国司法部及其下属司法行政机构、律师行业协会、国际知名法律媒体及权威评级机构等评选为中国最顶尖的法律服务提供者之一,位居全国十大品牌律师事务所前列。

联系人:王律师

联系方式:021－20511000、13764285677

公司地址:上海市浦东新区银城中路 501 号上海中心大厦 9、11、12 楼

公司官网:https://www.allbrightlaw.com

4. 德恒律师事务所

德恒律师事务所成立于 1993 年，是一家全球性大型律师事务所，拥有一支专业化、综合化、高层次、国际化的强大律师服务团队，拥有全球律师专业人员近 3 000 人，80% 以上的律师拥有硕士、博士学位，具备在国内外立法、司法、行政机关、跨国公司、大型国企、金融证券机构的工作经验。除北京总部外，还在上海、广州、深圳、天津、纽约、海牙、巴黎、布鲁塞尔、迪拜、阿拉木图、香港等城市设立了 43 家分支机构，在全球范围内建立了 160 个合作机构，凭借多种语言优势、信息资源和现代化办公手段，形成了全球化、网络化、紧密型服务体系，可为国内外客户提供全方位、高质量的法律服务。

20 多年来，德恒先后担任了中国铁建（A＋H）、中国农业银行（A＋H）以及长江电力、上海机场、中国银行、本钢板材、安硕信息、康德莱、华荣股份、德邦物流、春秋电子、鲍斯股份、会畅通讯、心脉医疗、邦宝益智、天际股份、扬帆新材、中坚科技、航天宏图、龙软科技等 200 余家企业 A 股发行上市的法律顾问。

德恒上海办公室曾先后担任上海证券交易所、上海期货交易所、中国金融期货交易所、上海保险交易所等交易所的常年法律顾问，并与众多金融机构建立了良好的服务关系。

联系人：王律师

官方邮箱：wangjf@dehenglaw.com

公司官网：http://www.dhl.com.cn/CN/index/0001.aspx

5. 中伦律师事务所

中伦律师事务所创立于 1993 年,是中国领先的综合性律师事务所。中伦律师分别专精于特定的专业领域,通过合理的专业分工和紧密的团队合作,中伦有能力在各个业务领域为客户提供高质量的中国法律服务。作为一家有 20 余年发展历史的综合性律师事务所,中伦是为数不多的能够提供全面、专业的法律服务的中国律师事务所之一。中伦的专业领域涵盖了资本市场/证券、私募股权与投资基金、房地产、能源与资源、公司/外商直接投资、收购兼并、破产与重组、银行与金融、海外投资、劳动法、税法与财富规划、诉讼仲裁、合规/政府监管、知识产权、科技、电信与互联网、文化、娱乐与传媒、健康与生命科学、航空/汽车等。

中伦是中国内地资本市场综合实力最强的律所之一。根据中国证监会历年发布的《中国资本市场法制发展报告》及中国证监会、交易所的公开数据统计,在律师事务所从事中国内地资本市场证券法律业务排名中,中伦在首次公开发行、上市公司再融资及上市公司并购重组等境内证券法律业务领域始终名列前茅。

中国内地资本市场/证券领域是中伦的核心业务之一,中伦也是中国最早从事证券业务的律师事务所之一,20 余年来,累计为近千家公司提供了中国境内股票发行上市和其他证券业务的法律服务。中伦是中国内地资本市场股票发行业务领域长期领跑的律师事务所之一,在历年完成的境内首次公开发行业务排名中,多年排名第一。

联系人:乔律师

联系方式:021 - 60613688

公司地址:上海市浦东新区世纪大道 8 号国金中心二期

公司官网:https://www.zhonglun.com/

6. 金茂凯德律师事务所

金茂凯德律师事务是一家从事国际投资贸易、金融证券、公司法和海商海事高端品牌业务的专业律师机构,于2021年9月,被司法部评选为"全国优秀律师事务所",是经上海市司法局评选确认的涉外法律服务示范机构之一,是经上海市商务委员会和上海市司法局确认的上海市专业服务贸易重点单位,是商务部《国际商报》2013年评选的中国最具活力服务贸易企业50强中唯一一家律师机构,并具有中国人民银行认可的中国银行间市场交易商协会会员资格。

事务所创始合伙人李志强为环太平洋律师协会第三十届会长。事务所在上海市律师行业综合排名中名列前茅,总部位于上海市淮海中路300号香港新世界大厦,并在北京、芜湖、青岛、香港、上海临港新片区等地设有分支机构,办理了300多例企业改制上市和并购重组案例。事务所的主要业务领域为公司法业务、兼并收购、资本市场、房地产及工程建设、反垄断、银行业务、投资业务、知识产权与信息技术、海事海商业务、仲裁和诉讼等。金茂凯德律师事务所在公司重组、上市、再融资等资本市场运作方面以及海事海商诉讼、仲裁、谈判等争议解决方面积累了丰富的经验,办理了一批"中国第一""上海第一"的成功案例。事务所拥有一批在司法界享有盛誉的权威人士,拥有一批在省级人民政府、著名法学院担任过重要职务和在国际国内仲裁机构担任仲裁员的专家律师,拥有一批在国际律师组织担任重要职务并在业内有较大影响的著名律师。

联系人:李律师

联系方式:021－63353102

公司官网:www.jinmaopartners.com

7. 金诚同达律师事务所

JT&N 金诚同达 | 30 1992-2022 JT&N 30th ANNIVERSARY

金诚同达律师事务所创立于 1992 年,现已发展成为中国金诚同达律师事务所。金诚同达集萃了众多跨领域的专家,大部分律师拥有中国及国际知名法学院的教育背景,部分还拥有在海外律师事务所的执业经验。

2012—2021 年,金诚同达常年上榜国际知名法律媒体——《亚洲法律杂志》的各类领域和律师榜单,包括但不限于中国十五佳并购律所、知产律所等,以及中国十五佳并购律师、争议解决律师等。国际知名法律评级机构——《钱伯斯》连续 11 年(2011—2021 年),将金诚同达的国际贸易与 WTO、知识产权、保险、能源与自然资源、争议解决、公司商事、并购重组、税法、劳动法等众多业务领域排位为亚太乃至世界领先。业务领域和律师人数的上榜数量在全国律所中名列前茅。此外,金诚同达常年占据《律师》《法律 500 强》《商法》《中国法律商务》《亚洲法律概况》《国际金融法律评论》等知名媒体与评级机构各大榜单前列。

同时,金诚同达亦是中国公共法律服务的推动者和热衷实践者。金诚同达律师经常受邀在政府机构、专业协会、民间团体主办的会议上发表演讲,参与人大和政协提案的草拟,参与中央与地方的立法或者修法,参与相关司法解释的讨论,担任政府法律顾问,进行法律实施的调研,积极投身于中国的法治化建设进程。

联系方式:010 - 57068585

官方邮箱:beijing@jtn.com

公司地址:北京市朝阳区建国门外大街 1 号国贸大厦 A 座 10 层

公司官网:https://www.jtn.com

8. 广发律师事务所

GF 上海市广发律师事务所
GF LAW FIRM SHANGHAI

　　上海市广发律师事务所(以下简称广发所)是一家致力于提供证券金融和资本市场法律服务的专业机构,专业化的特色使广发所在证券、金融、资本市场法律服务领域更具有竞争优势。广发所是国内证券业务专业化程度最高的律师事务所之一。专业化发展模式使广发所在金融证券和资本市场领域颇有建树,广发所是为数不多的、拥有广泛声誉的中国金融证券业律师事务所,服务范围涵盖国内 A 股、新加坡红筹、香港 H 股和红筹(创业板或主板)及纳斯达克、纽约交易所上市等。

　　联系人：许律师

　　联系方式：021 - 58358011/13/14/15 转分机 888

　　官方邮箱：xupingwen@gffirm.com

六、 评估机构

东方金诚国际信用评估有限公司

东方金诚国际信用评估有限公司(简称"东方金诚")是中国主要的信用评级机构之一。公司成立于 2005 年,注册资本为 1.25 亿元人民币,控股股东为中国东方资产管理股份有限公司。公司业务资质完备,评级服务涵盖了地方政府、金融机构、非金融机构、结构融资等业务类型,可为境内外发行人在中国债券市场发行的所有债券品类开展评级,为境内外投资人参与中国债券市场提供服务。

作为评级行业国有力量的代表,东方金诚恪守公正之评级初心,以专业信用服务发挥信用价值;坚持担当国企使命,以实际行动助力实体经济发展;秉持至诚之服务理念,与债券市场各方一同行稳致远。

联系人:马经理

联系方式:13817888666

公司官网:https://www.dfratings.com/

七、高校和培训机构

1. 复旦大学管理学院

复旦大学 1917 年设立工商管理教育体系,并于 1929 年正式成立商学院。全国高校院系调整,1985 年恢复组建管理学院。经过 30 多年的发展壮大,学院目前设有 8 个系、28 个跨学科研究机构。学院现有一级学科博士点 5 个,二级学科博士点 13 个,一级学科硕士点 5 个,二级学科硕士点 16 个,以及工商管理硕士(MBA)/高级管理人员工商管理硕士(EMBA)、会计硕士(MPAcc)、国际商务硕士、金融硕士及应用统计硕士 5 个专业学位硕士点,本科专业 7 个,博士后科研流动站 4 个。

复旦大学管理学院师资力量雄厚,截至目前共有教师 169 人,其中,教授 59 人、副教授 64 人。学院各专业和研究方向在国内外的学术影响力不断提升。在 2022 年英国《金融时报》FT 排名中,复旦 EMBA 项目位列全球第 12 位,中文项目全球第一;复旦 MBA 项目位列全球第 32 位,中国大学商学院第一。

2020 年,复旦管院在中国管理教育界率先启动"科创战略",并在全球主流商学院中第一个设立了科创办公室,以"管理赋能科创,成就科创企业"为使命目标,在科创理论研究、科创人才培养、科创生态圈建设等多方面,取得了系列实践成果。学院启动了 23 项科创专题研究项目,发布了国内首部科创专项教材,已圆满举办了 5 期"复旦科创企业家营",开设首期"复旦 MBA 科创青干营",启动了"长三角聚劲科创大赛",发起由 40 余家科创企业发展相关方共同组成的"复旦科创企业发展生态联盟"。伴随科创企业从初创到 IPO 后不同发展阶段,打造了全链式科创人才培养与赋能生态闭环。

联系人:岑老师

联系方式:021 – 54034815

官方邮箱:innovation_fdsm@fudan.edu.cn

官方地址:上海市杨浦区国顺路 670 号思源楼 118 室

官方网址:www.fdsm.fudan.edu.cn

2. 上海交通大学安泰经管学院

上海交通大学是我国历史最悠久、享誉海内外的著名高等学府之一，是教育部直属并与上海市共建的全国重点大学。经过 126 年的不懈努力，上海交通大学已经成为一所国内一流、国际知名大学，并在新的历史节点，进一步明确了构建"综合性、创新型、国际化"世界一流大学的愿景目标。

上海交通大学经管学科始建于 1918 年，在唐文治校长倡议下设立的"铁路管理科"，是百年安泰建设的起点。安泰经济与管理学院是上海交大文科重点学院和改革先锋，是中国高等教育发展的见证者和实践者。百余年间，学院人才辈出、群贤汇聚，著名经济学家马寅初、会计专家俞希稷、外交专家夏晋解等纷纷在此执教，培养出了诸如中宣部原部长丁关根、中国致公党中央原主席董寅初、艺术家卢燕、管理教育专家张震、中国工程院院士许庆瑞和凌文、体育巨星姚明等一大批杰出人才。

联系人：张老师

联系方式：021 - 52301026

官方邮箱：zhangjunwei@sjtu.edu.cn

官方地址：上海华山路 1954 号

官方网址：https://www.acem.sjtu.edu.cn/

3. 上海五角场创新创业学院

上海五角场创新创业学院是杨浦区政府联合复旦、同济、财大等著名高校及产业界龙头企业、创服机构，共同发起的非营利性教育及服务组织，也是一所新时代背景下，无围墙、非传统教学的创新创业学校。上海五角场创新创业学院充分发挥连接器作用，连接创业者和赋能方，为长三角双创示范基地的资源互通和人才培养提供支撑，并努力建设成双创人才的黄埔军校和创新要素资源的配置平台。

为响应科创板出台及长三角一体化国家战略，五角场创院作为"上海科创企业上市服务联盟"的发起单位之一及秘书处，作为创新教育的先行者，五角场创院在全国双创示范基地建设中具有首创意义。为优化创新创业生态，提升创业者素质，促进产业发展，创造新模式、新抓手。

联系人：杨老师

联系方式：18621966796

官方地址：上海杨浦区国定路 504 号

官方网址：http://www.spii.net.cn/

八、咨询、财经公关等机构

1.深圳中力商业控股有限公司

深圳中力商业控股有限公司是一家领先的综合赋能机构,旗下拥有多家运营实体。中力控股致力于推动企业上市,与多个地方政府部门合作,实施上市公益培训工程,为企业提供独具特色的上市设计监理与陪跑服务。

中力控股长期打造高标准的商学咨询产品,在产业创新、商业模式、公司架构与股权设计、融资、上市、股权激励、合伙型组织等核心领域为企业和企业家提供高价值的课程、研修、特训营、咨询等服务。

目前除了总部在深圳外,近几年陆续在北京、上海、广州、成都、重庆、无锡、青岛、南昌等地成立了分支机构。目前累计服务了超过10万家企业,包括300多家A股上市公司、国有企业,500多家行业细分冠军,800多家新三板挂牌企业,3000多家拟上市公司,50000多家成长型企业。这些数字还在不断快速增长中。"中力控股"拥有逾200人的专业服务团队,具有丰富的上市培育实战经验,打造的上市设计、战略陪跑、上市监理等特色项目得到了客户的一致好评。

中力控股被工信部授予"国家级中小企业公共服务示范平台"称号,与工信部中小企业发展促进中心共同发起成立"全国中小企业商业与股权研究中心",与中科院云计算中心共建"中国产业云研究院",与上海立信会计金融学院共建"数字经济产业研究院",与刘人怀院士共建"中力管理创新研究院"。先后获得"国家高新技术企业""院士专家企业工作站"等资质,是"深圳市专精特新企业服务联盟"首批成员和"深圳市企业并购促进会"联席会长单位。

中力控股坚定"每一天都是创业的第一天,以客户为中心,以奋斗者为本"的发展理念,坚持做一家值得信赖和受人尊敬的好企业。

联系方式:0755-22933963

华东区联络处:13774420909

官方邮箱:xiaoxuejiao@chinazlgw.com

2. 上海信公秩禾企业管理咨询有限公司

信公咨询成立于 2013 年 7 月，是一家以信息披露服务为基础，以促进上市公司高质量发展为目标，为上市公司提供资本市场策略咨询的专业机构。

信公咨询在上海和深圳分别设有总部，在杭州设有子公司。公司核心团队成员均有 10 年以上资本市场相关行业从业经验。他们曾任职于律师事务所、会计师事务所、上市公司、证券机构等，能够准确理解掌握资本市场相关法律法规，严格恪守职业道德准则。

自成立以来，信公咨询核心队伍稳定并不断壮大，通过精进的专业能力与服务精神赢得了客户的高度认可与长期信赖。目前，公司正在为超过 1 000 家上市公司提供沪、深上市公司信息披露策略咨询、股权激励与员工持股方案设计、收购与反收购策略咨询、ESG 定制、精品培训、上市公司投资者关系管理咨询、数字化平台服务等多种服务。

上海信公秩禾企业管理咨询有限公司系上海信公科技集团股份有限公司全资子公司。信公咨询致力于企业中长期激励机制研究，为企业提供定制化的股权激励方案设计及系统化的落地实施服务，为企业股权架构设计，组织管理优化提供咨询建议。团队成员精通股权激励相关法律法规，深谙资本市场的运作实践，善于深度分析，掌握方案要素设置技巧，专注于提供个性化定制服务。信公秩禾团队已服务超过 400 家企业，涉及房地产、零售、建筑、互联网软件等多个行业，具有丰富的实务经验。

联系方式：021 - 20740413

官方邮箱：seedfaith@infaith.com.cn

公司地址：上海市浦东新区福山路 388 号越秀大厦 8 楼、上海市长宁区天山路 1717 号天山广场 T2 - 709

公司官网：www.infaith.com.cn

3. 上海荣正企业咨询服务(集团)股份有限公司

REALIZE
SINCE 1998

上海荣正企业咨询服务（集团）股份有限公司
Shanghai Realize Enterprise Consulting Service (Group) Co., Ltd.
（中国证监会授予证券投资咨询从业资格＆首批上市公司财务顾问备案机构）

上海荣正企业咨询服务(集团)股份有限公司(以下称"荣正")是中国证监会授予的证券投资咨询从业资格机构、首批上市公司财务顾问备案机构。"荣正"由郑培敏先生创立于1998年，以国际规范的投资银行理念与架构组建。"荣正"深耕中国土壤，是一家股份化、知识型并向合伙人制发展的智慧型"投资银行精品店"（investment banking boutique）。公司总部在上海，并在北京、深圳、广州、成都、杭州等地设有办事处。

"荣正"自创立以来，一直深耕企业中长期激励制度的研究和实践，经历24年的发展，已成为国内股权激励咨询的开创机构和领导品牌。累计服务1000余家上市公司、三板企业及非上市企业。上市公司公开可查数据显示，"荣正"辅导并实施规范类股权激励计划的整体市场占有率超过1/3，有效市场(按已聘请了有证券从业资格的独立财务顾问的企业统计)占有率超过70%。市场占有率位居第一，且遥遥领先。

2021年起，"荣正"顺应资本市场发展，依托优势资源和骨干团队，全面拓展合规信披、投资者关系、财经公关、ESG、并购重组等综合服务，从股权激励专卖店转型升级为市值管理服务商。

联系人：李经理　陈经理
联系方式：15902107157　13918525586
官方邮箱：rongzheng@realize.com.cn
公司地址：上海市长宁区新华路639号E栋二楼
公司官网：www.realize.com.cn

4. 九富公关顾问(上海)有限公司

九富成立于 2001 年,深耕财经传播领域 20 余载,在北京、上海、深圳、香港四地都分别设有分支机构,目前全国员工人数近 300 人。创立至今已服务超过 1 500 家上市公司客户,其中常年业务占比超过 50％,是国内最具规模、承做项目数量最多的财经咨询顾问机构之一。九富为众多拟上市公司及上市公司提供包含 IPO 业务、重组及再融资、常年媒体及投资者关系维护以及品牌管理等在内的全周期财经咨询服务,具有完整的服务产业链。

联系人:黄经理

联系方式:18516104181

公司地址:上海市浦东新区世纪大道 1500 号东方大厦 9F

公司官网:http://www.everbloom.com.cn/